PROCÈS
DU PRINCE
NAPOLÉON-LOUIS
ET DE SES CO-ACCUSÉS
DEVANT LA COUR DES PAIRS;

Récit des événemens qui ont précédé et suivi le débarquement près de Boulogne, rédigé sur des documents inédits,

AVEC

DES DÉTAILS BIOGRAPHIQUES SUR LE PRINCE NAPOLÉON ET SUR LES PRINCIPAUX PERSONNAGES COMPROMIS DANS CE PROCÈS;

PAR

B. SAINT-EDME,

Auteur d'une *Histoire de Napoléon*, du *Répertoire général des Causes célèbres*, du *Procès Laity*, de la *Biographie des Hommes du Jour*, etc.

PARIS,
ALPHONSE LEVAVASSEUR, LIBRAIRE-ÉDITEUR,
Rue Jacob, 14,

1840.

Publication à 25 Centimes.

PROCÈS
DU PRINCE
NAPOLÉON-LOUIS
ET DE SES CO-ACCUSÉS
DEVANT LA COUR DES PAIRS;

Récit des événemens qui ont précédé et suivi le débarquement près de Boulogne,

AVEC

DES DÉTAILS ET DES DOCUMENS INÉDITS SUR LA VIE DU PRINCE ET DES PRINCIPAUX PERSONNAGES COMPROMIS DANS CE PROCÈS;

PAR

B. SAINT-EDME,

Auteur d'une *Histoire de Napoléon*, du *Répertoire général des Causes célèbres*, du *Procès Laity*, de la *Biographie des Hommes du Jour*, etc.

1re *Livraison*

PARIS,

ALPHONSE LEVAVASSEUR, ÉDITEUR, RUE JACOB, 14.

1840.

𝔓𝔲𝔟𝔩𝔦𝔠𝔞𝔱𝔦𝔬𝔫 à 25 𝔈𝔢𝔫𝔱𝔦𝔪𝔢𝔰.
ALPHONSE LEVAVASSEUR, ÉDITEUR, RUE JACOB, 14.

PROCÈS
DU PRINCE
NAPOLÉON-LOUIS
ET DE SES CO-ACCUSÉS
DEVANT LA COUR DES PAIRS;

Récit des événemens qui ont précédé et suivi le débarquement près de Boulogne,

AVEC

DES DÉTAILS ET DES DOCUMENS INÉDITS SUR LA VIE DU PRINCE ET DES PRINCIPAUX PERSONNAGES COMPROMIS DANS CE PROCÈS;

PAR

B. SAINT-EDME,

Auteur d'une *Histoire de Napoléon*, du *Répertoire général des Causes célèbres*, du *Procès Laity*, de la *Biographie des Hommes du Jour*. etc.

PROSPECTUS.

Lorsqu'un prince de la famille de l'Empereur doit comparaître devant la juridiction non définie de la Cour des Paris, et que cinquante-trois accusés sont appelés à répondre de leur dévoûment à ce prince par-devant les juges politiques du gouvernement né d'une insurrection, c'est un grand spectacle auquel la France a besoin d'assister par le secours de la presse.

Nous croyons aller au-devant de ce besoin en annonçant que nous publierons tous les documens acquis jusqu'à ce jour, toutes les pièces du procès qui va s'instruire, nous proposant d'y joindre des notes et des éclaircissemens qu'on chercherait en vain dans les autres publications qui seraient faites sur le même sujet, tant nous mettrons de soins dans nos recherches et de zèle dans nos démarches.

La biographie des principaux personnages de ce procès précédera le récit des faits relatifs aux événemens de Boulogne, car il est utile, suivant nous, qu'on sache les précédens des hommes sur le sort desquels la Pairie, puis l'opinion auront à prononcer.

Notre livre paraîtra, format in-octavo, par livraisons d'une feuille et demie, au prix de 25 cent. chaque livraison.

La 1re livraison sera mise en vente le 25 août.

Le compte-rendu de chaque audience sera publié le lendemain avec la plus grande étendue et la fidélité la plus scrupuleuse.

On peut souscrire dès-à-présent, pour partie ou totalité de l'ouvrage, chez :

PILOUT et Cie, libraire, rue de la Monnaie, 22.
PERROTIN, libraire, place de la Bourse.
PAUL MASGANA, libraire, peristyle de l'Odéon.
MARTINON, libraire, rue du Coq Saint-Honoré.
KRABBE, libraire, quai saint Michel, 15.
RAYMON BOQUET, libraire, place de la Bourse.
BOHAIRE, libraire, boulevart des Italiens, 10.
FERRA, libraire, rue des Grands-Augustins, 16.

Nota. Les personnes qui souscriront pour 20 livraisons, recevront franco chaque livraison à leur domicile.

IMPRIMERIE DE P. BAUDOUIN,
rue des Boucheries St-Germain, 38. Au coin de la rue de Seine.

PROCÈS

DU PRINCE

NAPOLÉON-LOUIS.

PARIS. — IMPRIMERIE DE P. BAUDOIN,
Rue des Boucheries, 35, au coin de la rue de Seine.

PROCÈS

DU PRINCE
NAPOLÉON-LOUIS

ET DE SES CO-ACCUSÉS

DEVANT LA COUR DES PAIRS;

Récit des événemens qui ont précédé et suivi le débarquement près de Boulogne, rédigé sur des documents inédits,

AVEC

DES DÉTAILS BIOGRAPHIQUES SUR LE PRINCE NAPOLÉON ET SUR LES PRINCIPAUX PERSONNAGES COMPROMIS DANS CE PROCÈS;

PAR

B. SAINT-EDME,

Auteur d'une *Histoire de Napoléon*, du *Répertoire général des Causes célèbres*, du *Procès Laity*, de la *Biographie des Hommes du Jour*, etc.

PARIS,

ALPHONSE, LEVAVASSEUR, LIBRAIRE-ÉDITEUR,
Rue Jacob, 14,

—

1840.

Biographies.

NAPOLÉON-LOUIS.

Napoléon-Louis Bonaparte (1) est né le 20 avril 1808. Sa naissance fut des plus éclatantes. Des salves d'artillerie l'annoncèrent dans la vaste étendue de l'empire, depuis Hambourg jusqu'à Rome, des Pyrénées au Danube. La France était alors à l'apogée de ses grandeurs. Le génie de Napoléon réorganisait l'Europe, et la suprématie de la révolution française dominait toutes les puissances. Pour donner à sa force continentale l'idée de la durée et de la fixité, l'empereur saluait avec bonheur la venue des héritiers mâles de sa fortune politique. A cette époque glorieuse, le divorce avec l'impératrice José-

---

(1) Depuis la mort de son frère, le prince *Charles-Louis-Napoléon* Bonaparte signe son nom ainsi : « Napoléon-Louis Bonaparte, afin de se conformer à la volonté de l'empereur, qui avait décidé que l'aîné de sa famille s'appellerait toujours Napoléon. Le prince étant, d'après le sénatus-consulte de 1804, devenu l'aîné des fils de la famille impériale, il a dû changer sa signature.

phine n'était nullement entrevu, pas même de Napoléon. C'était donc des continuateurs futurs de ses projets, de sa pensée, de son nom et de son pouvoir, qu'il voyait dans les fils de ses frères que le plébiscite de l'an XII appelait à lui succéder. Le prince *Napoléon-Louis* était pour lui le second héritier de l'empire; aussi les plus brillans honneurs et la solennité des réjouissances publiques entourèrent-ils son berceau.

Un registre de famille, destiné aux enfans de la dynastie impériale, fut déposé au sénat comme le grand-livre des droits de successibilité. Le nouveau prince *Louis* y fut inscrit le premier avec toute la pompe d'une consécration. Le roi de Rome y prit seul place après lui. De ces deux princes entrés dans la vie avec tant de splendeur et tant de sympathies nationales, l'un est mort en exil, on ne sait de quelle mort; l'autre est demeuré proscrit par le drapeau qui l'avait vu naître. Les vicissitudes humaines ont de tristes enseignemens.

Napoléon-Louis fut baptisé, en 1810, au palais de Fontainebleau, par le cardinal Fesch, et tenu sur les fonts de baptême par l'empereur et l'impératrice Marie-Louise (1).

---

(1) « Hier, mardi 20 avril, à 1 heure du matin, S. M. la reine de Hollande est heureusement accouchée d'un prince. En conformité de l'art. XI. de l'acte des constitutions du 28 floréal an XII, S. A. I. Mgr. le prince archi-chancelier de l'empire a été présent à la naissance. S. A. a écrit de suite à S. M. l'empereur et roi, à S. M. l'impératrice et reine et à sa majesté le roi de Hollande pour leur apprendre cette nouvelle.

« M. de Villeneuve, chambellan de la reine de Hollande, a été chargé des lettres pour LL. MM. II. et RR.; M. Othon de Byland, chambellan du roi de Hollande, s'est rendu, au même effet, auprès de sa majesté. MM. de Villeneuve et de Byland sont partis à 5 heures du matin.

« A 5 heures du soir l'acte de naissance a été reçu par S. A. S. le prince

La reine Hortense donna à l'éducation de ses fils une direction grave et sévère. Elle avait compris que, dans le temps où nous sommes, la véritable grandeur consiste dans le vrai mérite, et que c'est par l'âme et le cœur que l'on devient aujourd'hui quelque chose. Quoi-

archi-chancelier, assisté de S. Exc. Mgr. Regnauld (de Saint-Jean d'Angely), ministre d'état et secrétaire de l'état de la famille impériale.

« Attendu l'absence de S. M. l'empereur et roi, le prince nouveau né n'a reçu aucun prénom, à quoi il sera pourvu par un acte ultérieur, d'après les ordres de S. M. l'empereur.

« Les témoins de l'acte ont été LL. AA. SS. le prince archi-trésorier et le prince vice-grand-électeur. Ils ont été désignés par le prince archi-chancelier, en conformité de l'acte XIX du statut impérial du 30 mars 1806, attendu l'absence de tous les princes du sang.

« S. A. I. Madame Mère, S. M. la reine de Hollande, S. A. I. Madame la princesse Caroline, grande duchesse de Berg, S. A. Em. Mgr. le cardinal Fesch et S. Ex. Mgr. l'amiral Verhuel, ambassadeur de S. M. le roi de Hollande près S. M. l'empereur et roi, ont été présens à l'acte.

(*Journal de l'Empire*, du 24 avril 1808.)

« En annonçant l'heureuse délivrance de S. M. la reine de Hollande, la naissance du prince et les actes qui l'ont accompagnée, nous avons omis de mentionner la cérémonie de l'ondoiement.

« S. A. Em. Mgr. le cardinal Fesch, ayant été averti par un chambellan que S. M. était accouchée, s'est rendu sur le champ au palais de S. M., où, assisté de l'aumônier de l'empereur, vice général de la grande aumônerie, et du maître des cérémonies de la chapelle impériale, elle a ondoyé le prince nouveau né, en présence de S. A. I. Madame Mère, de S. A. I. madame la grande duchesse de Berg, de LL. AA. SS. les princes archi-chancelier et archi-trésorier de l'empire et de S. A. S. le prince de Bénévent, vice-grand-électeur. »

(*Journal de l'Empire*, du 28 avril 1808.)

« On nous écrit de Fontainebleau que dimanche prochain S. M. l'empereur daignera tenir sur les fonts de baptême une trentaine d'enfans dont les pères ont mérité, sur le champ de bataille, à la cour et dans l'administration, ce prix touchant de leur dévouement et de leur fidélité.

« On a remarqué mille fois dans les récompenses que l'empereur asqu'il parût destiné à régner, le jeune prince fut cependant élevé sans mollesse et comme un enfant du peuple. Il était l'idole de prédilection de l'impératrice Joséphine, qui ne put cependant obtenir aucune modification aux principes d'éducation virile et forte que la reine Hortense avait heureusement adoptés. Le prince eut pour

corde à tous les services, une intention prévoyante qui lie l'avenir avec le passé. C'en est une sans doute que d'enchaîner, par une cérémonie que la religion consacre comme une espèce d'adoption, la destinée incertaine des enfans à la mémoire glorieuse de leurs pères. Quel est celui qui, portant ses regards sur les plus nobles exemples, et, pour ainsi dire, introduit dans la vie par Napoléon lui-même, oublier à jamais que tous ses jours appartiennent au prince et à l'état ? Et qui peut prévoir tout ce qu'un tel souvenir peut inspirer ? Puissent les jeunes Français dont il agrandira la carrière mériter à leur tour que leurs fils reçoivent le même honneur, et qu'ils soient aussi présentés, sous les yeux du ciel, aux espérances de la patrie par la main du héros qui l'a sauvée par un *digne héritier de son nom, de ses sentimens et de sa grandeur.*

(*Journal de l'Empire*, du 2 novembre 1810.)

« La nouvelle messe en musique de M. Lesueur a été exécutée aujourd'hui, etc. La chapelle avait été magnifiquement ornée : un trône était élevé où étaient assis LL. MM. Après la messe, la cérémonie des baptêmes a eu lieu.

« S. A. I. le prince CHARLES-LOUIS NAPOLÉON et les enfans de S. A. le prince de NEUFCHATEL, — de LL. Exc. le duc de MONTEBELLO, — le duc de BASSANO, — le duc de CADORE, — le comte de CESSAC, — le duc de TRÉVISE, — le duc de BELLUNE, — le duc d'ABRANTÈS, — le comte DEJEAN; de MM. le comte de BEAUHARNAIS, — le comte RAMPON, — le comte DARU, — le comte DUCHATEL, — le comte CAPULLI, — le comte de LAURISTON, — le comte LEMARROIS, — le comte DEFRANCE, — le comte de TURENNE, — le comte de LAGRANGE, — le comte GROS, — le baron CURIAL, — le baron COLBERT, — le baron GOBERT, et le comte BECKER, ont été tenus sur les fonts baptismaux par LL. MM. l'empereur et l'impératrice, dans la chapelle du palais de Fontainebleau, et baptisés par S Em. Mgr. le cardinal Fesch, grand aumônier. »

(*Journal de l'Empire*, du 10 novembre 1810.)

premier maître le célèbre helléniste M. Hase, qui lui apprit les langues anciennes.

Napoléon, absorbé par les grandes affaires de son règne, ne donnait à sa famille que les heures des repas, encore déjeunait-il seul dans son cabinet, sur un petit guéridon où personne ne prenait place que les deux fils du roi de Hollande. Il se les faisait amener souvent pour s'assurer lui-même du développement des jeunes idées des deux princes sur lesquels reposaient toutes ses espérances d'avenir napoléonien. Il les questionnait avec intérêt, s'amusait de leur petit langage, et leur faisait toujours réciter des fables qu'il choisissait lui-même, dont il leur expliquait le sens, et dont il leur demandait compte pour exercer leur jeune intelligence. Leurs progrès excitaient en lui les plus vives satisfactions.

La naissance du roi de Rome ne changea rien à la profondeur de ses affections pour ses jeunes neveux, qu'il regardait toujours comme des continuateurs de sa race et de son nom.

A son retour de l'île d'Elbe, il les revit avec d'autant plus de bonheur que l'implacable diplomatie du Nord le privait de son fils : ses neveux semblaient lui en tenir lieu. Il voulut qu'ils fussent constamment près de lui, sous ses yeux. Il les aimait de tout l'amour qu'il ne pouvait donner au roi de Rome ; il les comblait de ses caresses, et dans ses transports de tendresse, il les présentait au peuple, de sa fenêtre des Tuileries, comme pour les faire adopter de la nation.

Dans la touchante et noble cérémonie du Champ-de-Mai, ils étaient à ses côtés comme pour servir de gage dans la nouvelle alliance de l'empereur avec la France ; il les présenta de nouveau aux députations de l'armée et du peuple.

Le prince Napoléon-Louis avait sept ans lorsqu'il quitta la France, dont il emportait l'image dans sa jeune mémoire. Comme le roi de Rome, il ne voulait point de l'exil, il voulait à toute force rester en France. La reine Hortense eut toute peine à le consoler. Quand l'empereur vint l'embrasser à la Malmaison, pour lui faire ses adieux, qui devaient être les derniers, il fallut l'arracher de ses bras ; il refusait de se séparer de lui, et il criait en pleurant qu'il voulait aller tirer le canon (1).

(1) « J'ai vu ce jeune prince dans son enfance, il y a de longues années, lors d'une circonstance que je ne puis oublier. C'était la veille du départ de Napoléon pour la fatale campagne de Waterloo. Ce jour là, l'empereur m'avait fait appeler pour me confier une mission importante. Quand j'arrivai à l'Elysée, l'empereur, qui avait déjeuné avec sa famille, était encore renfermé avec elle. Outre ses frères et la reine Hortense, il avait auprès de lui ses deux neveux, fils de cette princesse et de son frère Louis, avec lesquels il se plaisait à jouer, et dont il faisait de véritables enfans gâtés, surtout du plus jeune, le prince Napoléon-Louis actuel, qui, par son âge et sa figure, lui rappelait davantage son fils le roi de Rome, alors prisonnier de l'Autriche.

« J'avais été introduit dans une pièce voisine de celle où était l'empereur.

« Il paraissait triste et soucieux, quoique sa voix fût brève et accentuée, sa pensée claire et précise. J'écoutais avec la plus profonde attention tout ce qu'il me disait, lorsque, détournant les yeux par hasard, je m'aperçus que la porte par laquelle était entré l'empereur était restée entre ouverte. J'allais faire un pas pour la fermer, mais je vis tout-à-coup un jeune enfant se glisser dans l'appartement et s'approcher de l'empereur. C'était un charmant garçon de sept à huit ans, à la chevelure blonde et bouclée, aux yeux bleus et expressifs, et revêtu d'un uniforme des lanciers de la garde impériale. Sa figure était empreinte d'un sentiment douloureux ; toute sa démarche révélait une émotion profonde qu'il s'efforçait de contenir.

« L'enfant s'étant approché, s'agenouilla devant l'empereur, mit sa tête et ses deux mains sur ses genoux, et alors ses larmes coulèrent en abon-

Toujours élevé par sa mère, sa nouvelle vie dans l'exil acheva de développer les dispositions précoces de son esprit et l'énergie naissante de son caractère. Il fut confirmé dans la cathédrale d'Augsbourg, première résidence de son exil, par l'évêque de cette ville, sous le patronage

« Qu'as-tu, Louis? s'écria l'empereur d'une voix où perçait la contrariété d'avoir été interrompu; pourquoi viens-tu ici? pourquoi pleures-tu?»

«Mais l'enfant, intimidé, ne répondait que par ses sanglots; peu à peu cependant il se calma, et, d'une voix douce et triste, il dit enfin :

« Sire, ma gouvernante vient de me dire que vous partiez pour la guerre. Oh! ne partez pas! ne partez pas!

«—Mais pourquoi ne veux-tu pas que je parte? s'écria l'empereur d'une voix subitement adoucie par la sollicitude de son jeune neveu, car c'était le prince Napoléon-Louis lui-même, le jeune favori de l'empereur; pourquoi ne veux-tu pas, mon enfant? lui disait-il en relevant sa tête et passant sa main dans ses blonds cheveux. Ce n'est pas la première fois que je vais à la guerre : pourquoi t'affliges-tu? Ne crains rien, je reviendrai bientôt.

« — Oh! reprit le jeune prince, toujours en pleurant, oh! mon cher oncle, c'est que les méchans alliés veulent vous tuer; oh! laissez-moi aller, mon oncle, laissez-moi aller avec vous... »

«Ici l'empereur ne répondit rien; la tendresse de cet enfant lui allait au cœur. Il prit le jeune prince sur ses genoux, le serra dans ses bras et l'embrassa avec effusion. En ce moment, remué par cette scène touchante, je ne sais quelle idée me passa par la tête, mais j'eus la sottise de parler du roi de Rome.

« Hélas! s'écria l'empereur, qui sait quand je le reverrai!...»

«L'empereur paraissait profondément ému; bientôt, reprenant toute la fermeté de sa parole : Hortense! Hortense! appela-t-il; et comme la reine s'était empressée d'accourir : « Tenez, emmenez mon neveu, et réprimandez sévèrement sa gouvernante qui, par des paroles inconsidérées, exalte la sensibilité de cet enfant. Puis, après quelques paroles douces et affectueuses au jeune prince pour le consoler, il allait le rendre à sa mère, quand s'apercevant, sans doute, combien j'étais attendri : « Tenez, me dit-il vivement, embrassez-le. Il aura un bon cœur et une belle âme; et pendant que je couvrais le jeune prince de mes baisers et de mes larmes : «Eh! mon cher ***, ajouta-t-il, c'est peut-être là l'espoir de ma race...»

(*Lettres de Londres*, 1840, pag. 41 à 46.)

de son oncle le prince Eugène, avec lequel on lui remarquait une ressemblance frappante de traits et de cœur.

Tout en fortifiant le corps par des exercices gymnastiques fréquens, on nourrissait son esprit de l'instruction la plus solide. M. Lebas, fils du conventionnel, professeur à l'athénée de Paris, et maître de conférences à l'école normale, fut chargé de la direction de ses études classiques. Le prince suivit tous les cours du gymnase d'Augsbourg, et ce fut en allemand qu'il fit ses humanités grecques et latines. Les langues vivantes lui devinrent également familières.

La reine Hortense ayant obtenu de s'établir dans le canton suisse de Turgovie, sur les bords du lac de Constance, malgré la vive opposition des Bourbons et de la Sainte-Alliance, dont les menaces ne purent effrayer ce canton, le jeune prince passait ses étés au château d'Arenenberg, charmante création de sa mère, situé sur une colline qui domine le lac. Il profitait du voisinage de Constance pour se former avec un zèle extrême aux exercices militaires avec le régiment badois qui était en garnison dans cette ville. Il suivait en même temps un cours de chimie et de physique sous les leçons de M. Gastard, français fort distingué, qui dirigeait une manufacture dans ce pays.

Plus tard, le jeune prince fut admis au camp de Thun, canton de Berne, que la Suisse dresse chaque année pour l'instruction des officiers du génie et d'artillerie, sous la direction du brave colonel Dufour, ancien colonel du génie de la grande armée de Napoléon. Manœuvres, instructions et courses dans les glaciers, le prince prit part à tout, le sac sur le dos, mangeant son pain de soldat, la brouette ou le compas à la main (1). L'art de l'artillerie s'emparant exclusivement de ses instincts et de ses goûts, comme dans la jeunesse de l'empereur, il applique toutes ses études à cette science, la première dans les sciences de la guerre moderne.

Ce fut au camp de Thun, auprès des canons de l'école qu'il apprit la révolution de juillet, avec tout l'enthousiasme d'un patriote. Ses camarades s'empressèrent de célébrer avec lui la résurrection du principe révolutionnaire et la réhabilitation du peuple français dans l'esprit de l'Europe. On célébra également son prochain retour en France sous les couleurs du drapeau si grandement illustré par Napoléon. Qui pouvait penser alors que la famille populaire de l'empereur serait de nouveau retenue dans son exil par le gouvernement né de l'insurrection nationale? Que les vengeances de la Sainte-Alliance seraient exercées de nouveau contre le sang du grand homme par la royauté des barricades, et que les infamans traités de 1815 pèseraient sur les parens de Napoléon comme sur la France?

Le jeune prince, trompé dans ses illusions de retour sur le sol natal et dans ses rêves de gloire, tourna toutes ses espérances du côté de la Péninsule italique, où la révolution de juillet avait eu son contre-coup d'émancipation populaire. L'Italie crut l'heure de son indépendance venue : elle comptait sur la solidarité des principes du

---

(1) La reine Hortense écrivait, le 2 septembre 1830 :

« Mon fils est encore avec les élèves de Thun, occupé à faire des re-
« connaissances militaires dans les montagnes. Ils font dix à douze lieues
« par jour, à pied, le sac sur le dos. Ils ont couché sous la tente au pied
« d'un glacier. »

nouveau gouvernement de la France. Mais hélas! un intérêt mal entendu de dynastie devait rendre ce gouvernement infidèle à la cause des peuples et de la liberté. Le prince Napoléon passait l'hiver de 1830 à Rome avec sa mère. L'ardente sympathie que les patriotes italiens éprouvaient pour le sang de Napoléon excitait en même temps les craintes du gouvernement papal. Le prince, menacé dans sa liberté, fut obligé d'échapper précipitamment aux poursuites malveillantes de la police romaine. Il rejoignit à Florence son frère, qui depuis long-temps se livrait à des travaux philosophiques.

Bientôt l'insurrection de la Romagne éclata pour secouer le joug de l'influence autrichienne en Italie. L'unité nationale était le but des insurgés. Les deux neveux de Napoléon répondirent sans hésitation à l'appel des indépendans. L'impéritie et les temporisations trop diplomatiques des chefs du gouvernement insurrectionnel paralysaient déjà l'action révolutionnaire : il faut des caractères audacieux et entreprenans aux mouvemens populaires; la prudence, en temps de crise, est dans la promptitude des mesures. Le prince Napoléon, n'écoutant que ses instincts guerriers, arme à la hâte quelques braves déterminés, et, suivi d'un seul canon qu'il a mis en état de service, il court s'emparer hardiment de Civita-Castellane (1). Tant d'intrépidité effraya le mi-

(1) « Mon fils Louis, de son côté, était près de Civita-Castellane ; il en disposait l'assaut, et se croyait sûr de réussir, puisque tous les moyens de défense n'avaient pas encore été pris.

« Chose assez singulière, et que j'ai sue depuis, un officier du génie resté fidèle au pape, et qui, à Rome, avait donné des leçons à mon fils, le voyant de loin prendre des dispositions hostiles habilement calculées,

nistre de la guerre qu'on venait d'improviser, et l'ordre fut donné au prince Napoléon-Louis de suspendre ses attaques. Affligé de ce malheureux contre-temps, sentant tout ce qu'on perdait par ce manque de volonté et d'audace, il se hâte de revenir à Bologne pour presser de ses paroles et de son activité les préparatifs de défense, puisqu'on commettait la faute capitale de ne pas aller en avant. Il y eut une affaire assez brillante où les deux princes payèrent bravement de leur personne et chargèrent avec vigueur à la tête de quelques cavaliers. Mais les forces de l'Autriche avançaient : les indépendans se replièrent sur Forli, en faisant bonne contenance, aux cris de vive la liberté! vivent les Bonaparte! C'est à Forli que l'aîné des princes fut attaqué subitement d'une maladie mortelle; il expira dans quelques heures entre les bras de son frère, atterré sous cette perte si rapide. Malgré son inconsolable douleur, le prince Napoléon-Louis, qui rappelait les vertus et la haute capacité de son généreux frère, avec un sentiment plus prononcé du génie militaire, ne céda le terrain qu'avec beaucoup d'efforts, et sur les ordres répétés des chefs du gouvernement insurrectionnel. La retraite s'opéra sur Ancône. Abandonnés de la politique française, les indépendans se virent contrains de cesser une lutte inégale et désormais inutile. Il ne fut plus question pour les insurgés les plus compromis que de se soustraire aux vengeances combinées de Rome et de Vienne. On fréta des navires étrangers pour se réfugier en Grèce. Plusieurs chefs furent pris et traités impitoya-

---

disait avec une sorte de fierté : « Voyez ce jeune homme, comme il s'entend bien à tout cela! c'est pourtant moi qui ai été son maître. »
(*Mémoires de Tous*, t. Ier, p. 146, Paris, Levavasseur.)

blement. Le prince Napoléon-Louis, que, sur le bruit des dangers qui menaçaient sa tête, sa courageuse mère était allé rejoindre à Ancône, venait d'y tomber malade de fatigue, d'accablement et de la double désolation de l'esprit et du cœur, comme patriote et comme frère. Sur ces entrefaites, l'armée autrichienne s'empara d'Ancône; Il fallut toute la présence d'esprit et toute la force d'âme de la reine Hortense pour sauver le seul fils qui lui restait : elle fit courir le bruit que le prince s'était réfugié en Grèce ; et, quoique logée tout auprès du commandant des troupes autrichiennes, elle parvint, au milieu des plus cuisantes inquiétudes qu'elle comprimait, à dérober son malade à tous les yeux. A la faveur d'un déguisement et d'un passeport anglais, elle lui fit traverser, non sans courir de grands risques, une grande partie de l'Italie; et, pour le ramener plus facilement dans son asile en Suisse, elle osa braver la loi de proscription qui lui interdisait la France; elle arriva d'une traite à Paris, plus malheureuse encore d'être méconnue du drapeau tricolore. Ce fut la reine elle-même qui annonça, par une lettre à Louis-Philippe, son arrivée à Paris avec le prince son fils, dans le moment où M. Sébastiani disait au conseil qu'elle venait de débarquer à Malte. *On était au 20 mars.* Les manifestations napoléonistes du peuple au pied de la colonne inspiraient de grandes terreurs au pouvoir : le gouvernement se hâta de faire partir de Paris un prince dont la présence devenait un embarras dangereux en face des agitations de la capitale; sa présence pouvait être connue du peuple, qui venait de prendre un très vif intérêt à son expédition d'Italie. Il logeait avec sa mère à deux pas de la colonne d'Austerlitz ; rue de la Paix. Le bonheur de revoir sa patrie avait excité de tels transports dans ce jeune homme, que sa santé, déjà chancelante, s'en était altérée d'une manière grave. Il était dans les accès d'une fièvre ardente et couvert de sangsues, gardé par sa triste mère entre les souvenirs de la mort d'un premier fils et les inquiétudes pour les jours de l'autre, lorsque la sommation impérieuse de quitter sur-le-champ Paris leur fut faite par le ministère alarmé. Les deux nobles proscrits prirent la route de Londres. Avant de s'éloigner, le prince Napoléon avait adressé à Louis-Philippe une lettre remarquable de dignité et d'éloquence, où il réclamait noblement son titre de citoyen français dont la restauration l'avait dépouillé par la loi réactionnaire du 12 janvier 1816, et que le gouvernement du drapeau tricolore ne pouvait lui enlever sans violation de son principe et sans abus de la force. Dans sa lettre, le prince reconnaissait le roi comme *représentant de la grande nation*; il sollicitait l'honneur de servir dans les rangs de l'armée française; il se faisait gloire d'avoir embrassé en Italie la sainte cause de l'indépendance des peuples; il demandait à mourir un jour en combattant pour la patrie.

Sa lettre n'était pas d'un prince régnant, elle ne reçut aucune réponse. Un si généreux langage faisait trop bien connaître l'énergique valeur du jeune prince dont le nom n'était déjà que trop dangereux (1).

---

(1) Il faut lire dans les *Mémoires de Tous*, tome Ier. p. 65 à 280 (1804), *les Fragmens extraits des Mémoires inédits de madame la duchesse de Saint-Leu*. Ils renferment les détails les plus touchans et les plus vrais sur les événemens d'Italie et le voyage de la reine et de son fils en France.

Son voyage en Angleterre fut utile à son instruction : il visita avec la plus scrupuleuse attention tous les établissemens industriels et scientifiques. La haute aristocratie anglaise s'empressa de lui témoigner beaucoup de considération et de sympathie. Le jeune prince se refusa à tous les honneurs d'hospitalité qu'on voulait lui prodiguer ; il n'accepta aucune invitation, par respect pour la mémoire de l'empereur, qu'il honore d'un culte constant d'exaltation religieuse.

Madame la duchesse de Saint-Leu avait hâte de rentrer dans sa retraite de Turgovie. Elle venait de recevoir des passeports pour traverser la France, et n'attendait plus qu'une lettre de M. d'Houdetot pour savoir s'il lui serait permis de passer par Paris. Cette lettre n'arrivait pas, elle hésitait, lorsqu'un jour son fils lui dit :

« Si nous allons à Paris, et si je vois sabrer le peuple
« devant moi, certainement je ne résisterai pas à aller me
« mettre de son côté. » La reine prit aussitôt son parti, elle s'embarqua, tourna Paris, et ne s'arrêta plus qu'à Arenenberg.

De retour en Suisse en août 1831, il y reçut bientôt une députation secrète de Polonais, qui lui était envoyée de Varsovie pour lui proposer de se mettre à la tête de la nation en armes. Les malheurs de l'insurrection italienne l'avaient rendu défiant envers la politique du Palais-Royal. Son nom de Napoléon-Bonaparte pouvait porter ombrage et décider auprès du gouvernement français l'abandon de la Pologne, qu'un hypocrite intérêt feignait encore de vouloir soutenir. Le prince se condamna avec douleur à ne pas accepter l'honorable et délicate mission qu'on lui offrait. C'était un cruel sacrifice de prudence en faveur de la révolution polonaise. Hélas! le jeune prince ne se doutait pas, dans la sincérité de sa conscience, que la Pologne était déjà vouée aux vengeances de l'autocrate russe.

La lettre des chefs polonais au prince renfermait ce passage :

« A qui la direction de notre entreprise pourrait-elle mieux être confiée qu'au neveu du plus grand capitaine de tous les siècles? Un jeune Bonaparte apparaissant sur nos plages, le drapeau tricolore à la main, produirait un effet moral dont les suites sont incalculables. Allez donc, jeune héros, espoir de notre patrie ; confiez à des flots qui connaîtront votre nom la fortune de César, et, ce qui vaut mieux, les destinées de la liberté. Vous aurez la reconnaissance de vos frères d'armes et l'admiration de l'univers.

« 28 août 1831.

« Le général KNIAZEWIEZ,
Le comte PLATER, etc. »

Malgré les motifs de haute raison politique qui avaient comprimé l'élan du jeune prince, il ne put résister aux regrets amers qu'il avait de ne pas verser son sang pour la malheureuse Pologne. Il s'était soustrait aux regards vigilans de sa mère, il l'avait quittée subitement sans lui faire ses adieux, lorsque la nouvelle de la chute de Varsovie vint remettre le désespoir au fond de son cœur, et le rendit aux vœux agités de la reine Hortense, à qui le ciel n'épargnait aucune cruelle épreuve.

La mort du fils de l'empereur fut un grand événement

pour la France patriote et pour son infortunée famille. C'était un rude compétiteur de moins pour la royauté quasi-légitime, et surtout un instrument de terreur de moins dans les mains de l'Autriche. Cependant les inquiétudes de la Sainte-Alliance se tournèrent du côté de la Suisse; on ne pouvait oublier qu'inscrit le premier sur le grand-livre de la dynastie impériale, et reconnu par le plébiscite de l'an XII comme un héritier direct de la fortune politique de l'empereur, après le roi de Rome, le prince Napoléon-Louis avait des droits à la surveillance de l'Europe absolutiste. On dit qu'immédiatement après la mort du duc de Reichstadt, plusieurs agens diplomatiques furent envoyés en Turgovie pour mieux sonder les dispositions morales du prince : un premier secrétaire de l'ambassade française à Londres, homme de confiance du prince de Talleyrand, vint s'établir pendant quelque temps à quelques pas du château de la reine Hortense, dans le château-hôtellerie du Volsberg. La conduite calme et tranquille du neveu de l'empereur déjoua toutes les intrigues qui s'agitaient autour de lui.

Ces précautions de Talleyrand reposaient sur le bruit qui courait alors que le prince Napoléon-Louis avait eu l'idée d'une tentative au nom du duc de Reichstadt. Il avait voulu, disait-on, enlever le fils de Napoléon et le faire transporter en France; mais ne pouvant le déterminer à prendre ce parti, il lui aurait demandé ses pleins pouvoirs pour le faire proclamer empereur sous le nom de Napoléon II. M. de Metternich, informé du projet, se serait empressé de le faire échouer. On ajoutait que le gouvernement français avait eu connaissance de ces détails par son ambassadeur. Ce qu'il y a de plus vraisemblable dans toute cette affaire, c'est la peur de nos gouvernans.

Sa bourse était toujours ouverte à toutes les infortunes patriotiques; tous les débris errans de la Pologne qui passaient par Constance étaient hébergés à ses frais, et repartaient chargés de ses dons; il y employait toutes ses ressources. Un jour, il envoya un nécessaire en vermeil au comité polonais de Berne; ce nécessaire était d'une valeur inestimable, il avait appartenu à l'empereur Napoléon. Il s'en fit une loterie qui produisit 20,000 francs. Le comité en lui témoignant sa reconnaissance lui écrivit ces mots :

« Nous serions bien heureux s'il nous était possible de suivre l'impulsion de nos cœurs et de conserver comme un souvenir sacré un objet qui jadis appartenait au grand homme dont les Polonais, qui ont eu le bonheur de combattre sous ses ordres, déplorent d'autant plus la mort qu'ils sont persuadés que, lui vivant, la Pologne n'eût point été condamnée à d'horribles supplices, et ses enfans à un long et douloureux exil.

« Cinq cents réfugiés Polonais, pénétrés de sa généreuse sollicitude, ont l'honneur de présenter les sentimens du plus profond respect à l'illustre descendant de l'empereur Napoléon.

« Le 6 août 1833. »

A cette même époque une commission fut instituée à Paris sous la présidence de M. de Lafayette, pour la mise en loterie d'une foule d'objets précieux d'art, au profit des détenus politiques et des journaux patriotes. Le comte de Survilliers (Joseph-Bonaparte) envoya de Londres une croix d'honneur de l'empereur Napoléon, qui fut déposée entre les mains de M. Belmontet. Le prince Napoléon-Louis fit l'offrande d'un magnifique sabre damassé, sur la lame duquel étaient gravés unis ensemble les emblèmes du consulat et de l'empire.

Les études philosophiques et les travaux d'économie

politique du prince Napoléon-Louis, poursuivis avec un zèle infatigable, portèrent bientôt leurs fruits. Le prince publia une brochure fort remarquable, intitulée : *Considérations politiques et militaires sur la Suisse* (1). Cette brochure annonça un beau talent de penseur et d'écrivain ; elle fit une grande sensation dans le monde diplomatique et dans l'esprit des gens de guerre. D'une part, toutes les constitutions des différens cantons y étaient examinées, décrites et analysées avec une sagacité bien étonnante dans un si jeune publiciste. On y reconnut le coup d'œil et la raison éclairée d'un homme d'état déjà mûr ; les hautes vues y abondaient. L'Helvétie en fut vivement frappée ; elle y applaudit avec chaleur, car elle entrevit dans cette brochure les élémens d'une meilleure organisation républicaine dans l'avenir. D'une autre part, la question militaire y était traitée d'une manière large et savante. Le prince y établissait un système de ligne de défense, qui, franchement adopté par la diète helvétique, rendrait la république presque inabordable aux hostilités des puissances absolutistes.

Le gouvernement helvétique, pour donner plus de prix et plus d'éclat à cette hospitalité que le prince payait si bien en talent et en œuvres d'utilité publique, lui décerna par acclamation et à l'unanimité le titre *honorifique* de citoyen de la république Suisse. *Cette qualité n'entraîne pas la naturalisation.* Cette marque d'honneur avait été déjà déférée à deux grands personnages politiques : une fois au maréchal Ney, lors de l'acte de la médiation ; une autre fois au prince de Metternich, sous l'influence des événemens de 1815, par l'aristocratie de Berne.

(1) Paris, Levavasseur.

Devenant plus populaire et plus aimé de jour en jour, le prince Napoléon-Louis ne tarda pas à recevoir du gouvernement de la Suisse un témoignage plus distingué de son estime et de sa confiance ; dans le mois de juin 1834 il fut nommé capitaine d'artillerie au régiment de Berne. Son nouveau grade donna lieu à de vives démonstrations de fraternité de la part de ses camarades. Ainsi le prince, ne pouvant servir la liberté sous le drapeau de sa patrie, selon les vœux de son âme ardente, obtenait une noble réparation d'une république reconnaissante, qui le consolait des injustices du sort. Il entrait dans la carrière militaire comme l'empereur, son oncle ; il commençait comme lui dans l'arme de l'artillerie, avec le titre de capitaine, et dans une république.

Plutarque dit que rien n'est à dédaigner dans les détails biographiques des hommes publics. Leur nature se révèle partout (1). On est soi jusque dans les choses les moins

(1) « Du temps que le prince habitait avec sa mère le château d'Arenenberg, sur les bords du lac de Constance, il allait souvent se promener à cheval dans les montagnes des environs. Un jour, arrivé près d'un petit village sur le plateau élevé qui domine le lac, son attention fut tout-à-coup attirée par les cris d'une foule effrayée. Deux chevaux attelés à une légère calèche avaient pris le mors aux dents, et s'élançaient dans la direction d'un affreux précipice. Le cocher avait été renversé, et une dame seule avec deux enfans dans la voiture poussaient des cris déchirans. Mais le prince a vu le danger, et aussitôt, lançant son cheval de toute sa vitesse à travers les champs et les ravins, pour devancer la voiture, il l'atteint sur le bord de l'abîme, saisit un des chevaux par le mors, et le détourne d'une main si vigoureuse, que l'animal s'abat, et que la voiture s'arrête aux applaudissemens de la population accourue en reconnaissant le prince dans ce hardi cavalier. »

« Voici un trait qui appartient à une époque antérieure de sa vie, lorsqu'il n'avait que dix-huit à vingt ans ; il serait blâmable dans un homme du caractère du prince, s'il n'avait pour excuse son extrême jeunesse. Pendant l'hiver de 1831, se trouvant à Manheim, chez sa tante la grande

importantes. Chaque année le canton de Berne convoque à des joûtes solennelles d'adresse, comme dans les vieux temps, les plus habiles tireurs de toute la Suisse. Le tir fédéral est une fête nationale qui rassemble des milliers de combattans, et qui excite l'intérêt le plus vif dans

duchesse de Bade, il était allé se promener sur les bords du Rhin avec sa tante et ses cousines, la princesse de Wasa, les princesses Joséphine et Marie de Bade, et plusieurs personnes de la cour. La conversation tomba sur l'ancienne galanterie française. La princesse de Wasa, avec son esprit piquant et original, se prit à faire l'éloge des temps chevaleresques; elle exaltait le dévouement des chevaliers de la beauté, et rappelant des exemples, elle établissait des comparaisons qui n'étaient pas à l'avantage de notre siècle. Le prince Napoléon entra dans la discussion avec toute la chaleur de son âge : il prétendit qu'en matière de galanterie les Français n'avaient pas dégénéré, et qu'ils feraient encore pour les dames ce qu'avaient fait leurs ancêtres. «Dans tous les temps, ajouta-t-il, les dévouemens ne manquent jamais aux femmes qui savent les inspirer. »

« Cette conversation était finie, et peut-être déjà oubliée, lorsque l'on arriva à l'endroit où le Necker se jette dans le Rhin, et lutte avec tant de violence pour se frayer un passage à travers les eaux du fleuve. Ce lieu, pendant l'hiver surtout, a l'aspect d'une mer furieuse. C'était le but de la promenade. On marchait lentement le long de la chaussée du Necker, les dames occupées à défendre leur toilette contre les attaques d'un vent violent, lorsqu'une fleur s'échappant par hasard des cheveux de la princesse de Wasa, alla tomber dans la rivière.

« Voyez, dit la jeune femme en riant de sa mésaventure, c'eût été une charmante occasion pour un ancien chevalier.

« Qu'est-ce donc? dit le jeune prince qui ignorait ce léger accident; et comme chacun lui montrait la malheureuse fleur entraînée par un courant furieux, et prête de disparaître dans l'abîme. « — Ah! ma cousine, s'écria-t-il, c'est un défi que vous me portez : Hé bien! je l'accepte. » Et aussitôt, avant qu'on pût l'arrêter, il s'élance tout habillé dans le fleuve. Que l'on juge de l'effroi de la grande duchesse, de toutes les personnes présentes, et surtout de la princesse de Wasa, dont l'innocente plaisanterie avait causé un tel acte de témérité. On se lamentait, on criait au secours : tout le monde était épouvanté de cette audace.

«Le prince cependant nageait vigoureusement, luttant contre la violence du courant, et poursuivant la fleur qui fuyait au loin. Longtemps il disparut derrière les vagues, aux yeux de ses parentes désolées : mais on le

tous les cantons. Le prince *Napoléon-Louis* était invité tous les ans à ces réunions, qui sont les jeux olympiques de l'Helvétie. Sa présence y était constamment remarquée avec un vrai plaisir ; il acceptait toujours le combat, et souvent il a remporté, aux grands vivats de l'assemblée, des drapeaux et des couronnes qui étaient le prix de l'habileté victorieuse. Il n'est pas d'exercice gymnastique où il ne puisse se distinguer. Il excelle à monter à cheval ; il traversait souvent à la nage le grand lac de Constance ; on le dit d'une grande force dans le maniement des armes et dans les combats de lance à la manière polonaise. C'est le résultat de son éducation toute lacédémonienne (1).

vit, après des efforts inouïs, revenir tenant d'une main la précieuse fleur, et regagner le rivage qu'il aborda sain et sauf, mais glacé.

« — Tenez, dit-il en mettant le pied sur le bord, voici votre fleur, ma belle cousine ; mais, ajouta-t-il en riant, oubliez, je vous prie, vos anciens chevaliers. »

(*Lettres de Londres*, 1840, page 13 à 17.)

(1) On lit dans un ouvrage de M. Buchon, publié en 1836, sous le titre *Quelques souvenirs de courses en Suisse et dans le pays de Bade*, les passages suivans :

« Je retrouvai la reine Hortense telle que je l'avais vue... Quelques jours avant ma visite, le prince Napoléon-Louis, seul fils qui lui reste, venait d'arriver d'un voyage en Angleterre.

« Pendant les longues années de l'exil, son esprit s'est nourri d'études sérieuses ; son activité s'est surtout portée sur l'étude austère des mathématiques et de l'artillerie. Quoique fort jeune, il a pris même un rang fort honorable parmi les écrivains qui méditent et qui pensent d'après eux-mêmes. Une grande activité physique se joint à ce calme d'esprit, et ces deux qualités réunies l'eussent, je pense, placé très-haut dans l'estime de son oncle ; mais relégué aujourd'hui en dehors de la vie publique, sans patrie qui le veuille accueillir, sans avenir prochain, son égalité d'humeur, sa bienveillance soutenue, sa bonté inépuisable pour tous les malheureux, son jugement net et clair, son esprit franc et vrai, *lui ont assuré des amis à l'épreuve de tous les reviremens de la fortune.* »

Lorsque le triomphe de la cause constitutionnelle en Portugal eut remis sur son trône la jeune reine dona Maria, et qu'il fut question de lui donner un époux digne de diriger les destinées d'une nation devenue libre, des Portugais de haute distinction jetèrent les yeux sur le prince Napoléon-Louis, dont le caractère et l'énergie leur presentaient les garanties les plus sûres pour l'indépendance et la liberté de leur patrie. Mais le neveu de Napoléon, loin de céder aux séductions d'une position aussi brillante, mit fin aux négociations entamées à ce sujet, et il basa le désintéressement d'un tel refus de couronne sur deux raisons pleines de noblesse d'ame et de dignité patriotique : l'une, c'est qu'il ne voulait accepter aucune élévation qui séparât son sort et ses intérêts des intérêts et du sort de la France; l'autre, c'est qu'il était décidé à éviter toute concurrence avec son cousin, le prince de Leuchtemberg, fils du prince Eugène. Après la mort du jeune duc, enseveli si vite dans sa royauté, mêmes propositions et mêmes instances de la part du Portugal, même refus de la part du prince Napoléon-Louis. Les journaux publièrent à ce sujet une lettre de lui, en décembre 1835, qui respirait les plus purs sentimens d'honneur national et d'amour de la France. L'élévation de la pensée le disputait à la noblesse des expressions (1).

Vers la fin de cette même année de 1835, après trois

(1) Voici cette lettre :

Arenenberg, ce 14 décembre 1835.

«Plusieurs journaux ont accueilli la nouvelle de mon départ pour le Portugal, comme prétendant à la main de la reine dona Maria. Quelque flatteuse que soit pour moi la supposition d'une union avec une jeune reine, belle et vertueuse, veuve d'un cousin qui m'était cher, il est de mon

ans de laborieuses recherches, de graves méditations sur l'art de l'artillerie et des études approfondies, après un long travail d'expériences pratiques, le prince Napoléon-Louis s'est placé au premier rang des écrivains et des tacticiens militaires par la publication d'un ouvrage des plus substantiels, sous le titre modeste de *Manuel d'Artillerie pour la Suisse*. C'est un cours à l'usage de toutes les nations modernes ; mais on voit que pour le jeune auteur c'est toujours la France qui est à l'horizon de sa pensée. Il y explique de la manière la plus lumineuse le génie de Napoléon dans ses grandes manœuvres de ses grands jours de victoire. C'est par la science des projectiles que l'empereur a décidé si souvent du destin de l'Europe. Son neveu trace rapidement, à grands

devoir de réfuter un tel bruit, puisqu'aucune démarche qui me soit connue n'a pu y donner lieu.

« Je dois même ajouter que, malgré le vif intérêt qui s'attache aux destinées d'un peuple qui vient d'acquérir ses libertés, je refuserais l'honneur de partager le trône du Portugal, si le hasard voulait que quelques personnes jetassent les yeux sur moi.

« La belle conduite de mon père, qui abdiqua, en 1810, parce qu'il ne pouvait allier les intérêts de la France avec ceux de la Hollande, n'est pas sortie de mon esprit. Mon père ma prouvé, par son grand exemple, combien la patrie est préférable à un trône étranger. Je sens, en effet, qu'habitué dès mon enfance à chérir mon pays par-dessus tout, je ne saurais rien préférer aux intérêts français.

« Persuadé que le grand nom que je porte ne sera pas toujours un titre d'exclusion aux yeux de mes compatriotes, puisqu'il leur rappelle quinze années de gloire, j'attends avec calme, dans un pays hospitalier et libre, que le peuple rappelle dans son sein ceux qu'exilèrent, en 1815, douze cent mille étrangers. Cet espoir de servir un jour la France comme citoyen et comme soldat, fortifie mon âme, et vaut, à mes yeux, tous les trônes du monde. »

« Recevez, etc.

« NAPOLÉON-LOUIS BONAPARTE. »

traits le précis historique de cet art depuis son invention. Il a puisé aux sources les plus précieuses, pour composer de ces élémens divers un tout homogène et complet. Il a consulté une foule d'ouvrages allemands, italiens et français, dans les langues originales. Les autorités les plus compétentes pour juger du mérite de cet ouvrage en ont fait le plus grand éloge. Le *Spectateur militaire* (1), la presse nationale de France, les journaux suisses et anglais en ont parlé comme d'une œuvre capitale, comme du meilleur traité d'artillerie qui existe en Europe. Il a fallu la réunion d'une infinité de connaissances exactes et la capacité d'une haute intelligence pour une si remarquable production. Le neveu de Napoléon a dignement soutenu l'honneur de ce beau nom. C'est ce qu'a pensé M. le chef d'escadron d'artillerie Picard qui, chargé de présenter à la 3ᵉ classe de *l'Institut historique* un rapport sur le livre du prince, termine son travail en ces termes:

« Nous pensons que le *Manuel d'Artillerie* publié
« par notre collègue le prince Napoléon-Louis Bona-
« parte mérite d'occuper une place distinguée dans la
« bibliothèque des officiers français, et qu'il doit être un
« ouvrage précieux pour MM. les officiers de la républi-
« que helvétique, qui, sans doute, n'avaient point un aide-
« mémoire en rapport avec l'organisation particulière
« de leur artillerie et avec le nouveau matériel qu'elle
« vient d'adopter. En se rendant utile aux jeunes offi-
« ciers de son arme, le prince Napoléon a dignement

---

(1) Le compte-rendu du *Manuel* est dû à un des officiers supérieurs d'artillerie les plus distingués de l'armée.

« payé la dette de l'hospitalité ; et il a montré, pour me
« servir de ses expressions, que les neveux du capitaine
« d'artillerie de Toulon n'ont point dégénéré (1). »

Le prince avait manifesté le désir d'appartenir à cette société savante, fondée dans le but de propager le goût des études historiques. Son admission ayant été prononcée, il voulut payer son tribut d'usage, et il adressa, d'Arenenberg, le 3 décembre 1835, un *Précis historique sur l'arme de l'artillerie*. Ce mémoire lu, discuté et unanimement approuvé, fut inséré dans le tome 3, (p. 193) du journal de la société. Ce travail fit sensation parmi les hommes spéciaux. Comme dans toutes les productions du jeune écrivain, on retrouve dans celle-ci une pensée de regret que l'exil ramène toujours sous la plume du patriote, pensée qui touche, qui attendrit le citoyen le moins prévenu en faveur de celui qu'elle tourmente. Ainsi, on lit dans cet écrit de peu d'étendue le paragraphe suivant : « Le sort m'a refusé jusqu'à présent le bon-
« heur de servir ma patrie ; mais il me reste du moins la
« consolation d'être citoyen d'un pays qui a su conqué-
« rir indépendance et liberté ; et d'ailleurs, les destinées
« de toutes les nations civilisées sont si étroitement liées
« ensemble, qu'être utile à un peuple libre, c'est encore
« servir la France. »

L'année 1836 devait marquer dans la vie du prince Napoléon-Louis : c'est l'époque de sa tentative sur Strasbourg. Je vais essayer d'expliquer les causes de ce grand événement et de décrire le plus succinctement possible les faits qui se sont passés, en employant à cet effet les brochures qui ont paru à New-York, à Londres et à Paris,

(1) *Journal de l'Institut historique*, 3ᵉ année, 1836, t. IV, p. 76, 77.

en 1837 et 1838, les comptes-rendus du procès, les matériaux que j'avais réunis moi-même pour publier une histoire de ce temps, les pièces et les notes que je suis parvenu à me procurer depuis.

Après la mort du duc de Reichstadt les vœux et les désirs des nombreux partisans que le fils de l'empereur comptait en France se tournèrent vers le prince Napoléon-Louis, qu'ils avaient maintefois pressé d'agir afin de se faire connaître personnellement. Les hommes les plus influens avaient cherché à lui démontrer que les opinions les plus extrêmes, quoique dans des intérêts contraires, s'entendaient toutes sur le principe fondamental de la souveraineté nationale, que l'appel au peuple des républicains, la réforme électorale de l'opposition parlementaire, le vote universel des royalistes, accusaient une foi commune à tous les partis. Le prince était parfaitement convaincu de la vérité de ces principes; mais devant l'immense responsabilité qu'il voulait encourir, il avait besoin d'être fortifié par la démonstration pratique des événemens; or, rien ne pouvait mieux confirmer son opinion que la succession des faits accomplis depuis cinq ans. Les émeutes de Paris et des départemens, la prise d'armes des 5 et 6 juin, des 13 et 14 avril, les mouvemens de Lyon, de Grenoble et de vingt autres villes, les agitations sans cesse renaissantes sur tous les points de la France, le licenciement des gardes nationales à Lyon, à Grenoble, à Strasbourg, etc., tout lui demontrait la véritable situation du pays.

Dès lors il établit des relations amicales, scientifiques ou politiques avec les hommes distingués de tous les partis. M. de Châteaubriand lui écrivit : « Prince, il n'y a

« pas de nom qui aille mieux à la gloire de la France que
« le vôtre. » Le général Lafayette voulut lui donner sa
petite-fille. Carrel répondit à des avances : « Les ouvrages
« de Napoléon-Louis Bonaparte annoncent une forte tête
« et un noble caractère ; le nom qu'il porte est le plus
« grand des temps modernes ; c'est le seul qui puisse
« exciter fortement les sympathies du peuple français. Si
« ce jeune homme sait comprendre les nouveaux inté-
« rêts de la France ; s'il sait oublier ses droits de légiti-
« mité impériale pour ne se rappeler que la souveraineté
« du peuple, il peut-être appelé à jouer un grand rôle. »

Beaucoup de personnes avaient été trouver le prince à
Arenenberg, puis à Bade, où il s'était rendu au mois de
juillet 1836, entre autres, je le crois, M. le général Woirol.

Le plan d'invasion commença à se former. Il consis-
tait à se jeter inopinément sur Strasbourg, à y rallier
le peuple et la garnison par le prestige du nom et l'ascendant de l'audace, et à se porter aussitôt, à marches
forcées, sur Paris, en traversant les Vosges, la Lorraine,
la Champagne, entraînant troupes, gardes nationales,
peuple des villes et des campagnes. On ne doutait pas
du concours des garnisons de l'Alsace.

Cependant le prince, craignant de trop donner au
hasard, vint secrètement à Strasbourg. Il assista à une
réunion de vingt-cinq officiers qui l'accueillirent avec
transport et prirent des engagemens avec lui. Il retourna
à Bade, puis à Arenenberg et alla au camp de Thun. On
était à la fin d'août.

Le 28 octobre, à dix heures du soir, le prince rentrait
dans Strasbourg, sans les généraux sur lesquels il avait
dû compter, et qui, par un malentendu inexplicable, ne

s'étaient pas rencontrés au rendez-vous indiqué; mais il y rentrait appelé par le dévoûment de la plupart des officiers de la garnison.

La journée du 29 fut employée aux préparatifs de l'action : chacun des conjurés reçut ses ordres, et le 30, à 5 heures du matin, on sonnait le réveil au quartier d'Austerlitz, occupé par le 4e régiment d'artillerie, qui se rallia aux cris de *vive Napoléon! vive l'Empereur!*

Pendant le mouvement militaire, les proclamations suivantes étaient répandues dans la ville. Ces pièces étant l'œuvre du prince et ayant acquis une valeur historique, il ne m'était pas permis de les supprimer dans cette notice.

« AU PEUPLE FRANÇAIS.

« Français,

« On vous trahit; vos intérêts politiques, vos intérêts commerciaux, votre honneur, votre gloire sont vendus à l'étranger.

« Et par qui? Par les hommes qui ont profité de votre belle révolution, et qui en renient tous les principes. Est-ce donc pour avoir un gouvernement sans parole, sans honneur, sans générosité, des institutions sans force, des lois sans liberté, une paix sans prospérité et sans calme, enfin, un présent sans avenir, que nous avons combattu depuis quarante ans?

« En 1830, on imposa à la France un gouvernement sans consulter ni le peuple de Paris, ni le peuple des provinces, ni l'armée française; tout ce qui a été fait sans vous est illégitime.

« Un congrès national, élu par tous les citoyens, peut seul avoir le droit de choisir ce qui convient le mieux à la France.

« Fier de mon origine populaire, fort de quatre millions de votes qui me destinaient au trône, je m'avance devant vous comme représentant de la souveraineté du peuple.

« Il est temps qu'au milieu du chaos des partis, une voix nationale se fasse entendre ; il est temps qu'aux cris de la liberté trahie vous renversiez le joug honteux qui pèse sur notre belle France ; ne voyez-vous pas que les hommes qui règlent nos destinées sont encore les traîtres de 1814 et de 1815, les bourreaux du maréchal Ney ?

« Pouvez-vous avoir confiance en eux ?

« Ils font tout pour complaire à la Sainte-Alliance ; pour lui obéir, ils ont abandonné les peuples, nos alliés ; pour se soutenir, ils ont armé le frère contre le frère ; ils ont ensanglanté nos villes, ils ont foulé aux pieds nos sympathies, nos volontés, nos droits.

« Les ingrats ! ils ne se souviennent des barricades que pour préparer les forts détachés ; méconnaissant la grande nation, ils rampent devant les forts et insultent les faibles. Notre vieux drapeau tricolore s'indigne d'être plus long-temps entre leurs mains ! Français ! que le souvenir du grand homme qui fit tant pour la gloire et la prospérité de la patrie vous ranime ! Confiant dans la sainteté de ma cause, je me présente à vous, le testament de l'empereur Napoléon d'une main (1), son épée d'Auster-

---

(1) C'est au passage suivant du testament de l'Empereur que le Prince fait allusion.

Je lègue mon domaine privé (200 millions), moitié aux officiers et sol-

litz de l'autre. Lorsqu'à Rome le peuple vit les dépouilles ensanglantées de César, il renversa ses hypocrites oppresseurs. Français, Napoléon est plus grand que César; il est l'emblème de la civilisation du xixe siècle.

» Fidèle aux maximes de l'Empereur, je ne connais d'intérêts que les vôtres, d'autre gloire que celle d'être utile à la France et à l'humanité. Sans haine, sans rancune, exempt de l'esprit de parti, j'appelle sous l'aigle de l'empire tous ceux qui sentent un cœur français battre dans leur poitrine.

« J'ai voué mon existence à l'accomplissement d'une grande mission. Du rocher de Sainte-Hélène, un rayon du soleil mourant a passé dans mon âme. Je saurai gar—

---

dats qui restent des armées françaises qui ont combattu, depuis 1792 jusqu'en 1815, pour la gloire et l'indépendance de la nation (la répartition en sera faite au prorata des appointemens d'activité), moitié aux villes et campagnes d'Alsace, de Lorraine, de Franche-Comté, de Bourgogne, de l'Ile de France, de Champagne, Forez, Dauphiné, qui auraient souffert de l'une ou l'autre invasion.

Il sera, de cette somme, prélevé un million pour la ville de Brienne et un million pour la ville de Méry.—Viennent ensuite plusieurs dons particuliers.

300,000 francs aux officiers et soldats du bataillon de ma garde de l'île d'Elbe, actuellement vivans, ou à leurs veuves et enfans, au prorata des appointemens, et selon l'état qui sera arrêté par mes exécuteurs testamentaires. Les amputés ou blessés grièvement auront le double. L'état en sera arrêté par Larrey et Emmery.

100,000 francs pour être répartis entre les proscrits qui errent en pays étrangers. Français, Italiens, ou Belges, ou Hollandais, ou Espagnols, ou des départemens du Rhin, sur ordonnance de mes exécuteurs testamentaires.

200,000 francs pour être répartis entre les amputés ou blessés grièvement de Ligny, Waterloo, encore vivans, sur des états dressés par mes exécuteurs testamentaires, auxquels seront joints Cambronne, Larrey, Percy et Emmery. Il sera donné double à la garde, quadruple à ceux de l'île d'Elbe.

der ce feu sacré, je saurai vaincre ou mourir pour la cause du peuple.

«Hommes de 1789, hommes du 20 mars 1815, hommes de 1830, levez-vous! voyez qui vous gouverne, voyez l'aigle, emblème de gloire, symbole de liberté, et choisissez!

« Vive la France! vive la liberté!

« NAPOLÉON. »

« A L'ARMÉE.

« Soldats!

« Le moment est venu de recouvrer votre ancienne splendeur! Faits pour la gloire, vous pouvez moins que d'autres supporter plus long-temps le rôle honteux qu'on vous fait jouer. Le gouvernement, qui trahit nos intérêts civils, voudrait aussi ternir notre honneur militaire. L'insensé! croit-il que la race des héros d'Arcole, d'Austerlitz, de Wagram, soit éteinte?

« Voyez le lion de Waterloo encore debout sur nos frontières; voyez Huningue privé de ses défenses; voyez les grades de 1815 méconnus; voyez la Légion-d'Honneur prodiguée aux intriguans et refusée aux braves; voyez notre drapeau..... il ne flotte nulle part où nos armes ont triomphé! Voyez, enfin, partout trahison, lâcheté, influence étrangère, et écriez-vous avec moi: Chassons les barbares du Capitole! Soldats, reprenez ces aigles que nous avions dans nos grandes journées : les ennemis de la France ne peuvent en soutenir les regards; ceux qui vous gouvernent ont déjà fui devant elles! Délivrer la patrie des traîtres et des opresseurs, protéger les droits du peuple, défendre la France et ses alliés contre l'invasion : voilà la route où l'honneur vous appelle; voilà quelle est votre sublime mission !

« Soldats français, quels que soient vos antécédens, venez tous vous ranger sous le drapeau tricolore régénéré; il est l'emblème de vos intérêts et de votre gloire. La patrie divisée, la liberté trahie, l'humanité souffrante, la gloire en deuil, comptent sur vous : vous serez à la hauteur des destinées qui vous attendent.

« Soldats de la république, soldats de l'empire, que mon nom réveille en vous votre ancienne ardeur. Et vous, jeunes soldats, qui êtes né comme moi au bruit du canon de Wagram, souvenez-vous que vous êtes les enfans des soldats de la grande armée. Le soleil de cent victoires a éclairé notre berceau. Que nos hauts faits ou notre trépas soient dignes de notre naissance! Du haut du ciel, la grande ombre de Napoléon guidera nos bras, et contens de nos efforts, elle s'écriera : « Ils étaient dignes de leurs pères ! »

« Vive la France ! vive la liberté !

« NAPOLÉON. »

« AUX HABITANS DE STRASBOURG.

« Alsaciens,

« A vous l'honneur d'avoir les premiers renversé une autorité qui, esclave de la Sainte-Alliance, compromettait chaque jour davantage notre avenir de peuple civilisé ! Le gouvernement de Louis-Philippe vous détestait particulièrement, braves Strasbourgeois, parce qu'il déteste tout ce qui est grand, généreux, national. Il a blessé votre honneur en cassant vos légions ; il a froissé vos intérêts en consacrant les droits d'entrée, et en permettant l'établissement de douanes étrangères qui paralysent votre commerce.

« Strasbourgeois, vous avez mis la main sur vos blessures, vous m'avez appelé au milieu de vous pour qu'ensemble nous vainquions et mourions pour la cause du peuple. Guidé par vous et par les soldats, je touche enfin, après un long exil, le sol sacré de la patrie. Grâces vous en soient rendues! Alsaciens ! mon nom est un drapeau qui doit vous rappeler de grands souvenirs ; et ce drapeau, vous le savez, inflexible devant *les partis et l'étranger*, ne s'incline que devant la majesté du peuple.

« Honneur, patrie, liberté, voilà notre mobile et notre but. Paris, en 1830, nous a montré comment on renverse un gouvernement impie; montrons-lui, à notre tour, comment on consolide les libertés d'un grand peuple.

Strasbourgeois ! demain nous marchons sur Paris pour délivrer la capitale des traîtres et des oppresseurs. Reformez vos bataillons nationaux qui effrayaient un gouvernement impopulaire ; gardez pendant notre absence votre ville, ce boulevart de l'indépendance de la France, aujourd'hui le berceau de sa régénération. Que l'ordre et la paix règnent dans vos murs, et que le génie de la France veille avec vous sur vos remparts.

« Alsaciens ! avec un grand peuple ont fait de grandes choses. J'ai une foi entière dans le peuple français.

« NAPOLÉON (1). »

(1) En 1836, un journal intitulé : *Chronique de Paris,* paraissait, affir-

On sait quelle fut l'issue de cette entreprise hardie :
MM. Vaudrey, Parquin, Laity, de Querelles, de Bruc,
de Gricourt et Mme veuve Gordon comparurent devant
les assises du Bas-Rhin, et furent acquittés ; le prince,

mait-on alors, sous les auspices de madame Adélaïde, sœur du roi. Le *Temps* du 14 novembre de la même année en publia l'extrait suivant :

« On tient pour certain que quelques royalistes ont cherché à se rapprocher de lui (du prince Bonaparte). Le jeune prince s'est même ouvert à quelqu'un ici sur une conversation qu'il aurait eue avec un des fidèles de la branche aînée. « Est-ce que le titre de connétable de France avec
« Henri V ne satisferait pas votre ambition? » lui aurait-on dit. Le prince aurait répondu : « Il est difficile que ces deux causes marchent
« ensemble, puisque l'une représente l'intérêt populaire et l'autre l'inté-
« rêt aristocratique. » Et en continuant sur ce chapitre, il aurait ajouté :
« Voilà déjà plusieurs fois qu'on me parle de cette alliance. On a été
« même jusqu'à me faire entendre qu'un lien entre la fille de la duchess
« de Berri et moi pourrait donner une garantie à tous les partis. J'ai
« repoussé cette idée, et j'ai déclaré que si jamais j'avais quelque puis-
« sance, je ne m'en servirais que *pour en appeler au peuple, qui seul*
« *est le maître de prononcer sur ce qui lui convient;* qu'il nomme Henri V
« ou Napoléon, ou même le duc d'Orléans, n'importe! Mon ambition
« est de le mettre à même de faire entendre sa voix. Cette voix ne doit
« plus être comprimée, et c'est une belle mission pour moi que de rendre
« au peuple l'exercice de sa souveraineté pleine et entière; car la tran-
« quillité ne sera assurée à la France que lorsque le pays aura choisi
« librement son gouvernement; *je serai alors le premier à me soumettre*
« *au décret de la majorité.* »

« L'interlocuteur du prince lui ayant représenté que la minorité était souvent le parti intelligent, et celui à qui il appartenait de décider du sort de la nation, il répondit vivement : « La nation française est assez civi-
« lisée pour que, chez elle, du moins, on s'en rapporte à la majorité.
« Quant à moi, je m'y soumets d'avance et sans réserve. »

« Ces détails semblent prouver qu'il n'est pas possible que le prince Louis se soit présenté comme Napoléon II ou Napoléon III, réclamant pour son compte la couronne de France. C'est sans doute une erreur comme celle sur son costume qu'on a prétendu imiter celui de Napoléon. L'uniforme d'artillerie que portait ici le prince Louis était vert, et le chapeau à trois cornes qu'il a fait faire n'est point une imitation de celui de l'empereur, mais simplement un chapeau ordinaire d'état-major. »

Et afin de dissiper toute incertitude à cet égard, je rapporterai ici la

mis en dehors des débats par une haute mesure politique, en analogie avec celle dont Madame la Duchesse de Berri avait été l'objet, fut amené à Paris, conduit à Lorient, et embarqué pour l'Amérique.

En entrant dans sa prison, à Strasbourg, son premier soin fut d'écrire au général Woirol, pour prendre la responsabilité de l'événement sur lui seul, et appeler sur sa tête toute la rigueur des lois, disant qu'il était le plus coupable et le seul à craindre.

Ensuite il écrivit cette lettre à madame la duchesse de Saint-Leu :

« Ma chère mère,

« Vous avez dû être bien inquiète de ne pas recevoir de mes nouvelles, vous qui me croyiez chez ma cousine ; mais votre inquiétude redoublera lorsque vous appren-

---

lettre écrite au rédacteur en chef de l'*Observateur des Tribunaux* par M. le commandant Parquin.

« Wolfsberg, 1ᵉʳ février 1837.

« Monsieur le Rédacteur,

« Sachant que vous vous occupez de publier en entier le procès de Strasbourg, dans l'intérêt de la vérité, je crois devoir rectifier une erreur qui n'a pas été relevée aux débats. L'acte d'accusation fait dire au prince, lors de son entrée chez M. le général Woirol : « Reconnaissez en moi Napoléon II. » Ce fait est faux. Le prince a dit au général : « Reconnaissez en moi Napoléon, neveu de l'empereur. » Il est également faux qu'aucun de ses officiers ait donné des ordres au nom de Napoléon II ; si les ordres ont été donnés au nom du prince Napoléon, si les soldats et les officiers qui entouraient le prince ont crié partout : *Vive l'Empereur !* c'est qu'à ce cri seulement le peuple et l'armée se réunissaient à nous.

« Veuillez agréer, etc.

« Le Commandant, Ch. PARQUIN. »

drez que j'ai tenté à Strasbourg un mouvement qui a échoué. Je suis en prison, ainsi que d'autres officiers : c'est pour eux seuls que je suis en peine : car moi, en commençant une telle entreprise, j'étais préparé à tout. Ne pleurez pas, ma mère ; je suis victime d'une belle cause, d'une cause toute française : plus tard on me rendra justice, et l'on me plaindra.

« Hier dimanche, à six heures, je me suis présenté devant le 4ᵉ d'artillerie, qui m'a reçu aux cris de *vive l'Empereur*. Nous avions détaché du monde. Le 46ᵉ a résisté ; nous nous sommes trouvés pris dans la cour de la caserne. Heureusement, il n'y a pas eu de sang français répandu ; c'est ma consolation dans mon malheur ! Courage, ma mère, je saurai soutenir jusqu'au bout l'honneur du nom que je porte.

« M. Parquin est aussi arrêté. Faites copier cette lettre pour mon père, et contribuez à calmer son inquiétude. Charles a demandé à partager ma captivité ; on le lui a accordé. Adieu, ma chère mère ; ne vous attendrissez pas inutilement sur mon sort. La vie est peu de chose, l'honneur et la France sont tout pour moi.

« Recevez l'assurance de mon sincère attachement ; je vous embrasse de tout mon cœur.

« Votre tendre et respectueux fils,

« NAPOLÉON-LOUIS-BONAPARTE. »

« Strasbourg, le 1ᵉʳ novembre 1836. »

Le prince attendait avec impatience le jour du jugement ; mais le 9 novembre, à sept heures du soir, le général Woirol et le préfet Choppin-d'Arnouville le tirèrent de sa prison et l'emmenèrent, sans lui dire où on le conduisait. Il pria vainement qu'on le laissât avec ses compagnons d'infortune dont il voulait absolument partager le sort. Arrivé à l'hôtel de la préfecture, il fut remis à la garde de M. Cuynat, commandant de la gendarmerie du département de la Seine, qui était accompagné du lieutenant Thiboutot et de quatre sous-officiers. Deux voitures de poste étaient attelées, il monta dans l'une, et bientôt il apprit des personnes qui l'accompagnaient qu'on le conduisait à Paris. Alors il devina qu'il allait être l'objet d'une faveur spéciale, et, ne pouvant réprimer sa douleur, il exprima aux officiers ses plaintes et ses regrets, et leur dit combien la mesure qui le séparait de ses amis lui était pénible.

MM. Cuynat et Thiboutot, dont le prince loue les soins et les égards, ne purent le consoler qu'en lui disant que son éloignement pourrait peut-être améliorer la situation des prisonniers de Strasbourg. Arrivé à Paris le 12, à deux heures du matin, il descendit à la préfecture de police. M. Delessert le reçut seul. Il lui annonça que la reine Hortense était venue demander sa grâce au roi, et qu'il allait être conduit à Lorient pour être transporté de là aux Etats-Unis d'Amérique. Le prince réclama contre son enlèvement. M. Delessert lui répondit : « Le gou-
« vernement a agi envers vous comme il avait agi envers
« la duchesse de Berri. Il y aurait eu injustice à vous
« traiter différemment. Vos amis ne peuvent pas avoir le
« même sort que vous ; quand vous serez à Lorient, vous
« écrirez les dispositions que vous jugerez convenable de
« faire. » Mais le commandant de gendarmerie avait la

défense expresse de laisser écrire un mot au prince avant son embarquement. Le prince allait partir immédiatement. Il lui restait un devoir à remplir, c'était de tâcher d'être utile à ses amis. Il écrivit à Madame la duchesse de St.-Leu :

« Ma chère mère,

« Je reconnais à votre démarche toute votre tendresse pour moi; vous avez pensé au danger que je courais, mais vous n'avez pas pensé à mon honneur, qui m'obligeait à partager le sort de mes compagnons d'infortune. J'éprouve une douleur bien vive en me voyant séparé des hommes que j'ai entraînés à leur perte, lorsque ma présence et mes dépositions auraient pu influencer le jury en leur faveur. J'écris au roi pour qu'il jette sur eux un regard de bonté : c'est la seule grâce qui puisse me toucher.

« Je pars pour l'Amérique ; mais, ma chère mère, si vous ne voulez pas augmenter ma douleur, je vous en conjure, ne me suivez pas; l'idée de faire partager à ma mère mon exil de l'Europe serait, au yeux du monde, une tache indélébile pour moi, et pour mon cœur cela serait un chagrin cuisant. Je veux, en Amérique, faire comme Achille Murat, me créer moi-même une existence : il me faut un intérêt nouveau pour pouvoir m'y plaire.

« Je vous prie, ma chère mère, de veiller à ce qu'il ne manque rien aux prisonniers de Strasbourg; prenez soin des deux fils du colonel Vaudrey, qui sont à Paris avec leur mère. Je prendrais bien facilement mon parti, si je savais que mes autres compagnons d'infortune auront la vie sauve; mais avoir sur la conscience la mort de braves soldats, c'est une douleur amère qui ne peut jamais s'effacer.

« Adieu, ma chère mère, recevez mes remercîmens pour toutes les marques de tendresse que vous me donnez. Retournez à Arenenberg, mais ne venez pas me rejoindre en Amérique, j'en serais trop malheureux. Adieu. Recevez mes tendres embrassemens ; je vous aime toujours de tout mon cœur.

« Votre tendre et respectueux fils,

« Napoléon-Louis Bonaparte. »

Le prince crut devoir écrire aussi au roi Louis-Philippe pour lui exprimer la peine qu'il éprouvait d'être traité d'une manière exceptionnelle : il faisait, disait-il, peu de cas de la vie qu'on lui laissait, car, en entrant en France, il y avait renoncé : c'était uniquement la vie de ses amis qui l'intéressait ; et si le roi leur faisait grâce, alors il pourrait compter sur son éternelle reconnaissance. Le jury de Strasbourg a tranché la question.

Après un repos de deux heures à la préfecture, le prince partit pour Lorient, où il arriva le 15, à 2 heures du matin.

A peine entré dans sa nouvelle prison, la pensée de ses amis de Strasbourg, qui ne l'abandonnait point, le porta à écrire la lettre qu'on va lire, et qui lui a été reprochée par les uns, opposée par les autres depuis les événemens de Boulogne. Dans cette lettre, le prince ne recule devant aucune considération pour sauver ses amis ; il consent même à faire croire qu'il les a trompés. On verra qu'il y parle en effet de la clémence et de la générosité du Roi, il ne pouvait pas s'exprimer autrement. Le prince n'avait plus rien à craindre ni à espérer pour lui, il allait s'embarquer ; quand cette lettre parviendrait à son adresse, il serait hors des mains du gouvernement. Libre au public de croire que le gouvernement n'a agi comme il l'a fait que parce qu'il lui eût été impossible de faire juger le neveu de Napoléon ; mais, de la part du prince, il n'eut pas été digne de ne pas croire à la noblesse du Gouvernement qui le soustrayait à toute juridiction ; il n'eut pas été politique à lui, lorsqu'il laissait ses amis sous le glaive de la justice, de ne pas croire à la générosité de son ennemi. La meilleure preuve que le prince avait parfaitement saisi la convenance de sa démarche, c'est que la lecture de plusieurs passages de cette lettre, faite à l'audience du 17 janvier 1837, par Me Parquin, dans sa réplique à l'avocat-général au nom de tous ses confrères, produisit un mouvement si favorable aux accusés, que, dès ce moment, ils purent espérer un acquittement. En donnant ici dans son entier cette lettre qui a été diversement interprétée, c'est conserver de tous les documens émanés du prince un des plus graves et des plus importans.

« De la citadelle de Port-Louis, 15 novembre 1836.

« A M. ODILON-BARROT.

« Monsieur,

« Malgré mon désir de rester avec mes compagnons d'infortune, et de partager leur sort, malgré mes réclamations à ce sujet, le Roi, dans sa clémence, a ordonné que je fusse conduit à Lorient pour passer de là en Amérique. Quoique vivement touché de la générosité du roi, je suis profondément affligé de quitter mes co-accusés, en pensant que ma présence à la barre, mes dépositions en leur faveur, auraient pu influencer le jury et l'éclairer sur plusieurs faits importans. Privé de la consolation d'être utile à des hommes que j'ai entraînés à leur perte, je suis obligé de confier à un avocat ce que je ne puis plus dire moi-même devant le jury. De la part de mes co-accusés il n'y a pas eu complot, il n'y a eu que l'entraînement du moment. Moi seul ai tout combiné; moi seul ai fait les préparatifs nécessaires. J'avais déjà vu le colonel Vaudrey avant le 30 octobre, mais je n'avais pas conspiré avec lui. Le 29, à huit heures du soir, personne, excepté moi, ne savait que le mouvement aurait lieu le lendemain. Je ne vis le colonel que plus tard dans la nuit. M. Parquin était venu à Strasbourg pour ses affaires. Le 24 au soir seulement, je le fis appeler. Les autres personnes connaissaient ma présence en France, mais en ignoraient le motif. Ce n'est donc que le 29 au soir que je réunis les personnes actuellement accusées, et que je leur fis part de mes intentions. Le colonel n'y était pas. Les officiers de pontonniers sont venus se joindre à nous, ignorant d'abord de quoi il s'agissait. Certes, nous sommes tous coupables envers le gouvernement établi, d'avoir pris les armes contre lui; mais le plus coupable, c'est moi sans contredit; c'est celui qui, méditant depuis long-temps une révolution, est venu tout-à-coup arracher des hommes à une position sociale honorable, pour les livrer à tous les hasards d'un mouvement populaire.

Devant les lois, mes compagnons d'infortune sont coupables de s'être laissé entraîner; mais jamais, aux yeux du pays, il n'y eut plus de causes atténuantes en leur faveur. Je tins à ces officiers, le 29 au soir, le langage suivant : « Messieurs, vous connaissez tous les griefs de la nation envers le gouvernement du 9 août; mais vous savez aussi qu'aucun parti existant aujourd'hui n'est assez fort pour le renverser, aucun assez puissant pour réunir tous les Français, si l'un d'eux parvenait à s'emparer du pouvoir. Cette faiblesse des partis vient de ce que chacun d'eux ne représente les intérêts que d'une seule classe de la société. Les uns s'appuient sur le clergé et la noblesse, les autres sur l'aristocratie bourgeoise, d'autres enfin sur les prolétaires seuls. Dans cet état de choses, il n'y a qu'un seul drapeau qui puisse rallier tous les partis, parce qu'il est le drapeau de la France, et non celui d'une faction ; c'est l'aigle de l'empire. Sous cette bannière, qui rappelle tant de souvenirs glorieux, il n'y a aucune classe qui puisse être expulsée; elle représente les intérêts et les droits de tous. L'empereur Napoléon tenait son pouvoir du peuple français : quatre fois son autorité reçut la sanction populaire. En 1804, l'hérédité, dans la famille de l'empereur, fut reconnue par quatre millions de votes : depuis le peuple n'a plus été consulté. Comme l'aîné des neveux de la famille impériale, je puis donc me considérer comme l'un des representans de l'élection populaire, je ne dirai pas de l'empire, parce que depuis vingt ans, les idées, les besoins de la France ont dû changer; mais un principe ne peut pas être annulé par des faits; il ne peut l'être que par un autre principe. Or, ce ne sont pas les douze cent mille étrangers de 1815, ce n'est pas la Chambre des 219 de 1830 qui peuvent rendre nul le principe de l'élection populaire de 1804. Le système napoléonien consiste à faire marcher la civilisation sans désordre et sans excès, à donner l'élan aux idées, tout en développant les intérêts matériels, à raffermir le pouvoir en le rendant respectable, à discipliner les masses d'après les facultés intellectuelles; enfin à réunir autour de l'autel de la patrie les Français de tous les partis, en leur donnant pour mobile l'honneur et la gloire. Remettons, leur dis-je, le peuple dans ses droits, l'aigle sur nos drapeaux et la stabilité dans nos institutions. Eh quoi! m'écriai-je enfin, les princes de droit divin trouvent bien des hommes qui meurent pour eux, dans le but de rétablir des abus et des priviléges; et moi, dont le nom représente la gloire, l'honneur, les droits du peuple français, mourrai-je donc seul dans l'exil! —Non! m'ont répondu mes braves compagnons d'infortune, vous ne mourrez pas seul; nous mourrons avec vous, ou nous vaincrons ensemble pour la cause du peuple français! »

« Vous voyez donc, Monsieur, que c'est moi qui les ai séduits, entraînés, en leur parlant de tout ce qui pouvait le plus émouvoir des cœurs français. Ils me parlèrent de leurs sermens : Je leur rappelai qu'en 1815 ils avaient juré fidélité à Napoléon II et à sa dynastie : « L'invasion seule, leur dis-je, vous a délié de vos sermens. Eh bien! la force peut rétablir ce que la force seule a détruit.» J'allai moi-même jusqu'à leur dire qu'on parlait de la mort du roi.

« Vous voyez combien j'étais coupable aux yeux du gouvernement. Eh bien! le gouvernement a été généreux envers moi; il a trouvé que ma position d'exilé, que mon amour pour mon pays, que ma parenté avec le grand homme étaient des causes atténuantes; le jury restera-t-il en arrière de la marche indiquée par le gouvernement; ne trouvera-t-il pas des causes atténuantes bien plus fortes envers mes amis dans les souvenirs de l'empire, dans les relations intimes de plusieurs d'entre eux à mon égard, dans l'entraînement du moment, dans l'exemple de Labédoyère; enfin dans ce sentiment de générosité qui fait que soldats de l'empire ils ont préféré sacrifier leur existence que d'abandonner le neveu de l'empereur Napoléon, que le livrer à ses bourreaux! Car alors nous étions bien loin de penser à une grâce en cas de non-réussite.

« Recevez, Monsieur, l'assurance, etc.

« Napoléon-Louis Bonaparte. »

Ce premier soin rempli, le prince écrivit à M. de Survilliers la lettre qu'on va lire, et qui fut transmise à son adresse par le ministre de l'intérieur, M. de Gasparin.

« Lorient, 15 novembre 1836.

« Mon cher oncle,

« Vous aurez appris avec surprise l'événement de Strasbourg. Lorsqu'on ne réussit pas, on dénature vos intentions, on vous calomnie; on est sûr d'être blâmé, même par les siens. Aussi n'essaierai-je pas aujourd'hui de me disculper à vos yeux.

« Je pars demain pour l'Amérique. Vous me feriez plaisir de m'envoyer quelques lettres de recommandation pour Philadelphie et New-York. Ayez la bonté de présenter mes respects à mes oncles, et de recevoir l'expression de mon sincère attachement.

« En quittant l'Europe, peut-être pour toujours, j'éprouve le plus grand chagrin, celui de penser que, même dans ma famille, je ne trouverai personne qui plaigne mon sort.

« Adieu, mon cher oncle ; ne doutez jamais de mes sentimens à votre égard.

« Votre tendre neveu,

NAPOLÉON-LOUIS-BONAPARTE.

« *P. S.* Ayez la bonté de faire savoir à votre chargé d'affaires en Amérique qu'elles seraient les terres que vous consentiriez à me vendre. »

Il paraît que, dans l'incertitude de sa position, le prince prévoyait qu'il pourrait être forcé de se fixer momentanément aux Etats-Unis. C'est sans doute cette lettre qui fit propager le bruit que le prince avait pris l'engagement de ne pas quitter l'Amérique avant dix ans; mais ce bruit, consigné alors dans le *Journal du Commerce*, se trouve démenti par le *post-scriptum* de la lettre qui suit :

« Citadelle du Port-Louis, 16 novembre 1836. »

« Mon cher M....

« Je ne veux pas quitter l'Europe sans venir vous remercier des généreuses offres de service que vous m'avez

faites dans une circonstance bien malheureuse pour moi.
J'ai reçu votre lettre à la prison de Strasbourg, je n'ai pu
vous répondre avant aujourd'hui. Je pars le cœur déchiré
de n'avoir pu partager le sort de mes compagnons d'infortune. J'aurais voulu être traité comme eux. Mon entreprise ayant échoué, mes intentions ayant été ignorées,
mon sort ayant été, malgré moi, différent de celui des
hommes dont j'avais compromis l'existence, je passerai,
aux yeux de tout le monde, pour un fou, un ambitieux,
un lâche.

Avant de mettre le pied en France, je m'attendais
bien, en cas de non réussite, aux deux premières qualifications. Quant à la troisième, elle est par trop cruelle !

« J'attends les vents pour partir, sur la frégate l'*Andromède*, pour New-York : vous pouvez m'y écrire
poste restante. Je saurai supporter ce nouvel exil avec
résignation; mais ce qui me désespère, c'est de laisser
dans les fers des hommes auxquels le dévoûment à la
cause napoléoniene a été si fatal. J'aurais voulu être la
seule victime.

Adieu, mon cher M..., bien des choses à madame ***.
Je n'oublierai jamais les marques si touchantes que vous
m'avez données de votre amitié pour moi.

« Je vous embrasse de cœur,

« NAPOLÉON-LOUIS-BONAPARTE. »

« *P. S.* Il est faux qu'on m'ait demandé le moindre
serment de ne plus revenir en Europe. »

Le mauvais état de la mer avait retardé l'embarquement, lorsque enfin, le 21 novembre, à une heure de l'après midi les ponts-levis de la citadelle s'abaissèrent; le prince, accompagné du sous-préfet de Lorient, du commandant de place et des officiers de gendarmerie, monta dans un canot qui le conduisit sur la frégate l'*Andromède* qui, malgré les vents contraires, sortait du port, remorquée par le bateau à vapeur le *Tartare*, capitaine Levêque. En montant à bord, le prince dit au sous-préfet, qui lui exprimait le désir de le revoir en France comme citoyen : « Je ne pourrai y revenir à ce titre que lorsque « le lion de Waterloo ne sera plus debout sur la frontiè- « re. » La frégate partit.

Tout le monde était dans la persuasion qu'on faisait voile vers New-York, mais le commandant avait des ordres cachetés qu'il ouvrit au 32e degré de latitude, et qui lui enjoignaient de se rendre à Rio-Janeiro, de retenir le prince prisonnier à bord tout le temps qu'il resterait en rade, et de ne permettre aucune communication avec la terre ferme. Il était ordonné au commandant de ne rester au Brésil que le temps nécessaire pour y refaire les approvisionnemens, et de se diriger ensuite sur les Etats-Unis. La frégate n'ayant aucune mission à remplir à Rio-Janeiro, il est clair que cette disposition du gouvernement, disposition qu'il n'a pas même osé avouer avant le départ, a été prise pour empêcher le prince de déposer en faveur de ses compagnons d'infortune avant la fin du procès ! et ce qui est difficile à comprendre, c'est que le gouvernement ait laissé la famille du prince et celles de tout l'équipage du bâtiment dans de mortelles inquiétudes : car on était persuadé en France que la frégate avait été directement aux Etats-Unis.

Le prince arriva à Norfolk le 30 mars. Il quitta la frégate en pleurant : pour lui c'était quitter une seconde fois la patrie, et la douleur qu'il en éprouvait était plus forte que le plaisir de recouvrer son indépendance. On doit dire que pendant ce long voyage il fut l'objet des attentions et des égards les plus empressés de la part des officiers et de tous les hommes de l'équipage.

On n'a du prince qu'une lettre écrite peu de jours après son arrivée à New-York. Elle est rapportée ici parce qu'elle exprime sa pensée intime sur les événemens de Strasbourg.

30 Avril 1839.

« Maintenant je vous dois une explication des motifs qui m'ont fait agir. J'avais, il est vrai, deux lignes de conduite à suivre; l'une qui, en quelque sorte, dépendait de moi; l'autre des événemens. En choisissant la première, j'étais, comme vous le dites fort bien, un moyen; en attendant la seconde, je n'étais qu'une ressource. D'après mes idées, ma conviction, le premier rôle me semblait bien préférable au second. Le succès de mon entreprise m'offrait les avantages suivans : je faisais par un coup de main, en un jour, l'ouvrage de dix années; peut-être, réussissant, j'épargnais à la France les luttes, les troubles, les désordres d'un bouleversement qui arrivera, je crois, tôt ou tard. « L'esprit d'une révolution, dit M. Thiers, se compose de passions pour le but, et de haine pour ceux qui font obstacle. Ayant entraîné le peuple par l'armée, nous aurions eu les nobles passions sans la haine; car la haine ne naît que de la lutte entre la force physique et la force morale. Personnellement, ensuite, ma position était claire, nette, partant facile. Faisant une révolution avec quinze personnes, si j'arrivais à Paris, je ne devais ma réussite qu'au peuple, et non à un parti. Arrivant en vainqueur, je déposais de plein gré, sans y être forcé, mon épée sur l'autel de la patrie. On pouvait alors avoir foi en moi; car ce n'était plus seulement mon nom, c'était ma personne qui devenait une garantie. Dans le cas contraire, je ne pouvais être appelé que par une fraction du peuple, et j'avais pour ennemis, non un gouvernement débile, mais une foule d'autres partis, *eux aussi peut-être nationaux.*

« D'ailleurs, empêcher l'anarchie est plus facile que de la réprimer; diriger les masses est plus facile que de suivre leurs passions. Arrivant comme ressource, je n'étais qu'un drapeau de plus jeté dans la mêlée, dont l'influence, immense dans l'agression, eût peut-être été impuissante pour rallier. Enfin, dans le premier cas, j'étais au gouvernail sur un vaisseau qui n'a qu'une seule résistance à vaincre, dans le second cas, au contraire, j'étais sur un navire battu par tous les vents, et qui, au milieu de l'orage, ne sait quelle route il doit suivre. Il est vrai qu'autant la réussite de ce premier plan m'offrait d'avantages, autant le non succès prêtait au blâme. Mais, en entrant en France, je n'ai pas pensé au rôle que me ferait une défaite; je comptais, en cas de malheur, sur mes proclamations comme testament, et sur la mort comme un bienfait. Telle était ma manière de voir... »

Le prince n'avait pas encore pris de détermination positive quand il apprit tout ce que la santé de madame la duchesse de St-Leu inspirait d'inquiétude à sa famille et à ses nombreux amis. Ses irrésolutions cessèrent aussitôt:

il accourt en Europe, et est assez heureux pour revenir assez à temps pour fermer les yeux de sa mère, qui succomba à ses douleurs le 5 octobre 1837.

Les cendres de cette malheureuse mère étaient à peine refroidies que, vers les premiers jours d'avril 1838, M. de Montebello tenta une première démarche à l'effet d'obtenir l'éloignement du prince. Tout se borna alors à une demande d'intervention au président du directoire fédéral, qui répondit qu'il n'y avait aucune raison pour forcer le prince à s'éloigner, mais qu'on lui transmettrait les paroles de l'ambassadeur.

Ces tentatives discrètes de la diplomatie française demeurant sans résultat, M. de Montebello remit une note datée du 1er août, contenant demande expresse d'expulsion et une menace ainsi formulée : « La France au« rait préféré ne devoir qu'à la volonté spontanée et au « sentiment de bonne amitié de sa fidèle alliée une me« sure qu'elle se doit à elle-même de réclamer enfin, et « que la Suisse *ne lui fera sûrement pas attendre.* »

Malgré cette injonction et malgré la lettre du 14 août, écrite par M. Molé à son ambassadeur (1). La diète helvétique ne discuta cette grave question, une première fois, que le 3 septembre. Puis elle ajourna sa délibération au 1er octobre afin de laisser le temps aux représentans des cantons de prendre les instructions spéciales des grandsconseils.

---

(1) On lit dans cette lettre : « Vous déclarerez au Vorort que si, contre toute attente, la Suisse, prenant fait et cause pour celui qui compromet si gravement son repos, refusait l'expulsion de Louis Bonaparte, vous avez ordre de demander vos passeports. »

M. Molé a été comte et ministre de l'empire et pair des Cent-Jours!

Dans cette séance plusieurs membres de la diète s'occupèrent des titres que le prince possédait à la bienveillance et à l'appui de la Suisse.

Indépendamment de ceux que sa mère lui avait créés, le prince était citoyen de Thurgovie; voici les pièces qui le constatent.

« Nous président et petit-conseil du canton de Thurgovie, déclarons que la commune de Sallenstein ayant offert le droit communal de bourgeoisie au prince Louis-Napoléon, par reconnaissance pour les bienfaits nombreux qu'elle avait reçus de la famille de la duchesse de Saint-Leu, depuis son séjour à Arenenberg, et le grand-conseil ayant ensuite, par sa décision unanime du 14 avril, sanctionné ce don de la commune et décerné *à l'unanimité* le droit de bourgeoisie *honoraire* du canton, dans le désir de prouver combien il honore l'esprit de générosité de cette famille, et combien il apprécie son attachement au canton, déclare que le prince Louis-Napoléon, fils du duc et de la duchesse de Saint-Leu, *est reconnu citoyen du canton de Thurgovie.*

« En vertu de quoi nous avons fait le présent acte de bourgeoisie, revêtu de notre signature et du sceau de l'état.

« *Le Président du petit Conseil*,

« ANDERWERT.

« *Le Secrétaire d'état.*

« MOERIKOFER.

« Donné à Frauenfeld, le 30 avril 1832. »

«Arenenberg, le 15 mai 1832.

« Monsieur le Président,

« C'est avec un grand plaisir que j'ai reçu le droit de bourgeoisie que le canton a bien voulu m'offrir. Je suis heureux que de nouveaux liens m'attachent à un pays qui depuis seize ans nous a donné une hospitalité si bienveillante.

« Ma position d'exilé de ma patrie me rend plus sensible à cette marque d'intérêt de votre part. Croyez que dans toutes les circonstances de ma vie, *comme Français et Bonaparte*, je serai fier d'être citoyen d'un état libre. Ma mère me charge de vous dire combien elle a été touchée de l'intérêt que vous me témoignez.

« Je vous prie, monsieur le Président, d'être auprès du conseil l'interprète de mes sentimens.

« Recevez l'assurance de ma parfaite estime.

« NAPOLÉON-LOUIS BONAPARTE. »

Le prince avait établi une école gratuite dans le village de Sallenstein, et contribué à plusieurs autres établissemens de ce genre. — Il était l'auteur de deux ouvrages sur la Suisse. — En 1834, le gouvernement de Berne l'avait nommé capitaine dans son régiment d'artillerie, nomination qui avait motivé cette lettre à M. de Tavel, vice-président :

« Monsieur le Président,

« Je reçois à l'instant le brevet qui m'apprend que le conseil exécutif de la république de Berne m'a nommé capitaine d'artillerie. Je m'empresse de vous en exprimer tous mes remercîmens, car vous avez entièrement rempli mon désir. Ma patrie, ou plutôt le gouvernement de la France, me repousse parce que je suis neveu d'un grand homme. Vous êtes plus juste à mon égard.

« Je suis fier de compter parmi les défenseurs d'un état où la *souveraineté du peuple* est reconnue comme base de la constitution, et où chaque citoyen est prêt à se sacrifier pour la liberté et l'indépendance de son pays.

« Recevez, monsieur le Président, l'assurance de mes sentimens distingués.

« NAPOLÉON-LOUIS BONAPARTE. »

Il était membre de la société fédérale des carabiniers thurgoviens, dont il avait été élu président; plusieurs colléges électoraux l'avaient nommé récemment membre du grand conseil; enfin il était un des plus riches et des plus généreux propriétaires du canton, et, à cette époque, il faisait réparer et embellir le vieux château de Gottlieben, afin de conserver un souvenir au pays.

On voit que les liens qui attachaient la Suisse au prince étaient assez nombreux pour que la Diète ne crût pas devoir s'arrêter à l'arrogance, et l'on pourrait dire à l'impertinence de la note Montebello et de la lettre Molé.

Suivant ces deux pièces, l'exigence exprimée reposait sur deux motifs : Arenenberg était un centre d'intrigues, M. Laity était venu à Paris publier une brochure coupable.

La coopération du prince à la brochure n'est pas douteuse; mais il s'agissait, dans l'intérêt de ceux qui avaient contribué à l'affaire de Strasbourg, et aussi dans celui de l'histoire, de rétablir la vérité tout entière des faits. Cette brochure était-elle un acte de conspiration? Non, le gouvernement en était convaincu.

Quant à Arenenberg comme centre d'intrigues, cette allégation était un mensonge patent. Le château et les jardins sont ouverts de toutes parts ; deux chemins publics traversent cette propriété, l'un au pied des bâtimens au-devant du lac de Constance, l'autre du côté opposé, au milieu du jardin. En 1838, au mois de septembre, j'affirme parce que j'ai vu, les personnes qui habitaient avec le prince étaient MM. le docteur Conneau et Richard de Querelles; le commandant Parquin y faisait de fréquentes visites à cause du voisinage de Wolfsberg : il y avait deux italiens amnistiés, le marquis Visconti et le comte Aresne, qui s'apprêtaient à rentrer dans leur patrie : le domestique se composait de six ou huit individus.

Si le gouvernement français agissait de bonne foi. .
. . . .
. . . il était trompé. Mais qui pouvait le tromper? Ce n'est pas ici le lieu d'établir des conjectures : le temps viendra probablement où il sera permis de tout dire, et je ne resterai pas en arrière.

Au surplus, le prince va répondre lui-même : voici la lettre qu'il adressa au grand conseil de Thurgovie, que le député Kern lut à l'assemblée après la lettre de M. Molé, et qui produisit une impression profonde :

« Messieurs le Membres du Grand-Conseil,

« Si je viens dans cette circonstance vous faire une communication, c'est pour rectifier à vos yeux certains faits et pour vous donner une preuve de ma confiance et, de mon estime.

« Je suis revenu d'Amérique en Suisse, il y a un an, avec la ferme intention de rester étranger à toute espèce d'intrigues. Ma résolution n'a pas changé ; mais aussi je n'ai jamais pensé à acheter mon repos aux dépens de mon honneur. On m'avait indignement calomnié ; on avait dénaturé les faits, j'ai permis à un ami de me défendre. Voilà ma seule démarche politique qui, à ma connaissance, ait eu lieu depuis mon retour. Mais le ministère français, pour arriver au but où il tend, continue toujours ses fausses allégations. Il prétend que la maison où ma mère vient de mourir, et où je vis presque seul, est un *centre d'intrigues* ; qu'il le prouve s'il le peut. Quant à moi, je démens cette accusation de la manière la plus formelle, car ma ferme volonté est de rester tranquille en Thurgovie et d'éviter tout ce qui pourrait nuire aux relations amicales de la France et de la Suisse. Mais, Messieurs, pour avoir une nouvelle preuve de la fausseté des accusations portées contre moi, lisez les récens articles des journaux ministériels, vous y verrez que, non content de me poursuivre jusque dans ma retraite, on tâche de me rendre ridicule aux yeux de tout le monde, en débitant d'absurdes mensonges.

« Messieurs les membres du grand conseil, c'est à vous que je m'adresse, à vous, avec qui jusqu'à présent j'ai vécu en frère et en ami : c'est à vous de dire aux autres cantons la vérité sur mon compte.

« L'invasion étrangère qui, en 1815, renversa l'empereur Napoléon, amena l'exil de tous les membres de sa famille. Depuis 1816, je n'avais donc légalement plus de patrie, lorsqu'en 1832, vous me donnâtes le droit de bourgeoisie du canton. C'est le seul que je possède. Le gouvernement français, qui maintient la loi qui me considère comme mort civilement, n'a pas besoin de s'adresser à la Suisse pour savoir qu'il n'y a qu'en Thurgovie que j'aie des droits de citoyen. Quand il s'agit de me persécuter, le gouvernement me reconnaît comme Français : à Strasbourg, il faisait dire par le procureur-général qu'il me regardait comme étranger.

« Messieurs, j'ose le dire, j'ai montré par ma conduite depuis cinq ans que j'avais su apprécier le don que vous m'aviez fait ; et si maintenant, à mon grand regret, je devenais une cause d'embarras pour la Suisse, ce n'est pas à moi qu'on devrait s'en prendre, mais à ceux qui, se fondant sur de fausses assertions, s'appuient sur des prétentions qui sont contraires à la justice et au droit des gens. Recevez, etc., etc. »

« NAPOLÉON-LOUIS BONAPARTE. »

Le grand conseil répondit à l'unanimité que son député, M. Kern, s'était conduit à la diète comme le canton pouvait le désirer, que la demande de la France était inadmissible, et qu'il n'était nullement de notoriété publique qu'Arenenberg fût un centre d'intrigues.

Cependant le gouvernement français faisait avancer des troupes ; l'extrait suivant des journaux de l'époque le prouve :

« On écrit de Lyon, le 26 septembre :

« Le 3ᵉ léger, le 4ᵉ et le 41ᵉ de ligne viennent de recevoir l'ordre de former leurs bataillons de guerre et de se tenir prêts à partir. Les bataillons sont portés à six ou sept cents hommes. Ils doivent se composer des officiers, sous-officiers et soldats les mieux instruits et les plus valides.

« Les officiers des régimens qui forment leurs bataillons de guerre ont été réunis au quartier-général. Les officiers supérieurs des autres corps assistaient à la réunion.

« Le 41e de ligne, qui était en marche pour faire de grandes manœuvres au grand camp, a reçu l'ordre de rentrer dans ses casernes. »

« Nous recevons à l'instant communication de la pièce suivante :

« ORDRE.

« Le lieutenant général s'empresse de faire connaître aux différens corps de troupes sous ses ordres, que le roi vient de lui confier le commandement supérieur de la division de rassemblement qui s'organise dans les dépôts frontières de la Suisse. Déjà les bataillons, escadrons et batteries de guerre des 5e, 6e et 7e divisions sont prêts, et vont se porter au poste où l'honneur et le devoir les appellent. D'autres troupes sont en marche pour les remplacer, et bientôt *nos turbulens* voisins s'apercevront, peut être trop tard, qu'au lieu de déclamations et d'injures, il eût mieux valu satisfaire aux justes demandes de la France.

« Soldats qui marchez les premiers, la cause que vous allez défendre est celle du bon droit et de l'honneur français; le roi et la patrie ont les yeux fixés sur nous. Soyez dignes d'eux en marchant toujours sur les traces de vos aînés, et en continuant à maintenir dans vos rangs cette bonne discipline qui est le nerf des armées et fait gagner les batailles.

« Au quartier général, à Lyon, le 25 septembre 1838.

« Le lieutenant général, pair de France, commandant la 7ᵉ division militaire,

« baron AYMARD.

« *P. le c.*, *le Chef d'état major*,

« DUPOUEY.

« *P. S.* — Le général Fouché vient de recevoir l'ordre de faire partir immédiatement deux bataillons de chaque régiment de sa brigade. Les deux bataillons du 3ᵉ léger se mettront en marche demain, et vont être dirigés sur Gex et Ferney. On organise des batteries d'artillerie sur le pied de guerre. On attend un général de cette arme, qui doit prendre le commandement en chef de l'artillerie des trois divisions. »

Et tandis que le ministère se montrait déterminé à forcer le gouvernement Suisse, dans tous les cas, à prononcer contre le prince un décret de bannissement, les cantons frontières coururent spontanément aux armes, Genève se disposa à défendre ses murailles, et vingt mille hommes se réunirent pour s'opposer à l'entrée des soldats français.

C'est dans ces circonstances que le prince se décida à quitter la Suisse. Il fit connaître sa détermination par la lettre suivante pleine de modération et de dignité.

« *A S. Ex. M. le Landamann Anderwert, président du petit conseil du Canton de Thurgovie.*

« Monsieur le Landamann,

« Lorsque la note du duc de Montebello fut adressée à la Diète, je ne voulus point me soumettre aux exigences du gouvernement français : car il m'importait de prouver, par mon refus de m'éloigner, que j'étais revenu en Suisse sans manquer à aucun engagement ; que j'avais le droit d'y résider, et que j'y trouverais aide et protection.

« La Suisse a montré depuis un mois, par ses protestations énergiques, et maintenant par les décisions des grands conseils qui se sont assemblés jusqu'ici, qu'elle était prête à faire les plus grands sacrifices pour maintenir sa dignité et son droit. Elle a su faire son devoir comme nation indépendante ; je saurai faire le mien et demeurer fidèle à la voix de l'honneur. On peut me persécuter, mais jamais m'avilir.

« Le gouvernement français ayant déclaré que le refus de la Diète d'obtempérer à sa demande serait le signal d'une conflagration dont la Suisse pourrait être la victime, il ne me reste plus qu'à quitter un pays où ma présence est le sujet d'aussi injustes prétentions, où elle serait le prétexte de si grands malheurs !

« Je vous prie donc, Monsieur le Landamann, d'annoncer au directoire fédéral que je partirai dès qu'il aura obtenu des ambassadeurs des diverses puissances les passeports qui me sont nécessaires pour me rendre dans un lieu où je trouve un asile assuré.

« En quittant aujourd'hui volontairement le seul pays où j'avais trouvé, en Europe, appui et protection, en m'éloignant des lieux qui m'étaient devenus chers à tant de titres, j'espère prouver au peuple suisse que j'étais digne des marques d'estime et d'affection qu'il ma prodiguées. Je n'oublierai jamais la noble conduite des cantons qui se sont prononcés si courageusement en ma faveur, et surtout le souvenir de la généreuse protection que m'a accordée le canton de Thurgovie, restera profondément gravé dans mon cœur.

« J'espère que cette séparation ne sera pas éternelle, et qu'un jour viendra où je pourrai, sans compromettre les intérêts de deux nations qui doivent rester amies, retrouver l'asile où vingt ans de séjour et des droits acquis m'avaient créé une seconde patrie.

« Soyez, Monsieur le Landamann, l'interprète de mes sentimens de reconnaissance envers les conseils, et croyez que la pensée d'épargner des troubles à la Suisse peut seule adoucir les regrets que j'éprouve à la quitter.

« Recevez l'expression de ma haute estime et de mes sentimens distingués.

« Napoléon-Louis Bonaparte. »

« Arenenberg, le 22 septembre 1838.

Le prince reçut ses passeports et se rendit à Londres. Pourquoi le ministère s'est-il prêté à ce changement de lieu? Pourquoi n'a-t-il par adressé au gouvernement anglais la même demande d'expulsion qu'à la Suisse? c'est que le droit des gens est élastique et se modifie suivant la force des peuples contre lesquels il est invoqué. Qu'a produit cette exigence invoquée si haut et d'une façon si menaçante? Le prince se rapprocha de nos frontières, et le grand bruit obtenu servit peut-être ses prétentions.

A son arrivée en Angleterre, il devint l'objet des attentions et des égards les plus prononcés; et comme, dans ce pays, la pensée politique descend dans les banquets, on en offrit un au prince à Leamington. Les toasts y furent remarquables. Lord Teynham proposa la santé du *jeune prince Napoléon, qui avait honoré cette réunion de sa présence*. Il ajouta : « Combien ne devons-nous pas
« être plus fier encore quand l'Angleterre ouvre ses por-
« tes à l'étranger illustre et persécuté qui est venu cher-
« cher ici la sécurité, et qui est certain d'y trouver le re-
« pos. Peut-être m'est-il aussi permis d'exprimer l'espé-
« rance que le nom splendide qu'il porte, et qui appar-
« tient désormais à l'histoire, rendra brillant et facile
« son passage à travers la vie; et, soit que ce passage,
« tracé par la main de la Providence, le conduise à la
« gloire et à un trône, ou bien le ramène aux scènes
« plus tranquilles et peut-être plus heureuses de la vie
« privée, nous lui souhaiterons de toute notre âme, san-
« té! bonheur! » (Applaudissemens universels et prolongés.)

Le *Sun*, en rendant compte de ce qui s'était passé à Leamington, s'exprima de la sorte :

« Quelques uns de nos lecteurs sur le continent verront
« probablement avec plaisir la manière dont le prince
« Napoléon Bonaparte a été reçu dans un dîner public à
« Leamington.. Héritier d'un nom qui est le symbole d'un

« grand pouvoir, et qui s'associe avec les souvenirs dont
« l'Angleterre est le plus fière, il trouvera partout le plus
« grand intérêt et les plus grands honneurs. Les pas ré-
« trogrades que l'on a faits en France dans le cours de
« la liberté doivent désaffectionner le parti libéral du
« régime qu'il a inauguré; et, dans ces circonstances, le
« jeune prince devient un *personnage politique de la
« plus haute importance* : les persécutions même dont
« il a été l'objet prouvent à quel point on le redoute. »

M. Armand Marrast, dans sa lettre au *National*, datée de Southampton le 17 novembre 1838, rapporte ces détails, et dit : « Ces paroles du *Sun* expriment une opi-
« nion assez commune en Angleterre, et cette opinion
« n'est pas seulement répandue dans les rangs inférieurs
« des partis. Elle a pénétré beaucoup plus haut, et il
« nous serait facile de nommer le prince du sang dont les
« familiers s'emploient à exalter encore l'importance po-
« litique de ce prétendant. Les intrigues sur ce point ne
« prennent point de voile et ne s'enveloppent plus de
mystère. »

Le club de la marine l'invita à un dîner présidé par l'amiral Fleming, ce brave marin qui, en 1815, recevant à Plymouth l'ordre de conduire l'empereur à Sainte-Hélène, répondit au gouvernement, en lui envoyant sa démission : « Je suis prêt à mourir pour le service de
« mon souverain ; mais je ne veux pas concourir à un
« acte qui déshonore mon pays. » Là, le prince recueillit les mêmes vœux et les mêmes espérances.

Toute la société anglaise lui fit des avances et lui montra un grand intérêt. Il est vrai qu'indépendamment du prestige qui s'attache à son nom, le prince a des qualités personnelles qui le font distinguer, des manières parfaites élevées et un abord bienveillant qui engagent à l'aimer. L'auteur des *Lettres de Londres* a tracé pag. 53 à 56, un portrait de ce prince, si fidèle et si bien dégagé de toute passion, que je suis persuadé qu'on sera bien aise de le retrouver ici :

« Le prince, dit le correspondant que je viens de citer, est d'une physionomie agréable, d'une taille moyenne, d'une tournure militaire; il joint à la distinction de toute sa personne la distinction plus séduisante de ces manières simples, naturelles, pleines d'aisance et de bon goût, qui semblent l'apanage des races supérieures. Au premier abord, j'ai été frappé de sa ressemblance avec le prince Eugène et avec l'impératrice Joséphine, sa grand'mère; mais je n'ai pas remarqué une égale ressemblance avec l'empereur.

« Il est vrai que n'ayant ni l'ovale de figure, ni les joues pleines, ni le teint bilieux de son oncle, l'ensemble de sa figure est privé de quelques-unes des particularités qu'on remarque d'abord dans la tête de l'empereur, et qui suffisent pour donner aux portraits les plus infidèles et les plus informes une certaine ressemblance avec Napoléon. Les moustaches qu'il porte avec une légère impériale sous la lèvre inférieure, impriment d'ailleurs à sa physionomie un caractère militaire d'une nature trop spéciale pour ne pas nuire à sa ressemblance avec son oncle; mais en observant attentivement les traits essentiels, c'est-à-dire ceux qui ne tiennent pas au plus ou au moins d'embonpoint, et au plus ou moins de barbe, on ne tarde pas à découvrir que le type napoléonien est reproduit avec une étonnante fidélité. C'est, en effet, le même front élevé, large et droit, le même nez aux belles proportions, et les mêmes yeux gris, quoique l'expression en soit adoucie; c'est surtout les mêmes contours et la même inclination de tête, tellement empreinte du caractère napoléonien, que, quand le prince se retourne, c'est à faire frissonner un soldat de la vieille garde; et si l'œil s'arrête sur le dessin de ces formes si correctes, il est impossible de ne pas être frappé, comme devant la tête de l'empereur, de l'imposante fierté de ce profil romain, dont les lignes si pures et si graves, j'ajouterai même si solennelles, sont comme le cachet des grandes destinées.

« Le caractère distinctif des traits du jeune Napoléon est la noblesse et la sévérité; et cependant loin d'être dure, sa physionomie respire au contraire un sentiment de bonté et de douceur. Il semble que le type maternel qui s'est conservé dans la partie inférieure du visage soit venu corriger la rigidité des lignes impériales, comme le sang des Beauharnais paraît avoir tempéré en lui la violence méridionale du sang napoléonien. Mais ce qui excite surtout l'intérêt, c'est cette teinte indéfinissable de mélancolie et de méditation répandue sur toute sa personne, et qui révèle les nobles douleurs de l'exil.

« Maintenant, d'après ce portrait, il ne faut pas vous représenter un beau jeune homme, un de ces adonis de roman qui excitent l'admiration des boudoirs. Rien d'efféminé dans le jeune Napoléon. Les nuances sombres de sa physionomie indiquent une nature énergique ; sa contenance assurée, son regard à la fois vif et penseur, tout en lui montre une de ces natures exceptionnelles, une de ces âmes fortes qui se nourrissent de la préoccupation des grandes choses, et qui seules sont capables de les accomplir. »

Le prince, désireux de s'instruire, visita les manufactures, les fabriques, tous les établissemens publics qui pouvaient ajouter aux connaissances étendues qu'il a déjà acquises ; il vit tous les personnages qui ont une valeur scientifique, littéraire, politique, mais sans abandonner ses goûts simples et laborieux. Aussi quand M. le comte de Survilliers fut revenu à Londres, le prince se plut-il à partager son temps entre les soins que réclamait ses affections pour son oncle et les travaux du cabinet.

Bientôt il publia ce livre des *Idées Napoléonniennes*, que toute l'Europe a lu, et qu'on a traduit dans plusieurs langues, assure-t-on. L'effet que produisit cet ouvrage d'appréciation fut prodigieux ; il s'en vendit plus de dix mille exemplaires en France seulement.

Napoléon-Louis, entouré d'amis dévoués, aimait à les entretenir de la France, et se plaisait à recevoir d'eux l'espoir du terme prochain d'un douloureux exil. Tous les Français qui visitaient Londres sollicitaient l'honneur de le voir, et il les recevait avec un empressement, avec cette joie dont se compose uniquement le bonheur de l'expatrié.

Un seul de ces derniers se vit exclu de la faveur commune, ce fut le comte Léon.

Ce fils de l'empereur, né d'une de ses faiblesses, s'était rendu à Londres dans l'intention, dit-il dans son mémoire (1), p. 4, *de réclamer du roi Joseph l'exécution des dispositions faites par le cardinal Fesch en sa faveur.* Il se présenta chez le comte de Survilliers, chez le prince de Montfort et chez le prince Napoléon-Louis; tous les trois refusèrent de le recevoir.

Le comte Léon, piqué de l'insuccès de ses démarches, écrivit au prince Napoléon-Louis une lettre qui devait rester sans réponse, à cause des termes inconvenans qu'elle renfermait. Comme elle portait provocation en duel, le prince crut devoir consulter ses oncles; ils l'engagèrent à garder le silence. Au surplus, pour mettre mieux à même de prononcer dans cette affaire, dont les tribunaux français ont retenti récemment, je vais donner la correspondance de M. le comte Léon. Sa première lettre est ainsi conçue :

« *A son altesse le prince Louis-Napoléon*

« Mon petit Cousin,

« Il faut avouer que si j'ai mis bien de la patience à
« chercher à vous voir, vous avez mis, par contre, une
« impolitesse bien basse à ne pas me recevoir.

« Vous vous êtes permis d'interpréter EN MAUVAIS TER-

---

(1) *Réponse de M. le comte Léon, demeurant à Paris, rue de Provence, 53, au gérant du journal le Capitole; 19 juillet 1840.*
(2) *Ibid pag. 13 et 14.*

« mes, à mon désavantage, et sans m'avoir entendu, le
« refus de mon oncle Joseph de me voir.

« Je vous ai plusieurs fois laissé ma carte, et vous
« avez cru pouvoir vous abstenir de m'envoyer la vôtre.

« Ne pensez-vous pas, Monsieur mon cousin, que
« votre conduite à mon égard soit offensante pour moi?

« J'ai pu regarder les mauvais procédés et les écrits
« de messieurs mes oncles Joseph et Jérôme comme mali-
« cieux, perfides et méchans; à leur âge, on se croit
« tout permis; mais au vôtre, mon petit cousin, croyez-
« vous qu'il puisse en être de même?

« Comme vous vous dites Français, vous devez sentir
« que mon honneur se trouve offensé de tant de dé-
« loyauté, et qu'il m'en faut une juste réparation.

« J'attendrai tant que vous voudrez, ou tant qu'il le
« faudra; mais je vous jure sur les cendres de l'empereur
« Napoléon, mon père, que vos mauvais procédés envers
« moi auront un jour leur châtiment.

« Si je me trompais, si vous n'aviez pas une goutte
« de sang français dans les veines, par respect hu-
« main, vous devez me faire le renvoi de cette lettre
« ou en abuser à votre fantaisie, je me résigne à tout.

« Sur ce, Monsieur mon petit cousin, j'ai bien l'hon-
« neur de vous saluer.

« Comte LÉON.

« Londres, le 29 février 1840.

P. S. « Je garde copie de cette lettre, et l'imprimerai
« avec beaucoup d'autres en temps utile. »

Cependant le prince envoya le lendemain le commandant Parquin *auprès du comte Léon pour lui faire savoir les raisons qui empêchaient la famille de l'empereur d'avoir aucun rapport avec lui* (1), et pour lui dire *qu'aucune réponse n'était due à la provocation, d'autant plus qu'elle ne reposait sur aucun fait personnel du prince, mais sur une résolution adoptée par toute la famille* (2).

A la suite de cette entrevue, dans laquelle il y avait eu des vivacités de part et d'autre, M. le comte Léon crut pouvoir se permettre d'adresser cette seconde lettre au prince :

« Monsieur mon Cousin,

« Un gros et grand monsieur, du nom de Parquin, sort
« de mon hôtel, après m'avoir dit, de votre part, que la
« lettre que je vous avais écrite avant hier motivait bien
« votre refus de ne pas me voir.

« Vous comprenez que je ne devais rien répondre à
« un semblable langage, ce qui fit beaucoup rire les
« personnes qui étaient avec et à côté de moi. Vous abu-
« sez étrangement de ma lettre ; j'avais prévu cela ; aussi
« je suis obligé de vous répéter que la conséquence natu-
« relle de cette bouffonne visite, est que vous n'avez pas
« une goutte de sang français dans les veines.

« *Si un semblable messager se représente, je prie-*

---

(1) Lettre du commandant Parquin (*Capitole* du 9 mars 1840.).
(2) Capitole du 6 mars 1840.

rai M. Guizot, ambassadeur de France, de m'accompagner chez le magistrat.

« Je vous salue,
                        « Comte LÉON.

« Londres, le 2 mars 1840. »

Le mauvais ton qui règne dans cette correspondance, et les expressions qui y sont employées paraîtront à tous les hommes bien élevés fâcheux pour le caractère de leur auteur. Aussi, quoique pour tout autre il dut peut-être y avoir offense, le prince prit-il un parti sage en ne répondant ni par des explications, ni par l'acceptation du cartel.

Mais le lieutenant-colonel Ratcliffe, commandant le 6ᵉ dragons, officier estimé de l'armée anglaise, s'étant présenté pour renouveler la provocation, le prince n'hésita plus : il accepta sans consulter personne, et il fut décidé que la rencontre aurait lieu le lendemain 3 mars.

Les témoins pour le prince furent MM. le comte Alfred d'Orsay et le commandant Parquin, tous deux Français. Du côté de M. le comte Léon figurait le colonel anglais et une autre personne.

Dans la soirée MM. d'Orsay et Parquin eurent une entrevue avec les témoins de M. le comte Léon. « Il fut alors réglé par le colonel Ratcliffe, et par moi, dit M. Parquin, dans la lettre que *le Capitole* a publiée le 9 mars, que le prince ayant été provoqué, avait le choix des armes; et, après avoir fixé l'heure et le lieu du combat, nous nous séparâmes vers minuit.—Le lendemain, nous étant rendu, avec le prince, à sept heures du matin, a Wimbleton Commous, et le colonel Ratcliffe ayant déclaré que le prince avait le choix des armes, le prince choisit l'épée (1). Je présentai donc deux épées aux deux adversaires; mais le comte Léon refusa cette arme. Etonné de son refus, je lui demandai s'il ne savait pas tirer l'épée, il me répondit qu'il savait tirer, qu'il ne voulait pas se battre à l'épée, mais au pistolet. Cette circonstance éleva une contestation assez longue, dans laquelle je ne cachai pas à M. Léon les sentimens que me faisait éprouver son refus. Voulant cependant arriver promptement à un résultat, le comte d'Orsay et moi nous proposâmes de tirer au sort le choix des armes. Le colonel Ratcliffe nous remercia de la générosité de notre proposition; mais le comte Léon la repoussa encore. Dans un tel état de choses, nous ne pouvions ni ne devions faire de nouvelles concessions; mais le prince Napoléon nous déclara qu'ennuyé de ces refus, il préférait accepter le pistolet plutôt que de prolonger une telle discussion. C'est après ces longs délais, et lorsqu'on allait charger les pistolets, que la police intervint et mit fin à cette affaire, qui, sans les refus successifs du comte Léon, eût eu des résultats dif-

---

(1) « Etant l'offensé, j'avais le droit de choisir les armes : *le pistolet fut accepté* par le comte d'Orsay.... Ce ne fut que sur le terrain que le prince Louis Bonaparte et ses témoins proposèrent l'épée; je refusai cette arme. Cependant, je dis que je me battrais volontiers à l'épée, après que nous aurions tiré le pistolet. »

(*Réponse de M. le comte Léon*, etc., pag. 16.)

J'ai adopté la version de M. le commandant Parquin, parce que les faits tels qu'il les raconte me semblent plus dans les usages du duel, qui donnent le choix des armes au provoqué; parce que, dans la sienne, M. le comte Léon tait une circonstance fort grave, celle de tirer au sort le choix des armes; parce que, en présence de cette proposition, son insistance est inexplicable à mes yeux, et enfin parce que tous les journaux anglais ont fait un récit conforme à celui de M. Parquin.

férens : car si M. Léon se fût rendu aux décisions des témions, on aurait eu tout le temps de se battre. »

Conduits chez les magistrats de police, adversaires et témoins durent fournir des cautions pour conserver leur liberté.

Le 5, on lut dans le *Morning-Post* :

« Parmi les personnes de distinction qui honoraient de leur présence la représentation d'ouverture de l'Opéra, nous avons remarqué le prince Napoléon-Louis qui occupait une des loges du premier rang avec ses oncles, le comte de Survilliers et le prince de Montfort (Joseph et Jérôme Bonaparte). Comme les journaux du soir parlaient de la rencontre qui avait eu lieu le matin entre le prince Napoléon et le comte Léon, cette réunion de la famille Bonaparte excitait un haut intérêt. »

Tout ce bruit tourna donc au désavantage de M. le comte Léon, auquel on prêta des intentions qu'il n'avait pas sans doute, et servit probablement les vues secrètes du prince, en appelant sur lui l'attention de la France.

Lors de l'émeute du 12 mai, qui conduisit Barbès et un assez grand nombre de *sociétaires* à la cour des Pairs, on prétendit que le prince n'était pas étranger à cet évènement. La nouvelle lui en étant parvenue, il écrivit cette lettre au *Times* :

« Monsieur, je vois avec peine, par votre correspondance de Paris, qu'on veut jeter sur moi la responsabilité de la dernière insurrection. Je compte sur votre obligeance pour réfuter cette insinuation de la manière la plus formelle. La nouvelle des scènes sanglantes qui ont eu lieu m'a autant surpris qu'affligé. *Si j'étais l'âme d'un complot, j'en serais aussi le chef le jour du danger, et je ne le nierais pas après une défaite.*

« Recevez l'assurance de mes sentimens distingués.

« NAPOLÉON-LOUIS BONAPARTE. »

Le *Sun* dit, en parlant de cette lettre :

« Cette déclaration solennelle du jeune prince est venue en temps utile, car le bruit courait à Paris, dans la journée du mercredi, que parmi les papiers saisis et déposés au greffe de la Chambre des Pairs, il se trouvait certains documens tendant à mêler son nom à l'insurrection. Il n'est sans doute pas entré dans la tête de ce *niais diplomatique* (diplomatic noodle) appelé le duc de Montebello, pendant son administration intérimaire aux affaires étrangères, de refaire une nouvelle édition du complot de la Suisse, afin d'avoir un prétexte pour demander l'expulsion du prince Louis de ce pays. M. de Montebello est capable sans doute de commettre mille absurdités ; mais nous ne croyons pas cependant qu'il soit jamais capable d'en commettre une aussi monstrueuse que celle-là. »

D'un autre coté, on lut dans le *Morning-Post*, journal tory :

« Au nombre des personnes de distinction qui assistaient hier à la représentation de l'opéra d'*Othello* de Rossini, représentation honorée de la présence de la reine, on remarquait un noble étranger qui attirait l'attention générale; car, pendant que les dernières nouvelles de Paris mêlaient son nom illustre aux troubles récens qui ont eu lieu dans cette capitale, quelques personnes soutenaient l'avoir vu se promener hier à cheval dans le parc avec le *grand duc héréditaire de Russie.* »

La fin de cet article du *Morning-Post* avait-il un caractère de gravité qu'on saisit mal à cette époque. Ce n'est de ma part qu'une opinion hasardée, basée sur ce qui se passa plus tard entre le ministère des affaires étrangères et M. de Medem, mais je le crois.

Une circonstance inattendue vint changer sa position et le placer dans une disposition d'esprit toute particulière, dans une tendance d'action dont l'effet devait se faire sentir plus tard.

Le 12 mai 1840, le ministre de l'intérieur présenta à la Chambre des Députés un projet de loi tendant à obtenir *un crédit spécial d'un million pour la translation des restes mortels de l'Empereur Napoléon à l'église des Invalides et pour la contruction de son tombeau.*

Une explosion de bravos accueillit ce passage de l'exposé des motifs : *Il fut empereur et roi, il fut le souverain légitime de notre pays.*

MM. le général Schneider, de Lascases père, le maréchal Clausel, le général Subervic, le colonel Bacot, Mathieu de la Redorte, le général Durieu, le général Bachelu, et de Salvandy, composèrent la commission d'examen.

Le 23 mai, M. le maréchal Clausel fit le rapport, et proposa, au nom de la commission, l'élévation du crédit à deux millions, et l'érection d'une statue équestre de l'empereur (1).

(1) On sait que c'est M. le général Subervic qui fit adopter par la commission la proposition d'élever cette statue à l'empereur.

Le 26 la chambre rejeta les conclusions de la commission, quoique appuyées par M. Thiers, et adopta le projet du gouvernement.

Cette décision de la chambre fut vivement critiquée; et tandis que le *Messager* du 27, organe avoué du ministère, *conviait le peuple français à se lever en masse pour solenniser les funérailles impériales*, le *Constitutionnel*, le *Courrier français*, le *Temps*, le *Commerce*, le *Siècle*, ouvraient une *souscription nationale pour les honneurs à rendre à la mémoire de l'empereur Napoléon*.

De son côté, M. le comte de Survilliers disposait d'un million pour le même objet, et en fesait part à M. le maréchal Clausel.

Mais à ces premiers élans des ministres, des députés et de la presse, succédèrent bientôt les tracasseries et les petitesses.

Le *Courrier français* et le *Siècle* publièrent, le 1ᵉʳ juin, une lettre de M. Odilon-Barrot tendant à provoquer la suppression de la souscription, attendu *que le gouvernement a la volonté et les moyens de satisfaire pleinement au vœu du pays*. La lettre de M. Barrot parut incompréhensible; pourtant elle eut l'effet que ceux qui la lui imposèrent sans doute désiraient obtenir, elle arrêta la souscription.

Une correspondance s'était établie entre M. le comte de Survilliers et M. le général Bertrand. Le général avait écrit au roi Joseph, le 9 mai, et, pour se conformer aux désirs de ce prince: *les armes de Napoléon seront remises au gouverneur des Invalides*. Le roi Joseph, en envoyant au maréchal Moncey copie de sa correspondance avec le général, avait dit : « Vous comprendrez, mon cher maréchal, vous, que l'empereur se plaisait à nommer le chevalier sans peur et sans reproche, le sentiment qui m'interdit de faire en d'autres mains que les vôtres cet acte de donation au peuple français. » (Lettre du 26 mai).

On ne tarda pas à savoir que, cédant à des avances inqualifiables, le général Bertrand avait remis (le 4 juin) au roi Louis-Philippe, les armes de Napoléon. Un cri de réprobation s'éleva contre lui. Il sentit le besoin de se justifier, et il écrivit au roi Joseph que le roi lui avait déclaré que lui et ses ministres ne consentiraient jamais à *ce que les armes fussent remises aux invalides au nom de la famille de l'empereur* (1).

Le roi Joseph protesta, le 6 juin, contre l'affront fait à sa famille, et quelques jours plus tard, le prince Napoléon-Louis envoya au *Times* la pièce ci-après :

PROTESTATION

Du prince Napoléon au sujet de l'épée de l'empereur.

« Londres, le 9 juin 1840.

« Je m'associe du fond de mon âme à la protestation de mon oncle Joseph. Le général Bertrand, en remettant les

(1) Lettre du 4 juin. — Le journal *le Commerce* a prétendu que le roi

armes du chef de ma famille au roi Louis-Philippe, a été la victime d'une déplorable illusion. L'épée d'Austerlitz ne doit pas être dans des mains ennemies ; il faut qu'elle puisse être encore brandie au jour du danger pour la gloire de la France. Qu'on nous prive de notre patrie ; qu'on retienne nos biens ; qu'on ne se montre généreux qu'envers les morts, nous savons souffrir sans nous plaindre tant que notre honneur n'est pas attaqué ; mais, priver les héritiers de l'Empereur du seul héritage que le sort leur ait laissé, mais donner à un heureux de Waterloo les armes du vaincu, c'est trahir les devoirs les plus sacrés, c'est forcer les opprimés d'aller dire un jour aux oppresseurs : « Rendez-nous ce que vous avez usur-
« pé. »

« NAPOLÉON-LOUIS (1). »

L'état d'irritation où l'on se trouvait, à Paris et à Londres, faisait prévoir un événement prochain aux hommes ayant le sentiment de ce que pouvaient vouloir les partis contendans.

J'essayerai plus loin, dans le chapitre : *le gouvernement était-il instruit ?* de réunir les faits de nature à constituer l'opinion qu'on doit se former sur ce sujet.

---

avait exprimé ainsi son refus : *Un Bourbon n'a rien à recevoir d'un Bonaparte.* Est-ce que la famille impériale lui a fait offrir quelque chose ?

(1) Cette protestation a été donnée par le *Courrier français*, le 18 juin, n° 170.

Elle a été reproduite par la *Quotidienne*, le 19, n° 171, et on la retrouve dans un ouvrage intitulé : *Renseignemens historiques sur l'empereur Napoléon et sa famille* ; Paris, 1840, pag. 110.

Quant à présent, je me bornerai à dire que le prince se laissant aller à des excitations malheureuses, monta à bord de l'Edimbourg-Castle, le 4 août, qu'il débarqua, avec son monde, à Wimereux, le 6, qu'il fut conduit à Ham et amené ensuite à la conciergerie de Paris, où il est en ce moment.

CHARLES TRISTAN MONTHOLON.

Charles Tristan MONTHOLON est né à Paris en 1782, et compte parmi ses aïeux beaucoup d'illustrations de robe. Toutefois, son père suivait la carrière militaire; il commandait le régiment de dragons Penthièvre, et il était en même temps premier veneur de Monsieur, depuis Louis XVIII. Ce commandement et cette charge étaient des apanages de famille. Ainsi, à la mort de son père, le jeune Montholon fut colonel et premier veneur, et il n'avait pas encore six ans.

Le jeune Montholon fut, à l'âge de onze ans, embarqué sur la frégate la *Junon*, et, tout enfant qu'il était, il assista à la campagne de Sardaigne. Il ne cessa de servir qu'au moment où les nobles furent forcés à se retirer (1); alors il alla continuer son éducation dans sa famille.

La mère de M. Montholon avait épousé M. de Sémonville ; M. de Sémonville avait adopté le jeune Montholon, qui devait prendre le nom de celui qui l'adoptait ; mais il ne le prit point.

M. de Sémonville était nommé ambassadeur à Constantinople. Les Autrichiens l'arrêtèrent à *Vico Soprano*. Le jeune Montholon était là ; il se défendit contre les sicaires de l'Autriche foulant aux pieds le droit des gens, et il fut assez grièvement blessé. Il revint en France.

M. Montholon entra au service de terre en 1798. Peu de temps après il fut appelé à l'état-major d'Augereau, et devint presque immédiatement aide-de-camp de ce général.

Joubert qui avait épousé mademoiselle Montholon, et avait pris son beau-frère avec lui, ayant été tué à la fatale bataille de Novi, M. Montholon dut retourner avec Augereau.

M. Montholon, détaché à l'armée d'Allemagne, était à la bataille de Hohenlinden ; il s'y distingua de manière à mériter un sabre d'honneur. Le *Moniteur* du 27 nivôse an IX le cite avec un grand éloge.

Depuis ce temps M. Montholon a fait toutes les campagnes de la grande armée. A Jéna il fut grièvement blessé en chargeant des carrés prussiens avec la brigade du général Auguste Colbert, et mérita les éloges des plus braves officiers.

A Elsberg, il se lança sans ordres pour sauver d'une

(1) Quelques biographes disent qu'à cette époque le jeune Montholon fit la connaissance du général Bonaparte.

destruction totale quelques bataillons de fusillers de la division Savary, qui avaient été rompus par la cavalerie russe : le prince Murat rendit compte de cette belle action dans les termes les plus flatteurs; à Eckmülh, il se fit remarquer en chargeant avec la cavalerie wurtembergeoise, à la tête de laquelle il fut blessé.

M. Montholon avait été nommé chef d'escadron et colonel sur le champ de bataille. Étant avec Murat à l'affaire de Madrid, il chargea à la tête des marins de la garde impériale, et s'empara de l'arsenal que les insurgés avaient retranché, ce qui décida de la journée. Ce fait d'armes valut au général Montholon le titre de baron, avec une dotation de cinq mille francs; précédemment il avait reçu la croix d'officier de la Légion-d'Honneur.

Après la bataille de Wagram, l'empereur élut M. Montholon comte de l'empire, et l'attacha à sa personne.

Pendant la paix de 1810 à 1812, Napoléon nomma M. Montholon ministre plénipotentiaire près le grand-duc de Wurtzbourg, et le chargea en même temps d'étudier les dispositions secrètes des principaux cabinets de l'Allemagne. M. Montholon fit un rapport qui constatait que l'ancienne coalition se renouait contre la France. Ce rapport est conservé comme un monument historique et diplomatique.

M. Montholon reçut successivement des mains de l'empereur, en récompense de ses services, les ordres de Saint-Joseph, du mérite militaire de Bavière, de Wurtemberg, de Saxe. Le roi Joachim le décora de l'ordre de Naples.

En 1812, un rapport que quelques prêtres fanatiques imposèrent à Savary, provoqua mal à propos la colère de l'empereur; M. Montholon dut quitter ses fonctions diplomatiques, en même temps qu'il était destitué de la place qu'il occupait dans le palais impérial. La disgrâce fut complète.

M. Montholon se retira dans ses foyers : il y vécut dans un isolement presque absolu.

Mais la coalition des rois avait égaré la raison des peuples ; l'Europe marchait en masse pour envahir la France. Les nations forgeaient elles-mêmes les fers qui devaient les enchaîner : aussi ont-elles cruellement payé ce moment d'erreur.

Les armées ennemies avaient passé le Rhin ; la patrie était en danger. Les trames inouïes de Talleyrand, de de Pradt, de Louis, de d'Alberg, favorisaient les Russes, les Anglais, les Prussiens, les Autrichiens; et nos braves, décimés et par le nombre et par la trahison, arrosaient de leur sang cette terre sacrée qu'ils avaient pendant vingt années couverte de leurs trophées.

Il n'y avait pas à hésiter, tout bon Français devait courir aux armes. M. Montholon alla de nouveau offrir ses services à l'empereur; l'empereur les accepta avec empressement, et le nomma général de brigade.

Le général Montholon reçut l'ordre de se rendre, en qualité de chef de l'état-major-général, à l'armée de Hollande, commandée en chef par le général Decaen; mais bientôt une autre disposition lui donna le commandement du département de la Loire.

Augereau en évacuant Lyon avait abandonné le général Montholon, et le département de la Loire se trouvait livré à ses propres forces. La position du général Montholon devenait difficile de plus d'une manière. Mais ici il convient de laisser parler l'historien de la *bataille et de la capitulation de Paris*, M. Pons *(de l'Hérault)*, qui a été à même d'avoir des renseignemens précis.

« Les troupes qui étaient dans le département de la Loire s'élevaient à environ six mille hommes de toutes armes ; la plupart de ces troupes manquaient de fusils, et le ministre de la guerre *n'avait pas voulu qu'on leur en distribuât*. Cependant la rapidité des événemens malheureux obligea le général Montholon à ne point avoir égard à la défense ministérielle, et, n'écoutant que l'intérêt de la patrie, il arma les soldats qui avaient besoin d'être armés; les gardes nationaux qui marchaient à la défense commune, et il fit évacuer tout ce qui aurait pu être utile à l'ennemi. Les armées alliées ne profitèrent de rien. C'est ainsi qu'on sert bien son pays. »

La France n'a pas oublié que ce ministre de la guerre était le duc de Feltre.

Le général Montholon avait devant lui la division autrichienne du général Haardeck ; il se battit contre elle depuis le 25 mars jusqu'au 17 avril.

Le 17 avril, le ministre d'état Régnauld de Saint-Jean-d'Angely, arriva inopinément au bivouac du général Montholon ; il lui confirma l'abdication de l'empereur, et le décida à accorder au général ennemi une suspension d'armes que celui-ci sollicitait vainement depuis douze jours.

Le général Montholon, n'ayant plus aucun chef dont il put prendre les ordres, confia son commandement au colonel Genty, du 8ᵉ léger, et il se rendit immédiatement auprès de l'empereur, à Fontainebleau.

L'empereur sortait de son cabinet pour partir lorsqu'on lui annonça le général Montholon : il rentra aussitôt avec lui.

La conversation fut longue.

Le général Montholon conjura Napoléon de lui permettre de l'enlever dans les montagnes de Tararre. L'enlèvement opéré, le général Montholon, avec environ huit mille hommes qu'il avait alors dans le département de la Loire, aurait conduit l'empereur, par la rive droite du Rhône, aux vingt-quatre mille braves que la trahison d'Augereau enchaînait à Valence, et qui, à leur tour, ayant Napoléon à leur tête, se seraient facilement réunis aux corps d'armées d'Eugène, de Soult, de Suchet. Cette réunion de plus de quatre-vingt mille soldats dévoués aurait permis d'aller manœuvrer, soit derrière la Loire, pour rallier les troupes de Paris et de Fontainebleau, soit derrière la Saône, pour rallier toutes les garnisons de l'est, et l'ennemi dérouté y aurait peut-être trouvé sa perte.

L'empereur médita beaucoup, hésita long-temps; mais enfin son horreur pour la guerre civile l'emporta; il ne voulut pas consentir. Néanmoins, touché du dévoûment du général, qui d'ailleurs lui offrait de le suivre, il lui dit en l'embrassant : « Restez en France, gardez-moi votre fidélité, et partez d'ici sans que les commissaires ennemis vous voient... » Le général Montholon obéit ; il vint à Paris, déposa son commandement entre les mains du ministre de la guerre, et ne servit pas les Bourbons.

Dans sa courte campagne de la Loire, le général Montholon avait eu à lutter contre le mauvais vouloir des autorités civiles et militaires du Puy-de-Dôme, de l'Allier et de Saône-et-Loire. A Clermont, plus spécialement, il avait dû faire arracher le drapeau blanc, déjà arboré, et faire nourrir ses troupes comme en pays ennemi.

Le mauvais accueil que, dans ces circonstances de deuil patriotique, la gentilhommerie de l'Auvergne faisait à nos soldats, souvent errans et malheureux, aurait dû être publié pour la honte et la punition de ceux qui se rendaient coupables de telles infamies.

Le ministre de la guerre, le général Dupont, sur le rapport du maréchal Augereau, ordonna de traduire le général Montholon devant un conseil de guerre. Cette mesure était digne d'Augereau et de Dupont.

Le général Montholon se préparait à se défendre lorsque le comte d'Artois, frappé sans doute par le souvenir de ce nom familier à l'ancienne cour, l'envoya chercher par M. le marquis de Champagne, et lui ordonna d'expliquer les circonstances qui avaient donné lieu à la dénonciation dont il était l'objet. Le général Montholon répondit sans hésiter : sa réponse forte d'énergie et de précison, le justifia pleinememt. Le comte d'Artois prescrivit la cessation des poursuites; il exprima au général Montholon l'espoir de le trouver aussi fidèle à la bannière des lis qu'il l'avait toujours été à celle de l'aigle, et la basse méchanceté du maréchal Augereau n'eut pas d'autre résultat.

Le général Montholon se retira dans ses terres.

L'étranger imposait sa volonté aux Bourbons, il n'y avait d'ailleurs rien en eux qui les rapprochât de la France régénérée. Louis XVIII faisait tout ce qu'il aurait fait s'il était monté sur le trône un siècle plus tôt. L'antique usage des rois ses aïeux lui servait de règle pour organiser sa maison. Ayant besoin d'un premier veneur, il disposa de cette charge en faveur du général Montholon, qui, trente années auparavant, en avait eu la survivance; et M. le duc de Fleury, premier gentilhomme de la chambre, lui en transmit le brevet. Le roi joignit à cette faveur celle des entrées du cabinet, dont jouissaient seuls de droit, les grands officiers de la couronne, les maréchaux et les ministres.

Le souvenir du passé, quant à ce qui ne leur est pas personnel, n'est pas la qualité favorite des Bourbons, et dans tous les temps, dans toutes les circonstances, heureux ou malheureux, l'ingratitude leur a été familière. Comment donc se fait-il que Louis XVIII ait été d'une si grande bienveillance pour le général Montholon? M. de Sémonville n'aurait certainement pas été embarrassé pour répondre à cette question.

Quoi qu'il en soit, le général Montholon remercia avec respect, et il conserva son indépendance : bien d'autres n'en auraient pas fait autant. C'était le moment des palinodies les plus dégoûtantes; ce que l'on appelle la haute société se vautrait dans la dégradation : la postérité constatera que l'honneur national n'avait trouvé d'asile que dans le peuple; le peuple! toujours bon, toujours grand, toujours généreux, auquel on doit tout, pour lequel on ne fait rien, et qui, dans l'abandon de ses droits, obéit au lieu de commander.

Le traité de Fontainebleau n'était point exécuté : on se jouait des engagemens pris.

La France était humiliée : elle regrettait ses jours de gloire.

Napoléon crut qu'il pourrait remonter sur le trône national sans livrer son pays à la guerre civile. Il quitta l'île d'Elbe : il débarqua au golfe Juan avec six cent soixante-treize hommes : vingt jours après il entrait dans Paris !

Ce fait est ce qu'il y a de plus grand dans l'histoire.

Le général Montholon alla au-devant de l'empereur; il le rejoignit dans la forêt de Fontainebleau.

L'empereur était dans une mauvaise voiture de poste que le préfet de l'Yonne lui avait prêtée. Il mit pied à terre dès qu'il vit le général Montholon, et le questionna beaucoup sur ce qui se passait à Paris et sur la disposition des troupes réunies à Villejuif sous les ordres du duc de Berry et du maréchal Macdonald.

En quittant le général, l'empereur lui confia le commandement des régimens qui venaient le rejoindre. Ces régimens étaient commandés :

Le 4º de chasseurs, par le marquis de Vence, pair de France, l'un des assidus du pavillon de Marsan;

Le 6º de lanciers, par le colonel Galbois;

Le 1ᵉʳ de chasseurs, par le marquis de Talhouet, pair de France, gendre de M. Roy, et ennemi personnel de Napoléon;

Le 6ᵉ de chasseurs, par le prince de Carignan.

Dans les Cent-Jours, l'empereur voulut que le général Montholon commandât une brigade de la jeune garde; mais, sans qu'on ait su pourquoi, cet ordre ne fut pas exécuté; le général reçut celui de prendre le commandement de deux régimens de marine et de deux régimens de tirailleurs de Paris. Il ne se trouva pas en position de combattre à Waterloo.

La tempête sociale s'était de nouveau déchaînée contre le vaisseau politique de la nation française. Le principe du mal l'emportait une seconde fois sur le principe du bien : la cause des rois triomphait de la cause des peuples. Nous devions encore subir les Bourbons.

Le jour de son abdication, Napoléon dit au général Montholon : *L'on m'abandonne; m'abandonnerez-vous aussi?* et le général Montholon lui répondit avec une profonde émotion : *Non, Sire!* C'était là un contrat saint et sacré.

L'empereur quitta une seconde fois la patrie ; le général Montholon le suivit.

A l'île d'Aix, Napoléon assembla ses fidèles pour délibérer sur la question de savoir s'il fallait se livrer aux Anglais, ou si l'on devait monter sur un brick danois appartenant au beau-père du lieutenant de vaisseau Besson, que ce digne officier prenait sur lui d'offrir à l'empereur. Deux voix seulement s'élevèrent pour combattre l'opinion émise de se livrer aux Anglais : ces deux voix étaient celles du général Lallemand et du général Montholon.

Dès l'arrivée de Napoléon à Sainte-Hélène, le gouvernement anglais fit déclarer par l'exécuteur de ses hautes-œuvres, Hudson-Lowe, « que les officiers qui voulaient rester avec Napoléon devaient prendre et signer l'engagement d'honneur de se soumettre à toutes les restrictions qu'il plairait à l'autorité britannique d'ordonner, et de ne jamais retourner en Europe sans sa permission... » Le comte de Las Cases, les généraux Montholon et Gourgaud signèrent sans hésiter. Le général Bertrand se refusa à donner sa signature. Ce refus fut le premier événement remarquable du séjour de Sainte-Hélène. Les compagnons de l'empereur en parlaient de différentes manières ; l'empereur disait : « Bertrand fit à peu près la même chose à l'île d'Elbe, en écrivant à Louis XVIII, ce qui ne l'empêcha pas de rester avec moi, de même que ses répugnances pour rentrer en France les armes à la main ne l'empêchèrent point d'être major-général de la colonne de marche.....»

Napoléon voulait paraître mettre peu d'importance au refus du général Bertrand; cependant ce refus le préoccupait, et il demanda à chacun des signataires quel était le motif qui l'avait décidé. Le général Gourgaud et le comte de Las Cases protestèrent de leur dévoûment. Le général Montholon répondit par ces seuls mots : *Sire, chaque jour que je passerai dans l'exil près de votre majesté, je gagnerai une bataille. — Je vous comprends*, dit l'empereur, *et si cela dure long-temps, les Anglais n'auront plus à garder que nous deux.....* Ces mots prophétiques furent suivis d'un profond silence.

Les événemens ont été au moment d'en justifier la prédiction. Le 17 mars 1821, jour où l'empereur s'alitait pour ne plus se relever, le général Bertrand n'attendait plus qu'un navire de passage pour ramener sa femme et ses enfans en Europe. Dès le mois de janvier il avait prévenu l'empereur de son départ, et avait fait auprès du gouverneur Hudson Lowe les démarches nécessaires pour obtenir la permission de s'embarquer, ce qui lui avait été accordé, sauf le consentement de l'empereur : l'empereur consentit. On sait que le comte Las Cases et le général Gourgand étaient partis depuis plusieurs années.

Cela explique suffisamment les faveurs et les bienfaits dont Napoléon a comblé le général Montholon. L'empereur se plaisait souvent à le nommer son fils.

A l'époque de la communication officielle faite à l'empereur Napoléon par sir Hudson Lowe et les commissaires des grandes puissances, des traités de Vienne qui le déclarait le prisonnier de l'Europe, et chargeaient l'Angleterre de sa garde, l'empereur écrivit une protestation, et il voulut qu'elle fût signée par le général Montholon. Cette haute distinction marqua le point fixe d'une ère de confiance pour le général.

Le cercle resserré d'une biographie ne permettant pas de copier entièrement cette protestation, qui consacre le déshonneur éternel du gouvernement anglais d'alors, il faut se borner à en copier quelques passages, afin d'en faire apprécier l'ensemble.

« L'empereur Napoléon proteste contre le contenu du traité du 2 août 1815 ; il n'est point prisonnier de l'Angleterre. Après avoir abdiqué entre les mains des représentans de la nation, au profit de la constitution adoptée par le peuple français en faveur de son fils, il s'est rendu volontairement et librement en Angleterre pour y vivre, particulier, dans la retraite, sous la protection des lois britanniques.

« La violation de toutes les lois ne peut pas constituer un droit.

« La convention du 2 août 1815, faite quinze jours après que l'empereur Napoléon était en Angleterre, ne peut avoir en droit aucun effet. Elle n'offre que le spectacle de la coalition des quatre plus grandes puissances de l'Europe pour l'oppression d'un seul homme, coalition que désavoue l'opinion de tous les peuples, comme tous les principes de la saine morale.

« Les fausses idées que l'empereur Napoléon avait de

la libéralité des lois anglaises et de l'opinion d'un peuple grand, généreux et libre, sur son gouvernement, l'ont décidé à préférer la protection de ses lois à celle de son beau-père et de son ancien ami l'empereur Alexandre....

« Cette erreur fera à jamais rougir les vrais Bretons, et dans la génération actuelle comme dans les générations futures, elle sera une preuve de la déloyauté de l'administration anglaise...

« Le traité du 2 août et l'acte du parlement britannique, en parlant de l'empereur Napoléon Bonaparte, ne lui donnent que le titre de général. Le titre de général Bonaparte est sans doute éminemment glorieux. L'empereur le portait à Lodi, à Castiglione, à Rivoli, à Arcole, à Léoben, à Aboukir; mais depuis dix-sept ans il a porté celui de premier consul et d'empereur. Ne le nommer maintenant que général, ce serait déclarer qu'il n'a été ni premier magistrat de la république, ni *souverain de la quatrième dynastie.*

« Ceux qui pensent que les nations sont des troupeaux qui, de droit divin, appartiennent à quelques familles, ne sont ni de ce siècle ni même dans l'esprit de la législature anglaise, qui changea plusieurs fois l'ordre de sa dynastie parce que de grands changemens survenus dans les opinions, auxquels n'avaient pas participé les princes régnans, les avaient rendus ennemis du bonheur et de la majorité de cette nation.

« *Les rois ne sont que des magistrats héréditaires qui n'existent que pour le bonheur des nations, non les nations pour la satisfaction des rois...*

« Vos ministres ignoreraient-ils donc que le spectacle d'un grand homme aux prises avec l'adversité est le spectacle le plus sublime? Ignoreraient-ils que Napoléon à Sainte-Hélène, au milieu des persécutions de toute espèce, auxquelles il n'oppose que de la sérénité, est plus grand, plus sacré, plus vénérable que sur le premier trône du monde où si long-temps il fut l'arbitre des rois. Ceux qui, dans cette position, manquent à Napoléon, n'avilissent que leur propre caractère et la nation qu'ils représentent. »

Peu de temps après, l'empereur chargea le général Montholon d'exercer les fonctions de grand-maréchal, donnant pour raison que le général Bertrand, demeurant à une demi-lieue de l'enceinte de Longwood, ne pouvait pas remplir la tâche que le grand-maréchalat lui imposait.

Depuis lors la correspondance avec le gouvernement anglais fut exclusivement confiée au général Motholon.

Au moment de son arrivée à Longwood, l'empereur Napoléon voulut immédiatement travailler à ses mémoires, et diviser ce travail entre les généraux ses compagnons d'infortune. Le général Bertrand s'excusa. Il fut alors convenu que les généraux Montholon et Gourgaud travailleraient chacun leur jour. Le comte de Las Cases faisait les fonctions de secrétaire particulier : son fils n'était encore qu'un enfant que l'empereur appelait *son petit page*.

Le départ forcé du comte de Las Cases, au bout de trois mois de séjour à Longwood, celui du général Gourgaud, au bout de deux ans, avaient laissé au général Montholon tout le poids du travail, et il n'est pas hors de propos de dire quelle était la nature de ce poids.

Chaque jour, dès neuf heures du matin, le général Montholon, la plume à la main, était auprès de l'empereur, avec lequel il déjeunait et restait jusqu'à une heure et demie, heure à laquelle l'empereur recevait le général Bertrand.

Vers les trois heures de l'après-midi, le général Montholon était rappelé; il travaillait et dînait avec l'empereur, et il ne le quittait qu'à neuf heures du soir.

A neuf heures du soir l'empereur se couchait, et toujours, au moment de son réveil, de onze heures à minuit, le général Montholon se rendait auprès de lui jusqu'à six heures du matin.

A six heures du matin, l'empereur se mettait au bain, y dormait une ou deux heures, allait ensuite au lit jusqu'à neuf heures, et la vie de labeur recommençait.

Telles ont été les quatre dernières années du général Montholon à Sainte-Hélène.

Napoléon-le-Grand touchait à son heure dernière; le gouvernement anglais l'avait enfin tué : il l'avait tué au milieu des tortures morales qui pouvaient le plus lui causer de profondes souffrances.

Les noms de Hudson Lowe et de Bathurst doivent être écrits en lettres de sang dans le cœur de tout bon Français. Honte éternelle et mépris éternel aux quatre grandes puissances qui décidèrent l'assassinat de l'empereur Napoléon!

La dernière maladie de Napoléon dura quarante-neuf jours. Le général Montholon ne quitta point le lit de la victime des rois de droit divin. C'est lui qui ferma les yeux de Napoléon, de l'élu couronné de la nation française.

M. Marchand partagea activement le zèle fervent dont le général Montholon prodiguait les preuves à l'empereur mourant. Cependant M. Marchand était lui-même malade;

mais son amour pour Napoléon lui donnait le courage qui supplée à la force, et il ne manqua à aucune des veilles de douleur.

Le général Bertrand avait offert ses services : l'empereur l'avait remercié avec bonté.

Aucune femme ne fut admise auprès de l'auguste malade. L'empereur mourut le 5 mai 1821. Voici un passage de son testament.

« Je lègue au comte de Montholon deux millions de francs, comme une preuve de ma satisfaction des soins filials qu'il m'a rendus depuis six ans, et pour l'indemniser des pertes que son séjour à Sainte-Hélène lui a occasionées....

« J'institue les comtes Montholon, Bertrand et Marchand mes exécuteurs testamentaires. »

Il y a dans ce peu de mots qui, sur le bord de la tombe, sont adressés à la postérité, la mesure déterminée des sentimens d'affection et de reconnaissance que Napoléon éprouvait pour les hommes principaux qui l'avaient suivi à Sainte-Hélène.

De retour en Europe, le général Montholon avait une tâche difficile à remplir, *l'exécution des volontés testamentaires de l'empereur Napoléon;* la lettre suivante constate qu'il sut se rendre digne de cette haute marque de confiance.

« *Les commissaires des légataires du testament et du quatrième codicile.*

« Monsieur le comte,

« Les légataires du testament et du quatrième codicile,

au moment où la liquidation des sommes qui leur reviennent sur leurs legs se trouve terminée par les soins de messieurs les exécuteurs testamentaires, éprouvent le besoin de vous faire parvenir leurs remercîmens. Interprètes de leurs sentimens, nous vous prions de les agréer en leur nom et au nôtre.

« Les légataires se plaisent à reconnaître que c'est principalement à votre sollicitude et aux démarches actives que vous n'avez cessé de faire depuis cinq ans, tant en France qu'en Angleterre, devant les tribunaux et auprès des ministres, qu'est due la levée des obstacles qui avaient retardé jusqu'à présent, et qui auraient prolongé indéfiniment la réalisation des intentions bienfaisantes de l'empereur Napoléon à leur égard.

« Heureux de terminer, en vous offrant l'expression de notre gratitude, notre courte mission pour laquelle nous avons trouvé en vous, Monsieur le comte, zèle, désintéressement et esprit de conciliation, nous vous prions de recevoir la nouvelle assurance des sentimens distingués avec lesquels nous avons l'honneur d'être, etc.

Signé, MARBOT, POGGI,
le lieutenant-général BRAYER,
MENNEVAL, POTRON.

Le général Montholon a vécu hors de la sphère politique depuis la mort de Napoléon jusqu'à la chute de Charles X. Il était en Allemagne à l'époque de la révolution de juillet. Présent à Paris, il est certain qu'il aurait tiré l'épée pour la cause nationale.

Que n'est-il permis de terminer cette notice sur le

général Montholon par l'éloge mérité de sa fidélité et de sa reconnaissance, éloge d'une application si rare dans ce temps d'apostasie, et surtout d'ingratitude. Mais on doit la vérité à tous, et quels que soient les sentimens qu'on éprouve pour le général Montholon, il y a nécessité de la dire.

Le général Montholon comprit mal la haute position sociale que Napoléon lui avait faite; il méconnut la grandeur que la noble mission de Sainte-Hélène avait imprimée à son nom; il oublia qu'il ne s'appartenait plus.

Arrivé à Paris, il fit succéder des jours de splendeur à des jours de souffrance, et son hôtel devint le rendez-vous de ce que Paris avait de plus brillant; alors le peuple adulateur des salons chanta ses louanges; alors aussi des hommes d'intrigue s'attachèrent à lui comme le lierre s'attache au tronc de l'arbre qu'il dévore.

Une première faute poussa à d'autres fautes; les fautes se succédèrent avec rapidité. La raison du général Montholon n'exerça plus d'empire sur sa conduite; il ne vit plus que par les yeux des flatteurs qui l'entouraient. On consomma rapidement sa perte.

Toutefois, il est juste d'ajouter que cette vie bruyante, fastueuse, cette vie de jouissances matérielles, de jouissances du moment, cette vie qui d'ordinaire étouffe tous les sentimens élevés, n'avait point desséché l'ame et flétri le cœur du général Montholon. Jamais il ne fut sourd à la voix du malheur, jamais il ne refusa de soulager une infortune. On aurait dit que son entraînement donnait plus de force à sa générosité. On pourrait citer plusieurs traits de bienfaisance qui honorent éminemment son caractère.

Le gouffre s'était élargi ; la fortune du général Montholon s'y était engloutie.

Les fêtes avaient cessé : les récriminations leur succédaient. Les parasites criaient surtout contre celui qui ne pouvait plus satisfaire à leur gloutonnerie : beaucoup de ceux que le général avait obligés osèrent aussi élever des plaintes. Bientôt il y eut un hourra d'accusations peu réfléchies, de calomnies longuement méditées.

Ce n'était pas cependant les habitudes dispendieuses du faste qui avaient ruiné le général Montholon. M. Montholon a été à même de prouver que ces habitudes n'absorbaient pas ses revenus. Une autre cause produisit spécialement cet effet.

Le général Montholon se distingue par une grande activité d'esprit, par des conceptions larges, par des sentimens généreux, et ces qualités, qui avaient produit le bien dans la sphère vaste de la vie publique, produisirent le mal dans le cercle étroit de la vie privée. Il s'associa à des spéculations commerciales qu'il croyait protéger ; ces spéculations eurent un mauvais succès. La rigidité de la loi commerciale le rendit responsable de valeurs nominales énormes. Par exemple, le tribunal de commerce le déclara débiteur de sept cent mille francs pour des actions d'un grand établissement, et qui, forcément liquidées presque en même temps qu'elles avaient été vendues, ne produisirent que ving-un mille cinq cents francs. Ce fait n'est pas le seul qui soit parvenu à la connaissance de la presse.

Les revers ont rendu le général Montholon à lui-même, à sa gloire, à son pays. L'expérience du malheur lui a profité.

Il a fallu sept années d'efforts persévérans pour que le général pût réparer les torts qu'il avait eus. Sa liquidation s'est heureusement terminée.

On n'a sans doute pas oublié la conspiration royaliste dite de la rue des Prouvaires : c'était en 1832.

Un témoin prétendit qu'il avait entendu parler du général Montholon comme devant être investi d'un commandement carliste. Le général Montholon était alors en Suisse depuis plus de deux ans. Un procès a fait connaître plus tard que ce témoin s'était trompé, qu'il avait pris le nom de Montholon pour celui de Bourmont.

Le besoin de repos et d'éloignement des affaires, l'impatience que lui causait la position qu'on lui avait faite en le plaçant dans le cadre de réserve des maréchaux-de-camp ; l'affection qu'il portait à la famille de l'empereur, et qui lui suggérait peut-être l'idée des conseils sages et prudens, toutes ces causes le décidèrent à se rendre en Angleterre.

Il y vécut retiré, bornant ses visites les plus fréquentes au comte de Survilliers et au prince Napoléon-Louis. C'est ce qu'on doit penser du passage d'une lettre adressée au *Globe* et rapportée par le *Capitole* du 13 août.—Le général Montholon, disait le correspondant du journal anglais, avait choisi pour sa résidence, quelque temps avant la tentative d'insurrection, une maison appelée Petershan Loge, près de Richmond, conservant là, comme dans l'hôtel de Hide-Park, où il logeait quand il venait à Londres, le plus strict incognito ; il avait pris le titre de comte de Lize. Il quitta Petershan-Lodge lundi à six heures et demie du matin, sans être accompagné d'aucun domestique, et n'ayant avec lui que le prince Louis-

Napoléon. Toute sa maison croyait qu'il se rendait sur le continent, et que son absence ne serait que de huit à dix jours. La femme du général, sa famille et ses domestiques sont toujours à Petershan-Lodge. »

Le même journal publie les particularités suivantes que le *Droit* a reproduites le 14 août :

« Les amis du comte Montholon ont été très affligés à la nouvelle de son arrestation. Ils étaient fâchés depuis quelque temps de lui voir embrasser la cause désespérée d'un..., mais ils n'auraient jamais cru qu'il se fût avancé jusqu'à ce point. Sa conduite est d'autant plus surprenante qu'il n'était plus dans une situation pécuniaire qui aurait pu rendre une telle conduite probable. M. Montholon s'était laissé entraîner, il y a quelques années, dans des spéculations très-étendues qui amenèrent sa ruine; et, après avoir perdu près de 80,000 liv. sterl. (2 millions), et contracté des dettes pour une somme à peu près égale, il fut déclaré en faillite. Il y a environ un an, le marquis de Sémonville, son beau-père et son père adoptif, est mort, et lui a laissé une fortune qui l'a mis à même de reprendre son ancienne position, après avoir été réduit à l'extrémité de vendre les objets qui lui avaient été laissés par l'empereur, tels que la capotte et le chapeau que portait Napoléon à Waterloo, la boîte de toilette donnée à Napoléon par Georges IV, alors qu'il était prince régent; plusieurs montres, bijoux, etc. Après avoir recueilli la succession de M. de Sémonville, M. de Montholon commença (ce qui lui fait le plus grand honneur) par payer ses dettes, dont il n'était plus responsable, et la déclaration de faillite prononcée contre lui ayant été annu-

culièrement partie du service de l'inspection des troupes. C'est à ce titre qu'il fut successivement attaché aux lieutenans-généraux Bonet, Barrois, Bourke, Barbot, Meunier, inspecteurs d'infanterie.

En 1821, le 25 avril, il reçut la croix de Saint-Louis. Le ministère ayant appelé, en 1823, M. le comte Bourke au commandement de la 2e division du 1er corps de l'armée des Pyrénées, cet officier-général, qui avait été à même d'apprécier les talens et le caractère de M. Mésonan, le demanda pour premier aide-de camp. Il suivit ce général et se trouva constamment près de lui dans les diverses affaires qui eurent lieu devant Saint-Sébastien et la Corogne, et surtout pendant le siège de cette dernière place, qui dura trente-cinq jours. Chargé de plusieurs missions importantes, il s'en acquitta à la satisfaction de son général, qui demanda cinq fois le grade de chef de bataillon pour lui, et ne put l'obtenir. A cette époque, l'avancement s'accordait aux protégés du grand quartier général et à des officiers de cour.

Après la campagne, en 1824, on envoya à M. Mésonan la décoration du mérite militaire de Saint-Ferdinand d'Espagne.

De retour en France, M. Mésonan reprit son service dans l'inspection des troupes ; mais toutes les injustices qu'i avait éprouvées lui donnant de l'indifférence, du dégoût même pour le métier des armes, il n'attendait plus que l'instant de réclamer sa retraite, lorsque la révolution de juillet éclata. Absent de Paris, il ne tarda pas à y revenir, et dès son arrivée, il fut employé au personnel du ministère da la guerre, auprès du lieutenant général Maurin. Les prétentions absurdes et scandaleuses des solliciteurs qui n'avaient rien fait en faveur de la révolution qui venait de s'opérer et les basses intrigues qui se multipliaient sous ses yeux, le degoutèrent de sa position; il la quitta sans avoir pensé à rien demander pour lui.

Le général Maurin venait de recevoir le commandement de la 1re division militaire ; il prit M. Mésonan avec lui en qualité d'aide-de-camp. Ce général mourut deux mois plus tard et fut remplacé par M. le général Pajol, qui conserva M. Mésonan à son état-major. C'est dans cette situation qu'il reçut son brevet de chef d'escadron nommé le 22 février 1831.

En 1833, quelques intrigans réunis se concertèrent pour faire placer leurs protégés à l'état-major, bien qu'il n'y existât aucun emploi vacant. Au moyen d'une décision subreptice extorquée au ministre de la guerre, ils parvinrent à obtenir des vacances, en faisant donner des destinations pour des divisions militaires de l'intérieur à trois des officiers employés à Paris; M. Mésonan fut du nombre des éliminés. Envoyé dans la 7e division, il eut la douleur, après avoir assisté aux malheureuses journées des 5 et 6 juin 1832, de se trouver à celles, plus déplorables encore, du mois d'avril 1834, à Lyon. Revenu à Paris, en 1835, le ministre l'attacha au comité d'infanterie et de cavalerie, en qualité d'aide-de-camp du lieutenant général Subervic, inspecteur général de cavalerie.

Depuis trois ans, il était proposé pour un emploi de lieutenant-colonel. On fit beaucoup de promotions dans ce grade, au commencement de 1836, de nature, la plupart, à blesser l'amour-propre de M. Mésonan; cependant, il dédaigna de se plaindre, surtout de faire aucunes réclamations. En 1838, on lui promit, au ministère de la guerre, en le désignant pour une inspection de cavalerie, de le nommer lieutenant-colonel au retour de sa mission, et de lui donner un commandement de place. Le lieutenant-général inspecteur, que M. Mésonan accompagnait comme aide-de-camp, fut autorisé à faire deux mémoires de proposition en sa faveur, l'un pour le grade, l'autre pour le commandement.

Il les fit ; mais alors aucune promotion ne se faisait plus qu'avec le consentement et sous le bon plaisir de la Camarilla, et M. Mésonan ne jouissait pas de sa faveur. On découvrit un moyen bien simple et en même temps décisif de trancher toute difficulté, ce fut de lui donner sa retraite. Aussi, dès que le travail d'inspection fut terminé et remis au ministère de la guerre, M. Mésonan reçut-il en échange une lettre de M. le général Bernard, ministre de la guerre, lui annonçant *qu'il était admis à faire valoir ses droits à la retraite.*

M. Mésonan répondit à M. Bernard par une lettre assez énergique, mais pleine de dignité et de convenance, à laquelle ce dernier lui fit répondre par quinze jours d'arrêts. M. Mésonan, qui pouvait se considérer comme libéré de tout service, de toute subordination et de toute dépendance, voulut, jusqu'au dernier moment, donner l'exemple de la modération, et subit ses arrêts ; mais il écrivit une seconde lettre à M. Bernard, plus vive, plus acérée, plus complète que la première. J'extrais cette correspondance du *Courrier français* du 13 février 1838, et je donne ici cet extrait, parce qu'il sert à faire connaître la tournure d'esprit, et la fermeté de caractère de M. Mésonan.

Paris, ce 14 décembre 1837.

M. le ministre,

M. le général de Préval vient de me remettre votre lettre du 28 novembre dernier, par laquelle vous l'informez que vous avez décidé que je serai admis à faire valoir les droits que je puis avoir à la retraite.

Vous le chargez également de me faire connaître cette décision et de vous transmettre une demande régulièrement instruite, indiquant le lieu où j'ai l'intention de me retirer.

Votre décision me trouve à Paris, monsieur le ministre, et j'y resterai une fois rendu à la vie civile.

Je n'ai aucune demande à faire ; elle serait superflue et de pure forme.

Je ne sanctionnerai pas, par mon adhésion, une mesure que je considère comme arbitraire, en ce qu'elle n'est point égale pour tous ; qu'on l'applique aux uns, et qu'on ne l'exécute point pour d'autres.

Comme impolitique, en ce qu'elle foule aux pieds de longs et d'honorables services, pour favoriser, en temps de paix, un dévergondage d'ambition qu'il serait plus que temps de réprimer et de contenir dans de justes bornes.

Enfin, comme onéreuse à l'État, en ce qu'elle accroît le chiffre énorme des pensions, sans diminuer les dépenses de l'armée active.

Je terminerai en protestant contre la décision ministérielle *occulte* qui a mis en coupe réglée les officiers des différens grades, car c'est au moyen de cette pièce illégale qu'on renvoie d'office des hommes évidemment capables de servir utilement le pays.

La force et le pouvoir sont dans vos mains, monsieur le ministre, faites que la voie de la raison et de la justice ne parvienne pas en vain devant votre autorité.

Recevez, etc.

Le chef d'escadron au corps royal d'état-major,
MESONAN.

Paris, le 30 décembre 1837.

Monsieur le commandant,

Je vous annonce avec peine que le ministre, justement blessé des termes inconvenans renfermés dans une lettre que vous lui avez adressée à l'occasion de la notification qui vous a été faite de votre admission à la retraite, m'a chargé de vous infliger quinze jours d'arrêts simples.

Recevez, monsieur le commandant, etc.

Le lieutenant-général commandant de la 1re division militaire,
PAJOL.

Paris, 10 février 1838.

Monsieur le ministre,

Je n'eusse pas donné de publicité à la lettre que j'ai eu l'honneur de vous écrire, le 14 décembre dernier, et je ne vous aurais pas écrit de nouveau, sans les quinze jours d'arrêts que vous m'avez infligés avec une sorte d'éclat, par l'intermédiaire de M. le général commandant de la division militaire.

Mais n'ayant subi que cette seule punition depuis mon

entrée au service, une réponse aussi acerbe qu'elle m'a paru despotique, et surtout aussi nouvelle pour moi, m'a vivement ému, et a sur-le-champ dicté ma résolution. Vous m'avez jeté le gant, et je l'ai relevé.

Je ne vois rien d'inconvenant dans ma lettre précipitée, monsieur le ministre, à moins toutefois que vous ne considériez comme tel le dernier paragraphe où je vous dis : *La force et le pouvoir sont dans vos mains.*

En effet, monsieur le ministre, on sait que vous êtes dans une fausse position, que vous prenez souvent la responsabilité d'actes qui ne sont pas les vôtres, et la plupart des officiers de l'armée reconnaissent le bras caché derrière vous qui dirige d'une manière absolue le personnel des différentes armes. A cet égard, les dénégations officielles ne sauraient changer la nature des choses ni le caractère de ceux qui aiment mieux agir dans l'ombre que fonctionner au grand jour.

Aucun but d'intérêt personnel n'a dicté ma démarche près de vous. Je n'avais en vue que l'intérêt général du pays qui veut que l'on conserve pour sa défense les officiers d'expérience, éprouvés sur tous les champs de bataille de l'Europe et encore valides. J'avais aussi en vue, monsieur le ministre, l'intérêt de nos vieux camarades dont les bons services, trop méconnus par le temps qui court, sont livrés sans défense au caprice du pouvoir, sont souvent foulés aux pieds, pour assouvir l'ambition et l'avidité des favoris du jour. Au reste, à la manière dont je plantais mon drapeau, vous avez pu voir que je me présentais en adversaire, et non en solliciteur. C'est l'attitude que je conserverai tant qu'on persévèrera dans le mal et dans la fausse route où l'on s'égare.

Pendant quatorze années de ma longue carrière militaire, j'ai été employé aux inspections des corps d'infanterie et de cavalerie, et je connais, aussi bien que tous les ministres, l'effectif réel de l'armée, son personnel, son organisation, ses besoins et l'esprit qui l'anime.

Je vous le dis à regret, monsieur le ministre, mais l'esprit militaire, qui n'existe plus dans la nation, s'éteint de jour en jour dans les rangs, et le dégoût du service s'est emparé de tous les grades. C'est une atonie complète et un malaise général qui mérite de fixer l'attention sérieuse du gouvernement.

Je le proclame ici, monsieur le ministre, ce n'est pas en dédaignant les services passés, en repoussant brutalement les faibles débris de nos glorieuses phalanges, en abandonnant à des mains juvéniles le sort des anciens militaires que l'on remédiera à ce déplorable état de choses; mais en suivant une marche contraire à la pensée machiavélique du rajeunissement total de l'armée, conçue pour niveler les médiocrités; en évitant, surtout, de commettre des injustices et des passe-droits; en ne prodiguant pas tout l'avancement aux intrigues de salon; en récompensant, autant que l'état de paix peut le permettre, les bons serviteurs fidèles et zélés qui vous sont signalés dans les inspections; en honorant tous les grades et une existence entière de fatigues, de périls et de désintéressement; enfin, en conférant la plénitude des droits civiques, à titre de récompense nationale, après un temps déterminé de bons services, à tous les militaires rentrés dans la vie civile, ainsi que l'accordait le décret de l'assemblée constituante du 28 février 1790, sanctionné le 21 mars.

La nation, monsieur le ministre, prodigue au besoin

le sang de ses enfans, et fait des sacrifices énormes d'argent pour entretenir une armée destinée à maintenir l'intégrité du territoire, à garantir l'indépendance nationale, à assurer l'exécution des lois et à soutenir l'autorité royale, mais non pour soudoyer des légions organisées plutôt dans des intérêts personnels que dans celui de l'Etat.

Si je voulais entrer dans de plus longs détails, je pourrais dévoiler toutes les plaies de notre état militaire, et signaler les infractions aux lois et aux réglemens qui ont été commises depuis plusieurs années, enfin vous dire que les avancemens de faveur et les avancemens prémaurés humilient et découragent les officiers expérimentés. Mais, pour cela, il faudrait me livrer à des personnalités que je cherche à éviter autant que possible. D'ailleurs à quoi bon ? Le pouvoir, par amour-propre, revient rarement sur ses erreurs, ses fautes et ses injustices.

Il faut cependant, monsieur le ministre, que quelqu'un se dévoue, et qu'il ait le courage de dire la vérité, au risque de déplaire à l'autorité. Peu importe, dans ce cas, la forme et l'énergie du langage, lorsqu'on ne s'écarte point des règles de la politesse, et je ne crois pas l'avoir fait. Mais si, contre mon attente, la franchise de mes expressions m'attirait l'animadversion du pouvoir, je m'en consolerais en lui répétant après Mirabeau : « J'ai toujours craint d'indigner la raison, jamais d'indigner les hommes. »

Agréez, etc.

MESONAN.

M. Mésonan a été retraité, le 13 décembre 1837. Depuis cette époque, il n'avait plus été question de cet officier supérieur. La descente à Boulogne le ramène sur la scène; mais, cette fois, sur la scène politique. Il est maintenant détenu à la conciergerie.

FIALIN DE PERSIGNY.

Jean-Gilbert-Victor FIALIN DE PERSIGNY est né à Saint-Germain-Lespinasse, département de la Loire, ancienne province du Forez, le 11 janvier 1808. Son père possédait, à Crémeaux, un domaine du nom de *Persigny*; mais, ayant dissipé les débris de son patrimoine dans de fausses spéculations, il s'engagea et alla mourir en Espagne, à la bataille de Salamanque (1812). Victor, le plus jeune de ses fils, élevé par les soins d'un de ses oncles, reçut l'instruction du collége royal de Limoges, où il était entré comme boursier de la commune de Paris, faveur que lui avait fait obtenir un allié de sa famille, M. de Chabrol-Volvic, préfet du département de la Seine.

Victor, en sortant du collége, s'engagea volontairement à l'école de cavalerie de Saumur, le 25 juillet 1826. Il sortit de cette école, ayant eu le premier numéro, et passa, avec le grade de maréchal-des-logis, le 12 octobre 1828, dans le 4e de hussards, régiment qu'il avait choisi.

Le jeune maréchal-des-logis arriva à son corps l'esprit légèrement teint de carlisme, opinion de tous les siens et des chefs de l'École où il avait vécu pendant deux ans. Mais, entré dans la compagnie du capitaine Kersausie, son jugement se forma sur la valeur des princes que l'étranger nous avait ramenés, tellement que, quoiqu'il fût à la veille d'être appelé aux gardes-du-corps par suite des sollicitations pressantes de ses oncles, le marquis de Couzan et les vicomtes du Rozet et de Girard, la révolution de 1830 le trouva disposé à agir dans le sens du mouvement le plus étendu.

Quand la nouvelle des combats de Paris arriva à Pontivy, où tenait garnison le 4e de hussards, elle y causa une vive sensation. Les capitaines Kersausie et Duquesne réunirent aussitôt les sous-officiers. M. Fialin, jeune et sans expérience, ne pouvait guère les aider de ses conseils ; aussi se borna-t-il à leur offrir franchement l'appui de son courage, résolu qu'il était à engager sa tête dans la lutte. Les deux capitaines acceptèrent cette proposition de dévoûment, arrêtèrent un plan d'insurrection, et chargèrent M. Fialin d'une partie de l'exécution de ce plan. Le jeune sous-officier, fier du rôle qu'il avait à jouer, se rendit au quartier, rassembla tous ceux de ses camarades qu'il supposait capables d'une résolution hardie, se concerta avec eux, passa ensuite dans toutes les chambrées, faisant appel à tous les sentimens français, exaltant tous les cœurs. La nuit approchait, et c'était le moment où l'on avait décidé de faire monter le régiment à cheval. M. Fialin veut enfoncer la porte du magasin à poudre, afin de s'emparer et de distribuer des cartouches ; ne pouvant y réussir, il se rend chez le garde-magasin, lui met le pistolet sur la gorge, lui enlève ses clés, et distribue des munitions au régiment. Les chevaux sont sellés, on n'attend plus que le signal pour marcher sur Paris. Pendant ce temps, un conseil se tenait chez le colonel. Là, les braves capitaines Kersausie et Duquesne, dans une scène violente où tous les officiers avaient mis le sabre à la main, en avaient imposé au colonel qui, craignant une sanglante collision, consentit à commander le régiment dans le mouvement projeté vers Rennes. Les douze ou quinze officiers carlistes se rendirent à Vannes, n'ayant pu entraîner avec eux que cinq ou six hussards. Le régiment reçut presque immédiatement l'ordre de rester en Bretagne.

On devrait croire que les chefs du mouvement patriotique qui venait de s'opérer ne tardèrent pas à recevoir la récompense qui leur était due; on se tromperait pourtant : trois ou quatre semaines après, un général-inspecteur leur adressa de vifs reproches en présence de tout le régiment qui, indigné de cette audace, rompit ses rangs et menaça le général. Le capitaine Kersausie fut appelé à Rennes pour rendre compte de sa conduite; il donna sa démission. Le capitaine Duquesne et le sous-officier Fialin furent renvoyés en congé d'un an.

M. Fialin se retira dans sa famille. L'année de son congé étant écoulée, il se rendit à Paris; et, aidé de M. le député Lachèze, son parent, il réclama son rappel dans le régiment où il avait servi. Le ministre s'y refusa et le désigna pour le 3e de même arme, par décision du 2 juillet 1831. M. Fialin ne consentit point à se prêter à ce changement de corps, se fondant sur les termes de son engagement, et ne voulant pas servir ailleurs que là où il était aimé et estimé; le ministre lui donna alors son congé définitif.

Le jeune congédié retourna encore auprès de sa mère, et y demeura jusqu'en 1833. A cette époque, il revint à Paris, espérant se faire jour dans le journalisme.

Entre autres recommandations qu'il avait apportées, il s'en trouvait une de M. d'Espagny, membre du conseil général de la Loire, pour M. Baude, ancien préfet de police, alors dans l'opposition. Ce député accueillit parfaitement le recommandé de M. d'Espagny, l'engagea à faire plusieurs travaux sur l'administration, et particulièrement un écrit sur les emplois publics. Il le fit admettre à la rédaction du *Temps*, et fut pour lui, de son propre aveu, un protecteur aussi bon qu'éclairé.

C'est à cette époque que M. Fialin prit le titre et le nom de vicomte de Persigny, négligés par sa famille, et il le prit, non par vanité aristocratique, mais pour se donner un peu de cette consistance dont, sous l'empire des tendances singulières de ce temps, lui, jeune homme cherchant position et fortune, croyait avoir besoin.

Il écrivit ensuite dans plusieurs journaux de nuances différentes, toujours sur des sujets généraux, sur les finances, sur les affaires étrangères, sur les questions administratives, sans épouser les passions des journaux où il travaillait, considérant, pour lui, le journalisme comme un gymnase d'études politiques : car il n'avait point encore d'opinion arrêtée, et flottait entre tous les partis, parce qu'aucun ne paraissait satisfaire pleinement à ses sentimens et à ses idées.

Mais, en 1834, la lecture du *Mémorial de Sainte-Hélène* et des ouvrages de l'Empereur, les inspirations de M. Baude (1) et l'examen qu'il fit sérieusement de l'esprit public l'entraînèrent à la cause napoléonienne. Un voyage qu'il entreprit dans le courant de cette année, en Allemagne, où l'attiraient des intérêts de famille, servit à l'éclairer et à le pousser dans ses nouvelles croyances : on sait que la vénération des Allemands est grande pour la mémoire de Napoléon.

Pendant ce voyage de trois semaines, M. de Persigny écrivit un travail sur les *haras et remontes des États de la Confédération germanique*, qu'il adressa à M. le général Wolff, et qui a été publié dans le *Spectateur militaire*.

Revenu à Paris, et convaincu de la possibilité de créer un point central au parti napoléonien, il essaya, aidé de M. Chauvin-Belliard, d'établir une revue mensuelle sous le titre de l'*Occident français*, consacrée à la pensée napoléonienne; il ne put faire paraître que le premier numéro (Paris, 1834, grand in-8° de 79 pages). Peu habitué à de pareilles entreprises, il avait mal pris ses mesures.

M. de Persigny était occupé de ces travaux, lorsqu'il reçut de M. P. une visite au nom de l'ex-roi Joseph-Napoléon; ce prince, suivant M. P., ayant lu le numéro de l'*Occident français*, en avait été très satisfait. L'écrivain néophyte avoua franchement à M. P. que le fait de cette publication n'était point autre chose que l'action iso-

(1) M. Baude, ancien secrétaire du cabinet particulier de l'empereur, avait été sous-préfet de Roanne aux derniers jours de l'empire et y avait montré beaucoup d'énergie. Les souvenirs de ce temps lui étaient chers, et M. de Persigny se complaisait à les provoquer, autant pour s'instruire des évènemens de la grande épopée impériale, que pour être agréable à M. Baude.

lée d'un jeune homme animé du désir de se consacrer à la cause napoléonienne. M. P. l'engagea à aller voir M. le comte de Survilliers, et lui donna une lettre d'introduction. M. de Persigny partit pour l'Angleterre, convaincu que l'ex-roi l'appelait à lui, après avoir fait prendre sur sa personne tous les renseignemens nécessaires. Il n'en était rien ; aussi se trouva-t-il dans une fausse position. M. le comte de Survilliers le reçut néanmoins très bien, l'écouta avec beaucoup d'attention et parut frappé d'un rapport écrit qu'il lui remit, sur les moyens de recréer le parti impérial ; mais, quoique le comte de Survilliers ne voulût pas approuver ce plan, qui n'était plus de son âge, il le discuta pendant plusieurs jours avec son auteur, et laissa voir qu'il était fort remué par les idées qui lui étaient communiquées. M. de Survilliers était loin de songer à des entreprises politiques, et M. de Persigny dut revenir à Paris, sans avoir pu tirer aucun fruit de son déplacement.

Peu de temps après, M. de Persigny vit une personne avancée dans la confiance de M. le comte de Survilliers, qu'il avait connue pendant son voyage à Londres, et qui, convaincue de son dévoûment aux doctrines napoléoniennes, lui donna un signe de reconnaissance pour le prince Napoléon-Louis. M. Belmontet, l'un des écrivains les plus distingués du parti napoléonien, lui remit aussi une lettre particulière de recommandation et d'introduction auprès du prince. C'était à la fin de 1834 ou au commencement de 1835.

Depuis ce moment, M. de Persigny n'a plus quitté le prince qui l'avait accueilli et se l'était définitivement attaché.

De cette époque à l'affaire de Strasbourg, toute sa vie fut un mystère pour bien des gens comme pour sa famille, à laquelle sa conduite paraissait inexplicable. Ce ne fut qu'au mois de janvier 1837, lors du procès, qu'on sut une partie de la vérité, et qu'on put deviner l'autre partie.

Il résulta des débats que l'insurrection du 30 octobre 1836 avait été préparée par ses soins et peut-être aussi sur ses plans ; que c'était lui qui avait lié tous les conjurés à l'unité d'action ; qu'il avait été l'âme, et, si ce n'est le premier, au moins le second bras du complot. Pour parvenir à l'organisation projetée, aucune fatigue ne lui avait coûté, et, partant d'Arenenberg ou y revenant sans cesse, il avait parcouru, avec un zèle digne de ses projets, la Suisse, l'Allemagne et la France, recrutant à l'avenir du prince des serviteurs et des amis.

C'est lui qui, à Strasbourg, rallia les chefs ; c'est lui qui, la veille de l'action, les réunit chez lui autour du prince et provoqua l'ordre à observer pendant la tentative de soulèvement ; c'est lui qui, avec une vingtaine d'artilleurs du 4ᵉ régiment, alla s'emparer du préfet, M. Choppin d'Arnouville, et le conduisit prisonnier au quartier d'Austerlitz, malgré l'opposition de quelques officiers d'état-major qui voulaient entraver sa marche.

« Lorsque M. de Persigny eut terminé sa mission, il apprit tout à la fois et l'événement du quartier Finckmatt, et la désorganisation des deux autres corps d'artillerie ; il arriva sur le rempart, où le peuple faisait encore entendre les cris de *vive Napoléon !* Mais le prince était déjà prisonnier avec le colonel et ses officiers. Le peuple, sans armes, désespéré de son impuissance, lançait encore des pierres contre l'infanterie, qui parvint enfin à dissiper la foule en tirant des coups de fusil. Quel spectacle affligeant présentait en ce moment le quartier! deux régimens français étaient prêts de s'égorger. Le 4e d'artillerie formait une longue ligne acculée au rempart, les chevaux mêlés çà et là dans les rangs. L'infanterie était en face, les baïonnettes à deux pieds de la poitrine des artilleurs ; ces derniers avaient chargé leurs mousquetons, et se tenaient prêts à faire feu. Les deux partis se regardaient avec fureur. — *Vive l'empereur! Vive le neveu de Napoléon!* criait l'artillerie. —*Ce n'est pas lui, ce n'est pas vrai*, répondait l'infanterie. Cependant, on parvint à apaiser les soldats, et la grille s'ouvrit pour donner passage à l'artillerie. Alors MM. de Persigny et Laity coururent aux canonniers, et voulurent les entraîner vers leurs pièces, pour revenir délivrer les prisonniers et venger leur défaite. Cet espoir ranima tous les courages, et l'on se précipita dans la direction des parcs d'artillerie; mais les munitions étaient à l'arsenal, et le colonel, prisonnier maintenant, avait seul le pouvoir de s'en faire délivrer : il fallut renoncer à cette dernière espérance; d'ailleurs, les chefs une fois pris, il n'y avait plus d'obéissance possible. Aussi l'autorité royale reprit-elle facilement le pouvoir (1). »

Quand il y eut certitude que tout était fini, quand un faux bruit eut déterminé et amené la catastrophe, que devint M. de Persigny, avec ses regrets et sa douleur ? Je

(1) *Relation historique des événemens du 30 octobre* 1836 ; Paris, 1838, p. 62 à 64.

citerai un passage de l'ouvrage que je publie en ce moment avec mon ami Sarrut (1) :

« En descendant de voiture, madame Gordon fit une chute grave ; elle se démit l'épaule et fut transportée au domicile du colonel, où elle demeura jusqu'au 30 octobre, où, apprenant l'issue des événemens de la matinée, elle oublie ses souffrances, sort précipitamment, et se rend rue de la Fontaine, 17. Là, dans une chambre modestement meublée, était assis un jeune homme de vingt-cinq à trente ans ; ses traits décomposés annonçaient un vif désespoir, et d'abondantes larmes tombaient de ses yeux. Elle aussi est en proie à une profonde affliction ; mais plus maîtresse de sa douleur, elle cherche à ranimer son courage, puis elle entasse, pêle-mêle, des papiers divers dans un poêle qui lui fait face. Pas une phrase ne s'échappe de leur poitrine, et le silence qui régnait dans cette chambre n'était troublé que par les sanglots du jeune homme et la flamme vacillante du papier. En ce moment, un bruit violent se fit entendre ; elle se leva vivement, son compagnon restait immobile ; le bruit redoubla. — On frappe, s'écria-t-elle, que faut-il faire ? — Attendons, lui fut-il répondu. La porte allait se briser sous les efforts du dehors. — Je vais ouvrir, répondit-elle, et, faisant un pas vers la porte, elle fit tourner la clé. Un commissaire de police, ses agens et quatre gendarmes envahirent la salle. — Au nom de la loi, je vous arrête ! — Tous les deux ? — Oui, madame. Et deux gendarmes se saisirent du jeune homme ; deux autres s'approchent d'elle ; mais ils n'osent pas la toucher, ses grâces et sa beauté la protégeaient encore. Peu soucieuse d'elle-même, elle avait lancé un regard de désespoir et de regret sur son compagnon d'infortune ; il n'avait pas vu ce regard. Une idée d'espérance lui sourit tout à coup, et l'exécution en est aussi rapide que la pensée. — « Persigny, s'écria-t-elle, mon flacon, je n'en puis plus, j'étouffe. » Et il semblait qu'elle allait mourir ! Le jeune homme lui présenta un flacon de sels, et au moment où il lève les yeux sur elle, elle lui indique d'un coup-d'œil une porte entr'ouverte ; derrière cette porte se trouvait une fenêtre donnant sur un rez-de-chaussée ; il la com-

(1) *Biographie des hommes du jour*, par G. Sarrut et B. St.-Edme : notice de madame veuve Gordon, T. 3, 1re partie, p. 83.

prend, mais il sent son impuissance, car deux bras vigoureux l'étreignent puissamment. Alors cette femme, qui tout à l'heure encore s'évanouissait, revient à elle : elle se lève, ses yeux se raniment, et s'élançant sur un des gendarmes qui tenait Persigny d'une main, et de l'autre un sac d'argent qu'on venait de lui enlever : — Rendez-moi mon sac, je veux mes papiers, mon argent, et elle l'arrache violemment. Les gendarmes surpris, presque effrayés de cette brusque attaque, ne peuvent la retenir. Le jeune homme est un instant libre, il en profite ; en une seconde il a franchi la porte et la fenêtre. »

M. de Persigny, après sa fuite, loua une chambre dans laquelle il passa le reste de la journée. Le soir, il se rendit à l'hôtel de la Fleur, où il rencontra Charles Thélin, le valet de chambre du prince. Il voulait se livrer pour partager le sort du chef sous la bannière duquel il s'était placé ; mais ce chef le lui fit défendre. Alors il chargea Thélin d'instruire le prince qu'il ne quitterait pas les environs de Strasbourg pour être prêt à tout événement. Le lendemain, il passa le pont de Kehl à la faveur d'un déguisement. Ayant appris que la police badoise le cherchait, afin de le livrer au gouvernement français, il se sauva à la hâte, suivi d'un domestique. Son signalement était donné sur toutes les routes et dans toutes les directions. Arrivé, la nuit, dans un petit village près d'Offenbourg, accablé de fatigue, il était couché lorsque la gendarmerie des environs vint pour s'emparer de lui. Réveillé par son domestique, il n'eut que le temps de s'habiller à la hâte et de sauter par la fenêtre ; son domestique et ses chevaux furent pris. Errant à l'aventure, il chercha à gagner les montagnes de la Forêt-Noire, où il avait moins à craindre les poursuites de l'autorité badoise. Après des fatigues et des efforts inouïs, il arriva de nuit, sans avoir pu prendre aucune nourriture à Bade, où il alla frapper à la porte d'une maison amie. Il resta caché dans cette maison jusqu'à ce que le sort du prince eût été connu, et eût fait cesser toutes ses inquiétudes. Rassuré de ce côté, il partit pour la Suisse, et y parvint à l'aide d'un faux passeport que ses amis lui procurèrent. Il séjourna un mois à Arenenberg, reprit la route d'Allemagne, longea le Rhin et passa en Angleterre.

Là, sa première pensée fut de rendre un compte fidèle des événemens de Strasbourg, pour que justice pût être faite à chacun ; et, ne prenant aucun repos, il écrivit et publia en toute hâte une brochure de cinquante pages, ayant pour titre : *Relation de l'entreprise du prince Napoléon-Louis, et motifs qui l'ont déterminée* (1). Cet écrit redressa l'opinion publique, égarée par les récits officiels et par les bruits des journaux livrés au ministère français ; il convainquit les plus incrédules que l'entreprise n'avait point été un acte de légèreté, un coup de tête, et l'on comprit parfaitement cette phrase de la page 53 : « Ce n'est donc ni un général, ni un aide-de-
« camp, ni un colonel qui fit manquer cette expédition ;
« c'est la fatalité ! »

Lorsque le prince Napoléon-Louis revint en Suisse, M. de Persigny retourna auprès de lui. Il ne l'a plus quitté et ne lui a point fait défaut, soit pendant les lon-

---

(1) *Londres, 1ᵉʳ janvier 1837, imprimé par Schulze et comp.* — Deux éditions s'enlevèrent sur-le-champ; la troisième est sortie des presses de *l'imprimerie du Courrier des États-Unis, New-Yorck,*, 1837. Cette dernière comprend, de plus que les deux autres, un court récit de ce qui s'est passé depuis le 30 octobre 1836, jusqu'à l'arrivée du prince à Nozfolk, le 30 mars 1837.

gues discussions auxquelles donna lieu l'exigence du gouvernement français, relative à l'éloignement du prince, soit depuis son séjour en Angleterre.

MATHIEU GALVANI.

GALVANI (Mathieu) est né à Sainte-Lucie près de la ville de Corte, en 1785. (1)

Mathieu était le plus jeune de la famille; André, son frère aîné, lui servit, pour ainsi dire, de père. Ce fut sous les yeux et à l'école de ce digne ecclésiastique que Mathieu fit ses humanités; plus tard, André l'envoya, à ses frais, à l'université de Pise pour y faire son droit.

Mathieu avait à peine terminé ses études, lorsque,

(1) Sa famille, une des plus anciennes de la Corse, et des plus distinguées, soit par le mérite de ses membres, soit par ses alliances, a été anoblie par le gouvernement de Gênes, au 17e siècle. Les Corses ont gardé la mémoire de l'abbé Frédéric Galvani, légiste habile, qui vivait à la fin du XVIe siècle, et que recommande l'érection de quelques monumens existant encore aujourd'hui. Un oncle paternel de M. Galvani, portant le même prénom que lui, se rendit célèbre par son intrépidité et son intelligence pendant la guerre de l'indépendance sous Paoli.

Son père était un propriétaire aisé; il avait plusieurs enfans auxquels il donna une assez brillante éducation. L'aîné, André, et le puîné Frédéric, entrèrent dans les ordres. Le premier devint professeur de philosophie et de théologie, chanoine de la cathédrale d'Aléria et secrétaire de l'évêque De Guernes, dont il était non moins aimé qu'estimé. C'était un ecclésiastique modèle. Le second mourut, en 1829, à Cottone où il était curé de la paroisse Saint-André.

après la bataille d'Austerlitz, l'Empereur ordonna la conquête du royaume de Naples.

Agité par le désir de voir le monde, et de se frayer un chemin dans la vie militaire, Mathieu se rendit à Naples, en 1807. A l'aide de plusieurs personnages haut placés, et qui connaissaient particulièrement sa famille, il obtint un emploi au ministère de la guerre, dont le portefeuille était alors entre les mains de M. le comte d'Aure. Il se fit remarquer par ses lumières, par son assiduité au travail et par la régularité de sa conduite. A la fin de 1812, il fut nommé commissaire des guerres, et fut successivement appelé à remplir les fonctions de son grade dans plusieurs villes du royaume et en dernier lieu à Barletta, où il se trouvait au moment des désastres de 1815.

La chute du roi Joachim força tous les Français à quitter le royaume de Naples. M. Galvani et quelques-uns de ses collègues vinrent débarquer à Toulon, vers la mi-juillet.

Chacun sait que le roi Joachim se trouvait alors aux environs de Toulon, où il nourrissait de grandes espérances ; mais comme la bataille de Waterloo vint changer les destinées de l'Europe, cet infortuné monarque, persécuté par les bandes organisées dans le Midi par le marquis de Rivière, redoutant le sort du maréchal Brune, et ne voyant nulle part aucun moyen de salut, se détermina à aller chercher en Corse un asile plus certain.

M. Galvani et plusieurs officiers de marine arrachèrent cette fois Joachim à une mort presque certaine, en facilitant son embarquement sur le paquebot des dépêches de la Corse.

Ce trait de dévoûment au malheur toucha le roi de

Naples dépossédé ; il s'attacha M. Mathieu Galvani en le nommant son secrétaire particulier.

Il est notoire que Joachim, abandonné par tous les siens et persécuté par ses ennemis, avait été obligé de se cacher, déguisé, dans une campagne peu éloignée de Toulon. Ainsi, au moment où il fut reçu à bord du bateau des dépêches (22 août 1815), il était enveloppé dans une lourde capote, portait un gros pantalon de drap bleu, et chaussait une grosse paire de souliers de paysan ; sa tête était converte d'un bonnet de soie noir, ayant perdu son chapeau sur mer ; il n'avait par changé de linge depuis quinze jours.

M. Galvani, qui avait fortement contribué à sauver Murat, fut le premier à l'introduire dans l'ile de la Corse, et à le mettre en lieu de sûreté. Ce fut encore M. Galvani qui eut le triste avantage en lui ouvrant ses malles, de pouvoir lui offrir le linge et les vêtemens dont il avait tant besoin, et qu'il ne pouvait pas se procurer dans le village où ils avaient été obligés de se rendre aussitôt après leur débarquement à Bastia. Le roi et M. Galvani étaient de la même taille.

Le roi et M. Galvani firent plus de vingt lieues à chevals seuls à travers les montagnes de la Corse.

Je ne suivrai pas le roi Joachim dans tous les préparatifs de sa fatale expédition ; mais je dirai que dans ses voyages en Corse il arriva dans la maison de M. Galvani avec environ sept cents hommes des siens, et y demeura pendant quatre jours. Ce fut alors que le roi fit la connaissance des deux ecclésiastiques, frères de son secrétaire, de son compagnon de voyage. Joachim eut pour ses honorables hôtes les attentions les plus délicates, il les combla de politesse et d'égards, et en attendant qu'il put les récompenser autrement de leur zèle, il les nomma tous deux chevaliers de l'ordre des Deux-Siciles. Mathieu Galvani avait déjà reçu cette décoration.

L'expédition partit d'Ajaccio et alla débarquer à Pizzo en Calabre. Aux premières décharges qui eurent lieu, M. Galvani, placé à coté du roi, reçut un coup de feu qui lui traversa le genoux droit, et le retint pendant trois mois étendu sur son lit.

Condamné à mort, il fut gracié par Ferdinand, roi de Naples, et renvoyé avec ses compagnons d'infortune en Corse; mais le marquis de Rivière, alors gouverneur de l'île, abusant de son autorité, les fit conduire au château d'If, à Marseille, où ils restèrent pendant dix-huit mois (1).

Rendu à la liberté, après tant de souffrances, tant de malheurs, M. Galvani avait renoncé à la vie politique. Il vivait tranquillement dans ses propriétés en Corse et s'occupait très activement des affaires d'intérêt de l'ex-reine de Naples, dont il était le fondé de pouvoirs, lorsque la révolution de juillet vint réveiller toutes les espérances des napoléonistes.

M. Galvani n'avait aucun droit à la protection de ceux qui se firent alors les distributeurs des emplois, aussi ne sollicita-t-il rien d'eux; mais ayant appris que M. le comte

(1) Le roi Joachim quitte Naples dans la nuit du 19 au 20 mai 1815. Il part de Toulon avec M. Galvani, le 22 août, et arrive à Bastia le 25. Le même jour, tous deux traversent les montagnes de la Corse. Dans les premiers jours de septembre, Murat se rend à Cottone, chez M. Galvani, et part, quelques jours plus tard, pour Ajaccio. Murat et ses amis partent de la Corse, le 28 septembre. Ils débarquent à Pizzo, le 8 octobre. Le 13, Joachim est fusillé. Ce malheureux prince était né le 25 mars 1767.

d'Aure, son ancien ministre à Naples, avait été nommé directeur de l'administration de la Guerre, il se rendit à Paris pour solliciter son appui, et par lui, fut nommé adjoint de première classe sous-intendant militaire (31 décembre 1830). Bientôt il reçut l'ordre de rejoindre l'armée expéditionnaire de Morée auprès de laquelle il exerça ses fonctions pendant trois années. Il passa ensuite à l'armée d'Afrique, qu'il quitta en 1836.

Le marquis Maison avait à cette époque le portefeuille de la guerre. On n'ignore pas que l'arrivée du marquis ambassadeur à ce ministère fut signalée par une véritable réaction administrative. M. le comte d'Aure, l'ancien ordonnateur de l'armée d'Egypte, l'ancien ministre, dut faire place à un autre administrateur, M. Boissy d'Anglas, grand encenseur de tous les hommes du pouvoir.

En même temps on appela à la succession du digne et regrettable baron Bondurand, décédé à Alger, M. Melcion d'Arc, intendant militaire autant étranger aux opérations de son emploi qu'aux connaissances qu'exige la direction de l'administration militaire de l'Afrique ; mais il avait été successivement le secrétaire intime de plusieurs ministres.

Dès lors un bouleversement s'opéra dans l'armée ; plusieurs fonctionnaires furent, malgré leur zèle et leur aptitude bien et justement constatés, renvoyés en non activité.

C'est sous cette administration déplorable que M. Galvani, fonctionnaire actif et intègre, fut mis hors d'activité par retrait d'emploi.

A l'expiration du délai fixé par la loi du 19 mai 1834, qui veut qu'après trois ans de non activité par retrait d'emploi, la conduite de l'officier soit légalement examinée, M. Galvani passa, sur sa demande, à un conseil d'enquête qui le reconnut innocent des griefs qui lui étaient imputés, d'où il sortit enfin, pour me servir d'une expression employée par le conseil, *blanc comme neige.*

Le conseil déclara en même temps (juin 1839) que « M. Galvani, sous-intendant militaire, n'avait manqué « à aucun de ses devoirs ; mais, attendu qu'il avait atteint « l'âge voulu par la loi (soixante ans) pour pouvoir être « mis hors d'activité, était d'avis qu'il pouvait être laissé « dans cette position. »

M. Galvani n'avait certainement pas l'âge indiqué. Il faut savoir qu'il résultait de la lettre de grâce que lui avait fait délivrer, en 1815, Ferdinand, roi de Naples, qu'effectivement il avait, à l'époque où il fut traduit devant le conseil, atteint l'âge voulu par la loi ; mais il faut savoir aussi que l'âge porté sur sa lettre de grâce avait été établi par approximation à défaut de documens.

M. Galvani, rendu à la vie de citoyen, s'occupa des intérêts politiques de la France. Il étudia la marche du gouvernement dans sa direction intérieure et dans ses relations avec l'étranger. Il y trouva une tendance fâcheuse au monopole, à la corruption, au despotisme, aux concessions outrageantes ; et, lui qui avait été témoin des grandeurs de l'Empire, il gémit de cet état d'abaissement du pays.

Touché, comme français, d'une situation si menaçante pour notre avenir, il interrogea les souvenirs de sa jeunesse, et arriva à la pensée du prince que l'on avait forcé d'aller chercher un asile en Angleterre. Il conçut le projet de se rapprocher de lui, de lui offrir ses services, probablement aussi de l'aider dans ses entreprises. Des parens et des amis du prince firent les premières démarches, et quand M. Galvani se rendit à Londres, le 15 juillet 1840, il avait reçu déjà de graves confidences.

Le 4 août il était, sur l'*Édimburg Castle*.

Après le débarquement, M. Galvani se tint constamment à côté du prince. Il veillait sur sa personne, *prêt à mourir pour lui sauver la vie*. Il ne le quitta pas un seul instant, l'accompagna à la caserne, à la colonne, partout enfin, et lui donna à plusieurs reprises des conseils qui ne furent malheureusement pas suivis, et qui auraient pu changer la face des affaires.

Voyant l'expédition manquée, le prince voulait mourir au pied de la colonne. M. Galvani fut un de ceux qui par tous les moyens que le dévoûment suggère, parvint à l'entraîner sur le rivage pour tâcher de s'embarquer et regagner le bateau à vapeur qui était en vue. Ils descendirent sur la grève et s'emparèrent du canot ; quatre y montèrent avec le prince, et parmi eux M. Galvani.

Sur ces entrefaites, la garde nationale, qui d'abord n'avait suivi que de loin, se rapprocha du rivage ; puis voyant le prince se sauver sur le canot avec un petit nombre d'amis, elle fit pleuvoir sur eux une grêle de balles.

M. Galvani en reçut quatre, une au bras droit, qui le blessa, et trois dans ses habits.

La fusillade continuait. La Providence, pour mettre le prince à l'abri des coups dont il était menacé, fit chavirer le canot à six mètres du rivage ; le prince et M. Galvani tombèrent l'un sur l'autre au fond de la mer.

M. Galvani ne sachant pas nager, guidé par l'instinct de la conservation, se cramponna à la terre, et réussit à gagner le rivage. En sortant de l'eau, comme par miracle, il fut arrêté par la garde nationale et conduit au poste le plus voisin, où l'on pansa sa blessure, et ensuite au château où il rencontra le prince qui venait d'y être amené.

Il paraît que M. Galvani avait gagné l'estime du prince, puisque les fonctions les plus importantes, dans ce moment décisif, lui avaient été confiées. L'ordre du jour imprimé à Londres, portait que *M. Galvani, sous-intendant militaire attaché au quartier général du prince, était chargé des vivres et convois.* Et dans une instruction détaillée, écrite de la main du prince, on y lisait : *D'après les ordres du prince Napoléon, M. Galvani, sous-intendant militaire, donnera des ordres pour réunir sur le champ, sur la place de la Tintellerie, 50 voitures; il fera acheter immédiatement tous les biscuits, viande salée et eau-de-vie qu'il pourra se procurer; il paiera tout au comptant et fera charger de suite ces vivres sur les voitures qui suivront la colonne expéditionnaire.*

M. Galvani a suivi le sort de ses amis (1).

(1) Voir, 2ᵉ partie, le récit particulier de l'événement de Boulogne, et 3ᵉ partie, les débats et l'arrêt de la cour.

LABORDE (ÉTIENNE).

Cet officier supérieur est né à Carcassonne (Aude), le 3 décembre 1782.

Le 3 octobre 1793, il rejoignit, comme soldat, le 2ᵉ régiment de ligne dans lequel il passa successivement caporal, fourrier, sergent, sergent-major. Son régiment était en Espagne lorsqu'il reçut son brevet de sous-lieutenant au 85ᵉ de ligne, le 7 juin 1809. Nommé lieutenant, le 14 octobre 1811, il suivit son corps en Allemagne, fit la campagne de Russie, et obtint le grade de capitaine, le 8 avril 1813, au moment d'entrer en Saxe.

Sa manière de servir ne lui avait pas valu ce grade seulement. On lit l'annotation suivante sur l'état des services que le conseil d'administration du 41ᵉ de ligne lui a délivré, le 1ᵉʳ mars 1833 :

« M. Laborde s'est constamment distingué par son zèle pour le service, sa bonne conduite et sa bravoure, notamment au combat de Soltonanska, en Russie, le 23 juillet 1812, où cet officier alors lieutenant de grenadiers au 85ᵉ de ligne, a sauvé la vie au grenadier Dranet, qui était de la même compagnie; tué de sa main un soldat russe, et blessé grièvement deux autres, au moment où ces trois soldats russes allaient massacrer le grenadier Dranet, qui était tombé en leur pouvoir : c'est en récompense de cette action qu'il a été décoré de la croix de la Légion d'Honneur ! »

Son diplôme porte la date de sa nomination au 10

août 1812. Pendant le combat, il avait été blessé d'un coup de feu à la joue. Le 17 novembre suivant, à Viasma, il avait été frappé d'un biscaïen au genou.

Le 17 juillet 1813, il fut appelé, comme lieutenant en 1er., au 2e régiment de chasseurs à pied de la garde impériale.

On retrouve encore sur l'état des services déjà cité une note utile à conserver ; la voici :

« Le 12 janvier 1814 M. Laborde..... reçut l'ordre de M. le général Cambronne.... de partir à onze heures du soir de Langres avec 150 hommes pour se réunir à un détachement de 600 hommes, commandé par le lieutenant-colonel Albert, du 2e régiment de grenadiers, à l'effet d'aller attaquer 1200 Autrichiens qui s'étaient établis dans un village à une lieue et demie de Langres ; M. Laborde, qui était placé avec 150 hommes à la sortie du village par où l'ennemi a cherché à se sauver, lui a fait beaucoup de mal, en a blessé plusieurs de sa main, en a fait un grand nombre de prisonniers : c'est en récompense de cette action qu'il a été fait officier de la Légion-d'honneur. »

Cette dernière récompense lui fut accordée le 21 février 1814. Le 12 du même mois, il avait été blessé devant Château-Thierry d'un coup de feu à l'épaule droite. Le 8 mars suivant, il était nommé capitaine adjudant-major.

C'est en raison des preuves qu'il avait données de ses bonnes qualités militaires que l'Empereur l'attacha, dans son grade de capitaine adjudant-major, le 13 avril, au *Bataillon-Napoléon* : c'est ainsi qu'on appela le corps d'infanterie destiné à accompagner l'Empereur à l'île d'Elbe. La présentation de M. Laborde avait été faite par

MM. les généraux Pelet, Petit et Roguet, sur la proposition du général Cambronne.

Un pareil honneur envié de tant d'autres officiers causa une vive joie à M. Laborde qui en a déposé l'expression dans un petit écrit intitulé : *Napoléon et sa garde* (1).

Cet opuscule est plein de faits curieux que l'on chercherait vainement ailleurs.

M. Laborde, chargé de la garde et de la conduite des quarante-deux millions dont se composait le trésor de l'Empereur, se rendit à cet effet auprès de M. Peyrusse, payeur de la couronne, alors à Orléans. Il ne restait plus qu'un fourgon contenant huit millions : le surplus ayant été enlevé de vive force, d'après un ordre de Louis XVIII, par le chef d'escadron de la gendarmerie d'élite, M. Jeannin, aujourd'hui lieutenant-général.

Tous les hommes formant la colonne qui accompagnait l'Empereur conservèrent la cocarde tricolore jusqu'au lieu de l'embarquement. M. Laborde eut plusieurs fois l'occasion de faire respecter ce signe national.

Cet officier supérieur arriva à Rio le 24 mai, et rejoignit l'Empereur, le 25, à Porto-Ferrajo, pour lui annoncer l'arrivée de sa garde.

Pendant toute la durée du séjour à l'île d'Elbe, la nature des fonctions de M. Laborde le rendirent l'intermédiaire obligé de l'Empereur avec les troupes ; aussi fut-il un des premiers à savoir, le 26 février 1815 au matin,

---

(1) Napoléon et sa garde, ou relation du voyage de Fontainebleau à l'île d'Elbe en 1814; du séjour de l'empereur dans cette île et de son retour en France à la tête du petit nombre de troupes qui l'y avaient accompagné; par le lieutenant-colonel Laborde, adjudant-major du bataillon de la garde à l'île d'Elbe. Paris, Desrez, 1814.

que le bataillon, l'Empereur et tous les officiers de sa maison embarqueraient le soir même. Il garda le secret, fit les dispositions qui lui étaient prescrites, et le soir venu, monta à bord de l'*Inconstant*.

Le débarquement eut lieu le 1er mars à trois heures et demie. M. Laborde ne quitta plus l'Empereur qui eut à remarquer en différentes occasions son zèle et son courage, et le récompensa, le 13 avril, par le grade de chef de bataillon aux chasseurs à pied de la garde.

Il était à Waterloo auprès du maréchal Ney.

Sous la seconde restauration, il redevint capitaine et passa successivement dans la légion de l'Aude et dans plusieurs compagnies de fusiliers sédentaires; il reçut la croix de St-Louis le 25 mai 1825.

Après les événemens de juillet 1830, il fut nommé, le 2 septembre, lieutenant-colonel et placé dans le 55e régiment qu'il quitta pour le 41e, le 1er mars 1831, avec lequel il fit la campagne de Belgique. Cette campagne lui valut l'ordre militaire de Léopold (23 novembre 1837).

On lui donna ensuite le commandement de la place de Cambray. Ce fut dans cette position qu'on le mit à la retraite.

Lors de la création du *Capitole*, en 1839, M. Laborde y fit insérer plusieurs lettres, signées de lui, sur l'arriéré de la Légion-d'Honneur, et celles qu'il adressa au ministre de la justice pour demander la grâce de tous les condamnés politiques.

La conduite qu'il a tenue depuis a été parfaitement tracée par son défenseur, à la plaidoirie duquel il convient de renvoyer afin d'éviter les redites (1).

(1) Voir 3e partie, pag. 225 et suiv.

VOISIN (Jean-Baptiste).

Lorsqu'on veut faire connaître un militaire, la pièce la plus importante à publier est l'état de ses services. J'ai sous les yeux celui que le conseil d'administration du 3e régiment de lanciers a délivré le 18 septembre 1840 : en voici la copie textuelle.

Né, le 29 octobre 1779, à Dieppe (Seine-Inférieure).

Canonnier au 1er régiment d'artillerie, le 29 juillet 1799.

Conducteur, le 30 avril 1800.

Maréchal-des-logis au 10e de dragons, le 26 août 1800.

Maréchal-des-logis-chef, le 11 mai 1801.

Sous-lieutenant, le 22 juin 1803.

Lieutenant, le 24 décembre 1805.

Adjudant-major, le 21 octobre 1806.

Capitaine, le 22 novembre 1806.

Chef d'escadron au 5e lanciers, le 21 juin 1811.

Major au 13e hussards le 18 mars 1813.

id. au 19e chasseurs, le 1er février 1814.

id. au 2e hussards, le 1er septembre 1814.

Licencié et mis en demi-solde, le 24 novembre 1814.

Admis à la retraite, le 28 juillet 1829.

Lieutenant-colonel au 3e chasseurs, le 11 septembre 1830.

id. au 9e dragons, le 15 septembre 1830.

Colonel du 3ᵉ lanciers, le 14 avril 1831.

Campagnes,

An VIII et IX, à l'armée d'Italie ; — XII et XIII, à l'armée des côtes de l'Océan ; — XIV, 1806, 1807 et 1808, grande armée d'Autriche et en Espagne ; — 1809, partie en Espagne, partie dans le Tyrol ; — 1810 et 1811, en Espagne ; 1812, en Russie ; — 1813, en Italie.

Décorations.

Chevalier de la Légion-d'Honneur, le 14 avril 1807 ; chevalier de St-Louis le 31 janvier 1815 ; commandeur de la Légion-d'Honneur, le 28 septembre 1836.

Blessures et actions d'éclat.

S'est trouvé aux batailles d'Austerlitz, d'Eylau, Friedland et à celle de Posobello en Portugal ; — a été fait lieutenant à la bataille d'Austerlitz, pour sa bonne conduite dans cette affaire ; — à la bataille de Pasobello, il réunit quelques tirailleurs, chargea un quadrille de lanciers, blessa grièvement de sa main le chef qui la commandait et parvint à dégager un peloton d'infanterie qui se trouvait compromis ; — a été blessé de plusieurs coups de lance en Russie ; — à la fin de 1813, étant lieutenant colonel, il chargea avec douze hussards, 500 anglais placés sur la route de Livourne (Toscane) en colonne par peloton : cette charge poussée à fond arrêta le mouvement de l'ennemi prêt à s'emparer de notre artillerie : tous ses hussards furent tués ou blessés dangereusement ; il reçut un léger coup de feu au visage, et son cheval fut tué sous lui.

Mutations.

Mis en activité hors cadre par ordonnance du 24 décembre 1837 ; rayé des contrôles, le 31 dudit.

Observation.

A rempli pendant une année les fonctions de sous-inspecteur aux revues à l'armée de Portugal.

Ainsi il a fallu à M. Voisin un service continu de trente-deux ans pour arriver au grade de colonel.

Il y a dans la vie de M. Voisin quelques circonstances particulières que le conseil d'administration n'a pas dû, pour se conformer à l'usage, rappeler dans l'état des services, mais que par esprit de justice on ne doit pas taire ici.

Après la bataille d'Austerlitz, M. Voisin avait été nommé lieutenant et désigné pour recevoir une des quatre croix de la Légion-d'Honneur accordées par l'Empereur au 10° dragons : le jeune officier se refusa à accepter ces deux récompenses.

Pendant une de ses campagnes d'Espagne, étant en détachement sur Toro, un débordement subit du Duero sépara sa petite troupe des équipages qui portaient l'aigle. Tous s'offraient de l'aller chercher, mais aucun ne savait nager. Ne voulant exposer personne à une mort presque certaine, M. Voisin monta un cheval de troupe, traversa toute la plaine devenue alors un immense torrent, tantôt entraîné par la force des eaux, tantôt tombant dans un trou ou dans un fossé, et rapporta son étendart après avoir couru vingt fois le risque de se noyer.

Au retour du Portugal, à la bataille de Fuente de Ognoro, il blessa don Julian, et empêcha ainsi l'effet d'une charge que ce chef de partisans entamait contre des voltigeurs. Cette action lui valut le grade de chef d'escadron.

Il était lieutenant colonel au 2e hussards et en garnison à Niort, lorsque, en 1815, l'Empereur, pourchassé par le gouvernement provisoire, arriva dans cette ville. M. Voisin le reconnut appuyé sur la fenêtre de l'hôtel où il avait passé la nuit ; il était cinq heures du matin, l'Empereur regardait manœuvrer le régiment. M. Voisin entra dans cet hôtel ; tout y était en émoi ; on avait voulu piller les voitures à St-Maixent. Il fit placer une garde avec une consigne sévère, distribua aux valets de pied des cartes sans lesquelles ils ne pouvaient approcher des équipages, consigna son régiment, et alla ensuite chez le général commandant la ville, qui ne le reçut point, puis chez le préfet Bouche, auquel il parla haut et ferme, et qu'il décida enfin à se rendre auprès de l'Empereur pour lui offrir l'hôtel de la préfecture, qu'il occupa pendant deux jours. — M. Voisin chercha à s'opposer à l'embarquement. Il proposa de ramener l'Empereur à l'armée de la Loire, à la tête des deux régimens en ce moment à Niort : cette proposition ne fut pas agréée, le voyage de Rochefort eut lieu, puis le passage sur le Northumberland, puis le séjour à Ste-Hélène, puis la mort !

On a vu plus haut qu'à l'époque de la révolution de juillet, le colonel Voisin était rentré au service. Alors il dut abandonner à des associés la filature de lin à la mécanique qu'il avait établie dans la vallée d'Auge, au bourg de Mézidon. La création de cet établissement considérable remontait à 1818 ou 1819.

Quand on lui retira son régiment, en 1837, on l'accusait d'avoir détourné les fonds de la masse de leur véritable destination ; c'était le fruit d'une dénonciation coupable. Les capitaines avaient fait des économies de fourrage, et le colonel les avait autorisés à payer eux-mêmes, avec le produit de ces économies, les 400 licols blancs dont il avait ordonné la confection. C'était un cadeau qu'il faisait au gouvernement, et non un détournement de fonds, surtout à son profit.

Le gouvernement voulut revenir sur cette injustice ; il confia à M. Voisin une mission à Bordeaux. Six mois plus tard, cette mission étant remplie, on le nomma commandant d'armes de 1re classe à Briançon ; il refusa cet emploi, et demanda ou un régiment ou un conseil de guerre, et ne pouvant obtenir ni l'un ni l'autre, il sollicita sa retraite, qui fut liquidée vers la fin de septembre 1839.

Au mois de mai 1840, M. Voisin vint à Paris avec l'intention bien arrêtée de provoquer en duel le général marquis de Fodoas qu'il croit être son ennemi personnel, et qu'il accuse de tous les malheurs qui lui sont arrivés depuis 1830. Si le sort des armes lui eût été favorable, il se proposait de se réfugier en Angleterre. Le duel n'eut pas lieu parce qu'il ne trouva personne pour porter son défi. Dès lors il partit pour Londres, où l'appelaient quelques affaires d'intérêt.

A Londres, il vit le prince qui l'accueillit avec son affabilité ordinaire, et le força d'accepter un appartement dans son hôtel.

Six semaines plus tard, M. Voisin était à Boulogne avec le prince, et tombait sur le sable de la mer percé de trois balles.

Il allait se noyer dans *deux muids d'eau* lorsque des gardes nationaux, autres que ceux qui l'avaient frappé, l'enlevèrent à son tombeau, l'assirent sur un fusil, et le transportèrent à l'hospice de la ville.

M. Voisin a suivi la fortune de ses amis.

ALADENIZE.

Fils d'un négociant de Paris, il combattit vaillamment avec la population parisienne, en juillet 1830, et obtint pour récompense le grade de sous-lieutenant. Il fut nommé lieutenant, le 30 mai 1837, et il était désigné par son colonel comme devant passer prochainement, au choix, au grade de capitaine.

Dans la journée du 5 août, il déclara à quelques camarades de son régiment qu'une bonne fortune l'attendait à Boulogne. Il s'agissait, disait-il, d'une jeune dame, qui venait d'Angleterre, et qu'il allait enlever. Des chevaux de poste lui étaient nécessaires, et, pour les avoir, il s'adressa au maître de poste de St-Omer, qui lui donna une chaise de voyage, bien persuadé que le jeune officier allait à un rendez-vous d'amour.

Au lieu de prendre la route de Boulogne, Aladenize se dirigea sur Calais ; c'est de là qu'il rejoignit le prince.

(Voir 3° partie, pag. 83, 84.)

ALEXANDRE DIT DESJARDINS (Prosper).

Né à Paris, le 23 décembre 1788, M. Alexandre entra dans les fusiliers grenadiers de la garde impériale, le 8 juillet 1807. Il était sous-lieutenant au 13° des tirailleurs de la garde, le 8 avril 1813; lieutenant au 20° d'infanterie légère, le 29 décembre 1830, et capitaine au 15° de même arme, le 13 juin 1831.

Il fit les campagnes 1807, 1808, en Espagne; 1809, en Autriche; 1810 et 1811, en Espagne; 1812, 1813, à la grande armée; 1814, à l'armée du Nord; 1815, à l'armée de l'Ouest.

Il reçut trois coups de feu : le premier à la jambe gauche, à Madrid, le 2 mai 1808; les deux autres à la tête, le 22 mai 1809, à Essling; et, le 13 janvier 1814, à Weneghem près d'Anvers.

A Weneghem, cet officier se mettant à la tête d'une poignée de braves, enleva à l'ennemi un obusier et fut blessé sur la pièce. (Voir 3° partie.)

Les avocats chargés de la défense de MM. *Almbert* (d') *Bataille, Bouffet de Montauban, Bure, Conneau, Forestier, Lombard, Ornano* et *Orsi,* ayant, dans leurs plaidoiries, donné les traits saillans de la vie de leurs cliens, on a jugé à propos d'y renvoyer afin d'éviter des répétitions.

FIN DE LA PREMIÈRE PARTIE.

Seconde Partie.

ÉVÉNEMENS DE BOULOGNE.

Publication à 25 Centimes.

PROCÈS
DU PRINCE
NAPOLÉON-LOUIS
ET DE SES CO-ACCUSÉS
DEVANT LA COUR DES PAIRS ;

Récit des événemens qui ont précédé et suivi le débarquement
près de Boulogne,

AVEC

DES DÉTAILS ET DES DOCUMENS INÉDITS SUR LA VIE DU PRINCE ET DES PRINCIPAUX
PERSONNAGES COMPROMIS DANS CE PROCÈS ;

PAR

B. SAINT-EDME,

Auteur d'une *Histoire de Napoléon*, du *Répertoire général des
Causes célèbres*, du *Procès Laity*, de la *Biographie des Hommes du
Jour*, etc.

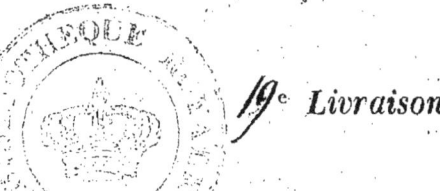

19ᵉ Livraison

PARIS,
ALPHONSE LEVAVASSEUR, ÉDITEUR, RUE JACOB, 14.
1840.

Événemens de Boulogne.

Après avoir entendu tous les organes du parti vainqueur traiter d'insensée l'entreprise du prince Napoléon-Louis Bonaparte sur Boulogne ; après avoir entendu, dans une circonstance solennelle, une bouche royale ajouter cette qualification à la peine d'une condamnation prononcée, on trouvera peut-être qu'il y a bien de l'outrecuidance de notre part à ne pas suivre l'entraînement d'opinions si haut placées, à ne pas venir à notre tour donner notre coup de pied à l'illustre captif. Mais nous l'avouons naïvement, si nos habitudes ne nous portaient à nous écarter de cette façon d'agir, nos convictions nous en feraient la loi ; et puis, le malheur nous impose de tels respects que, dussions-nous passer pour indifférens aux scènes de la politique, nous aurions garde de rompre le silence ; nous nous abstiendrions. Nous ne voulons point cependant justifier l'expédition de Boulogne, ni prétendre qu'elle ne renfermait rien de hasardeux, ni affirmer que le gouvernement n'était pas parfaitement en mesure de se défendre ; au contraire, nous croyons tout cela. Mais nous croyons aussi que la vérité des faits a été altérée, nous croyons qu'une entreprise de *fous* devait exciter plus d'humanité qu'on n'en a déployé contre Napoléon et ses compagnons, et tout esprit impartial reconnaîtra avec nous, que point n'était besoin de feux de peloton contre des *fous* désarmés et cernés de toutes parts par un grand nombre d'hommes en armes; qu'on a fait trop de bruit d'une victoire qui n'a offert aucuns dangers, que là où il n'y a point eu combat, on a proclamé trop de héros, et décerné les honneurs du triomphe à de trop douteux courages. Pour rétablir les faits dans leur impartialité tels que l'avenir devra les accueillir, nous avons interrogé tous les récits, toutes les voix, toutes les consciences. Chacun de ceux des personnages qui ont concouru à cette entreprise et que nous avons pu voir, nous a dit ce qu'il a fait ou ce qu'il a vu, et si quelques lacunes se font sentir dans la narration que nous allons tracer, d'une tentative ou tant d'hommes de cœur sont venus exposer leur vie et ne conquérir que la captivité, c'est que le temps n'est pas venu de tout dire, c'est que pour les événemens de la politique, la postérité se réserve toujours quelques secrets qu'elle dérobe aux contemporains. Dans le récit que nous allons entreprendre, nous n'avons pas pris pour tâche de satisfaire tout le monde, ni même un parti que nous aimons : nous venons défendre la vérité, voilà tout. Nous venons d'indiquer ce que nos investigations nous ont appris, ce que les prisonniers de Boulogne nous ont raconté, ce que nous savions, et qu'ils nous ont confirmé, et ce qu'ils nous ont révélé d'ignoré, comme on le pense bien. Nous ne remonterons pas plus haut que le départ du bateau à vapeur le *Château d'Edimbourg*; nous ne savons pas si le prince Napoléon avait projeté et muri son expédition longtemps à l'avance, nous ne savons pas s'il s'était ménagé des intelligences autres que celles qui se sont manifestées par des actes, et que le public connaît comme nous ; si ses partisans dans l'armée étaient nombreux, si son caractère aventureux et chevaleresque avait séduit quelques officiers ou quelques soldats, si dans le pays il comptait avoir de nombreux adhérens ; s'il avait pratiqué des relations en dehors ou en dedans même du gouvernement, nous ne savons pas cela ; et quand bien même nous le saurions, est-ce que dans notre pays de liberté nous aurions la faculté de le dire ! Nous n'examinerons pas non plus si le prince, une fois maître de Boulogne, avait des chances de réussite, soit complète, soit partielle ; c'est encore un des secrets que le temps garde dans ses flancs : il faut, pour se faire une opinion à cet égard, attendre que les faits occultes, mis à leur place à côté des faits connus, éclairent ceux-ci du jour de la vérité. Établir une discussion sur ce sujet serait oiseux : bornons-nous donc au récit fidèle et rapide, comme les événemens eux-mêmes, des événemens qui se sont passés à bord du *Château-d'Edimbourg* et sur la plage de Boulogne, du 4 au 6 août 1840.

Peu de personnes étaient dans le secret de l'expédition. Tout le personnel qui y a pris part avait été dirigé à l'avance sur plusieurs points où il fut embarqué par groupe. Le prince, qui avait lui-même présidé aux préparatifs nécessaires, sans en négliger aucun détail, s'était embarqué le premier. Le 3 août à minuit il envoya la chaloupe du bateau prendre MM. de Montholon, de Laborde et Voisin qui s'étaient rendus à Marguate, et le mardi 4, le *Château-d'Edimbourg*, portant Napoléon-Louis et quelques amis, se dirigea vers la France. L'on prit quelques passagers à Greenwich, à Blakwall et à Gravesend où l'on jeta l'ancre et où l'on attendit cinq heures du soir, afin de n'arriver sur les côtes de France ue fort avant dans la nuit. A Margate, les eaux étant basses, *le Château-d'Édimbourg* ne put continuer sa route; il fallut demeurer jusqu'à trois heures du matin; enfin le bateau sortit de la Tamise, et le jeune Napoléon se dirigea vers la France, entouré seulement de quelques amis dévoués et des personnes de sa maison.

L'obstacle que l'on avait rencontré à Margate ayant causé un assez long retard, il fallait passer une journée en mer, afin de n'arriver sur nos côtes qu'au point du jour : on longea les côtes d'Angleterre depuis Ramsgate jusqu'à Rye; de Rye le bateau mit le cap sur Dieppe, donnant ainsi le change à ceux qui n'étaient pas initiés dans la pensée du prince, et laissant croire que cette ville était le lieu du débarquement projeté ; mais on retourna bientôt vers les côtes d'Angleterre, afin de gagner du temps et d'attendre l'heure convenable pour diriger le bateau vers sa véritable destination.

La mer, qui jusqu'alors avait été houleuse, se calma. Le prince profitant de ce moment, réunit tout le monde sur le pont, et prononça cette allocution qui fut accueillie par les cris de *Vive Napoléon! vive l'empereur! vive la France!* répétés avec enthousiasme :

« Mes amis! j'ai conçu un projet que je ne pouvais
« vous confier à tous, car dans les grandes entreprises le
« secret seul peut assurer le succès. Compagnons de ma
« destinée! c'est en France que nous allons. *Là, nous*
« *trouverons des amis puissans et dévoués.* Le seul
« obstacle à vaincre est à Boulogne (1); une fois ce point

(1) Ainsi le lieu du débarquement était fixé à l'avance ; c'était bien à Boulogne que l'on devait descendre.

« enlevé notre succès est certain, *de nombreux auxi-*
« *liaires nous secondent.* Et si je suis secondé comme
« on me l'a fait espérer, aussi vrai que le soleil nous
« éclaire, dans quelques jours nous serons à Paris, et
« l'histoire dira que c'est avec une poignée de braves tels
« que vous, que j'ai accompli cette grande et glorieuse
« entreprise! »

Quels étaient ces *amis puissans et dévoués*, ces *auxiliaires nombreux* promis par Napoléon aux compagnons de sa fortune? Encore une fois, nous l'ignorons. Ce que nous savons seulement, ce que nous sommes en mesure d'affirmer, c'est que, parmi les hommes qui ont entendu ces paroles, il n'en est pas un qui n'y ait ajouté une foi aveugle; c'est que, parmi ces hommes, la plupart habitués aux jouissances de la société, et qui n'ont maintenant d'autre perspective qu'une longue et dure captivité, il n'en est pas un qui ne soit convaincu de la loyauté du prince; il n'en est pas un qui ait fait entendre une parole de mécompte ou de reproche; c'est qu'il n'en est pas un qui ne soit prêt, aujourd'hui et toujours, à donner son sang pour Napoléon-Louis. Cela paraîtra singulier à ceux qui, d'après les récits officiels, n'ont vu dans ce jeune prince qu'un *fou* ou un homme *ivre* : ce phénomène s'explique pourtant : le jeune Napoléon, pour être brave jusqu'à la témérité, n'est pas pour cela un insensé; personne ne porte la sobriété et la régularité des mœurs à un plus haut degré que lui. Qu'on lui reproche cet amour de la France, cette passion de la gloire héréditaire des siens, qu'on l'accuse de céder à de trop généreuses illusions, de croire à de trop nobles entraînemens, d'être à tort jaloux d'ajouter une nouvelle illustration à sa famille, un nouvel éclat à l'éclat rayonnant de son nom ; qu'on ensevelisse ce prétendant importun dans la profondeur des cachots les plus sûrs ; mais qu'on ne l'accuse pas de vices odieux et grossiers, qu'on ne le calomnie pas aux yeux de la France. Si la pureté de sa vie vous offusque et vous gêne, cachez-là à tous les yeux ; si ce jeune et téméraire courage vous fait craindre, enchaînez-le; mais ne travestissez pas sa témérité en folie, son enthousiasme pour la gloire en dégoûtante ivresse ; autrement vous ferez croire que vous êtes antipathiques au courage, à la gloire, à tout ce qui est grand et généreux.

Après avoir fait connaître le but de l'expédition, à dix heures du soir, à la hauteur de Deal, le prince donna l'ordre de distribuer des effets d'habillemens et d'équipement renfermés dans des caisses, dont on avait jusqu'alors ignoré le contenu. Chacun se revêtit de son uniforme(1). Pendant cette opération, deux corvettes hollandaises et deux bâtimens plus légers passèrent à peu de distance du paquebot se dirigeant vers l'ouest ; ne les ayant pas reconnus d'abord, cela donna un instant l'éveil; mais on se rassura bientôt.

A sept heures du soir, on s'éloigna des côtes d'Angleterre; et la nuit étant close, on se dirigea sur le feu du cap Glynée ; enfin, à onze heures, la mer étant basse, on jeta l'ancre à une petite distance de la côte de France, et l'on attendit l'heure fixée pour le débarquement.

(1) L'intendant Galvani, qui a été désigné comme le seul qui n'eût point d'uniforme, portait une écharpe tricolore et un chapeau à torsade d'or ; insignes qu'il perdit dans la mer lors du chavirement du canot.

Le 6 août, à une heure du matin, le bâtiment leva l'ancre, et se dirigea, avec d'extrêmes précautions, et toujours la sonde à la main, vers le petit port de Wimereux. Bientôt la profondeur de la mer devenant insuffisante pour le tirant d'eau du bateau, l'on mit la chaloupe à la mer, et un premier détachement, composé de neuf hommes, se dirigea vers la plage; sept voyages successifs, exécutés heureusement, achevèrent de mettre à terre la troupe composant l'expédition.

Le débarquement opéré, on ordonna au capitaine du *Château-d'Edimbourg* d'aller mouiller devant Boulogne; il devait entrer dans le port à un signal convenu. Les chevaux et tous les bagages avaient été laissés à bord. La colonne se mit en marche, ayant le prince à sa tête, et à quatre heures du matin, elle entrait dans le quartier d'infanterie où se trouvaient deux compagnies du 42ᵉ de ligne. Les soldats et les sous-officiers descendirent en armes, et se rangèrent en ordre de bataille. Le porte-aigle Lombard fut se placer au milieu d'eux, et le prince leur adressa une courte allocution, à laquelle ils répondirent par des cris de vive le prince Napoléon! vive l'empereur! Toutes ces choses, faites rapidement et en bon ordre, présageaient de meilleurs résultats que ceux qui suivirent. Un rendez-vous avait été assigné pour que l'on pût se réunir après avoir accompli les diverses missions que chacun devait avoir à remplir. Déjà l'on avait dû s'emparer des autorités, lorsqu'un capitaine du 42ᵉ, M. Col-Puygellier, se précipita dans la caserne avec les lieutenans de Maussion et Ragon. Comme il avait à la main son sabre, il fut entouré par les amis du prince, qui le conjuraient de laisser agir les soldats, et cherchaient à l'entraîner lui-même. Il se débattait avec chaleur, et put faire croire, en criant à plusieurs reprises : « Assassinez-moi, ou je ferai mon devoir! » que l'on en voulait à ses jours. Les soldats ne pouvaient pas laisser *assassiner* leur capitaine ; une partie d'entre eux passa donc de son côté. Le lieutenant Aladenize accourut vers lui, le couvrit de ses bras, en s'écriant qu'il répondait de sa vie, et qu'il fallait le respecter. Le capitaine Col-Puygellier fit croiser la baïonnette. En ce moment, un pistolet, que tenait le prince, partit sans qu'aucune direction eût été donnée à l'arme meurtrière, et la balle alla frapper un des soldats. On sait les regrets que cet incident causa au prince. Dès cet instant le succès de l'entreprise était plus que douteux, il était impossible ; l'intention du prince n'était pas et ne pouvait pas être d'exciter une collision entre des soldats d'un même corps, des troupes d'une même garnison ; il ne venait pas pour combattre ou pour conquérir ; on ne conquiert point la France avec soixante hommes ; il venait là où il se croyait appelé par le vœu de la nation et de l'armée.

Plus de deux cents hommes étaient rassemblés devant le quartier, et demandaient des armes en criant : « A l'Hôtel-de-Ville! » Le prince monta au pas de course à la Haute-Ville, espérant pénétrer dans la citadelle; mais on essaya vainement d'en briser les portes. Pendant ce temps, la générale battait dans la ville basse. La troupe, la gendarmerie, les douaniers, la garde nationale étaient rassemblés en armes : on répandit le bruit que les Anglais, guidés par le prince Napoléon, voulaient s'emparer de la ville. L'horreur de l'étranger indisposa les esprits: on résolut de combattre le prince Napoléon et l'étranger. Ces dispositions n'étaient point ignorées du prince ; ses amis le conjuraient de sauver sa liberté et peut-être sa vie qui, de moment en moment, étaient menacées d'un péril plus imminent; mais il répondait : « Je ne peux plus supporter l'exil, je veux mourir ici. » Puis, pressé de nouveau : « Marchons à la colonne, s'écria-t-il. » Ce n'était ni pour attaquer, ni pour se défendre qu'il avait désigné ce point à ses amis, c'était pour mourir. Alors que toutes ses espérances étaient évanouies, que la France était perdue pour lui, il voulait mourir sur un sol glorieux, où l'ombre du grand empereur doit apparaître quelquefois, et d'où une armée française s'était élancée pour vaincre à Austerlitz. Mais les amis du prince le supplient de fuir; ils l'entraînent au rivage: car les troupes et la garde nationale approchent, et déjà l'on était cerné de toutes parts. Une seule barque se trouve échouée, on s'en empare, on la met à flot, et le prince y monte avec MM. Voisin, Mésonan, Galvani, comte Dunin et Persigny. Ceux qui ne purent y trouver place, croyant à son salut, à sa fuite possible, cherchent un moyen d'effectuer leur retraite, à éviter d'être faits prisonniers. Jusqu'à ce moment il n'avait pas été tiré un coup de fusil. Si le prince, si les auteurs d'une entreprise qui avait manqué, espéraient d'échapper, la crainte de ce résultat n'était pas permise aux hommes armés, gardes nationaux, douaniers, troupes de ligne, qui, se déployant en arc, d'un point du rivage à l'autre, tendaient autour des fugitifs comme une espèce de réseau qui rendait toute fuite impossible.

Tout cela se faisait en silence; pas un cri, pas une menace ne fut proférée, ni d'une part, ni de l'autre. Si d'un côté l'on cherchait à fuir, de l'autre on semblait n'être venu que pour assister à cette fuite, quand tout à coup la garde nationale, saisie d'une fureur qui n'est explicable pour personne, dirigea un feu *bien nourri*, pour nous servir d'une expression consacrée par des témoignages, et dirigé sur la frêle embarcation qui portait le prince. Le prince fut atteint d'une balle morte, et en reçut deux autres dans ses habits; le colonel Voisin fut frappé de trois balles, l'intendant Galvani en reçut quatre dont une le blessa au bras droit. La fusillade allait toujours. Les hommes blessés, en tombant, firent chavirer le canot, et tous ceux qui le montaient tombèrent à la mer. Les uns essayèrent de gagner le paquebot à la nage; les autres, épuisés par leurs blessures, ou étourdis de leur chute, disputèrent instinctivement leur vie aux flots. L'on tirait toujours, on criblait de coups de fusil des hommes désarmés qui, ayant de l'eau jusqu'à mi-corps, étaient à quinze pas du rivage, sans espoir de salut, faisant ainsi, comme on l'a dit, *la chasse aux canards*.

Mais laissons parler quelques journaux qui n'ont pas été victorieusement démentis :

« Les gardes nationaux, dit le correspondant du
« *National*, se réunirent et criblèrent de coups de fusil
« ces hommes désarmés qui, ayant de l'eau jusqu'à mi-
« corps, se trouvaient à quinze pas du rivage sans espoir
« de salut, faisant ainsi, comme je l'ai entendu dire à
» l'un d'eux, *la chasse aux canards!*...... »

« Quoiqu'il n'y eût pas la moindre probabilité qu'ils pussent s'échapper, dit ce journal, des gardes nationaux accourus sur la plage, commencèrent alors à décharger leurs armes contre des hommes qui étaient hors d'état d'opposer aucune résistance. *On ne pouvait s'empé-*

*cher, dans ce triste moment, d'admirer le dévoû-
ment de ces malheureux qui, à chaque coup de feu,
se jetaient sur leur chef pour le couvrir de leur
corps.* C'est pendant cette fusillade que quelques hommes
de la suite du prince furent blessés.... (1) »

Le journal *le Commerce*, du 11 août, rapporte les
réflexions suivantes de la *Colonne de Boulogne* :

« .... Si la plupart des citoyens déplorent la précipi-
tation avec laquelle on a fait feu sur des hommes dont la
chance alors était de se noyer ou de se rendre, que dirait-on
de la mort du sous-intendant militaire, ayant de l'eau jusqu'aux aisselles, ne pouvant se défendre, et tué à bout
portant par un garde national? Cet acte a soulevé l'indignation de toutes les classes de la population ; grands, petits,
tous, sans exception, ne poussent qu'un cri pour déplorer
cette mort. Certes, le trouble que ces hommes étaient
venus jeter dans notre ville, encore endormie, exigeait une prompte répression ; mais alors qu'ils ne pouvaient nuire, ce n'était pas la loi martiale qu'il fallait
appliquer. Le code de l'humanité exigeait qu'on conser-
vât ces hommes pour les remettre aux mains des juges.
Ce n'étaient plus des ennemis alors, c'étaient des vaincus,
des prisonniers, et ceux-là on les épargne. »

Le National du 15, *le Capitole* et *la Quotidienne* du 16 - 17 août, donnent l'extrait ci-après du
Journal de Calais :

« On regrette généralement les coups de fusil qui ont
été tirés sur des fuyards, sur des hommes qui se débat-
taient déjà dans l'eau contre la mort. C'est un cordon-

(1) Voir 3ᵉ partie, pag. 147, 148, 150.

nier qui a tué, à bout portant, le sous-intendant militaire Faure, au moment où il lui présentait son épée pour se rendre : il paraît que cet homme n'a pas compris le geste qu'on lui faisait : aussi se montre-t-il aujourd'hui très-affligé de ce qui lui est arrivé. C'est en outre ce coup de fusil qui a entraîné les autres, et qui est cause du sang qui a été répandu. »

Enfin, la *Quotidienne* du 16 — 17 août publie, d'après le *Sun*, les détails que voici :

« Le prisonnier qui a été tué à Boulogne n'avait pas menacé le garde national avec un pistolet ; il n'a fait aucune résistance. La balle l'a frappé derrière la tête. Il n'y avait pas une seconde qu'il était tombé, qu'un enfant de douze ans s'emparait de sa montre d'or et de sa bourse. Le garde national qui l'avait tué s'étant avancé, l'enfant lui remit, moyennant une pièce de cinq francs, les deux objets. On ne saurait se faire une idée de la brutalité révoltante avec laquelle ont été traités les restes de ce malheureux. On se pressait autour des blessés et des noyés par curiosité plus que par humanité : on eût dit le spectacle le plus intéressant. Il y a de quoi faire rougir un peuple civilisé. »

Pendant que ceci se passait sur la plage, l'ordre avait été donné de s'emparer du paquebot qui était demeuré à l'ancre, à quelque distance du port, en attendant le signal convenu. M. Pollet, maître de port, avait été chargé de cette expédition. Une fois maître du paquebot, il avait fait diriger la manœuvre de manière à laisser croire qu'il s'approchait de la côte pour secourir le prince et ses amis ; et par une ruse de guerre dont nous ne comprenons ni le but, ni la nécessité, il avait fait coucher tous les hommes à plat ventre sur le pont, en sorte que les insurgés devaient croire, en voyant ce bateau dirigé par les mêmes matelots qui les avaient amenés, qu'il était toujours à leur disposition, et prêt à les recevoir.

Enfin deux barques s'avancèrent : l'une, montée par le maître de port Pollet, recueillit le prince, son chef d'état-major, le commandant Mésonan et M. Bataille, un de ses officiers d'ordonnance; M. Persigny fut pris par l'autre barque; MM. Voisin et Galvani, dangereusement blessés dans le canot, étaient restés sur le rivage dès qu'ils eurent chavirés et se trouvaient déjà prisonniers; le comte Dunin et M. Faure avaient tous les deux cessé de vivre.

Quittons cette plage, où, sans nécessité, on a fait couler le sang, où l'on a cru devoir, pour obtenir la reddition de sept hommes sans armes, commander à des bataillons entiers un feu bien nourri, et remontons vers la colonne triomphale, où nous trouverons au moins des scènes moins affligeantes. Le porte-aigle Lombard avait planté le drapeau impérial au sommet de la colonne de la grande armée. Menacé, couché en joue par une foule de gardes nationaux et de soldats, il refuse de se rendre, et ne se constitue prisonnier que lorsque l'arrestation du prince lui est annoncée. Mais il conserve toujours son drapeau, et ne le remet à l'autorité que lorsque tout espoir est perdu, et après une lutte engagée, sur le balcon de la colonne, entre lui et deux hommes vigoureux, Noël et Legrand : Noël celui-là même qui a coopéré à son arrestation, touché de son énergie et de son courage, lui propose de le sauver. « Merci, mon brave, répond Lombard; ma place est auprès de ce drapeau; mon devoir est de mourir pour notre cause, et je suis fier de l'avoir servie. »

Voilà le caractère des amis du prince, voilà de quels dévoûmens il était entouré. Lombard lui avait consacré sa vie, et à Boulogne comme à Strasbourg, il est résolu et dévoué, partout et toujours il se montre le même, plein de courage, d'énergie et de fidélité. L'entreprise a échoué, le prince est prisonnier, tout espoir est perdu, Lombard ne demande qu'à mourir. De pareils exemples sont assez rares, à notre époque, pour que l'on ne cherche pas à les flétrir, et l'on devrait bien s'habituer à trouver que la vertu est toujours la vertu, qu'elle se trouve pour ou contre nous, qu'elle soit chez nous ou chez nos adversaires. Malheureusement, il est des partis égoïstes qui ne peuvent admettre ce principe d'équité. Cependant, nous devons le dire, quelques personnes, parmi les adversaires des prisonniers, se montrèrent touchées et témoignèrent leur admiration pour la sollicitude avec laquelle chacun d'eux s'informait du sort de ses amis. Indifférens sur eux-mêmes, sur le sort qui les attendait, ils n'avaient de préoccupation que pour ceux qui n'étaient pas *là* : « Que sont-ils devenus ? que leur est-il arrivé ? » Et les détails que nous venons d'écrire étaient racontés avec mille particularités que nous avons dû omettre dans la rapidité de notre récit. Avec quels regrets douloureux ils apprirent la mort du brave comte Dunin et du sous-intendant Faure !

On a tenté de flétrir le jeune Napoléon ; on a défiguré son caractère par les plus odieuses calomnies, tactique misérable que reprouvent tous les gens de cœur, et qui, tôt ou tard, déshonore ceux qui l'emploie ; mais Napoléon-Louis, quoi qu'on en ait dit, est un homme sérieux et réfléchi. Si c'est par suite d'illusion et de fausses appréciations qu'il a tenté deux fois de rentrer en France, et de substituer sa dynastie à celle de la branche cadette; l'histoire nous le dira ; jusque-là il convient de s'abstenir de tout jugement sévère.

FIN DE LA DEUXIÈME PARTIE.

Publication à 25 Centimes.

PROCÈS

DU PRINCE

NAPOLÉON-LOUIS

ET DE SES CO-ACCUSÉS

DEVANT LA COUR DES PAIRS;

Récit des événemens qui ont précédé et suivi le débarquement près de Boulogne,

AVEC

DES DÉTAILS ET DES DOCUMENS INÉDITS SUR LA VIE DU PRINCE ET DES PRINCIPAUX PERSONNAGES COMPROMIS DANS CE PROCÈS;

PAR

B. SAINT-EDME,

Auteur d'une *Histoire de Napoléon*, du *Répertoire* général des *Causes célèbres*, du *Procès Laity*, de la *Biographie des Hommes du Jour*, etc.

6ᵉ Livraison

PARIS,

ALPHONSE LEVAVASSEUR, ÉDITEUR, RUE JACOB, 14.
1840.

Troisième Partie.

PROCÈS.

INSTRUCTION
COMMENCÉE A BOULOGNE.

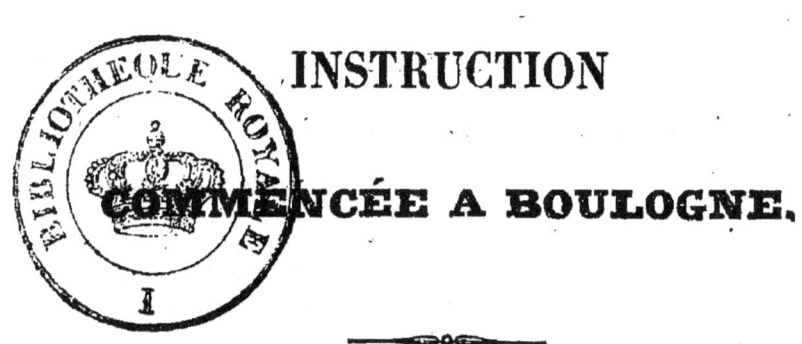

Le *Moniteur Parisien*, journal officiel, publia, le 8 août, les détails que voici :

« Aussitôt que le gouvernement a été informé de l'événement de Boulogne, l'ordre a été envoyé de transférer Louis Bonaparte au château de Ham ; cet ordre a été exécuté ce matin. Aujourd'hui, à huit heures et demie, Louis Bonaparte a quitté Boulogne sous la garde d'une escorte.

« Le but de cette translation a été uniquement de mieux assurer la garde du prisonnier, et de le priver de toute communication avec ses complices ; mais il est et demeure compris avec eux dans une instruction commune.

« Il a été prescrit de prendre des mesures pour isoler, autant que possible, chacune des personnes arrêtées ensemble dans la matinée du 6, et pour rendre praticable et effectif le secret auquel l'autorité judiciaire pourra les soumettre. »

Ces lignes du journal semi-officiel ne permettaient pas de douter que le gouvernement fût dans l'intention de laisser à la justice son libre cours, soit à l'égard du prince soit à l'égard de ses amis.

Il paraît même qu'on avait d'abord renoncé au projet de convoquer la Cour des pairs pour le jugement de ce procès, et que l'on se proposait de s'en remettre au jury..

Voici les nouvelles que transmettait à ce sujet une correspondance particulière de Douai :

Douai, 7 août.

« La nouvelle de la descente de Louis-Napoléon à Boulogne a été transmise ce matin à Douai. (C'est dans le ressort de cette Cour qu'est située la ville de Boulogne).

« M. le procureur-général Letourneux, nouvellement promu, n'était pas encore arrivé ; mais par un singulier hasard, M. l'ex-procureur-général Legagneur, nommé premier président à Grenoble et non encore installé, avait devancé de quelques heures à Boulogne le débarquement du prince et de son escorte. Ce magistrat, encore compétent comme procureur-général du ressort, s'est mis incontinent en devoir de procéder aux actes d'instruction du flagrant délit (1).

« La chambre des mises en accusation de la Cour royale (de Douai) s'est assemblée de très bonne heure. Cette chambre a cru que c'était à elle et non aux Chambres réunies de la Cour qu'appartenait, en vertu de l'article 235 du Code d'instruction criminelle, le droit d'évoquer l'affaire et de commencer les poursuites. Elle a rendu un arrêt en ce sens.

« Cependant, M. l'avocat-général Hibon avait dressé un réquisitoire et convoqué la Cour en chambres réunies pour statuer.

« La Cour s'est, en effet, réunie à une heure, toutes chambres assemblées, et a entendu le réquisitoire du parquet. Après une longue délibération, l'avis de la chambre d'accusation a prévalu, et son arrêt a été sanctionné par les chambres assemblées.

« C'est donc devant les assises du Pas-de-Calais que Louis Bonaparte et ses complices devront être traduits si l'on suit les voies de la justice ordinaire.

« M. Petit, président de la chambre des mises en accusation, part demain matin pour Boulogne, afin de commencer l'information. »

Mais, le 7, M. Franck Carré, procureur-général près la cour royale de Paris, s'était rendu à Boulogne, accompagnée du colonel du 42ᵉ régiment et de quatre compagnies de ce corps. M. le garde-des-Sceaux les avait précédés dans cette ville.

Le 10, l'instruction était complète. Alors on reçut à Boulogne l'ordonnance rendue la veille pour saisir la pairie de ce grand procès politique.

Toutes les pièces de la procédure, ainsi que celles à conviction, furent immédiatement envoyées à Paris.

Voici le texte même de l'ordonnance royale.

Louis-Philippe, roi des Français,
A tous présens et à venir, salut.
Sur le rapport de notre garde-des-sceaux, ministre secrétaire d'état au département de la justice et des cultes;
Vu l'art. 28 de la charte constitutionnelle;
Vu les art. 87, 88, 91, 92, 96, 97, 98 et 99 du Code pénal;
Attendu que, dans la journée du 6 août 1840, un attentat contre la sûreté de l'état a été commis dans la ville de Boulogne-sur-Mer;
Nous avons ordonné et ordonnons ce qui suit :
Art. 1ᵉʳ. La cour des pairs est convoquée.

---

(1) On lit dans le *Libéral de Douai* du 7 :

« Cette nuit une estafette est arrivée, portant l'ordre à M. l'avocat-général Hibon de se rendre à Boulogne. Quelque temps après une autre est venue porter contre-ordre. M. Legagneur, ancien procureur-général de Douai, et encore en fonction, s'étant rendu de Paris sur les lieux. »

Cette dernière version est exacte,

Les pairs absens de Paris seront tenus de s'y rendre immédiatement, à moins qu'ils ne justifient d'un empêchement légitime.

Art. 2. Cette cour procédera sans délai au jugement des individus qui ont été ou qui seront arrêtés comme auteurs, fauteurs ou complices de l'attentat ci-dessus énoncé.

Art. 3. Elle se conformera, pour l'instruction, aux formes qui ont été suivies par elle jusqu'à ce jour.

Art. 4. Le sieur Franck-Carré, notre procureur-général près la cour royale de Paris, remplira les fonctions de notre procureur-général près la cour des pairs.

Il sera assisté du sieur Boucly, avocat-général près la cour royale de Paris, faisant les fonctions d'avocat-général et chargé de remplacer le procureur-général en son absence, et des sieurs Nouguier et Glandaz, substituts de notre procureur-général près la cour royale de Paris, faisant les fonctions de substitut du procureur-général, lesquels composeront avec lui le parquet près notre cour des pairs.

Art. 5. Le garde des archives de la chambre des pairs et son adjoint rempliront les fonctions de greffiers de notre cour des pairs.

Art. 6. Notre garde-des-sceaux, ministre secrétaire d'état au département de la justice et des cultes, est chargé de l'exécution de la présente ordonnance, qui sera insérée au Bulletin des Lois.

Donné au palais des Tuileries, le 9 août 1840.

LOUIS-PHILIPPE.

Par le roi :

Le garde-des-sceaux, ministre secrétaire d'état au département de la justice et des cultes,

VIVIEN.

En exécution de cette ordonnance, M. le chancelier de France adressa à MM. les pairs des lettres de convocation pour le mardi 18 du même mois.

M. Désessart, libraire, a publié une brochure intitulée : *Aux mânes de l'Empereur la patrie reconnaissante*, et renfermant une liste de MM. les pairs, au nombre de 192, qui ont reçu des faveurs de Napoléon. Nous donnons ici cette nomenclature curieuse, et les quelques chiffres qui la précèdent, après en avoir obtenu l'assentiment de M. Désessart.

« La cour des pairs contient 4 ministres, 6 maréchaux, 14 conseillers d'état, 56 officiers généraux, 19 préfets, 7 ambassadeurs, 21 chambellans, tous nommés par l'Empereur, et, ce qui est le plus curieux, 38 sénateurs ou pairs des cent jours ayant reconnu Napoléon II comme empereur des Français, par suite de l'abdication de Napoléon 1er, et par le fait des constitutions de l'Empire.

« Le prince Napoléon, en naissant, trouva en vigueur le sénatus-consulte organique du 18 mai 1804, qui, article 6, le déclare propre à succéder à la dignité impériale, en sa qualité de fils du prince Louis, à défaut d'héritiers mâles du côté de l'Empereur et du prince Joseph.

« Le premier corps de l'état songeait donc ainsi à transformer en trône le berceau d'un enfant. Pendant dix ans ce sénatus-consulte fut loi de l'Empire.

« Sept ans après la naissance du prince Napoléon, une loi l'exilait. Cette loi, votée par le premier corps de l'état, infligeait au prince la peine de mort, s'il essayait de revoir sa patrie, même inoffensivement.

« Quinze ans plus tard, ce premier corps de l'état, reconnaissant que la peine était un peu forte à l'égard d'un jeune prince innocent, la supprima....

« La chambre des pairs d'aujourd'hui se considère comme solidaire de la chambre des pairs des cent-jours, et prétend continuer le sénat de 1804. Le gouvernement d'aujourd'hui reconnaît la légitimité de l'Empereur Napoléon et de son gouvernement. Le prince Napoléon est donc un prince français.

MM. PASQUIER, président de la cour des pairs. L'Empereur le fit baron, conseiller d'état et préfet de police.

ABRIAL. L'Empereur le fit comte, sénateur, préfet, commandant de la Légion-d'Honneur. Il a signé le sénatus-consulte du 18 mai 1804.

ALBUFÉRA. Il est duc et pair par son père, dont l'Empereur fit la fortune à cause de la parenté de la maréchale Suchet avec la reine d'Espagne.

ALIGRE, chambellan de la reine de Naples, avec appointemens. L'Empereur lui rendit ses biens non confisqués.

ANTHOUARD. L'Empereur le fit comte, lieutenant-général, grand officier de la Légion-d'Honneur.

ATHALIN. L'Empereur le fit baron et son officier d'ordonnance.

AUBERNON, baron, préfet, auditeur au conseil d'état par l'Empereur.

AUBUSSON-LAFEUILLADE, chambellan de l'Empereur et son ambassadeur à Naples. Pair des cent jours, il a reconnu Napoléon II.

AUDENARDE-LALAIN, écuyer de l'Empereur, baron et colonel. Sa femme, dame du palais de l'impératrice Joséphine.

AYMARD, baron, général de l'Empire.

BARANTE, auditeur, préfet, baron de l'Empire.

BARTHÉLEMY, fils du sénateur.

BASTARD, baron, conseiller à la cour impériale.

BAUDRAND, général de l'Empire.

BEAUMONT (comte de), fils du sénateur.

BEAUVEAU (prince de), chambellan de l'Empereur. Pair des cent-jours, il a reconnu Napoléon II.

BECKER, comte, lieutenant-général, grand officier de la Légion-d'honneur, doté.

BEELLUNE, duc, maréchal d'Empire, ayant reçu d'énormes dotations.

BÉRENGER, comte de l'Empire, directeur-général de la caisse d'amortissement, conseiller d'État.

BÉRENGER (comte de), auditeur au conseil d'État.

BERTHEZÈNE, baron de l'Empire, lieutenant-général. Dotations.

BIGNON, baron de l'Empire, ministre plénipotentiaire. L'Empereur lui a laissé 100,000 fr. par testament.

BIRON (de), chambellan de l'Empereur. Biens non confisqués rendus.

BOISSY (de), pair des cent-jours ; il a reconnu Napoléon II.

BOISSY-D'ANGLAS, fils du sénateur, comte de l'Empire, préfet des cent-jours.

BONDY (de), comte de l'Empire, conseiller d'État, chambellan et préfet. Son adresse à faire des armes le fit connaître du prince Eugène, qui le présenta à l'Empereur, dont il gagna la bienveillance.

BONET, comte de l'Empire, lieutenant-général, grand-officier de la Légion-d'Honneur. Fortes dotations.

BORELLI, général de l'Empire, baron.

BOURKE, comte de l'Empire, lieutenant-général, grand officier de la Légion-d'Honneur. Ses pères suivirent les Stuarts en France ; il doit apprécier la fidélité au malheur.

BRANCAS (de), chambellan de l'Empereur.

BRAYER, lieutenant-général de la garde impériale, comte de l'Empire, gouverneur de Versailles, beau-père de Marchand, exécuteur testamentaire de Napoléon. Pair des cent-jours, il a reconnu Napoléon II. L'Empereur lui a laissé par testament 100,000 fr.

BRETEUIL (de), préfet de l'Empire, auditeur au conseil d'État.

BRIGODE (de), comte de l'Empire et chambellan.

BRISSAC (de), comte de l'Empire, préfet, sénateur, ayant signé le sénatus-consulte du 18 mai 1804.

BROGLIE (de), auditeur au conseil d'État.

BRUN DE VILLARET, général de l'Empire.

CADORE, fils du duc, ministre et sénateur de l'Empire.

CAFARELLI, comte de l'Empire, préfet maritime à Brest.

CAMBACÉRÈS, neveu et héritier du prince de ce nom. Grande fortune.

CASTELLANE (de), officier de l'Empire, fils d'un préfet.

CAUX (de), colonel, chef de bureau du génie sous l'Empire.

CAVAIGNAC, baron et général de l'Empire. Il doit sa fortune à la protection du roi de Naples, qui était ami de son frère le conventionnel.

CESSAC, comte de l'Empire, ministre, grand-aigle, ayant signé le sénatus-consulte du 18 mai 1804. Comblé par l'Empereur.

CHABOT (de), chambellan de l'Empereur.

CHABRILLANT (de), chambellan de l'Empereur.

CHOLET, sénateur et comte de l'Empire, ayant signé le sénatus-consulte du 18 mai 1804.

CLAPARÈDE, comte de l'Empire, lieutenant-général, grand-officier. Fortes dotations.

COIGNY (de), officier de l'Empire. L'Empereur rendit à sa famille les biens non vendus, à cause du mariage de mademoiselle de Coigny avec le général Sébastiani.

COLBERT, comte de l'Empire, lieutenant-général de la garde. Il doit son avancement au souvenir que l'Empereur avait gardé de son frère, tué en Espagne. Doté.

COMPANS, lieutenant-général, comte de l'Empire. Doté.

CONEGLIANO, duc, maréchal d'Empire, grand-aigle. Grandes dotations. Pair des cent-jours, il a reconnu Napoléon II.

CORBINEAU, comte de l'Empire, doté, lieutenant-général, aide-de-camp de l'Empereur, grand-officier de la Légion-d'Honneur. Il doit sa fortune au souvenir que Napoléon avait gardé des services de son frère, aide-de-camp aussi de Napoléon et tué à Eylau. Un troisième frère Corbineau avait été fait, par l'Empereur, baron et receveur-général à Rouen. L'Empereur légua, par son testament 50,000 fr. au général Corbineau; il lui avait déjà donné 300,000 fr. pour acheter la terre de Beaumont-sur-Oise.

DALMATIE, maréchal d'Empire, duc, grand-aigle; a reçu de l'Empereur de grandes dotations. Pair des cent-jours, il a reconnu Napoléon II.

DARRIULE, baron du l'Empire, général.

D'ALTHON-SHÉE, héritier du comte Shée, sénateur de l'Empire.

DARU, fils du comte et ministre de l'Empire. Grande fortune.

DAVILLIER. Pour sauver sa maison de banque, l'Empereur lui prêta 1,500,000 fr. Pair des cent-jours; il a reconnu Napoléon II.

DAVOUS, comte et sénateur de l'Empire, a signé le sénatus-consulte du 18 mai 1804.

DECAZES, secrétaire des commandemens de Madame-mère, attaché ensuite au roi de Hollande.

HÉDOUVILLE, fils du comte et sénateur de l'Empire.

DEJEAN, comte doté et lieutenant-général de l'Empire, aide-de-camp de l'Empereur, fils du ministre. L'Empereur lui a légué 50,000 fr.

DELORT, baron et lieutenant-général de l'Empire.

DESPANS-CUBIÈRES, colonel de l'Empire. Il dut un avancement rapide à la protection du comte Regnaud de Saint-Jean-d'Angély, à cause d'une certaine parenté avec Mme Regnaud.

DODE, baron et général de l'Empire (1).

DUBOUCHAGE, héritier du préfet de l'Empire.

DUCHATEL, comte de l'Empire, directeur-général des domaines,

---

(1) Le lieutenant-général Dode de la Brunerie, auquel on confia l'importante mission de présider le comité des fortifications de Paris, doit tout ce qu'il est aujourd'hui à la restauration, qui le prit simple colonel du génie, et le fit général de brigade et chevalier de St-Louis, en 1814.

Voici ce que M. Dode de la Brunerie devint depuis :

Lieutenant-général, commandant de la Légion-d'Honneur, baron et conseiller d'état. L'Empereur lui fit une grande fortune. Sa femme, dame du palais de l'impératrice Marie-Louise.

DUPERRÉ, baron de l'Empire, fait capitaine de vaisseau par le prince Jérôme; ayant épousé une dame du palais de la reine de Westphalie.

DUPONT-DELPORTE, baron de l'Empire, préfet.

DUROSNEL, comte de l'Empire, fortement doté, lieutenant-général, grand-officier de la Légion-d'Honneur, gouverneur des pages, aide-de-camp de l'Empereur. Doit son rapide avancement à la bienveillance toute particulière de Napoléon. Pair des cent-jours, il a reconnu Napoléon II.

DUTAILLIS, lieutenant-général et comte de l'Empire. Avec dotation.

DUVAL (Maurice), baron de l'Empire et préfet.

ECKMULH, fils du duc, prince, pair et maréchal d'Empire. L'Empereur lui fit une immense fortune pour avoir épousé la sœur du général Leclerc.

EMERIAU, comte de l'Empire avec dotation, vice-amiral, grand-officier de la Légion-d'Honneur, inspecteur-général des côtes de la Ligurie. Pair des cent-jours, il a reconnu Napoléon II.

EMMERY, comte de l'Empire, sénateur, ayant signé le sénatus-consulte du 18 mai 1804.

ERLON, comte de l'Empire, doté, lieutenant-général, commandant en chef, grand-aigle.

EXCELMANS, comte de l'Empire, doté, lieutenant-général, grand-officier de la Légion-d'Honneur. Sa femme, dame du palais de la reine de Naples, fut dotée par elle. Pair des cent-jours, il a reconnu Napoléon II.

FEZENZAC, général de l'Empire.

FLAHAULT, comte, lieutenant-général, grand-officier de la Légion-d'Honneur, aide-de-camp de l'Empereur, doit son prodigieux

membre de la commission du classement et des fortifications des places de guerre, dans cette même année 1814.

En 1816, il fut un des juges du maréchal Clauzel.

En 1820, inspecteur-général de l'arme du génie.

En 1823, commandant en chef du génie à l'armée d'Espagne, où il fit la reconnaissance du Trocadéro ; puis, au retour de cette campagne, grand-officier de la Légion-d'Honneur, grand'croix de St-Louis, grand'croix de St-Ferdinand, pair de France, vicomte.

En 1826, membre de la commission du Code militaire.

En 1828, membre du conseil supérieur de la guerre.

Après avoir été, en 1814, un des premiers à abandonner Napoléon, M. Dode de la Brunerie ne fut pas, en 1830, un des derniers à délaisser la restauration. Il est décoré du cordon de St-Alexandre de Russie depuis la campagne de 1823 ; il est inscrit le vingt-septième sur la liste de lieutenans-généraux, et ayant atteint sa soixante-cinquième année, a été maintenu récemment par ordonnance dans le cadre d'état-major.

(*Echo français du 20 septembre* 1840.)

avancement à la bienveillance toute particulière de Napoléon; sous-lieutenant en 1805, il était général de division en 1814. Pair des cent jours, il a reconnu Napoléon II.

FRETEAU DE PENY, baron de l'Empire, avocat-général à la cour impériale de cassation.

FREVILLE, baron de l'Empire, maître des requêtes au conseil-d'état.

GASPARIN. L'Empereur, dans son testament, lui légua 100,000 fr. comme fils du commissaire de la convention à Toulon ; baron de l'Empire.

GAZAN, comte de l'Empire, doté, lieutenant-général. Pair des cent-jours, il a reconnu Napoléon II.

GÉRANDO, baron de l'Empire, maître des requêtes au conseil-d'état, membre du gouvernement provisoire à Rome.

GÉRARD, comte de l'Empire avec dotation, lieutenant-général, grand-officier, commandant en chef. Pair des cent-jours, il a reconnu Napoléon II.

GRENIER, baron de l'Empire.

GROUCHY, comte de l'Empire, maréchal, grand-aigle à pension. Fortes dotations. Pair des cent-jours, il a reconnu Napoléon II.

GUEHENEUC, comte de l'Empire, sénateur, ayant adhéré au sénatus-consulte du 18 mai 1804. Beau-père du maréchal Lannes.

HALGAN, nommé par l'Empereur capitaine de vaisseau.

HARISPE, comte de l'Empire, lieutenant-général. Dotations.

HAUBERSAERT, comte de l'Empire, sénateur, ayant adhéré au sénatus-consulte du 18 mai 1804.

HAUSSONVILLE, comte de l'Empire, chambellan.

HERWYN, comte de l'Empire, sénateur, ayant signé le sénatus-consulte du 18 mai 1804.

HEUDELET, comte de l'Empire avec dotation, et lieutenant-général.

HOUDETOT, comte de l'Empire et préfet.

ISTRIE, fils du duc et maréchal d'Empire. Dans son testament, l'Empereur lui légua une somme de 100,000 fr.

JACOB, fait capitaine de vaisseau par l'Empereur.

JACQUEMINOT, comte et sénateur de l'Empire, ayant adhéré au sénatus-consulte du 18 mai 1804.

JACQUINOT, baron de l'Empire et lieutenant-général.

JAUCOURT, comte de l'Empire, sénateur ayant signé le sénatus-consulte du 18 mai 1804.

JESSAINT, baron et préfet de l'Empire.

JURIEN-LAGRAVIÈRE, fait par l'Empereur capitaine de vaisseau.

KLEIN, comte de l'Empire avec dotation, lieutenant-général, sénateur.

LABRIFFE, comte de l'Empire et chambellan.

LAFOREST (de), comte de l'Empire, ambassadeur en Espagne et conseiller-d'état.

LAGRANGE, comte de l'Empire avec dotation, et lieutenant général.

LANJUINAIS, fils du comte de l'Empire et sénateur.

LAPLACE, fils du comte et sénateur de l'Empire.

LAPLAGNE-BARRIS, nommé par l'Empereur à la cour de cassation.

LARIBOISSIÈRE, fils du comte de l'Empire.

LAROCHEFOUCAULD (duc de). L'Empereur nomma M. de Larochefoucauld ambassadeur, et madame de Larochefoucauld dame du palais; il maria une sœur du duc de Larochefoucauld au prince Aldobrandini-Borghèse.

LAROCHEFOUCAULD (comte de). Pair des cent-jours, il a reconnu Napoléon II.

LAURISTON, page de l'Empereur, héritier de l'aide-de-camp de Napoléon.

LEDRU DES ESSARTS, baron de l'Empire, lieutenant-général, grand-officier de la Légion-d'Honneur.

LEMERCIER, comte de l'Empire, sénateur ayant voté le sénatus-consulte du 18 mai 1804.

LEZAY MARNEZIA, baron de l'Empire et préfet.

LOMBARD, baron de l'Empire et membre de la cour impériale de cassation

MALHOUET, baron et préfet de l'Empire.

MARCHAND, comte de l'Empire avec dotation, lieutenant-général, grand-aigle.

MAREUIL, baron de l'Empire et ambassadeur auprès du roi Joachim.

MASSA (duc de), fils du grand-juge.

MERLIN, comte de l'Empire et général.

MOLÉ, comte et ministre de l'Empire. Il doit sa fortune à l'estime qu'avait l'Empereur pour son nom. Pair des cent-jours, il a reconnu Napoléon II.

MOLITOR, comte de l'Empire, lieutenant-général, grand officier de la Légion-d'Honneur. Pair des cent-jours, il a reconnu Napoléon II. Fortes dotations.

MOLLIEN, comte et ministre de l'Empire. Pair des cent-jours, il a reconnu Napoléon II. Fortes dotations.

MONTALEMBERT, fils du chambellan de l'Empereur.

MONTALIVET, fils du ministre de l'Empereur, et lui devant une grande fortune.

MONTEBELLO, fils du maréchal Lannes. Tenant sa grande fortune de l'Empereur.

MONTGUYON, comte de l'Empire et chambellan.

MONTHION, comte de l'Empire avec dotation, et lieutenant-général.

MONTMORENCY (de), chambellan de l'Empereur. Mme de Montmorency était dame du palais.

MORTEMART (de), officier d'ordonnance de l'Empereur, qui lui rendit ses biens. Sa femme était dame du palais de l'impératrice.

MORTIER, baron de l'Empire.

MOSBOURG, comte de l'Empire, ministre du roi Joachim. Tenant de lui sa fortune et ayant épousé une de ses nièces.

MOUNIER, baron de l'Empire, secrétaire du cabinet de l'Empereur, auditeur au conseil-d'état.

MUN (de), chambellan de l'Empereur.

NAU DE CHAMPLOUIS, baron de l'Empire.

NEIGRE, baron de l'Empire, doté, lieutenant-général, grand-officier de la Légion-d'Honneur.

NOAILLES (de). L'Empereur rendit à sa famille des bois non vendus, pour plusieurs millions.

ORNANO, comte de l'Empire avec dotation, lieutenant général, cousin de l'Empereur.

PAJOL, comte de l'Empire, lieutenant-général, grand-officier de la Légion-d'Honneur. Pair des cent-jours, il a reconnu Napoléon II. Fortes dotations.

PANGE (de), comte de l'Empire et chambellan.

PELET, baron de l'Empire doté, général dans la garde impériale.

PELET (de la Lozère), baron de l'Empire, maître des requêtes au conseil-d'état.

PÉRIER (C), préfet de l'Empire.

PÉRIGORD (de), colonel sous l'Empire, et ayant reçu de Napoléon des biens non vendus

PERNETY, baron de l'Empire, doté, et lieutenant-général.

PERREGAUX, comte de l'Empire et chambellan. Pair des cent-jours, il a reconnu Napoléon II.

PETIT, baron de l'Empire doté, général dans la garde impériale.

PLAISANCE, duc de l'Empire, lieutenant-général, aide-de-camp de l'Empereur. Héritier de la grande fortune du prince Lebrun.

PONTÉCOULANT, comte de l'Empire, sénateur ayant voté le sénatus-consulte du 18 mai 1804. Dans la séance du 23 juin 1815, M. de Pontécoulant dit à la chambre des pairs : « Napoléon est mon bienfaiteur, je lui dois tout. »

PORTAL, baron de l'Empire, maître des requêtes au conseil-d'état.

PORTALIS, comte et conseiller-d'état de l'Empire. Il dut sa fortune au souvenir qu'avait gardé l'Empereur des services de son père.

PRASLIN (de), chambellan de l'Empereur. Jouissant d'immenses propriétés confisquées, et qui lui furent rendues par Napoléon. Pair des cent-jours, il a reconnu Napoléon II.

PRÉVAL, baron de l'Empire avec dotation, lieutenant-général, maître des requêtes au conseil-d'état.

RAMBUTEAU, comte de l'Empire, chambellan et préfet.

RAMPON, fils du sénateur et comte de l'Empire.

REGGIO, duc et maréchal d'Empire. Il a reçu plusieurs millions de l'Empereur.

REILLE, comte de l'Empire, lieutenant-général, commandant en chef et aide-de-camp de l'Empereur, gendre de Masséna. Pair des cent-jours, il a reconnu Napoléon II. Fortes dotations.

RICARD, baron de l'Empire doté, lieutenant-général, grand-officier de la Légion-d'Honneur.

RICHEBOURG, fils du comte et sénateur de l'Empire

ROCHAMBEAU, aide-de-camp du roi Joachim; comblé par lui, fils du lieutenant-général de l'Empire.

ROGUET, comte de l'Empire avec dotation, lieutenant-général dans la garde impériale (1).

ROSAMEL, capitaine de frégate.

ROUSSIN, baron de l'Empire, nommé par l'Empereur capitaine de vaisseau.

SAINT-AIGNAN, baron de l'Empire, ambassadeur, écuyer de l'Empereur.

SAINT-CYR-NUGUES, baron de l'Empire doté et général.

SAINT-AULAIRE, comte de l'Empire et chambellan.

SAINT-DIDIER, baron de l'Empire et préfet du palais, auditeur au conseil d'état.

SCHRAMM, général sous l'Empire, sortant de la garde impériale.

SÉBASTIANI, colonel sous l'Empire.

SÉGUIER, baron de l'Empire. L'Empereur le nomma, à cause de son nom, premier président de la cour impériale de Paris, maître des requêtes.

SÉGUR. Pair des cent-jours, il a reconnu Napoléon II.

SÉGUR (PHILIPPE), maréchal-des-logis du palais impérial, général. 30,000 fr. de rente de dotation.

SIMÉON, comte de l'Empire, conseiller d'état.

SPARRE, général sous l'Empire, écuyer de l'Empereur.

TALHOUET, colonel. Des biens confisqués lui furent rendus. Sa femme était dame du palais de l'impératrice.

TARENTE, maréchal et duc de l'Empire. Fortes dotations.

TASCHER, comte de l'Empire et sénateur; parent de l'impératrice Joséphine. Fortes dotations.

TESTE, baron de l'Empire, doté, lieutenant-général, grand-officier de la Légion-d'Honneur.

TIRLET, baron de l'Empire, doté et lieutenant-général.

TURENNE, comte de l'Empire et premier chambellan. Pair des cent-jours, il a reconnu Napoléon II.

VALÉE, comte de l'Empire, doté, lieutenant-général et grand-officier de la Légion-d'Honneur.

VALENTINOIS (de), aide-de-camp du roi Joachim et premier écuyer de l'impératrice Joséphine.

VANDEUVRE, baron de l'Empire et commissaire-général de police à Marseille, auditeur au conseil-d'état.

VERHUEL, comte de l'Empire, doté, grand-aigle, inspecteur-général des côtes de la mer du Nord, ambassadeur du roi Louis, vice-amiral.

VILLIERS DU TERRAGE, commissaire-général de police sous l'Empire, préfet des cent-jours.

WAGRAM, fils de Berthier. Il tient sa grande fortune de l'Empereur.

WILLAUMEZ, vice-amiral, baron de l'Empire.

ZANGIACOMI, baron de l'Empire, membre de la cour impériale de cassation, maître des requêtes.

---

(1) ROHAULT DE FLEURY, chef de bataillon, officier de la Légion-d'Honneur,

Ducs d'OR°ÉANS et de NEMOURS, petits-fils de la duchesse d'Orléans, à qui l'Empereur payait une pension de 300,000 fr.

OPINION DES JOURNAUX SUR LA JURIDICTION DE LA PAIRIE.

Le *Constitutionnel* aurait trouvé *très désirable* que le jury fût appelé à se prononcer dans cette circonstance; « Nous regrettons, dit-il, la décision du ministère, sans la blâmer. »

Le *Messager* entreprend l'apologie de la mesure, en donnant un croc-en-jambe à la Charte. « L'article 28, dit-il, porte que la chambre des pairs connaît des crimes de haute trahison et des attentats à la sûreté de l'état. » Mais cet article ajoute : *qui seront définis par la loi*; et la Charte dit, dans un autre article, que la connaissance des crimes et délits politiques appartient essentiellement au jury. Que résulte-t-il de là? Que le jury a une juridiction universelle en matière politique, que cette juridiction ne doit être limitée que par une loi qui pourra attribuer à la cour des pairs certains cas d'exception à définir par elle. Or, cette loi n'est point faite encore; d'où il suit qu'en attendant, le jury reste avec la plénitude des attributions conquises à son profit par la révolution de 1830.

La *Gazette* fait les réflexions suivantes :

Ce qui est le plus à remarquer, c'est la persévérance avec laquelle les partis poursuivent devant une justice exceptionnelle la répression des complots dirigés contre eux. La justice nationale n'est rien pour eux, ou plutôt ils la redoutent; car ce n'est pas avec des passions qu'elle jugerait. Ce jury, sur lequel l'administration a une si grande influence, par la faculté de choisir les hommes, n'offre pas assez de garanties à un pouvoir qui refuse de s'appuyer sur la nation. Ce sera donc un parti qui sera mis en jugement devant un parti. C'est une grande faute que commet le gouvernement en ne livrant pas le prince Louis-Napoléon à la justice ordinaire et à la décision d'un jury; l'accusé, devant la commission à laquelle on l'envoie, peut continuer sa campagne de Boulogne avec plus de succès que par la voie des armes. »

Elle ajoute :

« Le *Journal des Débats* avoue avec une naïveté précieuse qu'on n'envoie pas M. Louis Bonaparte devant un jury parce qu'on craint un verdict d'acquittement. Qu'est-ce à dire? Cela signifierait-il qu'avec la pairie on est sûr d'une condamnation? Alors, où est la justice, où est la confiance que le gouvernement assurait l'autre jour avoir en lui-même, si l'on a des tribunaux pour juger et d'autres dont l'office spécial est de condamner?

« Le *Journal des Débats*, tout frappé du souvenir du jury de Strasbourg, ne prévoit pas les inconvéniens qu'on rencontrera au Luxembourg. Nous l'attendons devant la cour des pairs avec des avocats qui ne ménageront ni les hommes, ni les choses. La pairie ne se relèvera pas de ce coup. »

La *Quotidienne*, en rétablissant le passage du *Journal des Débats*, complète les raisonnemens de la *Gazette* :

« Pendant, dit-elle, que les journaux naïfs s'étonnent du renvoi de Louis-Napoléon et de ses compagnons d'armes devant la cour des pairs, le *Journal des Débats*, répétant, sans doute, ce qui se dit à la cour, donne une explication cynique du choix de la juridiction.

« S'exposer à un second verdict de Strasbourg eût été, dit-il, une inconcevable folie... Dans quel cas la tranquillité publique, la sûreté de l'état dépendra-t-elle davantage d'un acquittement ou d'une condamnation, que dans celui où le droit à la couronne est la question même ? Comme prétendant au trône, M. Louis-Bonaparte est ridicule, nous le savons, ridicule aux yeux de tout le monde; *accusé, il n'est pas impossible, peut être, que le neveu de l'Empereur trouvât un second jury de Strasbourg.* C'est une chance, quelque peu probable qu'on la suppose, à laquelle le gouvernement aurait été insensé et coupable de s'exposer. »

« Il n'y a donc pas, au Luxembourg, une seule chance en faveur de l'accusé. La chambre des pairs a subi bien des insultes depuis dix ans, nous n'en connaissons pas de plus grave que cette confiance du *Journal des Débats* dans ce qu'il appelle le zèle et le patriotisme de la pairie.

« Si le langage du journal des précepteurs n'était pas assez clair, le *Temps*, qui regrette la préférence accordée à la cour des pairs sur le jury, donnerait un commentaire très suffisamment explicatif :

« Nous croyons, dit il tristement, qu'on s'est trop laissé préoccuper par le souvenir de l'acquittement de Strasbourg. »

« Voilà des journaux dynastiques bien maladroits. En vérité, ce qui se joue là est une odieuse comédie. »

On lit dans la *France* :

« Tout est faux, tout est contradictoire dans les actes du gouvernement de juillet. En faisant juger par la cour des pairs l'échauffourée de Boulogne, on condamne le procédé employé pour celle de Strasbourg. On revient sur une détermination déjà prise. On met en présence, d'une façon monstrueuse, des hommes qui ont couru la même carrière, ont partagé les mêmes opinions et ont formé les mêmes vœux. Il y aura des anciens compagnons de Bonaparte à l'île Sainte-Hélène, sur le banc des accusés et sur le banc des juges. Et il est permis de se demander lesquels se trouveront dans la position la plus logique, des juges ou des accusés. »

« Voilà donc encore, dit le *Temps*, un procès politique porté devant une juridiction exceptionnelle. Après ce qui s'est passé à Boulogne, il semblait pourtant qu'on pouvait sans crainte confier le jugement des coupables au jury du Pas-de Calais... Mais cette anomalie est consacrée par la législation de septembre. Cette législation, on le sait, nous l'avons toujours combattue, et nous attendons avec impatience le jour où il nous sera permis d'en appuyer de toutes nos forces la modification... Le pouvoir qui veut un procès plus sûr, peut-être des condamnations plus grandes qu'on ne peut en attendre du jury, appelé uniquement à se prononcer sur le fait, le pouvoir a préféré la juridiction de la cour des pairs, malgré les inconvéniens qui surgiront de la présence du neveu de l'Empereur au milieu d'une population immense, et qui renferme tant d'élémens d'agitation. Certes, nous ne pouvons approuver cette marche tout exceptionnelle de la justice, mais nous sommes forcés de la comprendre. »

La Presse remarque que tous les journaux du ministère avaient demandé que l'on traduisît les accusés de Boulogne devant le jury, et cependant on les renvoie devant la cour des pairs. Elle suppose que les mêmes journaux vont changer d'avis; en cela elle leur fait, comme nous le voyons, une injure gratuite : mais elle ne se trompe pas, en signalant la divergence d'opinion qui existe entre les feuilles inspirées plus ou moins par M. Thiers, et la volonté qui a prévalu dans le conseil des ministres. « Le vent, dit *la Presse*, était au jury au moment où les journaux écrivaient ; si le vent a tourné dans l'espace d'une matinée, ce n'est pas par leur faute. » Nous demanderons pourquoi le vent a tourné, et qui a si subitement converti le cabinet à la juridiction de la cour des pairs ?

Le Siècle ajoute sa désapprobation à celle des autres feuilles de la gauche touchant le renvoi des accusés de Boulogne devant la cour des pairs. Nous regrettons seulement qu'il ne s'exprime pas à cet égard avec la même netteté et la même assurance que ses confrères. Il croit, par exemple, devoir faire une concession que l'art. 28 de la charte attribuant à la pairie des pouvoirs judiciaires, devait être appliqué au cas particulier, ou bien qu'il ne le serait jamais. Mais il ajoute comme correctif. « Supprimez la juridiction de la chambre des pairs, et qu'il ne reste qu'une seule justice, appelée la justice du pays, nous y consentons de grand-cœur. »

La Quotidienne revient encore sur la question.

« L'ordonnance, dit son rédacteur, qui constitue la chambre des pairs en cour de justice, pour connaître de l'échauffourée de Boulogne, ne trouvera pas même grâce devant quelques journaux ministériels. Le *Courier Français* l'attaquait dès hier, par prévision, avec plus d'énergie que de prudence. « Comme tout prétendant, disait-il, a pour adversaires naturels les corps constitués, le traduire devant la cour des pairs, c'est prendre les juges parmi les vainqueurs ; c'est le juger pour la forme ; c'est lui signifier qu'on l'a condamné avant de l'avoir entendu. »

« Il n'y a pas certes d'exagération à dire qu'un tel langage flétrit d'avance l'arrêt de la cour des pairs, au moins dans la disposition qui concernera le prince Napoléon-Louis !

« Mais la conclusion du *Courrier français* vaut mieux que ses prémisses. La question n'est pas même posée dans l'article de ce journal. Elle vaut cependant la peine d'être examinée sérieusement.

« Il ne faut jamais abandonner un principe à la nécessité des partis.

« Qu'il nous suffise de dire aujourd'hui qu'il n'y a pas dans l'espèce la même raison de décider suivant qu'il s'agit du prince Napoléon-Louis ou de ses adhérens, que les ministres de Louis-Philippe ayant proclamé la légitimité de l'empereur, le prince est un prétendant, et par conséquent un ennemi de l'ordre des choses, mais qu'il ne peut jamais être ni un sujet, ni un serviteur, quelque signification qu'on donne à ce dernier mot ; que le gouvernement est armé contre lui des lois de la guerre et non des lois de la justice.

« Le prince Napoléon-Louis a envahi le territoire français à main armée ; il est prisonnier de guerre ; il ne saurait être accusé.

« Une loi l'a banni non pas comme Français, mais comme neveu de Napoléon, comme prince du sang impérial, comme membre de la dynastie napoléonienne. C'est ainsi qu'il a été mis hors du droit commun.

« Or ces titres qu'on lui a reconnus pour le bannir, on ne peut les lui enlever aujourd'hui pour le condamner.

« Voilà par quels motifs on peut dire que le procès est un acte d'hypocrisie. »

Le *Droit* s'exprime ainsi :

« Les vingt-cinq années qui nous séparent de l'Empire sont vingt-cinq siècles, tant les esprits ont changé, tant il y a loin des temps de raison, de doute, d'examen où nous sommes à ces temps de culte, d'enthousiasme et d'entreprises gigantesques. Il n'y a pas de culte sans Dieu : où est le Dieu qu'adoraient les croisés de Boulogne ? La religion napoléonienne était devenue pour eux comme une sorte d'idolâtrie, aux superstitions de laquelle des esprits exercés dans la pratique d'institutions libres ne peuvent plus s'associer. Ce qui n'empêche pas qu'on ne puisse voir, sans en être touché, le spectacle d'une si éclatante misère, et ce nom, le plus grand nom peut-être de l'histoire, jeté comme une proie à la curiosité publique, au milieu des incidens qui naissent des débats judiciaires ; il ne faut plus dire : les rois s'en vont ; le mot ne serait pas exact : les rois seront partis du jour où nous aurons vu un homme fils de roi, neveu de rois et d'un empereur, qui a été l'Empereur Napoléon, assis sur le banc des accusés, comme un accusé ordinaire, à côté de ceux qui lui prêtaient leurs bras et des matelots de la barque qui portait sa fortune ; sous ce rapport, la chambre des pairs est appelée à trancher une question redoutable, et à inaugurer une ère nouvelle dans le droit de ceux qui gouvernent et de ceux qui sont gouvernés ; c'est un principe qu'elle va juger dans la personne du prince Louis-Napoléon, comme elle aurait pu le faire dans la personne du duc de Bordeaux, et ce sera la première fois qu'une royauté déchue aura été ainsi prise à partie et régulièrement citée à comparaître : Saint-Just disait de Louis XVI, qu'on avait moins à le juger qu'à le combatire, et ce mot juste, mais cruel, n'exprimait qu'une idée, le droit de la force dont la Convention voulait user : les choses se passeront désormais autrement; la victoire se chargera de tout décider ; pour les rois tombés, il n'y aura plus d'ennemis, mais des juges, et cette solennité indifférente dont on les environne, aura en elle même quelque chose de plus dédaigneux et de plus insultant que la rage furieuse dont on les poursuivait; qu'on ne s'étonne plus que cette thèse, ainsi posée, ait tenté les convictions de M. Berryer, s'il est vrai comme on l'assure, que le prince Louis-Napoléon ait confié ses intérêts à l'avocat habile et éloquent de la légitimité; il est certaines causes, si opposées qu'elles soient, qui se touchent plus qu'on ne pense, et dans le prétendant malheureux de Boulogne, qui sait si M. Berryer, prenant en main la cause des rois déchus, ne voudrait pas amnistier d'avance le héros d'un Culloden à venir? La chambre des pairs, où l'on compte des partisans de l'Empire, hommes d'état et hommes d'épée, chambellans et législateurs, comtes, ducs par la grâce de l'Empereur, aura donc à juger, à l'égal des conspirateurs ordinaires, celui avec lequel on prend ses aises d'avance, en l'appelant ou en le faisant appeler M. Louis-Bonaparte, comme si le nom faisait quelque chose à l'affaire, et comme si ces dédains affectés empêchaient que M. Louis-Bonaparte ne fût ce qu'il est en effet, c'est-à-dire le propre neveu de Napoléon, par la grâce de Dieu et les Constitutions de l'Empire, Empereur des Français, roi d'Italie, protecteur de la Confédération du Rhin, médiateur de la confédération suisse, etc., etc Ces petitesses, d'ailleurs, sont de celles dont ne peuvent se défendre les partis victorieux; et sans rien comparer, ni les hommes, ni les époques, on ne peut s'empêcher de rappeler que la Convention elle-même, avant de tuer Louis XVI, lui avait ôté son nom, l'appelant Louis Capet, s'imaginant ainsi le dégrader de noblesse, et faire oublier que Louis Capet, comme elle le nommait, était tout simplement le petit-fils de Robert et de saint Louis,, d'Henri IV et de Louis XIV. »

La logique du *Capitole* doit être méditée : voici un extrait de sa discusion, qui est fort étendue.

« Les fautes et la déconsidération du pouvoir ont éveillé toutes les prétentions qui se seraient tues devant la liberté et l'honneur de la France. Dès que le 9 août s'est séparé de son principe, ces prétentions se sont jetées dans l'espace laissé entre lui et la révotion de juillet. La déception de décembre 1830, la péripétie du 13 mars, les combats de juin, les sanglantes journées d'avril, le procès monstre, les lois de septembre, l'abandon d'Ancône, les projets de dotation et d'apanage, la tentative de Strasbourg, l'événement de Boulogne, sont nécessairement sortis les uns des autres.

« Et vous ne vouliez pas qu'au milieu d'un désordre qui semblait évoquer toutes les ambitions et se prêter à toutes les entreprises, le second héritier d'un empire qui eut quatre millions de votes pour assises, se soit cru appelé à dominer ce chaos? Ce qui eût été étonnant, prodigieux, c'est que sous l'influence d'un si grand ébranlement de toutes les idées d'ordre, de tous les principes politiques et sociaux, le système napoléonien ne se fût pas produit.

« Mais encore une fois, cette situation, qui l'a faite? qui a creusé l'abîme sous les pieds du prince Louis? qui a pris soin de proclamer l'existence de son parti? qui s'est chargé de publier ses proclamations, ses programmes, ses déclarations de droits? qui lui a donné les tribunaux et l'enceinte des chambres pour prétoire? qui a appelé sur lui l'honneur des persécutions et l'intérêt de l'oppression? Les ministres du 13 mars, tous ceux qui se sont succédé après eux.

« Quoi qu'il en soit, le prince Louis va comparaître à la barre de la pairie, comme prévenu d'avoir voulu réédifier le gouvernement impérial sur les débris du trône de Louis-Philippe, et bouleverser toutes les institutions politiques qui s'appuient sur la monarchie de 1830. A Strasbourg, il a dit : « Il est temps qu'aux cris de « la liberté trahie, vous renversiez le joug honteux qui pèse sur « notre belle France. Ne voyez-vous pas que les hommes qui rè- « glent nos destinées sont encore les traîtres de 1814 et 1815, les « *bourreaux du maréchal Ney* ? » Et à Boulogne : « La dynastie « d'Orléans a cessé de régner ; la chambre des pairs et la cham- « bre des députés sont dissoutes. » Or, la chambre des pairs à la face de laquelle il jette un lamentable souvenir, ce corps qu'il stigmatise et qu'il brise est précisément celui qui va prononcer sur son sort. N'est-ce point lui donner ses ennemis pour juges? n'eût-il pas mieux valu le traduire devant un conseil de guerre, une commission militaire, une cour prévôtale? Car les officiers d'un conseil de guerre et les juges prévôtaux n'auraient reçu de lui aucune insulte personnelle.

« La pairie peut-elle être, à l'égard de son justiciable, dans les conditions d'indépendance et d'impartialité requises par la loi? Généraux, préfets, conseillers-d'état, ambassadeurs, pensionnaires de tous les régimes, fonctionnaires révocables et dépendans, leur conscience de juge n'est point réellement protégée par l'inamovibilité qui assure la bonne administration de la justice.

« En déclinant la compétence de la Cour des Pairs, considérée comme corps, nous avons argumenté dans l'intérêt de la défense. Eh bien! par une singulière anomalie, c'est peut-être dans l'intérêt de l'accusation qu'il faudrait récuser individuellement les trois quarts des juges qui forment la cour.

« Conçoit-on, en effet, le neveu de l'Empereur assis sur la sellette en présence de 200 créatures de l'Empire, à chacune desquelles il peut rappeler dix à douze sermens prêtés à sa dynastie, et autant de bienfaits reçus de la munificence napoléonienne? Se figure-t-on, par exemple, le plus grand dignitaire de la pairie, M. Pasquier, rappelant l'illustre accusé à la foi du serment et aux droits de la reconnaissance ? M. Pasquier, l'auditeur, le maître des requêtes, le procureur-général du sceau des titres, l'officier de la Légion-d'Honneur, le baron, le directeur des ponts-et-chaussées, le préfet de police de l'Empereur, à qui, en chacune de ces qualités, il jura fidélité. M. Pasquier devenant ensuite partie intégrante de tous les ministères de la restauration, depuis 1815 jusqu'en 1821; ministre de la justice pendant les immolations de 1817; des affaires étrangères, alors que la France et sa diplomatie étaient abreuvées d'humiliations; M. Pasquier, enfin, repoussant, en 1819, la loi des élections, déclarant à la tribune que la Charte pouvait être modifiée sans inconvénient, proposant la loi suspensive de la liberté individuelle, sollicitant la censure et l'arbitraire pur, et professant l'étrange doctrine que puisque le roi avait le droit de faire des traités, la chambre devait voter sans discussion les sommes dont il plaisait à la diplomatie de disposer.

« Le prince, ce jeune homme vierge de toute flétrissure, ne pourrait-il point, pour toute réponse aux questions de M. le grand-chancelier de France, lui demander comment il marqua son passage à travers toutes ces grandeurs, et ce qu'elles coûtèrent à sa conscience politique?

« Non, la chambre des pairs ne peut point juger l'affaire de Boulogne. Comme corps politique, issue de trois ou quatre régimes opposés, inféodée à toutes les croyances politiques, obligée de tous les gouvernemens, insultée dans son passé, menacée dans le principe même de son existence par le principal accusé, malgré elle, sans le vouloir, elle ne jugerait pas, elle se vengerait.

« Si les 200 pairs qui reçurent des dignités ou des fortunes de l'empereur Napoléon croyaient devoir payer au neveu de ce grand homme une portion de la reconnaissance qu'ils doivent à l'oncle, ils trahiraient leurs devoirs de juges. Que si, au contraire, ils prétendaient étouffer dans un grand acte d'ingratitude le souvenir de ce qu'ils doivent au fondateur de la dynastie impériale, la conscience publique en serait révoltée. Que si, enfin, pour échapper aux inconvéniens de cette double alternative, ils désertaient individuellement le procès, non-seulement ils feraient là une lâcheté, mais ils commettraient un déni de justice.

« Par tous ces motifs, si la chambre des pairs conserve quelque souci de sa dignité, quelque soin de son avenir, elle se déclarera incompétente.

« Mais qui donc jugera les accusés de Boulogne? Personne, si les caractères criminels de l'attentat manquent à l'accusation; le jury, s'il y a eu attentat.

« L'attaque du prince Louis était dirigée contre le régime politique actuel dans toutes ses branches. Charte, royauté, pairie, chambre élective; son but était de substituer à ce régime un nouvel ordre politique social. Or, un seul tribunal est compétent pour juger une telle cause; c'est le jury, émanation directe de la souveraineté nationale, droit commun, justice populaire, à qui tout le monde peut se confier. »

Le 4 août, à neuf heures du matin, M. le chancelier, M. le grand référendaire, M. le procureur-général et ses substituts se sont rendus à la conciergerie pour interroger les prévenus.

Dans la même journée, une réunion préparatoire a eu lieu chez M. le duc Decazes. MM. les pairs présens à Paris et les officiers de la cour royale y ont assisté.

Le 18, la chambre s'est réunie en cour de justice.

PREMIÈRE AUDIENCE.

Présidence de M. Pasquier.

L'audience est ouverte à midi. L'assemblée est assez nombreuse. M. Vivien, garde des-sceaux, est seul au banc des ministres, les tribunes publiques sont vides.

M. LE PRÉSIDENT : M. le garde-des-sceaux ?... Aussitôt, M. Vivien monte au bureau de M. le président, et lui remet un papier.

M. LE PRÉSIDENT : Je vais donner lecture à la cour, de l'ordonnance que vient de me remettre M. le garde-des-sceaux.

M. LE PRÉSIDENT donne lecture de l'ordonnance qui convoque la cour des pairs (*Voir page* 4).

La cour se forme aussitôt en audience secrète, et l'audience publique est levée à midi un quart.

Après l'audience publique, la cour des pairs a entendu, dans son réquisitoire, M. le procureur-général nommé par ladite ordonnance.

Sur ce réquisitoire a été rendu l'arrêt dont la teneur suit :

« La cour des pairs,

« Vu l'ordonnance du roi en date du 9 de ce mois;

« Vu l'art. 28 de la charte constitutionnelle;

« Ouï le procureur général du roi en ses dires et réquisitions, et après en avoir délibéré;

« Donne acte au procureur-général du dépôt par lui fait sur le bureau de la cour, d'un réquisitoire renfermant plainte contre les auteurs, fauteurs et complices de l'attentat à la sûreté de l'état, commis à Boulogne-sur-Mer, département du Pas-de-Calais, le 6 de ce mois;

« Ordonne que, par M. le chancelier de France, président de la cour, et par tels de MM. les pairs qu'il lui plaira commettre pour l'assister, le remplacer en cas d'empêchement, il sera sur-le-champ procédé à l'instruction du procès, pour la dite instruction, faite et rapportée, être, par le procureur-général, requis, et par la cour, statué ce qu'il appartiendra;

« Ordonne que dans le cours de ladite instruction les fonctions attribuées à la chambre du conseil par l'art. 128 du code d'instruction criminelle seront remplies par M. le chancelier de France, président de la cour, celui de MM. les pairs commis par lui pour faire le rapport, et MM. de Bellemare, Besson, de Cambacérès, le vicomte de Caux, le comte Dutaillis, le baron Feutrier, le baron Fréteau de Peny, le comte Heudelet, Odier, Rossi, le chevalier Tarbé de Vauxclairs, Villemain, que la cour commet à cet effet; lesquels se conformeront, d'ailleurs, pour le mode de procéder, aux dispositions du Code d'instruction criminelle, et ne pourront délibérer s'ils ne sont au nombre de sept au moins;

« Ordonne que les pièces à conviction, ainsi que les procédures et actes d'instruction déjà faits seront apportés, sans délai, au greffe de la cour;

« Ordonne pareillement que les citations et autres actes du ministère d'huissier seront faits par les huissiers de la chambre;

« Ordonne que le présent arrêt sera exécuté à la diligence du procureur-général du roi.

« Fait et délibéré au palais de la cour des pairs, à Paris, le mardi 18 août 1840, en la chambre du conseil, où siégeait :

« MM. le baron Pasquier, chancelier de France, président;

1. vicomte d'Abancourt. 2. comte Alton-Shée. 3. marquis d'Andigné de la Blanchaye. 4. comte d'Anthouard. 5. comte d'Argout. 6. comte d'Astorg. 7. baron Atthalin. 8. Auberuon. 9. Aubert. 10. comte d'Audenarde. 11. baron Aymard. 12. Barthe. 13. comte Baudrand. 14. comte de Bastard. 15. comte de Beaumont. 16 marquis de Belbeuf. 17. de Bellemare. 18. comte de Béranger. 19. Bertin de Vaux. 20. Besson. 21. marquis de Boissy. 22. comte de Bondy. 23. comte Bourke. 24. duc de Brancas. 25 comte de Breteuil. 26. de Cambacérès. 27. Castries (duc de). 28. vicomte de Caux. 29. vicomte de Cavagnac. 30. vicomte de Chabot. 31. Chevandier. 32. comte Cholet. 33. comte Claparède. 34. comte de Colbert. 35. comte Corbineau. 36 Cordier. 37. marquis de Dampierre. 38. baron Darriule. 39. comte Daru. 40. baron de Daunant. 41. baron Davillier. 42. duc Decazes. 43. comte Dejean. 44. baron Delort. 45. baron Dubreton. 46. baron Dupont-Delporte. 47. comte Durosnel. 48. comte Dutaillis. 49. baron Duval. 50. Etienne. 51. baron Feutrier. 52. duc de la Force. 53. baron Fréteau de Pény. 54 baron de Fréville. 55. Gautier. 56. baron de Gérando. 57. maréchal comte Gérard. 58. comte de Germiny. 59. comte Gilbert de Voisins. 60. baron Girod (de l'Ain). 61. Guiche (marquis de la). 62. vice-amiral Halgan. 63. comte de Ham. 64. comte d'Harcourt. 65. comte Harispe. 66. comte d'Haubersaert. 67. comte de Hédouville. 68. comte Heudelet. 69. vicomte d'Houdetot. 70. Humann. 71. vice-amiral comte Jacob. 72. vicomte de Jessaint. 73 Kératry. 74. comte de Lagrange. 75. comte Lanjuinais. 76. marquis de Laplace. 77. Lebrun. 78. Louvois (marquis de) 79. marquis de Lusignan. 80. Maillard. 81. baron Malouet. 82 duc de Massa. 83. Mérilhou. 84. comte Eugène Merlin. 85. Molé (comte). 86. maréchal comte Molitor. 87. comte de Montalivet. 88. comte de Monthyon. 89. baron Mounier. 90. comte de

Montguyon. 91. baron Neigre. 92. comte de Noé. 93. Odier. 94. comte Pajol. 95. Paturle. 96. comte de Pontécoulant. 97. baron Pelet. 98. Périer. 99. comte Pernety. 100. comte Perregaux. 101. Persil. 102. baron Petit. 103. comte Portalis. 104. duc de Praslin. 105. Reggio (maréchal duc de). 106. de Ricard. 107. comte de Richebourg. 108. marquis de Rochambeau. 109. comte de la Roche-Aymon. 110. comte de la Rochefoucauld. 111. comte Jules de la Rochefoucauld. 112. duc de la Rochefoucauld. 113. comte Roguet. 114. Rossi. 115. comte de Saint-Aignan. 116. baron de Saint-Didier. 117. comte de Sainte-Hermine. 118. comte de Saint-Priest 119. baron de Schonen. 120. comte Philippe de Ségur. 121. vicomte de Ségur-Lamoignon. 122. comte Siméon. 123. vicomte Siméon. 124. chevalier Tarbé de Vauxclairs. 125. baron Teste. 126. baron Thénard. 127. vicomte Tirlet. 128. de Vandeul. 129. baron de Vandeuvre. 130. Viennet. 131. vice-amiral Willaumez. 132. baron Zangiacomi.

« Membres de la cour, assistés de MM. Eugène Cauchy, greffier en chef, et Léon de La Chauvinière, greffier en chef adjoint à la cour. »

En exécution de l'arrêt qui précède, M. le chancelier a délégué pour l'assister dans l'instruction ordonnée par cet arrêt, MM. le duc *Decazes*, le comte *Portalis*, le baron *Girod* (de l'Ain), le maréchal comte GERARD (1), *Persil*.

La liste suivante, publiée par la *Gazette de France*, prouve que les signataires de l'arrêt ne forment que la minorité des membres appelés à siéger dans le procès.

MM. les pairs qui se sont abstenus sont :

1. comte Abrial. 2. duc d'Albuféra. 3. marquis d'Aligre. 4. comte d'Ambrugeal. 5. comte d'Antbouard. 6. marquis d'Aragon. 7. marquis d'Aramon. 8. comte Aubusson de la Feuillade. 9 marquis d'Aux. 10. baron de Barante. 11. marquis Barthélemy. 12. comte Beaudrand. 13. comte de Beaumont. 14. prince de Beauveau. 15 comte Becker. 16. maréchal duc de Bellune. 17. comte de Berenger (Raymond), 18. Bérenger (de la Drôme). 19 baron Berthezène. 20 baron Bignon. 21 marquis de Biron. 22. marquis de Boisgelin. 23 comte Bonet. 24 vicomte Borelli. 25. Bourdeau. 26. comte Bourke. 27. Boyer. 28. comte Bresson. 29. comte de Breteuil. 30. marquis de Brézé. 31. duc de Brissac. 32.

---

(1) La presse entière a cru devoir faire remarquer que de tous les maréchaux M. le comte Gérard est le seul qui se soit présenté au procès. Elle s'est également appesantie, et avec beaucoup de rigueur, sur cette complaisance inouïe qui l'a décidé à se laisser choisir par M. le chancelier pour aider à l'instruction.

baron Brun de Villeret. 33. duc de Cadore. 34. comte de Cafarelli. 35. marquis de Cambis d'Orsan. 36 Cansson. 37 comte de Castellane. 38. comte du Cayla. 39. comte de Cessac. 40. marquis de Chabrillan. 41. marquis de Chanabeilles. 42. comte de Choiseul-Gouffier. 43 comte Compans. 44. maréchal duc de Cassegliano. 45. marquis de Cordoue. 46. comte de Courtavel. 47. Cousin. 48, marquis de Crillon. 49. comte Curial. 50. maréchal duc de Dalmatie. 51. baron de Dounant. 52. comte Davoust. 53. Despans-Cubières. 54. Desroys. 55. vicomte Dubouchage. 56. comte Duchâtel. 57. prince d'Eckmühl. 58. vice-amiral comte Emeriau 59. comte d'Erlon. 60 marquis d'Escagrac de Lanture. 61. Etienne. 62. Felix Faure. 63. duc de Fezensac. 64. comte de Flahault. 65 comte de Gasparin. 66 comte de Gazan. 67. comte de Gramont d'Aster. 68. duc de Gramont-Gaderousse. 69. comte de Greffulhe. 70. baron Grenier. 71. maréchal marquis de Grouchy. 72. comte Gueheneu. 73 vice-amiral Halgan. 74. comte Eugène d'Harcourt. 75. comte Harispe. 76. comte d'Haubersaert. 77. comte d'Haussonville. 76 comte d'Hédouville. 79. comte Herwyn de Nevèle. 80. Humann. 81. Humblot Comté. 82. duc d'Istrie. 83. baron Jacquinot, 84. marquis de Jaucourt. 85. vice-amiral Jurien-Lagravié. 86. comte Klein 87. comte de Laforêts. 88. marquis de Lamoignon. 89. marquis de Laplace. 90. marquis de Lauriston. 91 Lebrun: 92. baron Lombard. 93. marquis de Lusignan. 94. baron Malaret. 95. baron Malouet. 96. comte Marchand. 97. baron de Mareuil. 98. duc de Massa. 99. Mérilhou. 100. maréchal comte Molitor. 101. comte de Monbadon. 102. comte de Montalembert. 103. duc de Montebello. 104. duc de Montmorency. 105. vicomte de Morel-Vindé. 106. duc de Mortemart. 107. baron Mortier. 108. marquis de la Moussaye. 109. comte de Mosbourg. 110. marquis de Mun. 111. duc de Noailles. 112. comte Ornans. 113. Paturle. 114. comte Pelet (de la Lozère). 115 baron Pelet (de la Lozère). 116. de la Pinsonnière. 117. comte de Pontécoulant. 118. duc de Praslin. 119. comte de Preissac. 120. vicomte de Préval. 121. comte de Puységur. 122. comte de Rampon. 123. maréchal duc de Reggio. 124. comte Reille. 125. baron de Reinach. 126. comte de la Riboissière. 127. de Ricard. 128. duc de Richelieu 129 comte de La Rochefoucauld. 130. vice-amiral de Rosamel. 131. Rouillé de Fontaine. 132. vice-amiral baron Roussin. 133. marquis de Rumigny. 134. duc de Sabran. 135. comte de Saint-Cricq. 136. comte de Saint-Priest. 137. marquis de Saint-Simon. 138. comte de Saint-Aulaire. 139. comte de Sainte-Hermine. 140. duc de Saulx-Tavannes. 141. vicomte Schramm. 142. vicomte Sébastiani (Tiburce). 143. Serrurier. 144. comte de Sesmaisons (Donatien). 145. comte de Sparre. 146. marquis de Talaru. 147. maréchal duc de Tarente. 148. comte de Tascher. 149. vicomte Tirlet. 150. comte de Turenne. 151. maréchal Valée. 152. duc de Valentinois. 153. comte de Vaudreuil. 154. baron de Vendeuvre. 155. marquis de Vérac. 156. comte de la Ville-Gontier. 157. vicomte Villiers du

Terrage. 158. Wagram. 159. vice-amiral Willaumez. 160. baron Woirol.

Ainsi 132 pairs ont concouru à la mise en accusation, et 160, sauf les causes d'éloignement forcé, se sont récusés comme juges. Cependant, conformément au § 2 de l'art. 1ᵉʳ de l'ordonnance du 9 août, nul de MM. les pairs ne pouvait s'abstenir *sans justifier d'un empêchement légitime*. Les justifications n'ayant point été faites, que pourrait répondre la cour à la demande de la défense de les produire pour valider l'ordonnance royale et l'arrêt d'accusation ? car la minorité n'a jamais fait règle dans aucune cour souveraine. Voilà donc des accusés en dehors du droit commun. La politique est une étrange chose.

Le *Messager* a annoncé, le 20, dans les termes suivans, le premier des actes de la commission de l'instruction.

« Aujourd'hui à midi, la commission d'instruction de la cour des pairs, composée de M. le chancelier baron Pasquier, de MM. le duc Decazes, le comte Portalis, le baron Girod (de l'Ain), le maréchal comte Gérard et Persil, assistée du greffier de la cour, s'est rendue au Palais-de-Justice, où elle a été reçue par M. le procureur-général Franck-Carré. Le chef du parquet, accompagné de MM. les substituts Boucly et Nouguier, de MM. Zangiacomi et Boulloge, juges d'instruction, a conduit M. le chancelier et MM. les membres de la commission à la prison de la conciergerie, où ils ont procédé immédiatement à l'interrogatoire des accusés. Ce premier interrogatoire a duré jusqu'à cinq heures. »

Cette commission mit tant de zèle dans ses travaux, que bientôt on put lire dans tous les journaux cet avis qui témoigne de son activité :

COUR DES PAIRS.

« Le chancelier de France, président de la cour des pairs, a l'honneur de rappeler à MM. les pairs que la cour se réunira, le mardi 15 de ce mois, à midi précis, dans le lieu ordinaire de ses séances, pour entendre la lecture du rapport de l'instruction ordonnée par arrêt du 18 août dernier.

« Paris, le 7 septembre 1840. »

DEUXIÈME AUDIENCE.

Présidence de M. Pasquier.

La cour s'est réunie à midi pour entendre M. Persil, chargé du rapport de l'instruction. Cette lecture a duré quatre heures. Le procureur-général a ensuite présenté son réquisitoire. Puis la cour a déclaré sa compétence et rendu un arrêt de mise en accusation.

RAPPORT

FAIT AU NOM DE LA COMMISSION D'INSTRUCTION

PAR M. PERSIL (1).

Messieurs,

L'attentat de Strasbourg, qui annonçait dans ses auteurs, avec l'appréciation la plus étrange des sentimens nationaux, autant de présomption que d'imprévoyance, ne semblait pas devoir se renouveler. L'opinion publique en avait fait justice, et l'indignation générale avait remplacé, jusqu'à un certain point, la répression légale qui avait manqué à ce grand crime. L'impunité qui lui fut alors acquise, et qui fit sur le pays une sensation si pénible, tenait à des circonstances assez extraordinaires pour qu'on dût croire que ceux qui en avaient profité, avertis par le danger qui avait plané sur leur tête, sauraient y puiser une salutaire leçon. Cet espoir si naturel ne s'est point réalisé. L'acquittement de Strasbourg est devenu, à leurs yeux, une preuve de la sympathie de toute la population pour la cause napoléonienne ; et lorsque plus tard, le roi eut la noble pensée de restituer à la terre de France les cendres glorieuses de l'Empereur, ils n'ont vu, dans la manifestation de l'enthousiasme excité par les souvenirs d'une époque où se sont opérées de si grandes choses, qu'une occasion de satisfaire, par de coupables moyens, des opinions insensées, et de renverser nos institutions au nom de celui dont le premier titre à la reconnaissance de ses concitoyens fut d'avoir détrôné l'anarchie. Rien ne les a arrêtés : ni les leçons de l'expérience, qui auraient dû les éclairer sur l'impopularité, sur l'isolement et l'abandon universel de leur cause, ni l'état prospère de la France, attachée chaque jour davantage à sa dynastie et au gouvernement qu'elle s'est donné; ni ce refroidissement des passions que le temps et la puissance irrésistible de l'opinion publique ont amené au sein même des partis les plus exaltés. Ils ont tout méconnu, tout attaqué, avec la même présomption et une confiance plus folle, s'il est possible, que celle qui les avait conduits jusque dans les murs de Strasbourg.

(1) Les commissaires étaient M. Pasquier, président de la cour, et MM. Decazes, Portalis, Girod (de l'Ain), le maréchal Gérard et M. Persil, rapporteur.

Nous serions heureux de penser que les difficultés internationales qui préoccupent et inquiètent le monde n'ont pas aussi décidé et précipité leurs coupables projets. Mais que ne peut on pas croire de ceux qui, par une surprise sur Boulogne, avec quelques officiers en retraite pour la plupart, avec quelques hommes sans nom, inconnus à la France, et une trentaine de soldats déguisés en domestiques ou de domestiques déguisés en soldats, ont conçu la pensée de s'emparer de la France, et d'y rétablir, au nom du peuple et de la liberté, sous l'égide d'une renommée trop haut placée pour qu'il soit donné à personne de lui succéder, un système de gouvernement qui nous a fait, il est vrai, recueillir d'amples moissons de gloire, mais que ne signalaient à notre reconnaissance ni un ardent amour de la liberté et de l'égalité, ni un profond respect pour les droits des citoyens! D'autres temps, d'autres besoins : ce qui pouvait être un bien, ce qui a pu être commandé par une inexorable nécessité dans les premières années du 19e siècle, alors que les dissensions intérieures et le fardeau de la plus vaste guerre qui se soit jamais soutenue accablaient le pays, serait aujourd'hui un insoutenable anachronisme. La civilisation est en progrès, et sa marche veut être éclairée par la liberté, par le respect des droits de tous et par des institutions qui rendent impossibles l'arbitraires et l'absolutisme. Aussi, voyez comment a été reçue cette criminelle attaque sur Boulogne. Les conjurés ont été arrêtés par ceux qu'ils allaient séduire : dans ces militaires, dans ces gardes nationaux, que leur présomptueuse confiance croyaient d'avance gagnés à leur cause, ils n'ont trouvé que des défenseurs de l'ordre établi. La leçon puisse-t-elle enfin être comprise! Elle le sera, car l'heure de la justice est arrivée. Vous devez, Messieurs, en être les organes, et c'est pour préparer vos décisions que nous venons vous rendre compte des résultats de l'instruction dont M. le chancelier nous a appelés à partager avec lui la tâche laborieuse.

Une des premières réponses du principal inculpé, Louis Bonaparte, à l'interrogatoire que lui a fait subir M. le chancelier, assisté de la commission d'instruction, nous a tout d'abord reportés à l'origine, à la première pensée, aux premiers préparatifs de l'attentat.

« Il n'y a guère, a-t-il dit, qu'un an ou dix-huit mois que j'ai
« recommencé d'entretenir en France des intelligences. Tant que
« j'ai cru que l'honneur me défendait de rien entreprendre contre
« le gouvernement, je suis resté tranquille. Mais lorsqu'on m'a
« persécuté en Suisse, sous prétexte que je conspirais, ce qui était
« faux alors, j'ai recommencé à m'occuper de mes anciens pro-
« jets (1). »

Vous allez juger si cette réponse est complètement exacte. A peine Louis Bonaparte, de retour des États Unis, où la clémence la plus généreuse l'avait fait transporter, débarquait à Londres,

---

(1) Interrogatoire du prince Louis, du 19 août.

il faisait imprimer et distribuer, avec le concours de Persigny, toujours son complice, une brochure destinée à l'apologie de lattentat de Strasbourg, en montrant la possibilité de sa réussite e't les chances de ses succès ultérieurs. C'était la première édition de l'écrit de Laity, que vous avez condamné au mois de juin 1838.

Dès le mois de février précédent, Louis Bonaparte s'adressait au commandant Mésonan, que le ministre venait de faire passer à la retraite; il voulait mettre à profit le mécontentement de cet officier, publiquement exhalé jusque dans les journaux (1). A cette époque, il n'était pas encore rentré en Suisse, et le gouvernement n'avait pas pu demander son expulsion : il ne s'y décida que long-temps après la révélation des menées auxquelles Louis Bonaparte continuait à se livrer dans cet état voisin de la France. L'échec de Strasbourg ne l'avait pas déconcerté. Aussitôt après son retour en Europe, il ne négligea rien pour renouer les fils de ses criminelles trames, et il recommença à s'occuper de ses anciens projets dans un temps où l'honneur, pour nous servir de ses propres expressions, lui aurait défendu de rien entreprendre. Ce n'est pas ainsi que s'était conduit celui dont les conjurés essayaient de faire revivre le nom et l'autorité. Deux fois, en 1814 et 1815, se retirant derrière la Loire, il aurait peut-être pu défendre sa couronne impériale ; deux fois il recula devant la guerre civile, et aima mieux, après une abdication volontaire, livrer sa personne aux ennemis qu'il avait combattus si long-temps.

Les préparatifs de ce nouvel attentat sont les mêmes que ceux employés pour celui de Strasbourg : cela ne surprendra personne, car ce n'est qu'un autre essai, une seconde épreuve d'un seul et même projet, repris et continué en dépit des mauvais succès de la première tentative. La presse quotidienne est le moyen le plus efficace de disposer les esprits ; dans nos temps modernes, c'est le commencement obligé de toute entreprise qui doit les remuer puissamment. On lui demandera donc d'attaquer, d'abaisser tout ce qui est, pour élever ce qu'on veut mettre à la place : on lui demandera de servir d'intermédiaire aux partis dont on veut amener la coalition contre le pouvoir. Tous les autres genres de publication seront aussi appelés ou admis; on en attendra d'autant plus d'appui que les idées pourront y être plus

---

(1) Extrait de l'interrogatoire de Mésonan, du 20 août :
D. Depuis combien de temps êtes vous en relation avec Louis Bonaparte ? — R. Depuis deux ans et demi environ : à cette époque, je fus mis en retraite. Froissé dans mes intérêts, j'écrivis au ministre de la guerre, qui m'avait mis à la retraite d'office, des lettres un peu sévères qui furent insérées dans le *Courrier français*, et dans d'autres journaux. Le prince m'écrivit à ce sujet d'Arenenberg, *au mois de février* 1838, *autant que je puisse croire*, pour me complimenter. Je ne le connaissais pas avant ce temps-là et je ne l'avais jamais vu. Je ne l'ai vu que plus tard, et lorsqu'il était en Angleterre, il y a environ un an ou 15 mois.

développées, et on recourra aux plus petits formats, parce qu'ils se transportent communément et passent avec plus de rapidité d'une main dans une autre. Toutes les précautions seront d'ailleurs prises pour faire arriver les journaux et les pamphlets partout où l'on espère trouver des adeptes. Viendront ensuite les émissaires chargés de parcourir les départemens et de s'arrêter dans les villes de garnison ; car c'est surtout par l'armée que Louis Bonaparte veut arriver. Les instructions des messagers de désordre, des entrepreneurs de guerres civiles et de révolutions sont toujours et partout les mêmes. Ceux auxquels on aura recours devront profiter des mécontentemens qu'il leur sera loisible d'exciter ou de faire naître ; ils iront au-devant des hommes que les factieux de tous les temps appellent les victimes de l'arbitraire et de la tyrannie : aux soldats, ils offriront des hautepaies et des décorations; aux sous-officiers, de l'avancement ; à l'officier supérieur, que l'inflexibilité de la règle a placé dans la retraite avant qu'il ait perdu toute sa vigueur, on promettra de lui rendre cette activité dont il déplore la perte; on ira enfin, en attendant le moment décisif, jusqu'à recueillir, en les gardant dans une espèce de dépôt, ou même en les plaçant dans la domesticité, les anciens militaires que le désordre ou le malheur aurait réduits à accepter cette pénible dépendance.

Tel est, Messieurs, le résumé des points généraux recueillis par l'instruction en ce qui touche les préparatifs de l'attentat. Permettez-nous de faire passer sous vos yeux les détails et les preuves.

Dans l'interrogatoire dont nous avons déjà parlé, et que Louis Bonaparte a subi devant M. le chancelier, assisté de la commission d'instruction, il n'a pas hésité à reconnaître « qu'il avait dépensé beaucoup d'argent pour fonder et soutenir en France quelques journaux; » il a refusé de faire connaître ces journaux, le chiffre de ces dépenses, les personnes avec lesquelles il corespondait; mais sa discrétion n'excitera que de faibles regrets en présence de l'importante révélation que l'instruction a amenée.

Quelques imputations adressées par un journal du département du Nord au sieur Crouy-Chanel avaient provoqué de sa part une réclamation que vous avez pu lire dans le *Courrier français* du 23 août dernier. Crouy-Chanel était accusé d'avoir reçu du prince Louis une somme de 250,000 fr. pour un usage criminel. Après avoir repoussé cette assertion comme une outrageante calomnie, Crouy-Chanel ajoutait : « Jamais le prince ne m'a compté *une somme égale* à celle dont il s'agit. » D'où le *Courrier* tirait cette conséquence que Crouy-Chanel convenait d'une manière implicite qu'il n'avait pas les mains *entièrement nettes.*

La publicité de cette polémique traçait à l'instruction la marche qu'elle avait à suivre. Un mandat de comparution délivré contre Crouy-Chanel l'amena devant M. le chancelier. Il déclara qu'en 1839, époque de la fondation du journal le *Capitole*, il avait reçu de Louis Bonaparte une somme de 140 mille francs, qu'il avait employée à ce journal ou pour *différentes commissions très avouables*; que leurs relations avaient duré trois mois, depuis le mois de juin 1839 jusqu'au mois d'octobre ou de novembre suivant; que, depuis, leurs rapports avaient entièrement cessé; que, s'il avait fait un voyage à Londres dans ces derniers temps, il n'y avait pas vu Louis Bonaparte

Celui-ci, interrogé à son tour sur cet incident, le 26 août dernier, a confirmé les déclarations de Crouy-Chanel, d'une part, en ce qui concerne l'envoi de sommes d'argent destinées et employées par ce dernier à la publication du *Capitole*; d'autre part, en ce qui touche la cessation de leurs rapports, vers la fin de 1839 mais, à la différence de Crouy-Chanel, il les a fait remonter aux mois de juin et d'août 1838. peu après la publication de la brochure de Laity. Crouy-Chanel, qui le vint voir en Suisse, lui avait, dès cette époque, proposé de contribuer à la fondation d'un journal. Cette proposition, qu'il n'accepta pas alors, fut reprise plus tard, et elle a eu pour résultat la création du *Capitole*. Rien, dans le cours de l'instruction, n'est venu démentir, en ce qui concerne l'épisode de ses relations avec Crouy-Chanel, les assertions de Louis Bonaparte, et elles sont, ainsi qu'on doit le remarquer, conformes à celles de Crouy Chanel. Celui-ci avait été déjà arrêté pour ses rapports avec Louis Bonaparte et pour d'autres intrigues politiques; mais toute la procédure à laquelle les poursuites entamées contre lui ont donné lieu n'a abouti qu'à une ordonnance de non-lieu. Toutefois, une correspondance volumineuse avait été saisie à son domicile; ne pouvait-elle pas mettre sur la voie des préparatifs de l'attentat de Boulogne, et faire connaître quelques-uns de ceux qui y avaient contribué? M. le chancelier a ordonné l'apport au greffe de la cour du dossier où cette procédure était renfermée. La commission l'a soigneusement compulsée, et il est ressorti de son travail que les manœuvres auxquelles s'était livré Crouy Chanel, et dont la plus grande partie se rapportaient en effet à Louis Bonaparte, avaient pris fin dès le mois de novembre 1839, et que leurs rapports avaient entièrement cessé à partir de cette époque. Quoi qu'on puisse penser de la nature des desseins que Crouy-Chanel nourrissait pendant tout le temps qu'ont duré ces intrigues, il est donc impossible d'en tirer la conséquence qu'il ait connu la résolution d'agir exécutée sur Boulogne, ni qu'il y ait concouru en aucune manière

Mais n'a-t-il pas été au moins pour quelque chose dans le choix des hommes et des moyens qui y ont été employés? Sur la demande adressée à Louis Bonaparte par M. le chancelier, et qui était ainsi conçue: « Il est probable que Crouy-Chanel a pu con-
« tribuer à vous donner sur les hommes et sur les choses des
« notions extrêmement fausses et qui ont pu influer sur les pro-
« jets que vous avez réalisés dernièrement (1), » voici ce qu'il a

(1) Interrogatoire du 26 août.

répondu : « Il n'a eu aucune influence sur mes projets, parce « que j'avais très peu de confiance en son jugement. »

Il n'est donc résulté de l'examen le plus approfondi des rapports de Louis Bonaparte avec Crouy-Chanel, qu'une démonstration plus complète de sa longue préméditation de l'attentat qui a éclaté à Boulogne et de sa persévérance à rechercher tout ce qui pouvait lui en faciliter l'accomplissement, alors même qu'il n'était pas encore fixé sur les moyens de le commettre, ni sur le lieu où il devait l'entreprendre.

Nous avons déjà dit que Louis Bonaparte ne s'était pas borné à préparer son avènement par la presse quotidienne; il y voulut joindre en effet, outre sa biographie destinée à révéler les espérances attachées à la descendance cadette de l'empereur Napoléon, de petites brochures qui, répandues avec profusion dans le public, et surtout jetées adroitement dans les villes de garnison et dans les casernes, y pourraient, il s'en flattait du moins, populariser son nom et le lier indissolublement à celui de l'Empereur.

Vous vous rappelez l'écrit distribué à Londres sous le nom de Persigny, et à Paris sous celui de Laity. Il est trop connu de la cour pour qu'il soit nécessaire d'en redire le dangereux esprit; il était destiné à réhabiliter le coup de main de Strasbourg, à exalter la cause de Louis Bonaparte, à tromper par de fausses espérances ceux qui pourraient être tentés de s'y associer, à lui créer enfin en tous lieux de nouveaux et crédules prosélytes. Voilà à quels caractères la cour des pairs y reconnut une attaque contre le principe et la forme du gouvernement, une provocation à son renversement. Votre prévoyance avait déjà signalé les nouveaux projets que commençait à accomplir Louis Bonaparte.

D'autres brochures avaient la même destination : c'étaient les *Idées napoléoniennes*, par Louis-Napoléon, et les *Lettres de Londres*. Tous ces écrits respirent les mêmes prétentions et tendent aux mêmes efforts pour lui créer des partisans et pour les ranger activement sous sa bannière.

Toutes les mesures étaient prises, toutes les précautions employées pour répandre utilement ces écrits séditieux et les faire parvenir entre les mains de nos populations. On choisissait de préférence les contrées où se trouvaient d'anciens militaires, tous naturellement remplis des merveilleux souvenirs de l'Empire et les dépôts de nos jeunes soldats, toujours disposés à écouter avec avidité les récits presque fabuleux, malgré leur réalité, de notre vieille gloire militaire.

Entre autres preuves recueillies à cet égard par l'instruction, en voici une qui ne laissera aucun doute dans vos esprits.

Le 24 juin dernier, un individu nommé Ausias avait abordé, dans une des rues de Lille, un grenadier du 46° régiment de ligne, en garnison dans cette ville : sous le prétexte de traiter un compatriote, il l'avait amené dans un cabaret où il lui donna deux exemplaires des *Lettres de Londres*. Il en laissa une dixaine au cabaretier, en l'invitant à les distribuer. Encouragé par le succès, Ausias se présenta le lendemain à la caserne, qu'il demanda à visiter. En ayant obtenu la permission, il pénétra dans une chambre où des grenadiers étaient réunis ; il se mettait en devoir de renouveler son audacieux embauchage, lorsqu'il fut arrêté en flagrant délit, et livré à l'autorité judiciaire.

D'autres émissaires, placés dans une situation sociale plus élevée, s'étaient aussi chargés de la distribution de ces écrits. Nous pourrions citer le commandant Mésonan, le commandant Parquin, etc. Mais ceux-ci avaient une autre mission, plus en rapport avec les relations qu'ils avaient le moyen d'entretenir ; ils devaient voir les personnes sur lesquelles ils se flattaient d'exercer quelque influence ; ils devaient leur faire les propositions les plus séduisantes, ne rien négliger enfin pour les enrôler définitivement sous les drapeaux du parti.

L'instruction n'a pas, sans doute, fait connaître tous ces embaucheurs si zélés, mais elle a nommé les principaux : ce sont les inculpés Parquin, Lombard, Persigny, d'Almbert, Bataille, Mésonan, Forestier.

Ce n'est pas ici le lieu de faire connaître les faits particuliers d'embauchage de chacun de ces inculpés ; cette partie de la prévention trouvera mieux sa place lorsque nous nous livrerons à l'examen de toutes les charges qui pèsent sur chacun d'eux ; mais nous ne laisserons pas échapper l'occasion de vous rendre compte, dès à présent, de deux incidens qui confirment tout ce que nous venons de vous exposer, relativement au zèle avec lequel on tentait de faire des prosélytes à la cause de Louis Bonaparte.

L'inculpé Parquin, depuis que le prince était de retour des Etats-Unis, n'avait presque pas eu d'autre demeure que celle de ce dernier, dont il se disait l'aide-de camp. Toujours à ses ordres, il était sans cesse en mission dans les intérêts de la cause qu'il servait aveuglement. Peu de jours avant l'attaque tentée sur Boulogne, il était encore à Paris : vous devinez ce qu'il y faisait. Les anciens soldats de l'Empire, pauvres et tombés dans le malheur, lui étaient spécialement recommandés. Il les recherchait, il les envoyait à Londres sous des prétextes qu'on voudrait pouvoir ne traiter que de frivoles, mais qui trop souvent ont été bien peu honorables.

C'est ainsi qu'il embaucha le nommé Brigaud et le capitaine Desjardins, qu'on a retrouvé ensuite parmi les conjurés.

L'instruction n'a pas fait connaître, dans toute leur étendue, les menées auxquelles s'étaient livrés, pendant leurs fréquens voyages en France, les inculpés Lombard et Persigny. Tout porte à croire que la trahison du lieutenant du 42e, Aladenize, a été l'ouvrage de d'Almbert, ou de Bataille et de Forestier ; mais c'est surtout sur l'incident relatif au commandant Mésonan que nous devons fixer votre attention. Il ne s'agit plus là de quelques soldats isolés, rattachés à la cause qu'on leur fait embrasser par la misère, le désœuvrement, ou par la ruse de quelque adroit embaucheur; c'est jusqu'aux chefs que Mésonan élève ses vues ambitieuses: s'il se peut qu'il parvienne à séduire le maréchal-de-camp commandant le département du Nord, ne lui serait-il pas dès-lors permis de se croire maître de la frontière et de la côte où doit s'opérer le débarquement ? les nombreuses garnisons qui sont placées sous les ordres de cet officier-général ne suivront-elles pas infailliblement son exemple ?

M. le chancelier a interrogé Mésonan sur cette si téméraire, si incroyable entreprise. Il lui a demandé si, dans les tournées qu'il convenait avoir faites dans les départemens du Nord, il n'avait pas adressé à quelques officiers-généraux des ouvertures de la part de Louis Bonaparte ; si, notamment, il n'avait pas montré à un général une lettre qu'il disait venir de lui? Voici sa réponse textuelle (1) :

« Non, Monsieur, j'ai causé longuement politique avec un gé-
« néral ; il m'a ouvert son cœur, qui était froissé par quelques
« promotions qui avaient eu lieu ; il s'est même exprimé à ce
« sujet avec beaucoup de chaleur. Je ne lui ai pas caché que j'al-
« lais en Angleterre, que j'y verrais le prince, mais je ne lui ai
« fait aucune ouverture de la part du prince. »

M. le chancelier a demandé à Mésonan quel était ce général, et il a répondu : « C'est le général Magnan. »

Les devoirs de votre commission d'instruction étaient tracés par cette réponse. M. le chancelier a fait citer le maréchal-de-camp Magnan. Il l'a entendu, et c'est sa déposition entière qui doit passer sous vos yeux. Nous la ferons suivre du nouvel interrogatoire que Mésonan a dû subir en présence du témoin.

Voici la déposition du général :

« A la fin de mars 1840, je fus informé, par le préfet du Nord, qu'un sieur Lombard, ex-chirurgien aide-major, et compromis dans les évènemens de Strasbourg, était à Lille ; qu'il y était en rapport avec quelques officiers de la garnison. Je ne nommerai pas ces officiers ni les régimens auxquels ils appartiennent : le roi, informé par M. Le ministre de la guerre et par moi de leur étourderie, les a couverts de son indulgence. Ces officiers avaient été signalés par moi au ministre de la guerre, le 20 mars 1840, comme plus étourdis que coupables. J'avais été assez heureux pour prévenir, et je n'avais pas voulu me réserver le droit de punir.

« Le 4 avril 1840, j'avais l'honneur de rendre compte à M. le ministre de la guerre que l'ex commandant Parquin, un des principaux acteurs dans les évènemens de Strasbourg, était arrivé à Lille. Je lui disais : « Ainsi, Lombard n'est pas plus tôt parti
« que Parquin arrive. Je suis sans aucune inquiétude, quoi qu'il
« fasse ou qu'il tente ; toutefois, pour remplir mes devoirs, j'ai
« réuni MM. les officiers de la garnison de Lille, et, bien que
« leur loyauté et leur dévoûment me fussent connus, il était de

(1) Interrogatoire du 28 août.

« mon devoir de leur signaler la présence de Parquin dans nos
« murs. » Le commandant Parquin ne resta que vingt-quatre
heures à Lille, et partit. Il avait été au spectacle, la veille; je l'y
vis. Il entra dans la loge occupée par un chef d'escadron de cuirassiers, le commandant Granger; qui aussitôt quitta sa loge et
alla ailleurs.

« Vers la même époque et au mois de février, autant que je me
le rappelle, le commandant Mésonan arriva à Lille; il se présenta
chez un ancien ami à lui, le chef d'escadron Cabour-Dubay, attaché
à l'état-major de la division; il fut aussi chez le colonel du 60e
régiment à Lille, un de ses amis. Ce colonel lui dit : « Je ne puis
« pas te donner à dîner, parce que je dîne chez le général Ma-
« gnan. Le connais-tu? Va le voir; il t'invitera sans doute à
« dîner, et nous nous trouverons ensemble. » Le commandant
Mésonan se présenta chez moi. Je l'avais connu à Brest, en
1829, aide-de-camp du lieutenant-général comte Bourke,
inspecteur général du régiment que je commandais alors. J'avais conservé une grande reconnaissance à M. le comte Bourke
pour ses bontés pour moi et mon régiment, comme inspecteur général; j'avais pour son aide-de-camp beaucoup de bienveillance.
Je ne l'avais pas vu depuis 1829; j'étais heureux de le revoir. Je
l'invitai à dîner; il accepta. Il dîna chez moi avec M. le lieutenant-général comte Corbineau, le vicomte de Saint-Aignan, préfet du Nord, le colonel du 60e de ligne et plusieurs officiers
supérieurs de la garnison. Après le dîner, dans mon salon et en
présence de tout le monde, je demandai au commandant Mésonan
ce qui l'amenait à Lille et où il allait. Il me répondit qu'il allait
à Gand voir d'anciens amis qu'il y avait faits en 1809, me demanda des renseignemens sur quelques personnes de cette ville
où j'avais eu mon quartier général comme commandant de la division des Flandres, alors que j'étais en mission en Belgique. Je
les lui donnai. Il me dit aussi qu'il irait à Bruxelles voir un ancien négociant, son compagnon de captivité en Angleterre. Je
le présentai à M. le lieutenant-général commandant la division
et au préfet. Les parties de wist s'organisèrent, et je ne parlai
plus à Mésonan, qui se retira avec toute la société.

« Le lendemain, Mésonan vint chez moi. Il fut introduit dans
mon cabinet par mon aide-de-camp; il me parla de sa mise à la
retraite au moment où, disait-il, on lui avait promis de l'avancement et le grade de lieutenant-colonel. Il me parla des services
qu'il avait rendus à Paris, en 1830, au moment de la révolution
de juillet, où il devint aide-de-camp du général Maurin, commandant la 1re division; il m'entretint très-longuement de ses
services à Lyon sous M. le lieutenant général Aymar, au moment
où éclata le mouvement républicain dans cette ville. Je vis en lui
un homme mécontent; mais il ne me parla nullement de sa liaison avec le prince Louis. Il me remit une petite brochure insérée dans le temps dans le journal le *Courrier de l'Europe*, et qui
était l'expression de son mécontentement et de ses plaintes. Je

jetai la brochure sur mon bureau, et lui dis que j'avais lu tout cela dans les journaux, étant en Belgique ; j'ajoutai : Si vous voulez, mon cher Mésonan ; que je vous donne toute mon opinion sur cette affaire, je vous dirai que je vous ai blâmé en Belgique et que je vous blâme encore. Vous êtes garçon, vous n'avez pas de charges, pas d'enfans ; vous avez un peu de fortune, vous êtes trop heureux d'être à la retraite. Qu'auriez vous gagné à être lieutenant-colonel ? 50 ou 60 francs de pension de plus.

« Mésonan me quitta ; il revint plusieurs fois à Lille, se présenta chez moi, ne me trouva pas, parce que j'étais en inspection trimestrielle. Cependant ces allées et ces venues me parurent suspectes ; je demandai au commandant Cabour ce que faisait sans cesse à Lille M. Mésonan ; le commandant Cabour me répondit que c'était pour une femme, et je le crus. Cependant, dans les derniers jours de juin, le commandant Mésonan revint encore à Lille, vint de nouveau me voir, et, de nouveau je l'invitai à dîner. Je lui en fixai le jour, dont je ne me souviens plus ; c'était je crois, le 22 ou 23 juillet. Pour le même jour, j'avais invité M. le capitaine Gueurel, du 50ᵉ de ligne, qui était venu à Lille déposer dans une affaire du conseil de guerre. Ces deux messieurs, ma femme et moi, nous fûmes tous les quatre ensemble, après le dîner, nous promener sur l'esplanade ; je les quittai ainsi que ma femme, sur les 8 heures, et pris congé du capitaine Gueurel et de M. Mésonan, qui partaient tous les deux le lendemain. Sur l'esplanade, en me quittant, Mésonan me donna un petit livre en me priant de le lire ; je crus que c'était encore l'affaire de sa polémique ; je le mis dans ma poche et fus à la préfecture.

« Le lendemain de ce dîner, Mésonan, que je croyais parti, entra dans mon cabinet après s'être fait annoncer comme de coutume par mon aide-de-camp ; je lui trouvai un air embarrassé ; je lui demandai comment il n'était pas parti. Il me répondit qu'il avait une lettre à me remettre —Et de qui?—Lisez, mon général. Il me remit cette lettre, qui avait pour souscription : *A M. le commandant Mésonan*. Je la lui rendis en disant : Vous vous trompez, monsieur, elle est pour vous, et non pas pour moi. Il me répondit : Non, elle est pour vous. J'ouvris la lettre, et je lus les premières phrases que je crois pouvoir me rappeler parfaitement :
« Mon cher commandant, il est important que vous voyiez de suite
« le général en question ; vous savez que c'est un homme d'exé-
« cution, et que j'ai noté comme devant être un jour maréchal de
« France. Vous lui offrirez 100,000 fr. de ma part, et 300,000 fr.
que je déposerai chez un banquier, à son choix, à Paris, dans le cas où il viendrait à perdre son commandement. » Je m'arrêtai, l'indignation me gagnant, je tournai le feuillet et vis que la lettre était signée *Napoléon Louis*. Je remis la lettre au commandant, en disant que je croyais lui avoir inspiré assez d'estime pour qu'il n'osât pas me faire une pareille proposition ; que ma devise était : *Fais ce que dois, advienne que pourra* ; que jamais je n'avais

rahi mes sermens, même en 1815, n'ayant pas voulu servir la première restauration, étant devenu clerc de notaire, de capitaine de la garde impériale et d'officier de la Légion-d'Honneur ; que mon culte pour la mémoire de l'Empereur ne me ferait jamais trahir mes sermens ; que lui, Mésonan, était fou de se mettre du parti du neveu ; que c'était un parti ridicule et perdu.

« J'ajoutai : et quand je serais assez lâche, assez misérable pour accepter les 400,000 fr. du prince, je les lui volerais ; car, si demain je me présentais devant la garnison de Lille pour lui parler un autre langage que celui de la fidélité aux devoirs et aux sermens, le dernier des caporaux me mettrait la main sur le collet et m'arrêterait, tant l'armée a le sentiment du devoir et de l'honneur. Je dis à Mésonan : Je devrais vous faire arrêter et envoyer votre lettre à Paris ; mais il est indigne de moi de dénoncer l'homme que j'ai reçu chez moi, que j'ai reçu à ma table ; je ne le ferai pas. Sauvez-vous, il en est temps encore, conservez, en renonçant à ces projets, l'estime de vos camarades, et que l'armée ignore ce que vous avez voulu tenter. Mésonan voulut répliquer ; j'ouvris la porte de mon cabinet et le mis dehors en lui disant : Allez vous faire pendre ailleurs. En le congédiant, je lui promis que s'il partait de Lille, s'il ne n'y revenait pas, je ne donnerais aucune suite à ses infâmes propositions. L'affaire m'était personnelle, je ne pouvais agir autrement que si un de mes subordonnés était venu me porter plainte en subornation contre Mésonan. Mésonan me dit qu'il partait le soir et qu'il ne reviendrait plus.

« Après son départ, je me rappelai le livre qu'il m'avait donné la veille ; je le demandai à mon domestique, car il était resté dans ma poche, et je vis que ce livre était intitulé *Lettres de Londres*. Je fis venir le colonel St-Paer, du 4e cuirassiers, à qui je le remis, avec invitation de s'assurer si, dans son régiment, on n'en avait pas répandu de pareils, et de le faire passer à MM. les colonels dans le même but. Cet ouvrage avait été répandu dès la veille, en effet, dans la caserne du 46e de ligne. Le lieutenant-colonel Salleyx, qui commandait ce régiment par intérim, vint m'en rendre compte ; je lui en demandai un rapport que j'adressai, le 27 juin, au ministre de la guerre.

« Le même jour, 26 juin, j'écrivis aux treize commandans de place sous mes ordres, pour les prévenir contre les embaucheurs bonapartistes.

« Les premières communications que j'avais faites à M le ministre de la guerre, sur les tentatives de Lombard et de Parquin, avaient paru, de ma part, ridicules et puériles, tant on attachait peu d'importance à ces menées. M. le colonel baron de Varennes, chef d'état-major de la division, arrivant de Paris, m'avait dit que j'avais paru trop préoccupé de folies.

« Mon devoir exigeait plus encore : il importait que je visse mes troupes. Je pris le conseil de révision que j'avais donné à M. le colonel Paillon, et j'accompagnai M. le préfet du Nord. Je lui communiquai, en voyageant avec lui, tous les détails de mon entrevue avec Mésonan. Le préfet me demanda l'autorisation d'en prévenir le ministre de l'intérieur, et j'y consentis. Ainsi le gouvernement fut averti, non par moi, il est vrai, mais par le préfet du Nord, avec mon autorisation. A mon retour, mon aide-de-camp m'avertit que Mésonan était venu chez moi en mon absence, se plaignant de ce qu'il était surveillé. Je dis de suite à mon aide-de-camp tout ce qui s'était passé entre Mésonan et moi ; mon indignation était grande, je défendis à mon aide-de-camp, si Mésonan se présentait chez moi de le laisser entrer. Je le consignai à mon planton et à mon domestique. Au même instant, j'appelai le commandant de la gendarmerie, je lui signalai Mésonan comme l'agent du prince Louis, et lui donnai l'ordre de le rechercher et de le faire arrêter. Je fus moi-même chez le procureur du roi lui signaler Mésonan, et j'eus l'honneur d'écrire au ministre de la guerre, le 5 juillet, c'est-à-dire le même jour.

J'étais à peine rentré chez moi et assis dans mon cabinet, que Mésonan, sans se faire annoncer par mon aide-de-camp, sans se faire connaître au planton, entra furtivement dans mon cabinet ; je me levai, marchai à lui et lui dis : « Vous ne renverserez pas le gouvernement, mais vous perdrez la tête, ou plutôt vous l'avez déjà perdue. Vous êtes fou ; sortez, partez, la gendarmerie vous cherche, sauvez-vous. D'ami que j'étais pour vous, je deviens votre ennemi ; vous voulez renverser le gouvernement que j'ai juré de défendre, séparons-nous. » Il sortit et je ne le revis plus. »

Aussitôt après avoir reçu cette importante déclaration, M. le chancelier se transporta à la Conciergerie Il fit amener devant lui le prévenu Mésonan, et l'interrogea ainsi qu'il suit, en présence de M. le général Magnan.

Nous citons textuellement.

« D. Connaissez-vous la personne ici présente ?

« R. C'est M. le général Magnan.

Sur notre interpellation, le témoin déclare qu'il reconnaît le prévenu : « C'est, dit-il, M. le comte Mésonan. «

« D. au prévenu. — Vous allez entendre la lecture de la déclaration qui vient d'être faite par M. le général Magnan en ce qui vous concerne personnellement.

« Cette lecture faite, nous demandons au prévenu : « Qu'avez-vous à dire ? »

« R. Ceci n'est pas tout-à-fait exact. Je ne veux rien ôter au général du mérite qu'il a ou qu'il se donne. J'ai bien fait au général quelques confidences ; je lui ai parlé de mes projets de voyages ; le général m'a donné des conseils, il a montré de très bons sentimens, cela est vrai : je ne veux rien dire contre ; mais il n'est pas exact de dire qu'il m'ait jeté à la porte. On me représente comme ayant voulu m'introduire chez le général malgré lui, comme ayant forcé sa consigne ; tout cela n'est pas. En supposant que j'eusse dit quelque chose au général, je me serais acquitté d'une commission ; je n'ai cherché à exercer sur lui aucune influence ; je le laissai le maître de ce qu'il voulait faire ou ne pas faire.

« D. Vous ne vous êtes pas expliqué d'une manière suffisamment catégorique sur le fait le plus important, qui résulte de la déposition du général, sur cette lettre que vous lui auriez remise et qui contenait l'offre d'une somme d'argent considérable, et qui disait de plus qu'il était noté pour être un jour maréchal de France.

« R. Ce n'était pas à moi à faire de semblables propositions au général ; je n'avais pas qualité pour cela.

« D. Vous ne répondez pas à ma question : avez vous remis ou non une lettre au témoin ?

« R. Il est bien possible que j'aie fait lire une lettre au général, mais elle ne contenait rien de semblable à ce que vous venez de dire.

« Au témoin :

« Persistez-vous dans la déclaration que vous avez faite, et dont il vient d'être donné lecture au prévenu ?

« Je persiste à dire que le commandant Mésonan m'a remis une lettre portant pour suscription : A *M. le commandant Mésonan*, et contenant les phrases que j'ai citées dans ma déposition. J'ajouterai que le mot *mis à la porte* m'est échappé en dictant ma déclaration. Ce mot est un peu dur ; je me suis servi d'une expression plus polie. Si ce mot a blessé le commandant, j'en suis fâché ; mais il est homme d'honneur ; il doit se souvenir que chez moi je lui ai pris les mains, le suppliant avec les plus vives instances de renoncer à ses projets.

« Le prévenu dit : Oui, cela est vrai.

« Au prévenu :

« D. Vous avez entendu que le général maintient sa déclaration relativement à la lettre que vous lui auriez remise, et qui contenait les propositions dont je vous ai parlé ?

« R. Je ne me rappelle pas cela.

D. Je vous fais remarquer qu'il est impossible que vous ne vous rappelliez pas un fait de cette nature : votre réponse équivaut à un aveu.

« R. Demandez au prince si j'ai jamais eu une lettre semblable ; il ne m'appartient pas de faire de telles propositions. J'aurais tout au plus été un intermédiaire dans cette affaire, en admettant que j'aie fait quelque chose.

« D. Vous venez de dire que vous ne vous rappeliez pas le fait sur lequel je vous ai interpellé ; je vous ai fait remarquer que ce manque de mémoire était tout-à-fait invraisemblable : avant cela, vous avez dit que vous aviez peut-être montré quelque lettre au témoin ; de quelle lettre entendez-vous parler ?

« R. Je n'en sais rien : quelque lettre peut-être relative à ce qui me concernait, parce que je suis assez communicatif pour mes affaires.

« D. Remarquez que vous êtes d'accord avec le général sur les confidences que vous lui auriez faites de vos projets, sur les sages conseils qu'il vous aurait donnés ; et, à côté de cela, vous voudriez faire croire que le général aurait inventé le fait de la remise de cette lettre dont je vous ai parlé ?

« R. J'ai dit au général que le prince avait des accointances avec des personnes haut placées dans le gouvernement, qui devaient l'avertir du moment où il faudrait qu'il vînt en France. Le général a blâmé cela ; disant que quand on servait un gouvernement, il fallait le faire avec honneur. Après cela, il est possible que j'aie montré au général des lettres du prince ; j'en avais, j'étais en correspondance avec lui, cela est certain ; mais je ne me souviens pas du fait. Je rends justice au général ; mais je suis fâché qu'il me charge et veuille m'accabler.

« Nous faisons retirer le témoin, et nous interpellons le prévenu ainsi qu'il suit :

« D Comment voulez-vous que j'ajoute foi à ce que vous dites, quand je rapproche votre déclaration de ce que vous avez dit dans un précédent interrogatoire, de la disposition d'esprit dans laquelle vous aviez trouvé le général, du mécontentement que vous prétendez qu'il aurait éprouvé de certaines promotions qui avaient été faites, de l'amertume avec laquelle il s'en serait exprimé devant vous et avec vous ?

« R. Il est bien vrai que le général m'a parlé avec amertume de quelques promotions qui auraient pu le blesser, mais je n'ai pas voulu dire qu'il ait partagé mes vues ; je suis bien loin de dire cela.

« D. Je lis textuellement le passage de votre interrogatoire dont je vous parle : « N'avez-vous pas montré à un général une lettre de Bonaparte ?

« R. Non, monsieur ; j'ai causé longuement politique avec le
« général ; il m'a ouvert son cœur, qui était froissé par quelques
« promotions qui avaient eu lieu ; il s'est même expliqué à ce sujet
« avec beaucoup de chaleur. Je ne lui ai pas caché que j'allais
» en Angleterre et que j'y verrais le prince, mais je ne lui ai fait
« aucune ouverture de la part du prince. »

« C'est bien ce que j'ai dit.

» Nous faisons rentrer le témoin, et, en sa présence, nous interpellons le prévenu ainsi qu'il suit :

« D. Vous êtes convenu que vous aviez pu montrer au général une lettre du prince ; à qui espérez-vous faire croire que le général, au caractère duquel vous rendez hommage, ait imaginé un fait de cette gravité et jusqu'aux phrases même qu'elle contenait ?

« R. J'ai pu faire voir au général plusieurs lettres du prince, mais ces lettres ne contenaient rien de pareil aux offres dont vous me parlez.

« Le témoin dit : Le commandant fait erreur ; il ne m'a pas fait voir plusieurs lettres du prince, comme il le dit, mais une seule lettre : cette lettre est celle dont j'ai parlé, et qui contenait les phrases que j'ai citées. Loin de vouloir accabler le commandant, j'ai manqué à mon devoir, je me suis compromis pour lui en ne le faisant pas arrêter de suite; mais il m'avait promis de ne jamais revenir à Lille. S'il avait tenu sa promesse, j'aurais tenu la mienne, et je n'aurais jamais parlé de cette lettre; c'est son retour à Lille qui a tout perdu.

« Au prévenu :

« D. Vous venez d'entendre le témoin ; persistez-vous toujours à expliquer comme vous l'avez fait la présentation de cette lettre ?

« R. Si le prince a fait des propositions au général, il est possible que j'aie fait voir au général la lettre dans laquelle elles étaient contenues, mais je ne me le rappelle pas ; d'ailleurs, dans tout cela, je n'aurais été que le truchement du prince. »

Pour terminer ce qui regarde cet incident, nous ajouterons ce que Louis Bonaparte a dit dans son interrogatoire.

M. le chancelier lui demande « si Mésonan n'a pas été porteur « d'une lettre de lui qu'il pût montrer à quelques officiers généraux ?

« R. Je ne me souviens pas de cela.

« D. Je vous fais observer que ne pas se souvenir, ce n'est pas nier ?

« R. Je ne m'en souviens pas. »

De telles menées ne pouvaient se pratiquer sans que le gouvernement en reçût quelques informations ; mais il n'avait pas lieu de s'en alarmer, et l'évènement a suffisamment prouvé que si rien ne peut empêcher qu'une tentative insensée vienne à se produire, ce n'est pas une raison pour se départir de la juste confiance qui est due à l'honneur et à la fidélité des dépositaires du pouvoir, dans tous les rangs où ils se trouvent placés.

Cependant, de l'autre côté de la Manche, les projets et les résolutions s'affermissaient de plus en plus, et, dans la folle confiance qui animait le chef de l'entreprise, il pressait les préparatifs, réunissait les hommes, les uniformes, les armes ; s'assurait des moyens de transport, distribuait les rôles, marquait les places, fixait, avec ses plus affidés, le jour du départ, le lieu et l'heure de l'attaque.

Quels furent donc les étranges motifs, les causes extraordinaires qui précipitèrent ces fatales résolutions ?

L'instruction a inutilement cherché à percer ce mystère ; rien n'a pu la mettre sur la voie. Louis Bonaparte a été interrogé, il s'est renfermé dans une réserve dont il ne s'est pas départi un seul moment. Ses complices ont adopté le même système. Le plus grand nombre d'entre eux s'étaient, s'il faut les en croire, résignés à une obéissance passive, et ne peuvent dès lors rien savoir.

Le champ est donc resté ouvert aux conjecture. Louis Bonaparte et ses complices ont-ils réellement pensé, sincèrement cru que leurs forces, bien peu considérables, puisqu'elles ne s'élevaient pas au-delà de 50 à 60 hommes, suffiraient, en y réunissant les partisans que les intrigues des trois dernières années leur auraient procurés, pour vaincre toute résistance et les amener triomphans au sein de la capitale? La couronne devait-elle être le prix d'une seule victoire ou d'une suite de combats plus ou moins disputés? Le caractère que, dans le cours de cette instruction, a montré Louis Bonaparte, ne semblerait autoriser ni l'une ni l'autre de ces conjectures. Ce qu'il a le plus tenu à manifester, c'est sa résolution bien arrêtée de ne pas faire couler le sang français; il n'apportait pas, a-t-il dit, la guerre civile dans le royaume.

Si tel a été, en effet, l'esprit qui l'animait, il faudra chercher à son départ précipité de Londres, à la résolution d'une attaque si étrangement combinée du territoire de la France, des motifs une cause qui jusqu'ici n'ont pas été pénétrés.

Nous avons déjà fait remarquer, en parlant de la brochure de Laity, cette insoutenable opinion que « l'acquittement des accusés de Strasbourg était une preuve de la sympathie de toute la population pour la cause napoléonienne. » Louis Bonaparte pourrait bien avoir cette conviction : l'histoire ne nous apprend-t-elle pas que c'est la faiblesse de tous ceux qui ont joué le rôle de prétendans de se croire ardemment désirés par la nation au-devant de laquelle ils s'avancent, et qui, se disent-ils, n'attend que leur présence pour secouer le joug sous lequel ils la supposent opprimée? A entendre les complices dont Louis Bonaparte était entouré, la France était couverte de mécontens que le grand nom de l'Empereur aurait bientôt ralliés autour de celui qui en était le plus digne représentant. L'empereur Napoléon, prisonnier à l'île d'Elbe, entouré de quelques braves seulement qui servaient de cortége à sa vieille gloire, n'est-il pas arrivé à Paris sans tirer l'épée? Et pourquoi celui qui portait son nom, qui se présentait comme l'héritier de ses droits, n'aurait-il pas le même bonheur?

Avons-nous besoin, Messieurs, de dire tout ce qu'une telle comparaison a d'étrange et d'insoutenable?

Revenons à la marche des faits, et plaçons-les soigneusement dans l'ordre où ils se sont produits.

Vers la fin de juillet, les conjurés étaient réunis à Londres ou aux environs. Ce fut à cette époque que se durent définitivement arrêter le plan, les moyens d'attaque, le lieu du débarquement et la conduite ultérieure. Entre quelles personnes une délibération si capitale a-t-elle dû s'établir? A qui Louis Bonaparte s'est-il plus particulièrement confié? Interrogé à ce sujet par M. le chancelier, il a persisté à déclarer qu'il n'avait fait de confidence positive à personne. Dans une occasion, cependant, où il lui était impossible de nier qu'il ne se fût plus ou moins ouvert à quelques-uns des adhérens, voici comment il s'est exprimé (1):

« Je dois ajouter, parce qu'il ne faut pas compremettre des personnes innocentes, et *de cela je vous donne ma parole d'honneur*,

(1) Interrogatoire du 19 août.

3ᵉ PARTIE.

que le colonnel Vaudrey et M Bacciochi, dont les noms figurent dans la procédure, avaient refusé de marcher avec moi. »

Par intérêt pour ceux qui l'ont suivi, dans l'intention d'adoucir leur sort, et sans doute aussi par un sentiment naturel d'honneur et de délicatesse, Louis Bonaparte ne dit pas ici toute la vérité, et il en fournit lui-même la preuve, en ne plaçant sous la garantie de sa parole d'honneur que le colonel Vaudrey et le sieur Bacciochi. M. le chancelier lui en a fait l'observation, sans obtenir d'autre réponse que la confirmation de l'exception relative aux sieurs Vaudrey et Bacciochi. Tous ceux qui ont pris part à l'entreprise de Boulogne connaissaient sans doute ses intentions de renouveler un jour ses attaques sur la France, mais tous n'avaient pas été également informés à l'avance de l'exécution : les domestiques, par exemple, il les faisait sans doute marcher sans avoir besoin de leur rien communiquer de ses desseins ; à d'autres, sur le dévoûment desquels il croyait pouvoir compter, il suffisait de dire : *Faites cela, et ils le faisaient sans savoir jusqu'où cela pourrait les conduire* (1). Mais il avait certainement des amis qui, avancés plus que les autres dans sa confiance, n'ignoraient rien de ce qu'il méditait, et qui ont dû former son conseil intime.

On ne peut guère douter que depuis quelque temps l'idée ne fût arrêtée, dans son conseil, de passer en France par les départemens du nord, que certains des conjurés avaient déjà depuis quelque mois explorés dans tous les sens. Des cartes très soignées de ces départemens étaient en la possession de Louis Bonaparte, et on les a retrouvées parmi ses effets ; il avait même tracé au crayon un plan où se trouvaient notées, avec les lieues d'étape, les distances à parcourir entre les principales villes ; puis, par chacune d'elles, les régimens qui y tenaient garnison, le nombre d'hommes dont ils se composaient et l'arme à laquelle ils appartenaient.

Le lieu du débarquement étant choisi, tout ce qu'il faudrait faire ensuite fut soigneusement prévu dans des ordres de service écrits de la main du colonel Voisin.

Des armes avaient été réunies. On avait fait confectionner des uniformes d'officiers-généraux, et on avait acheté en France des habits de soldats. Les boutons seuls manquaient : la fabrique de Londres en avait fourni sur lesquels était le numéro 40. C'était le numéro d'un régiment qui tenait garnison dans le voisinage du port de débarquement.

Enfin, dans la supposition que la troupe attaquante prendrait possession de Boulogne, des lieux environnans et presque de la France entière sans coup férir, tout avait été disposé pour organiser immédiatement les régimens, la population, la force armée et le gouvernement lui-même. Des ordres en blanc, écrits à la main, désignaient ceux qui devaient être chargés de recevoir les objets indispensables à l'armée, tels que chevaux, selles, brides, etc.; d'autres concernaient le commandement des troupes, d'autres le recrutement, d'autres enfin des mesures de précaution.

(1) 1er Interrogatoire devant M. le chancelier.

Voici la copie de quelques uns de ces écrits, que nous ferons précéder du plan de campagne, saisi, comme les autres pièces, dans le portefeuille du colonel Voisin.

« Entrer dans le port de V..... à marée montante ; débarquer hommes et chevaux au moyen d'un pont volant, sur lequel on aura étendu des couvertures ; s'emparer des douaniers, débarquer les bagages, aller droit à Wimille prendre des voitures.

« Donner le mot d'ordre et de ralliement B... et N...

« Arrêter tout ce qu'on rencontrera en chemin, faisant accroire que, venant de Dunkerque pour une mission du gouvernement, on a été obligé de relâcher.

« Marcher sur le château, ayant une avant-garde commandée par Laborde ; Bataille, aide-de-camp ; Persigny sergent-major, et six hommes dont deux sapeurs et deux éclaireurs.

« Parlementer avec le garde du château Choulem ; le château pris, y laisser deux hommes, dont l'un se tiendra en dedans et gardera les clés, l'autre fera sentinelle en dehors.

« Le capitaine d'Hunin commandera l'arrière-garde, composée de Conneau, sergent-major, et dix hommes. A son arrivée à la haute ville, il prendra les dispositions suivantes :

« 1° Fermer la porte de Calais ;
« 2° S'établir militairement à la porte de l'Esplanade ;
« 3° Fermer la porte de Paris ;
« 4° Poser une sentinelle sur la place d'armes, au point de repère des trois portes, pour être prévenu à temps de ce qui pourrait survenir.

« Le corps principal s'emparera de l'Hôtel-de-Ville, où il y a 500 fusils, et, chemin faisant, on enlèvera le poste de l'église Saint-Nicolas, où se trouvent dix hommes et un officier ; on se dirigera sur la caserne, et avant d'y pénétrer, des sentinelles seront placées sur toutes les issues pour en interdire les approches.

« Ces diverses opérations seront faites dans le plus profond silence ; mais une fois la troupe enlevée, on viendra s'établir à l'Hôtel-de-Ville ; on fera sonner le tocsin, on répandra les proclamations et on prendra les dispositions suivantes :

« 1° S'emparer de la poste aux chevaux,
« 2° — de la douane,
« 3° — du sous-préfet,
« 4° — des caisses publiques,
« 5° — du télégraphe.

« La haute ville sera indiquée comme lieu de rassemblement.

« MM. le colonel Laborde et le capitaine Desjardins s'occuperont chacun de la formation immédiate d'un bataillon de volontaires, qu'ils rassembleront sur la place d'armes, devant l'Hôtel-de-Ville. A cet effet, ils nommeront des capitaines chargés de recruter chacun cent hommes. Ces capitaines nommeront leur sergent-major, et les volontaires choisiront leurs sous-officiers, ainsi qu'un sous-lieutenant et un lieutenant. Ces compagnies de volontaires auront un effectif de cent hommes, compris un sergent-major, quatre sergens, un fourrier et huit caporaux.

« Aussitôt qu'une compagnie sera formée, on la conduira sur la place des Tintelleries et on la fera monter sur les voitures.

» FONCTIONS DIVERSES.

« Le sous-intendant Galvani se procurera les voitures, ainsi que le pain, la viande cuite et l'eau-de-vie pour un jour.

» Orsi saisira les caisses publiques, se faisant accompagner d'hommes du pays; il s'emparera aussi du sous-préfet.

« Le colonel Laborde avec six hommes s'emparera de la poste aux chevaux; il y laissera une sentinelle et rojoindra la troupe.

« Le colonel Nébru réorganisera l'administration civile et militaire et la garde nationale.

« M. Flandin choisira huit hommes pour aller en chaise de poste détruire le télégraphe de Saint-Tricat.

« Le colonel Montauban s'emparera du poste des douaniers et les rassemblera sur l'esplanade. Il s'occupera de surveiller en outre la réunion de trente chariots attelés de quatre chevaux, et prendra de préférence les voitures des maréyeurs qui peuvent contenir trente personnes. Ces voitures stationneront aux Tintelleries.

« M. le colonel Vaudrey réunira tous les anciens canonniers; il fera atteler une pièce ou deux, mettant à défaut de caissons, ses munitions dans des voitures, ainsi que cinq bombes chargées pour servir de pétards. Il dirigera la distribution des armes et tout ce qui concerne le service d'artillerie.

« Le colonel Parquin réunira tous les chevaux de selle; il en fera l'estimation et les répartira entre les officiers de l'état-major et les volontaires à cheval. Il aura sous ses ordres M. Persigny.

« Le capitaine de Querelles commandera le noyau de la compagnie des guides, qui sera porté à cinquante hommes.

« Le lieutenant .... formera l'avant-garde avec le 42e. Cette avant-garde sera commandée en chef par le capitaine Desjardins.

« Le commandant Mésonan, chef d'état-major, enverra des courriers à Calais, Dunkerque, Montreuil, Hesdin, munis d'ordres et de proclamations. »

« A bord du *City-Edimbourg*, le 4 août 1840.

« Monsieur,

« Le prince Napoléon vous a désigné pour recevoir, évaluer et payer tous les chevaux de selle qui, conformément à cette proclamation, seront présentés sur....

« Ces chevaux devront être sellés et équipés, propres au service;

après les avoir reçus, il en fera la répartition entre les officiers de l'état-major et les volontaires à cheval.

« Vous aurez sous vos ordres M... »

« Mon cher camarade,

« Le prince Napoléon vous a désigné pour commander en chef l'artillerie; il désire qu'aussitôt l'arrivée à   vous fassiez atteler une ou deux pièces avec des chevaux de poste ou autres, à défaut de caissons on placerait sur des voitures qui seront parquées sur la place de la Tintellerie (ville haute),

« Les munitions pour l'artillerie,

« Quatre à cinq bombes, chargées, pour servir de pétards, et l'approvisionnement de l'infanterie.

S. A. désire encore que tous les anciens canonniers qu'elle appelle à se présenter sur la place de l'Hôtel-de-Ville (ville haute) soient réunis en compagnie, et que vous leur donniez une organisation provisoire.

« Vous voudrez bien aussi surveiller la distribution des armes, et prendre, pour tout ce qui serait relatif à votre service important, les ordres directs de Son Altesse.

« Le quartier-général s'établira à l'Hôtel-de-Ville (ville haute).

« Le château où sont déposées les armes et les munitions est situé ville haute.

« Il existe encore un dépôt de 500 fusils à l'Hôtel-de-Ville. Au dos : Monsieur... commandant l'artillerie.

« A bord du *City-Edimbourg*, le 4 août 1840.

« M. le lieutenant colonel Laborde,

« Le prince Napoléon vous a désigné pour former et commander un bataillon de volontaires. Son intention est que vous organisiez en compagnies de cent hommes les volontaires qui se présenteront sur la place d'armes, devant l'Hôtel-de-Ville de Boulogne (ville-haute). Pour hâter autant que possible la formation de ces compagnies, vous nommerez de suite deux ou trois capitaines chargés de les former et commander; ces capitaines choisiront leur sergent-major, et les volontaires nommeront par acclamations leurs sous-officiers, un lieutenant et un sous-lieutenant.

« L'effectif, fixé à 100 hommes, comprendra :

« 1 sergent-major,
« 4 sergens,
« 8 caporaux.

« Vous ferez dresser un contrôle nominatif, et à côté de chaque nom on marquera si celui qui le porte a déjà servi.

« Aussitôt qu'une compagnie sera formée, elle sera conduite au château pour y recevoir des armes, et on le fera de suite monter sur des voitures qu'on trouvera réunies sur la place des Tintelleries.

« S. A. appelle votre attention sur la nécessité d'opérer fort vite, et vous recommande, en outre, de maintenir la plus exacte discipline parmi ceux placés sous votre commandement, le moindre désordre pouvant compromettre le succès de notre belle cause.

« MM. le colonel Montauban et le commandant Desjardins ont une mission semblable à la vôtre.

Nota. L'effectif général du bataillon est fixé à huit compagnies ; la composition de son état-major sera l'objet de décisions ultérieures prises sur vos propositions.

« La colonne ne s'arrêtera que quatre heures à Boulogne. Je vous le dis pour vous fixer sur le temps dont vous aurez à disposer.

« Pour le prince et par son ordre. »

« A bord du *City-Edimbourg*, le 4 août 1840.

« Monsieur Orsi,

« Le prince Napoléon vous a désigné pour remplir les missions suivantes :

« 1° Vous arrêterez le sous-préfet et le donnerez en garde à la troupe réunie à la haute-ville.

« 2° Vous saisirez les diverses caisses publiques, vous faisant accompagner, dans cette mission, d'hommes du pays qui vous seront indiqués.

« Au moment de remplir votre mission, vous demanderez au major-général la troupe nécessaire pour vous assister.

« Vous agirez avec vigueur et célérité, et vous vous rendrez ensuite au quartier-général, à la haute ville.

« Pour le prince et par son ordre. »

Les écrits que l'on vient de lire pourvoyaient aux premières nécessités de l'invasion. Dans la pensée, nous ne savons pas s'il ne faudrait pas dire dans la conviction des conjurés, toutes les populations allaient accourir au devant de leur chef. Les anciens soldats de l'Empire viendraient reprendre du service ; les régimens actuels déposeraient leurs armes ; tout serait à réorganiser. Mais l'ordre une fois rétabli, dans cet élan et cet enthousiasme universels, il fallait s'occuper de l'établissement définitif. Les conjurés, comme vous le voyez, n'oublient rien : des proclamations aux habitans du Pas-de-Calais, au peuple français et à l'armée, avaient été préparées d'avance à Londres, au domicile de Louis Bonaparte pour annoncer et motiver cette grande révolution, qu'un arrêté et un décret du nouveau chef étaient destinés à régulariser.

Tous ces actes, que l'instruction a le devoir de vous faire connaître, devaient être répandus et distribués à Boulogne et dans l'intérieur de la France, aussitôt après le débarquement.

Les voici :

Ordre du jour.

« Après avoir pris les ordres du prince Napoléon,

« Le major-général a fixé la position de MM. les officiers dont les noms suivent :

« MM. Vaudrey, colonel d'artillerie, premier aide-de-camp du prince ;

« Voisin, colonel de cavalerie, aide-major-général ;

« Mésonan, commandant, chef d'état-major ;

« Parquin, commandant l'artillerie à l'avant-garde ;

« Laborde, lieutenant-colonel, commandant l'infanterie au centre ;

« Montauban, colonel, commandant les volontaires au centre ;

« Bacciochi, commandant à l'état-major ;

« Desjardins, chef de bataillon à l'avant garde ;

« Persigny, commandant les guides à cheval en tête de la colonne ;

« Conneau, chirurgien principal à l'état-major ;

« Bure, payeur général à l'état-major ;

« Lombard, lieutenant près le colonel Laborde ;

« Bataille, lieutenant à l'état-major ;

« Bachon, vaguemestre-général ;

« D'Almbert, vaguemestre aux gardes à pied ;

« Ornano, vaguemestre à la cavalerie, à l'arrière-garde ;

« Dunin, capitaine à l'état-major ;

« Querelles, commandant les gardes à pied ;

« Orsi, lieutenant des volontaires à cheval ;

« Forestier, lieutenant aux guides à pied ;

« Galvani, sous-intendant militaire, vivres et convois ;

« Faure, sous-intendant militaire, solde et hôpitaux.

« MM. les officiers de toutes armes qui ne sont pas nommés dans le présent ordre se tiendront près du prince pour être employés selon l'urgence.

« Le major-général,

« Signé, MONTHOLON.

« Quartier-général de Boulogne, le   août 1840. »

Proclamation du prince Louis Napoléon à l'armée.

« Soldats !

« La France est faite pour commander, et elle obéit. Vous êtes l'élite du peuple, et on vous traite comme un vil troupeau. Vous êtes faits pour protéger l'honneur national, et c'est contre vos frères qu'on tourne vos armes. Ils voudraient, ceux qui vous gouvernent, avilir le noble métier de soldats! Vous vous êtes indignés et vous avez cherché ce qu'étaient devenues les aigles d'Arcole, d'Austerlitz, de Iéna. Ces aigles, les voilà ! je vous les rapporte, reprenez-les; avec elles, vous aurez gloire, honneur, fortune, et, ce qui est plus que tout cela, la reconnaissance et l'estime de vos concitoyens.

« Soldats! vos acclamations lorsque je me présentai à vous à Strasbourg ne sont pas sorties de ma mémoire. Je n'ai pas oublié les regrets que vous manifestiez sur ma défaite.

« Entre vous et moi il y a des liens indissolubles; nous avons les mêmes haines et les mêmes amours, les mêmes intérêts et les mêmes ennemis.

« Soldats! la grande ombre de l'empereur Napoléon vous parle par ma voix. Hâtez vous, pendant qu'elle traverse l'Océan, de renvoyer les traîtres et les oppresseurs : montrez-lui, à son arrivée, que vous êtes les dignes fils de la grande armée, et que vous avez repris ces emblèmes sacrés qui, pendant quarante ans, ont fait trembler les ennemis de la France, parmi lesquels étaient ceux qui vous gouvernent aujourd'hui.

« Soldats ! aux armes !

« Vive la France !

» Signé : NAPOLÉON.

» Le général MONTHOLON, faisant fonctions de major-général. Le colonel VOISIN, faisant fonctions d'aide-major-général. Le commandant MÉSONAN, chef d'état-major.

» Boulogne, le   1840. »

Proclamation du prince Louis-Napoléon aux habitans du département du Pas-de-Calais.

« Habitans du département du Pas de-Calais et de Boulogne !

« Suivi d'un petit nombre de braves, j'ai débarqué sur le sol français, dont une loi injuste m'interdisait l'entrée. Ne craignez point ma témérité ; je viens assurer les destinées de la France et non les compromettre. J'ai des amis puissans, à l'extérieur comme à l'intérieur, qui m'ont promis de me soutenir. Le signal est donné, et bientôt toute la France, et Paris le premier, se lèveront en masse pour fouler aux pieds dix ans de mensonge, d'usurpation et d'ignominie; car toutes les villes comme tous les hameaux ont à demander compte au gouvernement des intérêts particuliers qu'il a abandonnés, des intérêts généraux qu'il a trahis.

« Voyez vos ports presque déserts ; voyez vos barques qui languissent sur la grève; voyez votre population laborieuse qui n'a pas de quoi nourrir ses enfans, parce que le gouvernement n'a pas osé protéger son commerce, et écriez-vous avec moi : Traîtres, disparaissez ; l'esprit napoléonien, qui ne s'occupe que du bien du peuple, s'avance pour vous confondre.

« Habitans du département du Pas-de-Calais ! ne craignez point que les liens qui vous attachent à vos voisins d'outre-mer soient rompus Les dépouilles mortelles de l'Empereur et l'aigle impériale ne reviennent de l'exil qu'avec des sentimens d'amour et de réconciliation. Deux grands peuples sont faits pour s'entendre, et la glorieuse colonne qui s'avance fièrement sur le rivage comme un souvenir de guerre deviendra un monument expiatoire de toutes nos haines passées

« Ville de Boulogne, que Napoléon aimait tant, vous allez être le premier anneau d'une chaîne qui réunira tous les peuples civilisés votre gloire sera impérissable, et la France votera des actions de grâces à ces hommes courageux qui, les premiers, ont salué de leurs acclamations notre drapeau d'Austerlitz.

« Habitans de Boulogne ! venez à moi et ayez confiance dans la mission providentielle que m'a léguée le martyr de Sainte-Hélène ! Du haut de la colonne de la grande armée, le génie de l'empereur veille sur nous et applaudit à nos efforts, parce qu'ils n'ont qu'un but, le bonheur de la France !

Signé NAPOLEON.

« Le général MONTHOLON, faisant fonctions de major-général ; le colonel VOISIN, faisant fonctions d'aide-major-général ; le commandant MESONAN, chef d'état-major. »

Proclamation du prince Louis-Napoléon au peuple français.

« Français !

« Les cendres de l'Empereur ne reviendront que dans une France régénérée ! Les mânes du grand homme ne doivent pas être souillées par d'impurs et d'hypocrites hommages Il faut que la gloire et la liberté soient debout à côté du cercueil de Napoléon ! Il faut que les traîtres à la patrie aient disparu !

« Banni de mon pays, si j'étais seul malheureux, je ne me plaindrais pas ; mais la gloire et l'honneur du pays sont exilés comme moi. Français, nous rentrerons ensemble ! Aujourd'hui, comme il y a trois ans, je viens me dévouer à la cause populaire. Si un hasard me fit échouer à Strasbourg, le jury alsacien m'a prouvé que je ne m'étais pas trompé.

« Qu'ont-ils fait, ceux qui vous gouvernent, pour avoir des droits à votre amour ? Ils vous ont promis la paix, et ils ont amené la guerre civile, la guerre désastreuse d'Afrique ; ils vous ont promis la diminution des impôts, et tout l'or que vous possédez n'assouvirait pas leur avidité. Ils vous ont promis une administration intègre, et ils ne règnent que par la corruption ; ils vous ont promis la liberté, et ne protégent que priviléges et abus ; ils s'opposent à toute réforme ; ils n'enfantent qu'arbitraire et anarchie ; ils ont promis la stabilité, et, depuis dix ans, ils n'ont rien établi. Enfin, Ils ont promis qu'ils défendraient avec conscience notre honneur, nos droits, nos intérêts, et ils ont partout vendu notre honneur, abandonné nos droits, trahi nos intérêts! Il est temps que tant d'iniquités aient leur terme; il est temps d'aller leur demander ce qu'ils ont fait de cette France si grande, si généreuse, si unanime en 1830.

« Agriculteurs, ils vous ont laissé, pendant la paix, de plus forts impôts que ceux que Napoléon prélevait pendant la guerre.

« Industriels et commerçans, vos intérêts sont sacrifiés aux exigences étrangères; on emploie à corrompre, l'argent dont l'Empereur se servait pour encourager vos efforts et vous enrichir.

« Enfin, vous toutes, classes laborieuses et pauvres, qui êtes en France le refuge de tous les sentimens nobles, souvenez-vous que c'est parmi vous que Napoléon choisissait ses lieutenans, ses maréchaux, ses ministres, ses princes, ses amis. Appuyez-moi de votre concours, et montrons au monde que ni vous ni moi n'avons dégénéré.

« J'espérais comme vous que, sans révolution, nous pourrions corriger les mauvaises influences du pouvoir; mais aujourd'hui plus d'espoir. Depuis dix ans on a changé dix fois de ministère; on en changerait dix fois encore que les maux et les misères de la patrie seraient toujours les mêmes.

« Lorsqu'on a l'honneur d'être à la tête d'un peuple comme le peuple français, il y a un moyen infaillible de faire de grandes choses, c'est de le vouloir.

« Il n'y a en France aujourd'hui que violence d'un côté, que licence de l'autre; je veux rétablir l'ordre et la liberté. Je veux, en m'entourant de toutes les sommités du pays, sans exception, et en m'appuyant uniquement sur la volonté et les intérêts des masses; fonder un édifice inébranlable.

Je veux donner à la France des alliances véritables, une paix solide, et non la jeter dans les hasards d'une guerre générale.

« Français! je vois devant moi l'avenir brillant de la patrie. Je sens derrière moi l'ombre de l'Empereur qui me pousse en avant; je ne m'arrêterai que lorsque j'aurai repris l'épée d'Austerlitz, remis les aigles sur nos drapeaux et le peuple dans ses droits.

« Vive la France !

Signé NAPOLEON.

« Boulogne, le   ,   1840.

DÉCRET.

« Le prince Napoléon, au nom du peuple français, décrète ce qui suit :

« La dynastie des Bourbons d'Orléans a cessé de régner ;

« Le peuple français est rentré dans ses droits ;

« Les troupes sont déliés du serment de fidélité ;

« La chambre des pairs et la chambre des députés sont dissoutes. Un congrès national sera convoqué dès l'arrivée du prince Napoléon à Paris ;

« M. Thiers, président du conseil, est nommé à Paris président du gouvernement provisoire ;

« Le maréchal Clausel est nommé commandant en chef des troupes rassemblées à Paris ;

« Le général Pajol conserve le commandement de la première division militaire :

« Tous les chefs de corps qui ne se conformeront pas sur-le-champ à ses ordres seront remplacés ;

« Tous les officiers, sous-officiers et soldats qui montreront énergiquement leur sympathie pour la cause nationa., seront récompensés d'une manière éclatante au nom de la patrie.

« Dieu protége la France !

« Signé : NAPOLEON.

« Boulogne, le   1840. »

Nous croyons devoir interrompre ces citations, pour mettre sous les yeux de la cour l'interpellation que M. le chancelier a adressée à Louis Bonaparte, au sujet de la pièce intitulée : *Décret*, et la réponse à cette question : . . . .

« D Maintenant, je dois vous demander comment l'honneur, dont vous parliez tout à l'heure, a pu vous permettre, dans la pièce intitulée : *Décret*, de vous emparer des noms qui y figurent. Est-ce qu'il vous appartenait de faire tel usage de ces noms sans l'aveu des personnes qui les portent ?

« R. En cas de réussite, je croyais qu'il eût été très important d'avoir tout de suite à offrir les noms des personnes que l'opinion publique aurait désignées pour se mettre à la tête des affaires. »

Nous reprenons maintenant la transcription du dernier document.

ARRÊTÉ.

« Le prince Napoléon, au nom du peuple français, arrête ce qui suit :

« M.   est nommé sous-préfet de la ville de Boulogne ; il présidera le conseil municipal et réunira dans ses mains, jusqu'à nouvel ordre, les pouvoirs civils et militaires ;

« Les transactions commerciales ne seront point entravées ;

« Les étrangers jouiront de la plus grande protection ;

« Les propriétés seront respectées ; l'ordre et la discipline seront rigoureusement maintenus. Tout ce qui sera requis pour l'armée expéditionnaire sera payé argent comptant par le payeur-général ;

« Ceux qui tenteraient de semer la division dans la ville ou dans les troupes seront jugés militairement ;

« Les gardes nationaux et autres citoyens qui, embrasés de l'amour de la patrie, désireraient faire partie de l'expédition comme volontaires, se présenteront sur-le-champ à l'esplanade pour y être armés et organisés ;

« Chaque compagnie de volontaires nommera ses officiers, sous-officiers jusqu'au grade de capitaine inclusivement. La solde sera ainsi réglée.

« Indemnité une fois payée, 5 francs;
« Solde journalière, 1 franc et une ration de pain;
« Les différens grades recevront une augmentation de solde;
« Les anciens canonniers des armées de terre et de mer se réuniront à l'Hôtel-de-Ville pour être organisés par le colonel d'artillerie Vaudrey;
« Tous les chevaux de selle sont mis en réquisition; leurs propriétaires les amèneront, sellés et bridés, sur la place des Tintelleries, à   précises, pour y être estimés et payés comptant par le lieutenant Bachon. Les cavaliers volontaires se présenteront au même endroit sous les ordres du colonel Parquin.
« Cinquante chariots sont mis en réquisition pour le transport des troupes; ils seront attelés de quatre chevaux et munis de foin, paille et avoine pour deux jours; ces voitures seront payées à raison de 10 francs par cheval par jour, et réunies de suite sur la place des Tintelleries:
« Tous les douaniers se réuniront sur-le-champ à l'Hôtel-de-Ville.
« Les gendarmes se réuniront aussi à l'Hôtel-de-Ville avec leurs chevaux qui leur seront payés.

« Signé NAPOLÉON.

Par ordre du Prince :

« Le général MONTHOLON, faisant fonctions de major-général;
« Le colonel VOISIN, faisant fonctions d'aide-major-général;
« Le comte MESONAN, chef d'état-major.
« Boulogne le....... 1840. »

Il ne restait plus qu'à s'embarquer et à faire voile vers la France. Tout était prêt le 3 août dernier. Un bateau à vapeur, *le Château-d'Edimbourg*, avait été loué à la compagnie commerciale de Londres, par l'intermédiaire d'un courtier nommé Rapallo, Italien d'origine et naturalisé anglais. Rien n'a donné lieu de croire que ni la compagnie, ni le capitaine, ni l'équipage, eussent aucune connaissance de la coupable destination qui lui était réservée. Le capitaine, et tous les hommes du bord arrêtés au premier moment de l'insurrection et de l'attentat, ont donc été mis en liberté par la commission de douze membres instituée par votre arrêt du 18 août dernier.

Dès le 3, tous les bagages avaient été chargés sur le bateau. Deux voitures et neuf chevaux en faisaient partie. Les hommes qui devaient composer l'escorte du prince avaient été divisés par petits pelotons et embarqués en des lieux divers, afin de ne pas trop attirer l'attention. Les uns sont partis de Londres, les autres de Gravesend, où se trouva un pilote français, destiné à diriger le bâtiment lorsqu'il approcherait des côtes. Ce pilote a disparu. Les derniers embarqués furent pris à Margate, c'est de là que l'expédition se dirigea sur Wimereux, à sept kilomètres environ de Boulogne, le mercredi 5 août. Comme les conjurés ne voulaient pas arriver de jour, le bateau louvoya très long-temps; des témoins ont déclaré l'avoir aperçu de Boulogne dès la veille.

Mais le temps ne fut pas perdu sur le bâtiment : on l'employa à faire apporter et à revêtir les uniformes, chacun suivant son grade; à distribuer les armes, à lire les proclamations, les ordonnances et arrêtés ; à distribuer de l'argent : car nous avons omis de ranger parmi les objets embarqués environ 400,000 fr. en billets de banque d'Angleterre, en or et en argent, appartenant à Louis Bonaparte et provenant, suivant sa déclaration, de la vente d'une partie des valeurs qu'il a recueillies dans l'héritage de sa mère. Cet argent était sans doute destiné à satisfaire aux premiers besoins des conjurés; mais il devait aussi être répandu à l'appui des proclamations. C'était un moyen d'entraînement qui se recommandait de lui même.

Le matin du 6 août, vers les deux heures, le débarquement commença La côte de Wimereux ne permettant pas au bateau d'approcher de terre, il fallut se servir du canot. Les hommes n'arrivèrent que par escouades, et les prmiers faillirent être victimes de leur empressement. Si un poste de douaniers, qui accourut, ne s'était pas laissé tromper par l'uniforme, et le récit d'un événement de mer qui forçait les conjurés à prendre terre, ils pouvaient devenir prisonniers ; mais après le débarquement de toute la troupe, ce furent les douaniers qui durent, à leur tour, céder à la force. On les amena avec le cortége, mais sans pouvoir les corrompre ; ils restèrent fidèles, malgré l'offre d'une pension de 1,200 fr., que Louis Bonaparte fit faire à leur chef.

Cet accueil, qui n'était guère en rapport avec l'enthousiasme universel auquel s'attendaient les conjurés, fut suivi d'une déception encore plus sensible. Les intrigues liées et suivies en France dans les deux dernières années, leur avaient persuadé qu'ils pourraient compter sur le zèle et l'activité d'un grand nombre de partisans. Plusieurs émissaires, entre autres les inculpés Forestier et Bataille, avaient pris les devans et apporté, dans les jours précédens, à Boulogne même, la nouvelle du débarquement. Ils étaient de leur personne sur la plage au moment où il s'opérait; mais ils s'y trouvèrent à peu près seuls : ni soldats, ni citoyens ne les avaient accompagnés. Tous les efforts de la conjuration n'avaient abouti qu'à séduire un jeune lieutenant du 42e, l'inculpé Aladenize, que l'exaltation de ses idées rendait facile à tromper. C'est trop, sans doute ; on regrette que cette tache, unique à la vérité, ait pu être faite à la fidélité si bien éprouvée de l'armée. Mais la contagion n'était pas à craindre, et les conjurés, en ne trouvant sur le port de Wimereux, avec Forestier et Bataille, que le lieutenant Aladenize, ne purent se rassurer que par la confiance qu'ils avaient dans son influence sur les deux compagnies de son régiment en garnison à Boulogne. Vous allez voir combien, sur ce point, ils étaient encore dans l'erreur.

La troupe conduite par Louis Bonaparte se range autour du drapeau tricolore surmonté d'un aigle, et rappelant par des inscriptions les grandes victoires de l'Empereur. C'était l'inculpé Lombard qui le portait. Elle se met en marche et arrive sans nouvel incident dans la ville de Boulogne, rue d'Alton, où se trouvait un petit poste du 42e. Trompé par les épaulettes et les uniformes, ce poste avait pris les armes. Le commandant Parquin se détache et lui propose de suivre le mouvement. Son chef, le sergent Morange, lui répond sans hésiter qu'il ne marchera que sur les ordres du commandant de place. Les conjurés passent outre. C'est à la caserne qu'ils croient triompher. Ils y arrivèrent à cinq heures du matin.

Le lieutenant Aladenize les y avait précédés. Déjà il faisait battre le rappel. Les soldats prenaient les armes ; ils se mettaient en bataille aux cris de vive l'Empereur! consternés par la nouvelle inattendue que Louis-Philippe a cessé de régner. A Paris ! leur crie-t-on, à Paris. Des proclamations imprimées sont jetées, et l'argent est distribué à pleines mains ; le prince se fait reconnaître, il prodigue les promesses, les avancemens, les récompenses ; tous les sergens sont nommés capitaines, tous les soldats sont décorés.

Que faisaient cependant les officiers pendant que leurs soldats étaient ainsi livrés aux plus dangereuses suggestions ? Il n'y avait pas, malheureusement, de logement pour eux à la caserne ; le lieutenant Ragon seul y demeurait. Aussitôt informé, et n'ayant pas assez de confiance dans son influence personnelle sur l'esprit des soldats, il avait couru au plus vite chez le capitaine Col-Puygellier. Le sous-lieutenant de Maussion venait de rencontrer les conjurés, et avait refusé de les suivre, malgré l'insistance du prince lui-même.

Il s'était aussi rendu chez le capitaine ; celui-ci volait aussitôt vers la caserne. Un grenadier portant le numéro du 40e veut l'arrêter ; il l'écarte en disant que ce n'est pas le 40e qui fait la police. Il arriva à quelques pas de la porte, obstruée plutôt que gardée par les nouveaux venus. Un homme portant l'uniforme et les insignes de chef de bataillon, va droit à lui : « Capitaine, le prince Louis est ici ; soyez des nôtres, votre fortune est faite. » Le capitaine lui répond en mettant le sabre à la main, et manifestant vivement, par ses gestes et par ses paroles, la résolution d'arriver à sa troupe.

Il est saisi de toutes parts ; plusieurs personnes s'emparent de son bras armé, il repousse et résiste de tous côtés pour se débarrasser des obstacles et arriver à ses soldats. Avant d'y parvenir, et tout en continuant ses valeureux efforts, il essaie d'éclairer les conjurés eux-mêmes. « On vous trompe, disait-il, apprenez qu'on vous porte à trahir. » Sa voix est étouffée par les cris : Vive le prince Louis ! Où est-il donc ? s'écrie t-il à son tour. Alors se présente à lui un homme de petite taille, blond et paraissant avoir trente ans, couvert d'un chapeau, portant les épaulettes d'officier-supérieur et un crachat. Il lui dit : « Capitaine, me voilà, je suis le prince Louis, soyez des nôtres, et vous aurez tout ce que vous voudrez. » Le capitaine l'interrompt : « Prince Louis ou non, je ne vous connais pas ; je ne vois en vous qu'un conspirateur... Qu'on évacue la caserne. » Tout en s'exprimant ainsi, M. Col Puygellier continuait ses efforts. Ne pouvant parvenir jusqu'à ses soldats, il veut au moins s'en faire entendre : Eh bien, assassinez-moi, ou je ferai mon devoir. Sa voix parvient alors à Aladenize qui accourt, et le couvrant de ses bras s'écrie énergiquement : « Ne tirez pas, respectez le capitaine, je réponds de ses jours » Cette action mérite d'être ici consignée ; elle fait regretter que ce jeune officier n'ait pas montré dans cette affaire autant de respect pour la religion du serment que d'humanité et d'attachement pour ses camarades.

Cette bruyante et vive altercation attire enfin l'attention des deux compagnies du 42e. Les sous-officiers accourent à la voix de leur chef ; ils l'aident à se dégager des mains des conjurés qui font un mouvement en arrière. M. le capitaine Puygellier, d'une voix forte, s'écrie, « On vous trompe : *vive le roi !* » Mais l'ennemi rentre à rangs serrés, Louis Bonaparte en tête. M. le capitaine Puygellier se porte vivement à sa rencontre, lui signifie de se retirer, ajoute qu'il va employer la force, et, pour toute réponse, lorsqu'il est tourné vers sa troupe, il entend la détonation d'un pistolet que Louis Bonaparte tenait à la main, et dont la balle va frapper un de ses grenadiers à la figure.

Soit que les conjurés aient été alors bien convaincus de la ferme résolution du capitaine d'employer la force dont il disposait, soit que le coup de pistolet attribué d'abord au hasard, à un accident, à un mouvement involontaire, plutôt qu'à la préméditation, eût changé leurs dispositions, ce coup de feu devint le signal de leur retraite de la caserne. Ils l'effectuèrent en ordre, sans être poursuivis, mais sans renoncer encore à leur projet. Après avoir échoué auprès de la garnison, ils osèrent compter sur la population dont ils croyaient si follement avoir toutes les sympathies. Les habitans de Boulogne ont fait raison de cette absurde illusion.

C'est vers la haute ville que marchent les conjurés, semant des proclamations et de l'argent, au cri de *vive l'Empereur ! Louis-Bonaparte* veut s'emparer du château et y prendre des armes pour les distribuer à la population. Le sous-préfet, prévenu à temps, marche à leur rencontre, et, au nom du roi, leur intime l'ordre de se séparer. Lombard lui répond par un coup de l'aigle qui surmontait le drapeau (1). Ils continuent leur marche, un instant interrompue, vers la haute ville. Les portes en avaient été fermées par les ordres du sous-préfet et du commandant de la place. Les conjurés essaient de les enfoncer. Deux haches sont inutilement dirigées contre cette clôture. Il faut renoncer à cette autre

(1) Déposition du sous-préfet.

partie du plan, et il ne reste plus aux conjurés qu'à fuir, qu'à regagner leur embarcation; mais, soit que, dans leur délire, ils gardent encore quelque espérance d'entraîner la population, soit que la confusion et le désespoir les égarent, soit qu'ils cherchent une mort que ce lieu aurait la puissance d'anoblir, ils marchent à la colonne élevée sur le rivage à la gloire de la grande armée.

La distance est parcourue sans obstacle. Arrivés au pied de la colonne, les conjurés veulent constater leur prise de possession par la plantation du drapeau sur le sommet. Celui qui le porte, Lombard, pénètre dans l'intérieur et se met en devoir d'en gravir les degrés. Les autres font des préparatifs pour se défendre contre la force publique qu'ils voient arriver de toutes parts. En effet, le capitaine Col-Puygellier avait fait battre la générale, distribué des cartouches, et mis sa troupe à la poursuite des rebelles. Le sous-préfet, le maire, les adjoints, le colonel et les principaux officiers de la garde nationale avaient rivalisé de zèle pour réunir les citoyens, qu'une ardeur égale avait rapidement amenés sous le drapeau de l'ordre public, de la liberté, des lois Tous se disputaient le premier rang pour affronter les coups des conjurés (1)

Mais ceux-ci, à la vue de cet accord dans la défense entre la troupe et la population, n'avaient pas tardé à se débander. Ils laissèrent Lombard dans la colonne, où deux citoyens de Boulogne le firent prisonnier, et ils s'enfuirent, les uns vers le rivage, où ils essayèrent de gagner le bateau qui les avait portés, les autres vers la ville où dans les campagnes.

Les premiers, parmi lesquels étaient Louis Bonaparte, le colonel Voisin, Faure, Mésonan, Persigny, d'Hunin, parvinrent à entrer dans un canot qu'ils s'efforcèrent de pousser au large. Ils ne voulurent pas s'arrêter sur l'ordre qui leur en fut donné : on tira sur eux quelquelques coups de fusil qui blessèrent le colonel Voisin et tuèrent le sieur Faure. Le mouvement qui s'opéra alors dans le canot le fit chavirer. D'Hunin se noya. Les autres se mirent en devoir de gagner à la nage le paquebot; mais le commandant du port, Pollet, qui avait été dépêché pour le saisir, les ayant aperçus, les retira de l'eau et les fit prisonniers. Presque tous ceux qui s'étaient sauvés dans les rues de la ville ou dans les campagnes, éprouvèrent le même sort. Au total, on arrêta cinquante-sept personnes, non compris le capitaine et l'équipage du bateau le *Château d'Edimbourg*, qui depuis ont été mis en liberté, comme nous l'avons dit plus haut.

C'est ici le lieu de rendre publiquement et solennellement à toute la population de Boulogne-sur-Mer, à ses magistrats, à la garde nationale, à ses chefs, comme à ceux de sa garnison, la justice qui leur est due. Dans cette mémorable circonstance personne n'a failli, et personne n'a hésité dans l'accomplissement du devoir. Aucun n'a mesuré le danger, tous ont bravement payé de leur personne. Gloire et honneur à la fois à ces citoyens dé-

(1) Déposition du sous-préfet.

voués, dans les efforts desquels toute la France s'est reconnue ! Eclatante preuve de l'attachement du pays au gouvernement et à la dynastie de 1830 ! La France ne se laissera jamais imposer un gouvernement par la violence, la révolte et la trahison ; elle veut maintenir ce qu'elle a elle-même établi, et nul n'aura la puissance de la contraindre à se désavouer.

Il ne suffisait pas que l'exécution de l'attentat eût été empêchée, il fallait encore que ses auteurs fussent placés sous la main de la justice : le gouvernement a rempli ce devoir en les déférant à la cour des pairs, si bien placée pour reconnaître avec une pleine indépendance l'existence et la nature des faits qui leur sont imputés, pour en apprécier impartialement les conséquences, et leur attribuer, dans une juste mesure, le degré de culpabilité qui en peut ressortir.

Nous allons maintenant, par une scrupuleuse analyse de l'instruction à laquelle nous nous sommes livrés, et qui a été conduite avec toute la célérité que comportait le soin religieux qui doit être apporté en de telles affaires ; nous allons, dis-je, essayer, messieurs, de vous donner une idée exacte de la part que chacun des inculpés est présumé avoir pris à l'attentat dont vous devez connaître.

Mais, avant d'entrer dans ces détails, vos précédens nous imposent le devoir d'appeler l'attention de la cour sur sa compétence. Il serait inutile d'exposer, même brièvement, toutes les charges de l'instruction, si vous deviez plus tard vous dessaisir.

Les principes vous seront familiers. Ils sont écrits dans la Charte et dans les nombreux arrêts déjà rendus par la cour.

L'art. 28 de la Charte porte : « Que la chambre des pairs con-
« naît des crimes de haute trahison et des attentats à la sûreté
« de l'Etat qui seront définis par la loi. »

Ainsi donc, tant qu'une loi spéciale n'aura pas défini les crimes de trahison et les attentats contre la sûreté de l'Etat, ils rentreront tous, d'une manière générale, dans les attributions de la chambre des pairs dont la compétence n'aura de limite que dans la prudence du gouvernement qui la saisit, et, en définitive, dans l'appréciation que la cour en fait toujours elle-même. A cet égard, vos précédens ont posé des principes, ont fondé une jurisprudence qui offrent à l'Etat et aux citoyens les garanties les plus rassurantes.

Dans l'esprit de la Charte, la haute juridiction de la chambre des pairs est constituée pour opposer une digue aux graves commotions qui peuvent naître de certains attentats dont les dangers s'accroissent par la combinaison de la nature des faits qui les constituent, du nombre de ces faits, des lieux où ils se sont passés, du but que leurs auteurs se sont proposé, et enfin des personnes qui y ont pris part, de la position et du rang que ces personnes tiennent dans l'Etat. Quand toutes ces circonstances manquent, il n'y a pas de raison pour enlever à l'autorité judiciaire ordinaire une action à laquelle elle suffit parfaitement.

Mais quand, au contraire, elles se rencontrent plus ou moins complètement, et surtout quand elles viennent toutes à se réunir, il y a évidemment lieu de recourir au pouvoir qui a été institué en vue de situations parfaitement analogues à celles qui se produisent. Ne penserez-vous pas, messieurs, que tel est le cas qui résulte du compte que nous venons de vous rendre.

La gravité des faits, leur nombre, leur longue préméditation, la persévérance de ceux qui les ont préparés et accomplis, le but qu'ils se proposaient, le nom dont ils se sont couverts, la situation de quelques-unes des personnes que l'instruction a mises en état de prévention, le rang militaire qui a appartenu, qui même, pour certains d'entre eux, appartenait encore, au moment de l'attentat, à plusieurs de ceux qui y auraient participé, les prétentions de leur chef, qu'il n'a jamais désavouées, même après la sévère leçon qu'il venait de recevoir, tout nous semble concourir à exiger votre haute intervention, et nous serions tentés de dire qu'il faudrait rayer de la Charte l'article 28, dont la sage prévoyance est pourtant incontestable, si vous ne deviez pas retenir, pour les juger, les faits consommés à Boulogne dans la journée du 6 août dernier.

Il nous reste maintenant à retracer les preuves du crime et les charges qui pèsent sur chacun des inculpés. Cette tâche ne peut-être ni longue ni difficile après les détails dans lesquels nous sommes déjà entrés.

C'est au moment même de la consommation du crime que ses auteurs ont été arrêtés. Ils ont été surpris les armes à la main, provoquant les troupes à la trahison et à la défection par la corruption et la violence, par la séduction d'un grand nom, par des promesses, des distributions d'argent. Des proclamations invitaient la population elle-même à la révolte en même temps que des décrets et des arrêtés prononçaient la déchéance de la famille royale. Détruisant d'une main un pouvoir légitime, de l'autre les conjurés organisaient l'usurpation. A ce double fait, joignez les aveux constans, uniformes, persévérans de plusieurs d'entre-eux ; la manifestation précise de leurs intentions, de leurs regrets d'avoir échoué par suite de l'attitude ferme et décidée de la population, de l'armée et de l'administration ; et vous aurez la réunion de toutes les preuves exigées pour l'établissement d'un fait.

Le crime est donc constant. Vous avez sous les yeux ce que l'on a coutume d'appeler le corps du délit. Nous n'avons maintenant qu'à chercher la part que chacune des personnes y aura prise. Cette analyse des charges individuelles complétera le travail auquel nous avons dû nous livrer.

I. *Charles-Louis-Napoléon Bonaparte.*

Charles-Louis-Napoléon Bonaparte est le créateur et l'âme de l'attentat. C'est lui qui devait principalement en profiter, puisque, après avoir renversé le pouvoir royal, il devait naturellement se mettre à sa place. Un désintéressement sincère, une véritable grandeur d'âme auraient motivé, suivant lui, son agression patriotique. « Touché des souffrances du peuple, il se serait dévoué pour le soustraire à la tyrannie d'un gouvernement qui corrompait sa gloire et sacrifiait ses intérêts matériels à de mesquines préoccupations. Après le succès, il aurait laissé à la nation le choix de son gouvernement!... (1). »

N'est-il pas permis de croire que cette prétendue modération, ce feint respect pour le vœu populaire n'étaient qu'un adroit moyen de couvrir ses folles prétentions? N'en donne-t-il pas lui-même la preuve en se présentant au « nom du peuple français », et en déclarant, au même nom, que « la dynastie des Bourbons d'Orléans avait cessé de régner, que la chambre des pairs et la chambre des députés étaient dissoutes? » Cette usurpation n'en annonçait-elle pas d'autres? Après avoir renversé, ne se serait-il pas cru en droit de réédifier? Ce droit, ne se l'attribue-t-il pas dans les actes qu'il a qualifiés de décrets? Ne résulte-t-il pas de ses prétentions à l'héritage impérial? A quel autre titre se serait-il fait saluer du cri de « vive l'Empereur! »

Dans un interrogatoire devant M. le chancelier, il fait remonter à dix-huit mois l'époque où il aurait, dit-il, recommencé à s'occuper de ses anciens projets. L'instruction montre que, dès son retour des Etats-Unis et à son arrivée à Londres, il annonçait et préparait, par les brochures publiées sous les noms de Persigny et de Laity, de nouvelles attaques. Mésonan, qui ne peut être soupçonné de vouloir aggraver les faits à sa charge, déclare un fait qui montre que, dès le mois de février 1838, Louis Bonaparte avait cherché à s'emparer de lui, à exploiter son mécontentement; que c'est dans le cours de février 1838 que le prince Louis Bonaparte l'a provoqué à se joindre à lui.

Louis Bonaparte n'a pas plus cherché, au reste, à dissimuler ses intentions que les faits par lesquels il les a manifestées.

Invité par M. le chancelier de déclarer s'il avouait l'intention si clairement exprimée dans les proclamations, décrets et arrêtés distribués par lui à Boulogne, de renverser le gouvernement établi en France par la Charte de 1830, il a répondu : « Oui certainement. »

Ses actes ont été en harmonie parfaite avec cette intention. C'est lui qui a fait louer le bateau à vapeur sur lequel il a placé ses amis, ses gens et ses équipages. Il s'était procuré précédemment des uniformes et des armes. C'est lui qui fournissait à toutes les dépenses, et qui, pour l'exécution de ses projets, s'était muni d'une somme de 400,000 fr. environ, en or ou en billets. Après le débarquement à Wimereux, on le voit se mettre à la tête de sa troupe et marcher sur Boulogne, offrant une pension de 1,200 fr. au chef des douaniers, s'il voulait le suivre. Arrivé à la caserne de Boulogne, il sème à pleines mains les proclamations et l'ar-

---

(1) Voir les proclamations distribuées à Boulogne.

gent, se flattant de gagner ainsi à sa cause les populations surprises ; il s'adresse à la troupe par toutes sortes de suggestions et d'embauchage. Au sous-lieutenant de Maussion, qu'il rencontre dans la rue, il dit, en lui prenant la main : « J'espère que vous serez des nôtres ; je viens ici pour rendre à la France humiliée depuis dix ans le rang qui lui convient. » Et au capitaine Col-Puygellier : « Soyez des nôtres, et vous aurez tout ce que vous voudrez. »

Vous savez comment furent accueillies ces propositions, et comment de son côté, Louis Bonaparte répondit au noble langage du capitaine Col-Puygellier. Expulsé de la caserne une première fois, et revenant plus vivement à la charge sur cet officier, il répondit à l'honorable et courageuse résistance de celui-ci par un coup de pistolet qui alla blesser un grenadier placé derrière ou à côté de lui ; joignant ainsi un crime contre les personnes à un crime contre la paix publique et contre l'existence du gouvernement.

L'échec reçu à la caserne, qui aurait dû enfin ouvrir les yeux des conjurés, et qui en effet les amena, s'il faut en croire la plupart d'entre eux, à conseiller à leur chef de regagner son embarcation, ne fit qu'enflammer de nouveau l'ardeur de celui-ci. Perdant le secours de la force armée, il veut s'adresser à la population ; il faut l'armer, et c'est à la ville haute qu'il croit en trouver les moyens.

Là, comme à la caserne, comme ensuite à la colonne, ses efforts sont impuissans, il est obligé de fuir ; la mer est sa dernière ressource, et c'est des flots, qui menacent sa vie, qu'il passe prisonnier au château de Boulogne.

Nous n'avons rien à dire pour faire ressortir la gravité des charges qui pèsent sur le principal inculpé. Nous voudrions pouvoir mettre en regard de ces faits quelques circonstances qui les atténueraient au moins en partie, mais il ne nous en a indiqué aucune ; et lorsque M. le chancelier lui a demandé comment il n'avait pas compris, après la tentative de Strasbourg, que l'honneur lui défendait de rien entreprendre contre le gouvernement qui avait usé envers lui de tant de clémence, il s'est contenté de dire qu'il répondrait devant la chambre des pairs. Louis Bonaparte ne s'est écarté de cette réserve que pour détruire l'impression fâcheuse qu'aurait pu laisser dans les esprits un fait grave, que l'instruction met à sa charge, celui du coup de pistolet dirigé contre le capitaine Col-Puygellier; si l'on supposait qu'il l'eût tiré à dessein : « Comme tout dépendait, a-t-il dit dans l'un de ses interrogatoires, de la tentative faite sur les deux compagnies, voyant mon entreprise échouer, je fus pris d'une sorte de désespoir ; et, comme je ne cacherai jamais rien, je pris un pistolet, comme dans l'intention de me défaire du capitaine, et avant que je voulusse tirer, le coup partit et atteignit un grenadier, à ce que j'ai appris plus tard. » Nous ajouterons qu'il a témoigné à plusieurs reprises, durant le cours de l'instruction, un vif intérêt pour le grenadier blessé.

11. *Montholon (Charles-Tristan), comte de Lée, âgé de 58 ans; maréchal-de-camp en disponibilité, né à Paris, demeurant présentement en Angleterre.*

Le général comte de Montholon était à Londres depuis le mois d'avril dernier ; son séjour en Angleterre peut également être attribué ou à l'état de ses affaires personnelles ou à ses liaisons avec les conjurés ; il y voyait fréquemment le prince Louis, et avait, de son aveu, des rapports journaliers avec lui. Leur intimité, qu'explique d'ailleurs le séjour du général à Sainte-Hélène pendant la captivité de l'Empereur Napoléon, ne permet guère de supposer que Louis Bonaparte se soit tenu à son égard dans une sorte de réserve, et ne lui ait pas fait à l'avance connaître tous ses plans. C'est cependant ce que le comte de Montholon assure. A cette observation que lui adresse M. le chancelier : « Il est impossible que Louis Bonaparte ne se soit pas beaucoup ouvert à vous de ses projets, » il répond : « Oui, beaucoup, mais pas celui de Boulogne. Je l'ignorais complètement ; je pourrais même ajouter qu'il a mis beaucoup de soin à me le cacher.

« Le prince cherchait toute espèce de moyen de rentrer en France à main armée, et de reprendre la couronne de France. Je m'efforçais de le détourner de ses projets, et c'est parce qu'il savait que mon opinion était contraire qu'il s'est caché de moi au dernier moment, et non-seulement de moi, mais encore de son oncle Il nous a trompés l'un et l'autre. Je suis convaincu que si le comte de Survilliers n'avait pas eu son accident, et s'il était resté à Londres, le prince Louis n'eût pas débarqué en France. Il faut même que, le dimanche ou le lundi, le prince ait reçu de France quelques nouvelles qui l'aient décidé, car je me refuse à croire qu'il m'ait trompé à ce point. J'ajoute que le prince avait toujours dit au comte de Survilliers que ses droits à lui ne pouvaient jamais venir qu'après ceux de son oncle Joseph et après ceux de son père, l'ancien roi de Hollande. »

Il n'est pas aisé de concilier cette réponse avec la conduite du comte de Montholon. N'a-t-il pas, sur l'invitation du prince, consenti à s'embarquer à Londres pour Margate, et de là sur le bateau à vapeur *le Château d'Edimbourg*, pour descendre ensuite avec lui et sa troupe armée sur la côte de Boulogne ? Le soin d'emporter avec lui son habit d'uniforme ne prouve-t-il pas l'entière connaissance des projets du prince, et la résolution de les appuyer ?

A cette induction, le comte de Montholon objecte que ce n'était pas pour Boulogne qu'il s'était embarqué, mais pour Ostende ; que son habit avait été placé dans le bateau à vapeur, non par lui, mais par Louis Bonaparte, chez lequel il l'avait laissé pour s'en revêtir dans un bal par souscription.

Dans cette hypothèse, lui a dit M. le chancelier, qu'alliez-vous faire à Ostende? — R. Le prince m'avait prié de voir une personne qui devait me donner des renseignemens, et de lui transmettre ces renseignemens.

D. Quelle était cette personne? — R. Je ne la connais pas; elle devait venir me trouver. Le prince m'avait prié de rester un jour à Ostende, et si l'on ne venait pas me trouver dans cette ville, de rester un jour à Gand.

D. Cette réponse suffirait pour démontrer l'intimité de vos relations avec Louis Bonaparte, et à quel point vous étiez dans sa confidence; car la mission dont il vous chargeait était évidemment de la même nature que les projets qu'il a accomplis. — R. Je n'en doute pas.

D'autre part, le nom du comte de Montholon avait été rattaché d'avance à la conjuration par Louis Bonaparte, puisque sa signature en qualité de major-général se trouve au bas de l'ordre du jour imprimé à Londres. Ajoutez que la proclamation à l'armée, le décret de déchéance du roi et de dissolution des chambres portent également son nom. Ces pièces ont été lues à bord du *Château-d'Edimbourg*, dans la journée du 5 août. Tous les passagers l'ont déclaré, et comment admettre dès-lors qu'il ne les ait connues, comme il l'a dit dans son interrogatoire, qu'au moment où M. le procureur du roi de Boulogne les lui a montrées.

C'est après la lecture faite, à bord, de ces pièces, quelques heures avant le débarquement à Wimereux, qu'il a consenti à revêtir son habit de maréchal-de-camp. Ce ne pouvait être, sans doute, que pour s'employer au succès des projets qui allaient s'exécuter, et dont il est impossible qu'il n'eût pas, au moins de ce moment-là, une pleine connaissance. On le voit, en effet, débarquant comme les autres, contribuant avec eux, lui encore porté sur les contrôles de l'armée française, à la violation du territoire, et marchant enfin, sous le drapeau de la rébellion, vers la ville de Boulogne: il est à la tête de l'état-major comme l'officier le plus élevé en grade; il traverse les rues, arrive à la caserne et y pénètre. Qu'y a-t-il fait?

Voici ce qu'il a dit à ce sujet dans son interrogatoire devant M. le chancelier : « Je n'ai consenti à revêtir mon uniforme que pour sauver le prince, si cela était possible, et pour arrêter l'effusion du sang.... Je n'ai rien fait du tout que d'empêcher que l'on se tue et de chercher à sauver le prince. En le sauvant, je croyais rendre service à mon pays; je n'avais pas oublié la mort du duc d'Enghien, dont le sang n'a été effacé ni par les victoires, ni par la gloire de l'Empire. Je crois que c'est à mes conseils qu'il a cédé en se retirant. »

De son côté, Louis Bonaparte a déclaré qu'avant l'embarquement il n'avait pas fait part de ses projets au général Montholon.

« Je ne savais pas, a-t-il ajouté, s'il ne tenait pas plus au gouvernement actuel, qui l'avait replacé, qu'à ses souvenirs de l'Empire. »

111. *Voisin (Jean-Baptiste), âgé de 60 ans, colonel de cavalerie en retraite, né à Dieppe, demeurant à Tarbes (Hautes-Pyrénées).*

Le colonel Voisin s'est embarqué à Margate sur le bateau à vapeur le *Château d'Edimbourg*. Quoiqu'il fût depuis peu de temps à Londres, où ses affaires et le plaisir l'avaient, dit-on, appelé, tout porte à croire qu'il était en rapport très direct et très intime avec Louis Bonaparte, qui l'honorait de son amitié. « Je savais, a-t-il dit dans le premier interrogatoire subi à Boulogne, que le prince ne pouvant vivre dans l'exil, espérant trouver de la sympathie et voulant se faire tuer et mourir sur le sol français, s'était déterminé à venir à Boulogne, où je l'ai suivi, parce qu'il m'honorait de son amitié... Il m'a proposé, ajoute-t-il dans un second interrogatoire, de l'accompagner sans me dire où il allait, et ce n'est que pendant la traversée qu'il nous a fait part de ses projets et qu'il nous a lu ses proclamations. »

Cete version est plus invraisemblable à l'égard du colonel Voisin que vis-à-vis d'aucun autre de ses complices par qui elle est invoquée. Les proclamations et l'ordre du jour imprimés à Londres portent son nom et sa signature, au moins présumée... Dans l'ordre du jour, il est désigné comme colonel de cavalerie, aide-major-général; dans les proclamations, sa signature vient après celle du général Montholon, et il a lui-même avoué que, pendant la traversée, le prince en avait donné lecture. Ces pièces, que la cour connaît déjà, et d'autres que nous allons indiquer, ne permettent pas de douter que le colonel ne fût instruit long-temps d'avance de l'attaque projetée sur la ville de Boulogne. Vous vous souvenez du plan de campagne très-détaillé contenant tout ce qu'il y avait à faire depuis l'entrée à Wimereux jusqu'à l'entière réussite de la conjuration. Cette pièce est tout entière écrite de la main du colonel Voisin, sur lequel elle a été saisie après son arrestation. Il en est de même de cinq lettres contenant des ordres relatifs à l'entreprise de Boulogne, adressées, 1° au commandant Desjardins, 2° au capitaine d'Hunin, 3° au lieutenant-colonel Laborde, 4° à Orsy, 5° à Flandin. Voisin a déclaré au juge d'instruction de Boulogne : « Que ces lettres étaient écrites de sa main et pour l'exécution du plan du prince, » ainsi que deux autres lettres de service restées en blanc et ci-dessus transcrites. De pareils actes excluent l'idée qu'avant le départ du paquebot, Voisin ignorât sa destination. Cependant, il a déclaré au juge d'instruction de Boulogne que ces lettres avaient été écrites à bord du paquebot; qu'il n'avait copié le plan de campagne que sur un brouillon qui lui avait été donné par le prince Napoléon pendant la traversée. »

Que si l'on admettait que le colonel Voisin ignorait les projets du prince avant le départ du bateau à vapeur, on serait encore autorisé à conclure de ses aveux, de ses déclarations, comme de ses écrits, qu'il a au moins, pendant la traversée, accepté la proposition de s'associer au plan de Louis Bonaparte, pour pénétrer en France, surprendre la ville de Boulogne, provoquer et entraîner la défection de la garnison, et, par son aide, arriver au renversement du gouvernement. Dans l'exécution, le colonel Voisin n'a reculé devant aucune des conséquences de sa situation. Il a revêtu son uniforme, qui a aussi été porté à bord. Après le débarquement, il a marché sur Boulogne et a assisté à toutes les scènes de la caserne. Après en être parti, il a suivi le prince dans toute sa marche subséquente et dans sa retraite jusque dans le canot, où il a été blessé par les coups de feu tirés sur cette embarcation.

Mésonan (Le Duff de), Séverin-Louis, âgé de 57 ans, chef d'escadron d'état-major en retraite, né à Quimper (Finistère), demeurant à Paris.

L'incident dont nous avons précédemment entretenu la cour, relativement à cet ancien chef d'escadron, a déjà fait connaître la double situation dans laquelle il se trouvait placé. L'un des agens les plus actifs de Louis Bonaparte, il s'était employé par tous les moyens à sa disposition pour lui créer des partisans. Par ses voyages dans les départemens et surtout dans le Nord; par les documens que l'instruction s'est procurés; par le caractère et le grade des personnes auxquelles il s'adressait, on peut juger de l'audace de ses provocations. Mésonan, suivant la prévention, s'était déjà rendu bien coupable avant sa participation à l'attentat de Boulogne; mais les deux crimes qui peuvent lui être imputés se confondent en définitive dans le dernier puisque la tentative d'embauchage n'avait été commise que pour arriver à la consommation de l'attentat.

La preuve de la tentative d'embauchage, niée d'abord par l'inculpé Mésonan, est écrite dans la déposition du maréchal-de-camp Magnan. Devant une déclaration aussi formelle, la dénégation s'est peu à peu évanouie, et c'est presque un aveu que Mésonan a laissé échapper. Quant à sa participation à la tentative de Boulogne, elle est attestée par les mêmes faits qui ont servi à appuyer les charges que la prévention fait peser sur ses complices. Mésonan l'avait senti au premier moment de son arrestation, car il s'était borné à répondre au juge d'instruction ces mots décisifs: « Les faits sont patens; je ne veux et ne dois entrer dans aucuns détails. » Il a persévéré devant M. le chancelier dans cette appréciation de sa conduite. Invité de déclarer s'il n'était pas débarqué en compagnie de Louis Bonaparte, pour renverser le gouvernement établi, il répondait encore : « C'est évident, je ne nie pas la lumière; les faits sont là : j'étais chef d'état-major du prince. »

D. Avez-vous bien compris, ajoute M. le chancelier, tous les résultats de votre entreprise? — R. Sans doute; on ne s'engage pas dans une affaire de cette gravité, sans en avoir calculé d'avance toutes les conséquences; autrement, on ne serait qu'un étourdi...

Et, en répondant à une autre question, il ajoute : « Dans tout cela, j'ai agi par désintéressement et par patriotisme. L'entreprise du prince n'eût pas été aussi insensée, si on avait attendu que les circonstances devinssent plus favorables à sa cause. »

Après de tels aveux, qu'est-il besoin d'ajouter que Mésonan a suivi toutes les phases de l'expédition, depuis son départ de Gravesend jusqu'au chavirement dans la mer du canot qui favorisait sa fuite, celle de Louis Bonaparte et de quelques autres de leurs complices? « J'ai, dit-il encore dans son interrogatoire devant M. le chancelier, accompagné le prince partout : c'était ma position. Je me suis jeté à la mer avec lui, et j'ai été arrêté en même temps que lui. »

V. *Parquin (Denis-Charles), âgé de 53 ans, se disant aide-de-camp du prince Louis, né à Paris, demeurant à Londres.*

Charles Parquin, ancien chef d'escadron de la garde municipale de Paris, était un des artisans les plus actifs de l'attentat de Strasbourg. Il fut mis en jugement et acquitté. Depuis le retour de Louis Bonaparte des États-Unis, il reprit ses relations avec lui et recommença, dans son intérêt, ses menées et ses voyages, notamment à Paris et dans les départemens du nord de la France. Sa mission paraît avoir été de voir les anciens militaires, de sonder et d'exciter leur mécontentement, et enfin de les rattacher par des offres de service à une nouvelle entreprise contre le gouvernement, soit qu'il les laissât chez eux pour profiter plus tard de leur appui, soit qu'il les amenât à Londres, où le prince disposerait plus utilement et surtout plus activement de leurs services. Charles Parquin avait encore fait un voyage dans ce but, le mois de juillet dernier. Il embaucha alors le capitaine en retraite Desjardins, comme il avait embauché, au mois d'avril précédent, l'ancien soldat de la garde municipale Brigaud.

Les rapports qui existent depuis si long-temps entre Louis Bonaparte et Parquin, et la connaissance générale de ses desseins sur la France, servis par lui-même dans ses nombreux voyages, ne permettent pas de supposer que Parquin n'ait pas été informé, avant le départ du navire, de l'intention de descendre à Boulogne. Il l'a néanmoins déclaré dans son interrogatoire devant M. le chancelier, ajoutant qu'il n'en avait été instruit que la veille du débarquement. Cette assertion est contredite par tous ses précédens et particulièrement par ses embauchages à Paris et dans les départemens du nord, par les fonctions d'aide-de-camp qu'il a acceptées, par le grade de colonel commandant la cavalerie à l'avant-garde que lui donnait l'ordre du jour imprimé à Londres sous ses yeux et dans la maison même du prince, où il demeurait ; ordre du jour lu pendant la traversée et distribué à Boulogne par tous les conjurés, par lui comme par les autres.

On voit d'ailleurs, même en acceptant toute la déclaration de l'inculpé, qu'a partir de la veille du débarquement, il avait connu les plans et les projets de Louis Bonaparte, et qu'au lieu de les combattre et de les décliner pour sa part, il les avait approuvés. Il fit plus, il accepta le rôle qui lui était réservé, et, revêtu de son uniforme qui se trouvait à bord, il consentit à marcher avec le prince, et à faire pour la surprise de Boulogne, pour la séduction de la garnison et le renversement du gouvernement de la France, tout ce que son chef lui commandait.

Il y a cela de remarquable que c'est Parquin qui, en entrant dans Boulogne, a fait les premières tentatives pour entraîner les soldats du 42ᵉ. Le poste de la rue d'Alton, qui se trouvait sur le passage des conjurés, trompé par les insignes d'officiers-généraux que portaient plusieurs d'entre eux, avait pris les armes. Un officier supérieur s'était détaché pour proposer de suivre le détachement, ce qui fut refusé par le sergent Morange; et cet officier supérieur c'était Parquin. Il en est convenu dans l'interrogatoire que lui a fait subir M. le chancelier : il a seulement fait remarquer qu'il ne s'était pas arrêté, et qu'il s'était borné à demander si les hommes du poste suivraient le mouvement; mais cette assertion est contredite par le témoignage du sergent Morange, qui affirme que Parquin l'a menacé de le punir le lendemain s'il ne marchait pas avec les conjurés, menace à laquelle Morange répondit que « alors il serait puni pour avoir fait son devoir. »

On est fondé à croire qu'arrivé devant la caserne, Charles Parquin n'a pas tenu une autre conduite, et que, placé sous le commandement de celui *au quel seul il obéissait*, il a secondé de tout son pouvoir ses efforts pour enlever les deux compagnies du 42ᵉ.

Interrogé par M. le chancelier sur sa conduite à ce moment, Parquin a répondu : « J'étais auprès du prince, je n'ai aucune explication à donner là-dessus. » Tel est, au reste, le système auquel il s'est constamment attaché dans le cours de l'instruction. La cour en jugera par l'extrait qui suit de l'un de ses interrogatoires.

D. Vous avez été arrêté à Boulogne, le 6 août, faisant partie d'une bande armée conduite par Louis Bonaparte, et qui, d'après son propre aveu, était destinée à renverser le gouvernement établi en France par la constitution ? — R. J'étais auprès du prince Napoléon, dont je suis l'aide-de-camp.

D. Vous étiez près de lui avec l'intention de renverser le gouvernement? — R. Je n'ai aucune explication à donner là-dessus.

IV. *Bouffet de Montauban (Hippolyte-François-Athale-Sébastien), âgé de 47 ans, se disant général des volontaires parisiens de 1830 à 1831, par décision administrative du 15 décembre 1830, né à Verneuil (Eure), demeurant à Richemond-Green, près Londres.*

Bouffet de Montauban est aussi l'un de ceux que le paquebot le *Château d'Edimbourg* avait débarqués à Wimereux, après qu'il s'était revêtu de l'uniforme de général. Il marcha comme les autres sur Boulogne et assista aux violentes scènes de la caserne. Il se rendit avec eux à la porte de la ville haute, à la colonne, et de là chercha à s'enfuir et à s'échapper lorsqu'il jugea l'affaire manquée. Il fut arrêté par le lieutenant de la gendarmerie, et immédiatement interrogé par le procureur du roi de Boulogne.

Ses réponses furent en harmonie avec les faits qui venaient d'être constatés à la vue de toute la population de la ville; il dit : « Je suis venu en France avec le prince, dans l'intention de « changer la forme du gouvernement établi, mais non de le pro- « clamer empereur des Français sans l'assentiment de la nation. »

M. le procureur du roi lui demande si, quand il s'est embarqué, il connaissait les intentions du prince.

Il répond : « Non; *dimanche dernier* (1), *en dînant* chez le « prince, il m'a dit qu'il avait l'intention d'opérer un débarque- « ment en France, et me demanda si je voulais l'accompagner. Je « lui répondis que j'étais à lui à la vie et à la mort. »

Comme l'inculpé a paru vouloir modifier, devant M. le chancelier, ses précédentes déclarations, il est juste de rappeler les termes mêmes de son interrogatoire.

« J'étais à Richemond lorsque, la veille de l'embarquement, je « reçus une invitation de venir *déjeuner* chez le prince; *c'était le* « *lundi 3*. Le prince me demanda si je voulais l'accompagner « dans une petite excursion qu'il allait faire. Je lui dis : Mon « prince, vous savez que je suis à vous à la vie et à la mort, et je « lui demandai ce dont il s'agissait; il me dit : Vous le saurez « plus tard. Le prince me donna l'ordre de revenir le lendemain, « et d'amener avec moi mon domestique français, ce que je fis. « Nous montâmes dans une calèche avec le prince et deux autres « personnes, MM. Bachon et Faure. La voiture nous conduisit à « Gravesend. Arrivés là, nous nous embarquâmes à bord de la « *City d'Edimburgh*; et, ayant rencontré le colonel Laborde sur « le bâtiment, je lui demandai s'il savait où nous allions; il me « dit : Nous allons, je crois, à Ostende ou à Hambourg. »

« J'affirme sur l'honneur que je ne savais pas où j'allais. Après « cela, quand j'ai vu ce qui se passait, j'ai bien vu qu'il s'agissait « de renverser le gouvernement; c'est positif. Mais si le prince « ne m'avait dit que la population et l'armée nous attendaient, et

(1) C'était le 2 août.

« que nous arriverions à Paris sans tirer un coup de fusil, je n'au-
« rais pas fait la faute de quitter un établissement que j'ai en An-
« gleterre, et qui est en pleine prospérité, pour venir me faire
« mettre en prison ici. Mais, partout où le prince m'aurait dit
« d'aller, je l'aurais suivi, parce que je lui suis tout dévoué, et
« qu'il ne m'appartenait pas de discuter ses plans. »

En admettant cette dernière explication de la conduite de Bouffet-Montauban, il restera toujours établi qu'il savait bien qu'il
s'agissait d'une attaque contre le gouvernement de France, et que
c'est dans ce but qu'il s'est embarqué.

VII. *Laborde (Etienne)*, *âgé de* 58 *ans, lieutenant-colonel en
retraite, né à Carcassonne* (Aude), *demeurant à Paris*.

Les charges que l'instruction a fournies contre les précédens inculpés s'appliquent encore au lieutenant-colonel Laborde. Comme
eux il était à Londres, tenu par Louis Bonaparte en disposition de
partir pour son expédition de France. Louis Bonaparte avait usé
de son nom dans son ordre du jour pour y accoler le titre de
commandant l'infanterie au centre, et l'avait fait embarquer sur
le bateau à vapeur le *Château d'Edimbourg*, comme engagé dans
son entreprise. Son habit de lieutenant-colonel était à bord ; il
s'en revêtit, débarqua à Wimereux, marcha à Boulogne, et fit avec
le même zèle, la même ardeur, la même constance de volonté, ce
que nous avons reproché aux autres conjurés ; comme eux il fut
arrêté en flagrant délit.

Le lieutenant-colonel Laborde fait valoir les mêmes excuses
que les autres inculpés. Il se défend d'être allé à Londres pour
y rejoindre Louis Bonaparte. Il n'a fait que deux voyages en Angleterre, avant lesquels il ne le connaissait pas. Le premier s'est
borné à quelques visites de politesse, et le second à répondre à
une invitation que Louis Bonaparte lui avait adressée. Ce fut
alors que celui-ci proposa, sous le prétexte de santé, de faire un
voyage en Belgique. Il accepta et ne connut ses projets qu'à bord
du paquebot, lorsqu'il lut les proclamations, les arrêtés et décrets,
et qu'un domestique lui apporta son habit d'uniforme à revêtir. Il
n'a eu, ajoute-t-il, d'autre intention que d'empêcher l'effusion du
sang et de prévenir une collision.

VIII. *Lombard (Jules-Bartélemy) âgé de* 31 *ans, se disant officier d'ordonnance du prince Louis Bonaparte, né à Reuil-
lac (Gironde), demeurant à Londres en dernier lieu, et ordinairement à Paris*.

Lombard, ex-chirurgien de l'hôpital militaire de Strasbourg,
impliqué dans l'attentat de 1836, et acquitté comme les autres,
n'a pas cessé depuis de s'occuper activement de tout ce qui pou-

vait amener le succès de la cause bonapartiste : écrits, pamphlets, voyages, il n'a rien négligé pour préparer une seconde tentative. Il était à Londres, chez Louis Bonaparte, lorsque l'attaque sur Boulogne fut résolue. Aussi a-t-il déclaré à M. le chancelier qu'il en avait connu le projet. « Je suis attaché au prince « depuis six ans, a-t-il ajouté, je suis son ami : je sais parfaitement « que son intention est de renverser le gouvernement qui existe « actuellement en France. Ainsi, depuis 1836, je suis dans une « opposition constante avec ce gouvernement... »

Dans son premier interrogatoire, subi à Boulogne devant le procureur du roi, il avait été encore plus explicite sur cette question : « S'il n'avait pas tenté d'exciter un soulèvement dans le but de changer la forme du gouvernement en France, et de proclamer Louis Bonaparte empereur des Français; » il avait répondu : « C'est vrai, telle était mon intention. »

Sa conduite a pleinement répondu à cette intention. Après avoir tout fait en France par ses brochures et ses démarches pour créer des partisans à Louis Bonaparte, il arriva à Londres, où il apprit la résolution d'agir sur Boulogne, qu'il n'avait pas connue avant son départ de Paris. Décidé à le seconder, il s'embarqua avec les autres conjurés sur le bateau à vapeur le *Château-d'Édimbourg*, et descendit avec eux à Boulogne. Le drapeau impérial lui fut confié ; il le porta dans Boulogne, se servit de l'aigle qui le surmontait pour frapper le sous-préfet ; ce fut la seule réponse qu'obtint ce magistrat à la sommation faite, au nom du roi, au détachement d'insurgés de se séparer. Il alla l'arborer ensuite au sommet de la colonne, où il fut fait prisonnier par des habitans de Boulogne.

Tel est, en peu de mots, le récit qui concerne l'inculpé Lombard.

IX.—*Conneau (Henry), âgé de trente-sept ans, docteur en médecine, attaché au prince Louis-Napoléon, né à Milan, de parens français, demeurant à Londres.*

Le docteur Conneau est lié depuis beaucoup d'années avec la famille de Louis Bonaparte. En 1820, il était le secrétaire de son père ; plus tard il devint le médecin de sa mère, et c'est en 1831 qu'il fut attaché à sa personne (1). Des relations de tous les jours ont dû amener naturellement les confidences de Louis Bonaparte et la coopération que Conneau a prêtée à ses projets ambitieux. Une conformité d'idées et un égal désir d'une restauration impériale expliquent tout ce qui dut se passer entre eux.

On lui a demandé, dans son interrogatoire de Boulogne, s'il s'était proposé d'exciter un soulèvement dans le but de changer la forme du gouvernement et de proclamer Louis-Napoléon empereur des Français.

(1) Interrogatoire devant M. le chancelier.

Il a répondu : « Cela est vrai ; telle était mon intention. »

D. Avant de quitter Londres, connaissiez-vous le but du voyage ?

R. Oui, le prince m'avait mis dans sa confidence.

Et devant M. le chancelier il a ajouté :

« J'étais dans la confidence de certaines choses. Je savais depuis quelque temps qu'il devait débarquer en France.

D. Et vous avez persisté jusqu'au dernier moment dans la résolution de l'accompagner ?

R. Oui, certainement.

C'est Conneau qui avait imprimé les proclamations avec des caractères à lui qui se trouvaient chez Louis Bonaparte. Il a lui-même déclaré qu'il y avait travaillé jusqu'au dernier jour. Il ne les avait pas rédigées. C'est sur une minute toute préparée que se fit l'impression. Il convient d'avoir distribué des proclamations sur le paquebot aux hommes qui accompagnaient le prince.

C'est également lui qui attacha les boutons aux habits militaires qui furent apportés à bord. Il en prit un pour lui-même. Il portait l'uniforme de sergent-major des chasseurs lorsqu'il descendit à Wimereux.

On lui demande, dans son interrogatoire de Boulogne, si le détachement qui accompagnait Louis Bonaparte à la caserne avait des armes chargées. Il répond : « Oui, les armes étaient chargées. »

Au surplus, il ne nie aucune circonstance du départ, de la traversée, du débarquement, du trajet à Boulogne, des scènes de la caserne, de la ville haute et de la colonne. Il a participé à tout par sa présence et par l'appui qu'elle donnait à l'acomplissement des projets de Louis Bonaparte. Il dédaigne de se défendre autrement que par la franchise de ses aveux.

X. *Fialin de Persigny* (Jean-Gilbert-Victor), *âgé de trente ans, né à Saint Germain-Lespinasse, se disant attaché au prince Louis-Napoléon, demeurant à Londres.*

Persigny, comme plusieurs de ceux dont nous venons d'entretenir la cour, avait fait partie de l'entreprise sur Strasbourg. Depuis son acquittement, il n'avait pas cessé, par ses écrits, par leur distribution, par ses démarches, par ses nombreux voyages, de propager les idées napoléoniennes, et de travailler à les susciter dans l'armée comme au sein de la population. La cour a vu à quel point d'exaltation il avait l'habitude de les porter, par l'audace même des réponses qu'il fit au moment de la défaite. Il venait d'être arrêté dans l'eau, où il s'était jeté pour rejoindre le paquebot.

« Nous avions, a-t-il dit, l'intention de changer le gouvernement des Bourbons, et d'y substituer la dynastie impériale. C'était au moins mon intention personnelle »

Devant M. le chancelier, Persigny a modifié ou remplacé cette déclaration en disant, au contraire, que son dessein était « de mettre la nation en situation de prononcer sur son gouvernement. »

« J'ai distribué autant de proclamations qu'il m'a été possible. J'en connaissais l'objet.

« Je connaissais, ajouta-t-il devant le procureur du roi de Boulogne, les intentions du prince, et je savais où le débarquement devait avoir lieu.

« D. A la caserne, n'a-t-on pas tenté de soulever la troupe et de la déterminer à suivre le prince?

« R. J'ai fait tous mes efforts pour obtenir ce résultat.

« En quittant la caserne, nous avons tenté de nous emparer de la haute ville par deux portes différentes ; mais elles étaient fermées : nous n'avons pu les briser, et nous avons dû renoncer à ce projet. »

Dans un second interrogatoire, subi le 11 août, devant M. Petit, président de chambre à la cour royale de Douai, Persigny a demandé à faire une déclaration que nous devons consigner; la voici :

« Lorsque le prince s'est rendu à la caserne, j'ai posé six factionnaires à la porte, et je leur ai donné l'ordre de ne laisser entrer ni sortir personne. Cet ordre a été exécuté pendant quelque temps ; mais, au moment où les troupes proclamaient le prince et reconnaissaient le drapeau, un officier du 42e, qui m'a paru animé d'intentions hostiles, est entré de vive force au quartier. J'étais alors habillé en sous-officier d'infanterie, et j'avais un fusil à la main ; je me suis élancé sur lui ; et, au moment où j'allais le tuer, M. le lieutenant Aladenize s'est élancé sur moi et a détourné le coup que j'allais porter. Telle a été l'énergie de son action, que ma baïonnette a été ployée en deux. Un moment plus tard, le capitaine des grenadiers du 42e est arrivé, et un nouveau conflit est survenu. Dans ce conflit, déterminé par les mêmes considérations, j'aurais infailliblement tué le capitaine, si M. Aladenize ne s'était de nouveau jeté entre le capitaine et moi, et ne m'avait arrêté de la manière la plus énergique. Il me déclara alors avec toute la chaleur de son âme, que si je touchais au capitaine, il se tournerait sur-le-champ contre nous. La conduite de M. Aladenize a été si noble et si généreuse, qu'elle m'a pénétré pour lui de la plus vive estime; et c'est pour en donner un témoignage que j'ai jugé à propos de faire cette déclaration.»

Devant M. le chancelier, Persigny a confirmé la plupart de ses déclarations, et il n'y a ajouté que quelques mots relatifs à un costume trouvé dans son sac. M. le chancelier lui a demandé si ce n'était pas l'uniforme de la fonction qu'il devait prendre dans l'armée constitutionnelle; il a répondu : « Oui, monsieur, cet uniforme est celui que j'aurais sans doute revêtu, si nous étions parvenus à former en route un corps de guides à cheval.»

Dans l'ordre du jour imprimé, distribué avec les proclamations, Persigny était désigné pour commander les guides à cheval en tête de la colonne.

XI. — *D'Alembert (Alfred), âgé de 27 ans, secrétaire du prince Louis-Bonaparte, né à Nancy (Meurthe), demeurant à Londres.*

D'Almbert prend le titre de secrétaire intime du prince. Avant de quitter Londres, il connaissait les intentions de Louis Bonaparte; et il est venu en France dans le but de changer la forme du gouvernement établi, et de proclamer Louis Bonaparte empereur des Français (1).

Après le débarquement, je me suis mis, dit-il, à la tête de quelques domestiques du prince, habillés en soldats. Nous nous sommes dirigés sur Boulogne, passant près de la colonne. Aussitôt notre arrivée dans cette ville, nous nous sommes transportés à la caserne : le prince y a pénétré; moi je suis resté dehors avec mes hommes pour écarter les personnes qui voulaient y entrer. Au bout d'un quart-d'heure le prince est sorti, il a repris le chemin que nous avions suivi en venant. En approchant de la plage, nous avons été séparés. Je suis allé vers l'est pour tâcher de me rembarquer; puis, quand j'ai su que le prince était arrêté, je suis venu de moi-même me rendre à l'autorité.

D. Avez-vous vu distribuer des proclamations dans la ville de Boulogne?

R. Je n'en ai vu distribuer que lorsque je me trouvais devant la caserne.

D. Par quels motifs, connaissant les projets du prince, qui tendaient à porter la guerre civile dans votre patrie, avez-vous persisté à l'accompagner?

R. Je ne pensais pas que la présence du prince dût apporter la guerre civile en France. Je croyais, au contraire, que son nom et son caractère rallieraient tous les partis et toutes les opinions ; comme je n'ai connu ses projets que peu avant le débarquement, il m'était impossible de m'y refuser; et d'ailleurs je lui suis tellement attaché que je l'aurais suivi partout où il m'aurait conduit.

Dans son interrogatoire devant M. le chancelier, d'Almbert a ajouté :

« Je n'ai commencé à soupçonner quelque chose qu'au bout d'un certain temps, après quatre ou cinq heures de parcours au moins, et lorsque j'ai vu des uniformes. Après cela, quand j'ai vu ce dont il s'agissait, il était trop tard pour reculer, et je n'en avais d'ailleurs nulle envie. Je croyais que mon devoir m'obligeait de suivre le prince partout où il allait, et je n'ai nul regret de l'avoir suivi. »

(1) Interrogatoire devant M. Martinet, juge au tribunal de Bouogne.

D'Almbert avait d'ailleurs revêtu l'uniforme qui lui était destiné.

XII. *Orsi (Joseph), âgé de trente-deux ans, négociant, né à Florence, demeurant à Londres.*

Orsi avait été banquier de la famille Bonaparte, à Florence. Établi depuis quelques années à Londres, il avait fait les affaires de Louis Bonaparte et en avait reçu des services ; il se regardait comme son obligé.

« Le prince, a-t-il répondu à M. le chancelier, m'avait obligé dans diverses circonstances. Quand il m'a dit qu'il avait besoin de moi, je n'ai pas pu me dispenser d'agir comme je l'ai fait.

« Je savais, a-t-il ajouté, en répondant à une autre question, que le prince nourrissait toujours l'espoir de faire quelque chose, mais je n'ai su que trois jours avant de partir qu'il allait en France, et quel était le but de son expédition (1).

D. Par conséquent, c'est très sciemment que vous avez participé à une entreprise aussi criminelle ?

R. Oui, monsieur.

D. De quel uniforme étiez-vous porteur ?

R. Je portais l'uniforme de la garde nationale à cheval de Paris.

D. Cet uniforme répondait évidemment à la qualification qui vous était donnée dans l'ordre du jour de lieutenant des volontaires à cheval.

R. Je ne nie aucune circonstance : ce sont des faits.

Au reste, Orsy a fait tout le trajet de Wimereux à Boulogne. Il a assisté à toutes les scènes de la caserne et aux excursions à la ville haute et à la colonne. Il a été arrêté comme tous les autres en flagrant délit d'attentat.

XIII. *Alexandre (Prosper), dit Desjardins, âgé de 51 ans, capitaine en retraite, né à Paris, y demeurant rue Saint-Honoré, 305.*

Le capitaine Desjardins est cet officier embauché à Paris, quelques jours avant l'expédition, par Charles Parquin, ainsi que nous avons déjà eu l'occasion de le dire. Père de cinq enfants et dans

---

(1) Dans un interrogatoire subséquent, du 22 août, il a demandé à expliquer sa pensée :

« J'ai voulu dire que je savais que le prince était toujours occupé des affaires politiques, qu'il ne perdait pas de vue ses projets dans l'avenir, mais je n'ai pas voulu dire que je savais qu'il préparait quelque chose matériellement et immédiatement. Le prince est très caché, et il ne laisse pas facilement pénétrer sa pensée. »

une position de fortune fort gênée, il était aux expédiens pour élever sa jeune famille. C'est le motif qu'il a donné à M. le chancelier, sinon pour justifier, au moins pour expliquer son association aux projets de Louis Bonaparte. Il faut dire néanmoins qu'au moment de son arrestation, le 5 août, Desjardins était loin d'invoquer cette excuse; il répondait au contraire au juge d'instruction de Boulogne, que « c'étaient ses opinions politiques qui l'avaient porté à suivre le prince Louis. » et cette déclaration est en harmonie avec les premières paroles de son interrogatoire. « Je conviens de ma participation à l'entreprise du prince; j'ai fait sa connaissance à Londres il y a quinze jours; il m'a fait part de son projet mardi dernier, au moment de notre départ de Londres. »

C'était donc en connaissance de cause, sciemment et volontairement, qu'il s'était jeté dans le parti de la révolte. Cela explique pourquoi il s'embarquait sur le bateau à vapeur le *Château d'Edimbourg*; pourquoi, durant la traversée, il revêtissait l'uniforme de commandant qu'il avait emporté à Londres, et qui se trouva à bord du paquebot; pourquoi il assistait à la lecture des proclamations et donnait, au moins par son silence, son approbation à l'ordre du jour, dans lequel il était désigné avec le titre de *chef de bataillon à l'avant-garde*; pourquoi, après avoir suivi toute les phases de l'entreprise de Wimereux à Boulogne, à la caserne, aux portes de la ville haute et à la colonne, il se sauvait avec un cheval pris ou emprunté à un paysan.

XIV. *Galvani (Mathieu), âgé de cinquante-quatre ans, sous-intendant militaire en retraite, né à Sainte-Lucie (Corse), y demeurant.*

Galvani était à Londres depuis le 15 juillet seulement. Il n'avait voulu faire qu'un voyage d'agrément et de curiosité; il l'affirme du moins. Il ajoute qu'ayant le désir de voir Louis Bonaparte, il lui écrivit un billet auquel ce dernier répondit. Il en fut fort bien reçu. Il s'embarqua ensuite sur le *Château-d'Edimbourg*, pour faire une partie de campagne, et ce ne fut qu'en pleine mer qu'il apprit les projets de Louis Bonaparte.

Voici en quels termes il raconte cet incident (1) :

« Le 5, le prince est monté sur une chaise, a appelé tout le monde sur le pont, et a dit qu'il regrettait beaucoup de n'avoir pas instruit d'avance tout le monde de ses projets, mais que le succès dépendait du secret, que maintenant il prévenait ceux qui l'écoutaient qu'il allait entrer en France, et qu'ils ne tarderaient pas à arriver à Paris.

« D. N'avez-vous fait aucune observation ?

« R. J'ai été frappé de stupeur; mais j'étais trop souffrant pour faire aucune observation.

(1) Interrogatoire devant M. le chancelier du 22 août.

« D. Il est difficile de croire à l'ignorance dans laquelle vous prétendiez être, lorsque, sur une proclamation que je vous présente, on lit : *Galvani, sous-intendant militaire, vivres et convois*. Certainement on n'a pu vous donner, sans votre aveu, un titre et une mission qui sont d'ailleurs parfaitement d'accord avec les fonctions que vous aviez remplies ?

« R. Je puis vous assurer que je n'ai pas été consulté pour cela. »

Dans son premier interrogatoire devant le juge d'instruction de Boulogne, Galvani avait dit qu'il y avait à bord des uniformes et quelques armes, mais que lui ne s'était pas armé, et qu'il avait conservé son habit bourgeois. La vérité de cette déclaration était prouvée par le costume qu'il portait à son arrestation sur le canot où il était monté en même temps que Louis Bonaparte.

Mais ce qui est aussi certain, c'est qu'à partir du débarquement à Wimereux jusqu'à la fuite sur le canot, Galvani n'a quitté ni le détachement armé des conjurés, ni la personne du prince ; il a assisté et appuyé par sa présence tout ce qui a été tenté dans cette matinée.

XV. *Ornano (Napoléon), âgé de 34 ans, ex officier au 3e dragons (sous lieutenant démissionnaire), né à Ajaccio (Corse), demeurant à Meudon, près Paris.*

Napoléon Ornano était sous-lieutenant au 3e de dragons. Au mois d'octobre dernier expirait le congé de semestre qu'il avait obtenu, et n'ayant pas rejoint son régiment depuis, il fut, d'après la loi, réputé démissionnaire. Sa parenté avec la famille de Bonaparte et ses dispositions à appuyer sa cause ne furent pas étrangères à sa sortie du régiment. Elles l'amenèrent aussi à faire un voyage à Londres pour voir Louis Bonaparte, qu'il ne connaissait pas encore. Il a vécu depuis fort intimement avec lui et s'est attaché de plus en plus à sa personne. Son dévoûment n'avait pas de bornes.

C'est ainsi qu'il fut amené à s'embarquer sur le paquebot le *Château d'Edimbourg*.

« Je ne savais, a-t-il répondu à M. le chancelier dans l'inter-
« rogatoire du 21 août, ni l'heure, ni le jour, ni l'endroit où je
« devais débarquer ; mais quand j'ai reçu l'ordre de débarquer,
« je n'ai pu douter de l'expédition, et j'étais tout-à-fait à la dispo-
« sition du prince, prêt à le suivre partout. »

L'inculpé aurait pu ajouter que sa prévoyance avait précédé les confidences ostensibles de Louis Bonaparte. En effet, il avait emporté à Londres l'uniforme de son ancien grade, et il n'avait pas manqué de s'en revêtir à bord du paquebot ; d'où l'on pourrait tirer cette conséquence, qu'il avait connu précédemment les proclamations, et surtout l'ordre du jour dans lequel il était indiqué comme lieutenant de cavalerie à l'arrière-garde. M. le chancelier lui en a fait l'observation, à laquelle il s'est contenté de répondre :
« Oui, monsieur, le prince m'avait conféré cet emploi. »

Au surplus, Ornano avait été bien plus net et plus explicite devant le juge d'instruction de Boulogne ; il avait dit : « Je conviens d'avoir participé ce matin à l'entreprise du prince Louis-Napoléon. Je suis parti avec lui de Londres sur le paquebot la *Ville d'Édimbourg*, sachant quel était le but de notre expédition. Je portais l'uniforme de mon ancien régiment.

Ornano débarqua avec tous les autres conjurés à Wimereux, et marcha comme eux vers Boulogne. Il coopéra, suivant sa position et son rang, à tout ce qui se fit à la caserne, à la haute ville et à la colonne. Il ne se retira que lorsque la présence de la force armée eut prouvé l'inutilité de la résistance. Il crut trouver un abri dans une cabane de bois, où les recherches de l'autorité allèrent bientôt le découvrir. Il fut donc comme les autres arrêté en flagrant délit.

XVI. *Forestier (Jean-Baptiste-Théodore), âgé de 25 ans, né à Saint Géranlt-le-Fuy, domicilié à Paris.*

Forestier est prévenu, comme plusieurs de ceux dont nous vous avons déjà entretenus, d'avoir préparé l'attentat de Boulogne par ses liaisons avec Persigny, par la distribution dans les casernes des brochures composées pour y disposer l'opinion publique, par l'embauchage des militaires sur lesquels il a pu exercer quelque influence, et d'avoir coopéré à sa consommation en accueillant les conjurés à leur descente du bateau à Wimereux, et les accompagnant dans leur trajet à Boulogne jusqu'à leur arrestation.

La prévention appuie toutes ces assertions de la manière suivante :

1° Les relations avec Persigny, dans le but commun de faciliter le retour et l'établissement de Louis Bonaparte, sont de notoriété publique : elles résultent notamment du service que Forestier aurait rendu à Persigny en allant demander pour lui un passeport qu'il lui aurait ensuite confié. Forestier est poursuivi judiciairement pour ce fait, qu'il a avoué. Il ne cache que le nom de la personne à laquelle il aurait rendu ce service. On verra bientôt que Forestier est fréquemment réduit à attribuer à des anonymes des faits qui appartiennent à ses complices.

2° La distribution des brochures bonapartistes dans les casernes est attestée par le propre frère de Forestier, qu'il avait coutume d'employer pour ses menées politiques. Voici sa déposition : « Mon frère m'a dit qu'il était chargé par l'éditeur de cet ouvrage (des *Lettres de Londres*) de le faire distribuer dans les casernes. Je lui fis observer que, dans la position où il était vis-à-vis de la justice, cela pourrait le compromettre davantage, et je l'invitai à se borner à le faire distribuer aux officiers, parce que ce serait plus facile et moins compromettant. Je vis en conséquence le sieur Regnault, distributeur, rue J.-J.-Rousseau, qui se chargea de cette distribution. »

3° La même déposition, confirmée par une sorte d'aveu de l'inculpé, donne des détails circonstanciés sur les embauchages auxquels il se livrait vis-à-vis d'anciens militaires, engagés par lui comme domestiques au service de maîtres domiciliés à Londres. Nous ne la transcrivons pas, parce que sa substance va se retrouver tout à l'heure dans la bouche de l'inculpé lui-même.

4° C'est Forestier qui a acheté les uniformes de soldats embarqués sur le paquebot. L'instruction avait fait d'abord d'inutiles efforts pour savoir d'où provenaient les habits; mais un témoin nommé Legrand, marchand fripier à la rotonde du Temple, a reconnu Forestier pour les lui avoir vendus, et Forestier en est convenu dans sa confrontation. Le sieur Legrand à ajouté qu'antérieurement il avait vendu à Forestier un habillement complet de sous-officier et une capote.

5° Enfin la prévention impute à Forestier d'avoir quitté Londres, le 5 août, d'être arrivé à Boulogne le même jour, pour porter des ordres et des instructions à Bataille et à Aladenize, et d'être allé avec eux, vers les trois ou quatre heures du matin, à Wimereux, assister au débarquement des conjurés, pour revenir ensuite dans la ville et y consommer l'attentat.

La prévention puise la preuve de toutes ces graves imputations dans l'interrogatoire de Forestier devant M. le chancelier. Nous le reproduisons sans y ajouter une seule réflexion, à cause du pressant résumé des charges et de l'exacte analyse de la défense par lesquels il se termine :

D. Quelle affaire si pressante a pu vous appeler en Angleterre?

R. Je suis allé en Angleterre pour une spéculation que je voulais faire avec mon frère ; une entreprise d'ardoises porcelaines que l'on fabrique en Angleterre, et que mon frère et moi avons l'intention de faire fabriquer en France. Si je suis allé en Angleterre à l'époque dont vous me parlez, c'est que j'avais été retenu jusque-là par l'affaire que j'avais ici, et je suis parti aussitôt que j'ai pu avoir mon passeport.

D. Est-ce pendant ce voyage qu'ont commencé vos rapports avec Louis Bonaparte, ou bien étaient-ils antérieurs?

R. C'est seulement à cette époque-là qu'ils ont commencé.

D. Il semblerait cependant que vous auriez contribué, vous ou les vôtres, à recruter du monde pour Louis Bonaparte, en lui envoyant de prétendus domestiques, qu'il a fait habiller en soldats et avec lesquels il a débarqué en France?

R. J'ai été dupe dans cette affaire-là : je croyais envoyer des domestiques à des personnes qui m'avaient été indiquées; pour cela je me suis adressé à toutes les personnes que je connaissais, j'ai agi au grand jour. Les domestiques que j'ai envoyés en Angleterre ont été trompés comme moi : si vous les interrogez, ils pourront vous le dire.

D. Qui est-ce qui vous avait donné cette commission?

R. Une personne de la maison du prince.

D. Quelle est cette personne?

R. Je ne pourrais la nommer.

D. Combien avez-vous envoyé de gens de cette nature ?

R. Cinq ou six environ.

D. Ne vous avait-on pas recommandé d'envoyer de préférence des hommes qui avaient servi ?

R. Oui, Monsieur ; et à défaut d'anciens militaires on m'avait recommandé d'envoyer de beaux hommes, des gens qui fussent au courant du service, qui pussent remplir l'office de valet de chambre ou de chasseurs.

D. Si en effet vos relations avec Louis Bonaparte n'ont commencé que pendant le court séjour que vous avez fait à Londres, il faut qu'elles aient acquis bien vite un caractère de grande intimité, car il paraît certain que vous avez été initié à ses projets.

R. Je n'ai connu les projets du prince que quand ils ont été exécutés.

D. Vous avez cependant été envoyé par lui à Boulogne, la veille du débarquement, pour porter un ordre très important.

R. Je reçus la mission dont on veut que j'aie été chargé.

D. Est-ce que vous n'avez pas porté un ordre au sieur Bataille ?

R. La seule chose qu'on m'ait dit, c'est que si j'allais à Boulogne, je pourrais aller à l'hôtel des Bains, où je verrais M. Bataille, voilà tout.

D. Si ce que vous dites là était la vérité, pourquoi vous seriez-vous caché après l'événement ?

R. Je me suis caché parce que j'ai pris part à l'affaire, par le le résultat des événemens.

D. Il est parfaitement établi par l'instruction que le lieutenant Aladenize, qui a joué un si grand rôle dans l'affaire, est venu à Boulogne sur l'invitation de Bataille, auquel vous-même avez apporté la veille l'ordre de le faire venir.

R. Je nie positivement cela. J'ignorais même l'existence de la personne dont vous venez de parler.

D. Qu'est-ce qui vous avait dit à Londres d'aller à l'hôtel des Bains pour y voir Bataille ?

R. Ce sont des personnes de connaissance qui m'ont engagé à aller à l'hôtel des Bains, parce que c'est un des bons hôtels, et parce que peut-être j'y trouverais une personne de ma connaissance.

D. Quelles sont les personnes qui vous ont engagé à descendre à l'hôtel des Bains ?

R. Je ne pourrais les nommer. Ce qui prouve que je n'avais pas d'ordre pour Boulogne, c'est que si à Londres, au moment de mon départ, on ne m'avait pas dit que le paquebot de Calais était parti, je serais allé à Calais.

D. Mais de Calais, vous seriez venu à Boulogne ?

R. C'est vrai, mais alors la journée aurait été passée.

D. Combien de fois avez-vous vu Louis Bonaparte à Londres ?

R. Une seule fois, et par circonstance. Etant allé chez le prince voir une personne de ma connaissance, le prince s'est trouvé là, et on m'a présenté à lui.

D. N'est-ce pas Persigny que vous alliez voir?

R. Je ne puis nommer la personne.

D. Vous avez dit tout à l'heure que vous vous étiez caché à cause de la part que vous aviez prise à l'affaire? quelle a été cette part?

R. Le jour même de mon arrivée à Boulogne, je voulais en repartir; mais ayant été malade à la mer et étant encore très souffrant, je remis mon départ au lendemain. Pendant la nuit, vers deux heures, une personne que je ne pourrais reconnaître, et qui était peut-être un des domestiques de l'hôtel, vint me dire qu'on m'attendait pour aller promener sur le bord de la mer. Comme je n'avais rien à faire en attendant mon départ, j'acceptai la promenade; nous allâmes à trois ou quatre le long de la côte, du côté où le prince a débarqué. Là nous rencontrâmes des douaniers qui nous dirent qu'un détachement du 40e, venant de Dunkerque et allant en Afrique, avait débarqué, parce qu'une des roues du bâtiment qui les transportait s'était brisée. Nous nous avançâmes et je vis plusieurs fois un canot venir à terre et débarquer quelques personnes. A chaque fois je reconnus quelqu'un des domestiques que j'avais envoyés à Londres et qui me saluèrent. Je vis aussi le prince en grand uniforme; il était dans le dernier canot : je causai avec lui et quelques-unes des personnes qui l'accompagnaient et que j'avais vues chez lui. La troupe se mit en marche, escortée par les douaniers, je ne sais trop dans quelle intention. Arrivé près de la colonne, on me demanda si je ne voudrais pas revêtir un uniforme : je répondis que je n'en avais pas, on m'en proposa un : j'hésitai assez longtemps et je finis par le revêtir; mais je n'étais porteur d'aucune arme. Je dois dire que le principal motif qui me porta à revêtir cet uniforme, ce fut un motif d'honneur. Voyant que ces braves gens que j'avais envoyés à Londres pour servir une dame ou d'autres personnes, et qui semblaient croire que je les attendais sur le rivage, étaient compromis, je crus qu'un motif d'honneur m'obligeait à partager leur sort. Après cela, j'aurais peut être résisté davantage, je dois en convenir, si je n'avais eu de la propension pour le prince et pour ses opinions, mais, à dire le vrai, je crois que dans toutes les hypothèses, j'eusse suivi la troupe du prince, parce que je croyais, comme je vous l'ai dit, que mon honneur y était engagé.

D. Quand une fois vous avez été revêtu de cet uniforme, vous n'avez pas quitté le prince avant son embarquement?

R. Je vous demande pardon, je l'ai quitté au moment où l'on a quitté la colonne.

D. Ainsi, vous avez participé à tous les actes de l'attentat qui a été commis ce jour-là?

R. J'y ai assisté.

D. Je vais mettre sous vos yeux l'ensemble des faits qui sont à votre charge : vous avez envoyé de Paris des hommes qui, sous couleur de domestiques, ont endossé des habits d'uniforme et sont descendus en armes sur la plage : vous avez suivi de près cet envoi. Arrivé à Londres, vous avez été mis en relation directe avec Louis Bonaparte ; vous êtes parti de Londres la veille de l'expédition, et vous êtes arrivé à Boulogne, à l'hôtel des Bains, où vous avez été adressé à Bataille ; or, il est établi par l'instruction, et par les aveux de vos coprévenus, que l'ordre le plus important, celui de faire arriver à Boulogne l'officier qui devait séduire les deux compagnies du 42e, a été apporté la veille à Bataille, par un homme arrivé à l'hôtel des Bains, et que Bataille a ensuite transmis à un officier l'ordre dont il s'agit. Le jour de l'attentat vous avez été, de votre propre aveu, avec quelques personnes (et au nombre de ces personnes était Bataille), au devant du débarquement qui s'opérait à cet instant ; vous vous êtes joint aux conjurés, et bientôt après vous avez revêtu un uniforme militaire : vous avez accompagné Louis Bonaparte pendant tout le cours de sa tentative, et vous ne vous êtes séparé de lui que lorsque la troupe qui l'accompagnait s'est dissoute auprès de la colonne. Ne résulte-t-il pas de tous ces faits et de leur parfaite coïncidence, que vous avez été l'un des complices et l'un des exécuteurs de l'attentat du 6 août à Boulogne ?

R. Quand les faits sont accomplis, il est facile de trouver des coïncidences. Il n'est pas exact que j'aie porté un ordre à M. Bataille ; il n'est pas exact que je connusse, même de nom, l'officier dont vous parlez ; il n'est pas exact que je sois allé du côté de Wimereux dans l'intention d'assister au débarquement ; je n'y suis allé que pour me promener, sur l'invitation d'une personne de l'hôtel. J'avais si peu l'intention de prendre part à l'événement, que j'avais voulu partir la veille ; et je serais parti, en effet, si je n'avais pas été malade, ce que je prouverais facilement ; j'avais ensuite retenu une voiture pour partir à huit heures et demie du matin. Après cela, j'avoue que j'ai pris part à l'événement, mais cela n'était ni dans mon but, ni dans mes projets, ni dans mes goûts, ni dans mes habitudes.

D. Dans le nombre des uniformes apportés sur le bâtiment et destinés aux personnes qui devaient prendre part à l'attentat, il y en avait un étiqueté à votre nom ?

R. L'uniforme dont j'étais porteur, et qui était un uniforme de sous-lieutenant, n'était pas marqué à mon nom.

D. J'oubliais de dire que, dans les proclamations saisies, vous êtes porté comme lieutenant aux guides du prince ?

R. Je n'avais donné aucun motif de supposer que j'accepterais ce grade ; je ne puis accepter la responsabilité de ce fait-là.

XVII. *Bataille (Martial-Eugène), âgé de 25 ans, ingénieur civil, né à Kingston (Jamaïque), demeurant à Paris.*

En nous occupant de la situation de Forestier, nous avons été amenés à vous parler de Bataille, ancien élève de l'école polytechnique, prenant le titre d'ingénieur civil. Ce jeune homme, qui a à peine vingt-cinq ans, travaillait au journal dit le *Capitole*; il avait fait le voyage de Londres, d'abord pour des affaires industrielles, et ensuite surtout pour voir le prince (1); il était encore dans la capitale de l'Angleterre à la fin de juillet, ou le 1ᵉ du mois d'août, lorsqu'il reçut l'ordre d'aller à Boulogne. « J'ai reçu du prince, a-t-il répondu à M. le chancelier, l'ordre de me rendre à Boulogne; j'ai obéi à cet ordre. Je savais, comme beaucoup de personnes le savent, que le prince nourrissait l'espoir de renverser le gouvernement, et je ne savais rien de plus. »

Mais ce que Bataille ne pouvait pas ignorer, c'était le but de son voyage. En donnant l'ordre d'aller à Boulogne, Louis Bonaparte dut dire ce qu'il attendait de celui qu'il envoyait; et la prévention est autorisée à conclure que Bataille n'était à Boulogne que pour donner avis de l'entreprise à ceux qui avaient promis de l'appuyer.

Si, en faisant partir Bataille pour Boulogne avec une mission qui concernait évidemment l'attentat projeté, Louis Bonaparte ne lui avait pas fait connaître précisément le jour où il se proposait de le consommer, c'est que peut-être dans ce moment il ne le savait pas lui-même; mais lorsqu'il l'eût fixé, son premier soin fut de l'en instruire. Bataille en convient (2). « Etant à Boulogne, a-t-il encore déclaré dans son interrogatoire, j'ai reçu de Londres l'avis que le prince devait débarquer à Wimereux. » Par qui cet avis lui fut-il porté? par Forestier. Celui-ci le nie. Bataille l'a nié à son tour; mais leurs dénégations à l'un et à l'autre ne sont guère conçues de manière à entraîner les convictions de ceux auxquels elles s'adressent. L'avis apporté de Londres contenait autre chose que la nouvelle du débarquement, et, en effet, Bataille est convenu « que la veille de l'événement une personne est venu le trouver à l'hôtel où il demeurait pour lui communiquer un ordre du prince pour le lieutenant Aladenize, et c'est cette personne qui fit porter l'ordre, ou plutôt l'ordre fut envoyé conjointement pour nous deux. »

Il n'importe de savoir par qui cet ordre fut apporté à Aladenize que relativement à Forestier; car, pour Bataille, cela est indifférent, attendu son aveu; mais sa déclaration vient à la charge de Forestier, et c'est pour cela que nous sommes dans la nécessité de nous y arrêter.

M. le chancelier demande à Bataille : Par qui la lettre adressée à Aladenize a-t-elle été portée?

(1) Interrogatoire du 24 août.
(2) Interrogatoire du 24 août.

R. Je ne saurais le dire d'une manière précise.
D. Avez-vous lu l'ordre dont vous parlez?
R. Oui, je l'ai lu.
D. Comment était-il conçu?
R. Je ne puis m'expliquer à cet égard.
D. Etait-ce le colonel Vaudrey qui avait apporté cet ordre?
R. Non, monsieur.
D. Qui était-ce enfin?
R. Je ne pourrais vous le dire; mais il ne vous sera pas difficile de le savoir, car cette personne est descendue à l'hôtel des Bains, où je demeurais.
D. Connaissez-vous un sieur Flandin?
R. J'ai vu à Londres un monsieur portant ce nom.
D. Le sieur Flandin n'est-il pas venu à Londres la veille ou l'avant-veille?
R. Je l'ignore complètement.
D. Connaissez-vous un sieur Forestier?
R. J'ai entendu parler de lui, mais je ne puis m'expliquer en ce qui le concerne.

Comparez cette dernière réponse avec celles qui concernent Vaudrey, Bacciochi, et quelques autres que signale encore l'interrogatoire. Dans celles-ci dénégation absolue : ce ne sont pas eux qui ont apporté l'ordre à Aladenize ; cela est positif. Quant à Forestier, il ne peut pas s'expliquer.

Au surplus, ce qui peut contribuer le plus à établir que Forestier et Bataille firent prévenir Aladenize de l'heure et du lieu du débarquement (avoué par Bataille en ce qui le concerne), c'est la circonstance que tous les trois se trouvèrent le lendemain sur la plage et au lieu même du débarquement à Wimereux. Vous vous souvenez de cette version de Forestier, suivant laquelle deux individus qu'il ne connaissait pas seraient allés à deux heures du matin dans son hôtel lui proposer de se promener sur la plage, et qu'il avait accepté. Bataille a été plus sincère quand il a répondu à M. le chancelier qu'après avoir reçu l'avis du projet de débarquement à Wimereux de Louis Bonaparte, il était allé l'attendre à cet endroit. Là, quand le prince était arrivé, on lui avait donné un uniforme, qu'il avait revêtu; après quoi, il avait suivi le prince.

Enfin, Louis Bonaparte, dans son interrogatoire du 26 août, sur la demande ainsi conçue de M. le chancelier :

« Vous avez dit que, la veille de votre débarquement, vous aviez envoyé à Boulogne une personne qui était chargée de prévenir Aladenize; n'avez-vous pas envoyé une autre personne à Boulogne ? »

Il a répondu :

« J'avais envoyé à Boulogne Forestier, qui a prévenu Bataille; lequel a prévenu, je crois, Aladenize. »

Le reste vous est connu: Bataille entre dans les rangs des conjurés; il marche comme eux sous le drapeau de l'insurrection, s'associe de bon cœur à l'entreprise (1) et en accepte toutes les conséquences.

XVIII. *Aladenize (Jean-Baptiste-Charles), âgé de 27 ans, lieutenant de voltigeurs au 42ᵉ de ligne, né à Issoudun (Indre), en garnison à Saint-Omer.*

La conduite du lieutenant Aladenize, dans cette occasion, vous a été déroulée dans la première partie de ce rapport et dans les développemens qu'ont exigés de nous les inculpés Forestier et Bataille. Un militaire, un officier français n'a pas craint de trahir son drapeau, son épée et son roi; il s'est efforcé d'entraîner à la révolte, par son fatal exemple, par l'abus de son autorité, des soldats qu'il était chargé de maintenir dans le devoir. Grâce au ciel, son crime n'a pas réussi; et il est consolant de voir que la belle conduite des autres officiers du régiment donne un si éclatant démenti à la faute d'un seul.

Aladenize a tout avoué dès son premier interrogatoire devant le juge d'instruction de Boulogne, le 6 août.

« Je conviens, a-t-il dit, d'avoir participé à l'entreprise du prince Napoléon. J'ai été informé hier, à Saint-Omer, à cinq heures du soir, par une lettre d'un agent du prince, dont je tairai le nom, qu'un mouvement devait éclater aujourd'hui de grand matin à Boulogne, et que le prince y serait, accompagné de plusieurs personnes.

« Je suis arrivé la nuit dernière à Boulogne, et je me suis joint au prince dans la ville. »

Il aurait pu ajouter, d'après la déclaration du sergent Morange, que, le premier, il avait tenté d'enlever le poste de la rue d'Alton. Voici comment le sergent en dépose :

« Le jeudi 6 août, vers cinq heures du matin, j'entendis crier : *Aux armes!* par la sentinelle; j'ordonnai à mon poste de prendre les armes : un officier se présenta alors à moi, je le reconnus pour le sieur Aladenize. Cet officier, qui était en uniforme, ne portait pas de hausse-col, marque distinctive du service. Je fus surpris qu'il vînt nous faire prendre les armes; suivez-nous, me dit-il, venez avec nous, voilà le prince; il me réitéra plusieurs fois cette invitation, malgré que je lui eusse répondu plusieurs fois que j'avais ce poste, et que je ne le quitterais pas sans un ordre de la place. » Le témoin raconte le passage des conjurés, les paroles qu'ils adressèrent au poste, et il continue ainsi : « Le sieur Aladenize revint à moi, en me disant : « Je suis officier, f.... Venez, « vous ne vous compromettrez pas plus que moi » Il prononça ces paroles avec un ton très-animé; voyant que mon refus était très-positif et formel, il s'adressa à un de mes hommes de garde et l'en-

(1) Interrogatoire devant le juge d'instruction de Boulogne.

traîna en le saisissant par le bras... Mais le voltigeur fut relâché, et revint à côté de moi. »

Devant M. le chancelier, Aladenize n'a cherché ni à déguiser sa conduite, ni à l'excuser : « Ce que j'ai fait, a-t-il dit, est patent, connu de tous, j'en suis convenu. Je ne répondrai plus aux questions qui me seront faites. »

Malgré cette formelle déclaration, le lieutenant Aladenize a été amené à faire à M. le chancelier une réponse que nous devons vous rappeler. Ce sera la dernière citation.

« D. Exerçait-on (à la porte de la caserne) des violences contre les officiers qui voulaient y pénétrer?

« R. Il y avait une consigne pour les empêcher d'entrer.

« D. Etait-ce vous qui aviez donné cette consigne?

« R. Non, monsieur; je ne m'étais chargé que d'enlever les deux compagnies par des acclamations. Dès que j'ai vu que la chose n'était pas possible, j'ai fait tout ce qui dépendait de moi pour empêcher un conflit. »

Vous vous rappelez, messieurs, la justice qui a été rendue à cet égard au lieutenant Aladenize par tous les témoins et par la plupart des prévenus qui ont eu à parler de la conduite de cet inculpé.

XIX. *Querelles (Henri-Richard-Sigefroi), âgé de* 29 *ans, lieutenant en disponibilité; demeurant à Nanci (Meurthe).* — (Absent).

Nous joignons ici le nom d'un prévenu, le vicomte Richard de Querelles, qui n'a pu être mis sous la main de la justice, mais contre lequel l'instruction a dû cependant se poursuivre, afin de vous mettre à même de prononcer par contumace, si vous venez à juger qu'il y ait lieu d'ordonner sa mise en occasion. Voici les charges qui pèsent sur lui.

Le vicomte de Querelles a voulu, par une lettre adroitement jetée à Boulogne, à l'adresse d'un ami complaisant, donner à croire qu'il était resté à Londres et qu'il avait refusé de faire partie de l'expédition.

Il est difficile d'admettre cette supposition, lorsque l'on voit que tous ses effets, malles, carton à chapeau, parapluie et canne, objets qui tous suivent ordinairement la personne, ont été trouvés dans le paquebot. Les recherches qui ont été faites ont, de plus, amené la découverte de deux lettres, dont voici quelques extraits.

La première est écrite à Mme la baronne de Forget, sa cousine, datée de Londres, du 2 août; en voici le commencement :

« Chère amie, à la veille de prendre part à la plus audacieuse des tentatives, j'éprouve le besoin de vous exprimer toute ma reconnaissance... Dans quelques jours j'aurai peut-être succombé pour la cause impériale, pour la régénération de mon pays, etc.

« Signé: Le chef de bataillon, commandant les gardes à
« pied de la garde impériale,

« Vicomte RICHARD DE QUERELLES. »

C'est précisément le titre et le grade que lui donne l'ordre du jour que nous avons déjà tant cité.

Une deuxième lettre, écrite à sa femme, de Londres, le 3 août au soir, commence par lui demander pardon de ce qu'il a mis l'empereur avant elle, et de ce qu'il s'expose à la rendre veuve. Un *post-scriptum* ajoute: « Mon frère d'armes, Lombard, se rappelle à ton souvenir; s'il meurt, pleure-le un peu, c'est un noble cœur. »

Puis viennent des dispositions de dernière volonté, pour le cas de mort.

De pareils écrits ne sont pas de nature à laisser croire que Richard Querelles ne faisait pas partie de l'expédition. Tout indique, au contraire, qu'il débarqua comme les autres à Wimereux, et qu'il prit part aux divers incidens que signala la traversée de Boulogne. Seulement il fut plus heureux que ses complices, et parvint à se dérober par la fuite.

Un des prévenus, le nommé Duflos, déclare positivement l'avoir reconnu sur le paquebot. Il en fait même le portrait en ces termes: « C'est un jeune homme de 27 à 28 ans, portant l'uniforme de capitaine; il est blond, grand et mince. »

Un autre prévenu, le nommé Wervoort, maître d'hôtel de Louis Bonaparte, a déclaré que le peloton qui était resté à la porte de la caserne était commandé par le vicomte de Querelles.

En faut-il davantage pour rendre très croyable sa présence à bord, son débarquement et sa coopération très active à toute l'entreprise?

XX. *Flandin-Vourlat (   ), âgé de   ans, né à
rentier, demeurant à Boulogne-sur-Mer, rue des Pipots*, 46.
(Absent.)

On a vu, dans le récit des faits généraux, que le capitaine du paquebot à vapeur le *Château-d'Edimbourg* a déclaré qu'il n'avait exercé, à la fin de la traversée, qu'une sorte de commandement nominal; que les ordres relatifs à la direction qu'il conviendrait de suivre en s'approchant des côtes de France, et au débarquement, avaient été donnés par un pilote français embarqué à Margate, avec les passagers qui étaient montés à bord en cet endroit. Les recherches faites pour découvrir quel était ce pilote n'avaient d'abord produit aucun résultat: des renseignemens ultérieurs donnent lieu de croire que l'individu qui a exercé les fonctions de pilote à bord du paquebot, et qui a présidé au débarquement de Louis Bonaparte et de sa suite, est le nommé Flandin, ayant navigué autrefois comme corsaire, et qui s'est dérobé par la fuite au mandat décerné contre lui.

XXI. *Bachon (Pierre-Paul-Frédéric), âgé de 30 ans, né à Grand-Désir, près Ste-Foy (Gironde), demeurant ordinairement à Paris.*

Bachon a été militaire. A sa sortie du service, il vint à Paris, et fut attaché comme écuyer au manége du comte d'Aure. Il essaya au mois de novembre 1839, d'élever un manége pour son propre compte : mais cette spéculation ne lui ayant pas réussi, il se détermina, vers la fin du mois de juin dernier, à passer en Angleterre pour y faire quelques achats de chevaux. Ses relations à Londres le firent connaître du prince Louis-Napoléon qui lui proposa d'entrer dans sa maison comme écuyer, ce qu'il accepta. Il déclare que dans ses fonctions, il ne s'est occupé que d'une chose, la direction des écuries du prince. Le 3 août, celui-ci lui intima, dit-il, l'ordre de se tenir prêt à partir le lendemain pour la campagne ; il devait prendre des effets pour trois jours. A l'heure indiquée, une voiture dans laquelle était le prince, les conduisit au bateau à vapeur. Bachon assure que ce ne fut qu'en pleine mer que Louis-Napoléon lui parla de ses projets ; il reconnaît avoir fait partie de l'escorte du prince, qu'il suivit jusqu'au pied de la colonne ; et, s'il faut l'en croire, il serait un de ceux qui auraient engagé Louis-Napoléon à se retirer de la caserne, et qui plus tard l'auraient entraîné vers la plage, en s'efforçant de calmer son exaltation.

Dans le cours de ses interrogatoires, Bachon se défend d'avoir exercé aucune fonction ni commandement ; il convient toutefois d'observer que son nom se trouve imprimé sur l'ordre du jour saisi à Boulogne, et qu'il y est désigné comme devant remplir l'emploi de vaguemestre général. Cet inculpé proteste enfin qu'il ne s'est jamais mêlé de politique ni à Paris, ni ailleurs, et que ce serait une sorte de fatalité qui l'aurait placé dans la position où il se trouve.

XXII. *Bure (Pierre-Jean-François), âgé de 33 ans, commis de commerce, né à Paris, y demeurant, et en dernier lieu à Londres.*

Bure est frère de lait de Charles-Louis-Napoléon. Il a été pendant quelque temps commis aux écritures chez un négociant de Paris. Quatre mois avant l'attentat, le prince le fit venir à Londres, où il le plaça, en qualité d'intendant, chez la comtesse d'Espel. Dans les premiers jours d'août, cette dame partit en poste avec plusieurs domestiques, et chargea son intendant de conduire à Londres ses chevaux et le reste des gens qui composaient sa maison, pour les embarquer sur un paquebot. Bure obéit et retrouva le prince à bord du *Château-d'Édimbourg*. Ce fut là, dit-il, qu'i eut, pour la première fois, connaissance du projet de débarquement. Il revêtit, comme presque tous les inculpés dont il nous reste maintenant à vous entretenir, une des capotes d'uniforme du 40e de ligne, qui avaient été préparées à l'avance. Son affection pour le prince l'engagea, dit-il, à ne pas l'abandonner : il fut arrêté à ses côtés sur la plage.

Bure se trouve nommé sur l'ordre du jour saisi à Boulogne avec la qualification de payeur-général à l'état-major de l'armée. Ce fut peut-être en cette qualité qu'à bord du paquebot il distribua 100 francs à chacun des domestiques du prince qui s'y trouvaient, ainsi que l'inculpé Liétot l'a déclaré dans ses interrogatoires.

Bure avait sur lui l'un des rouleaux remplis d'or dont le prince s'était pourvu. Une pièce manuscrite, trouvée à bord du paquebot, le désignait simplement comme sergent dans la compagnie des guides à pied.

XXIII. *Gillemand (Pierre-Joseph Léon), âgé de 40 ans, profeseur d'escrime, né à Mayence, de parens français, demeurant à Londres.*

Gillemand était, depuis trois ans, établi à Londres comme professeur d'escrime. Il commença, au mois d'avril dernier, à donner quelques leçons au prince Louis Bonaparte et à Persigny. Son désir eût été d'entrer définitivement au service du prince, en qualité de piqueur ou d'écuyer. On l'entretenait dans l'espoir qu'il pourrait obtenir cette faveur, et, dans les derniers jours de juillet, le valet de chambre Thélin vint lui dire : « Tenez-vous prêt à partir d'un moment à l'autre pour aller chercher quelqu'un. » La veille même du jour de l'embarquement, il donna, comme à l'ordinaire, une leçon d'escrime au prince. A sa sortie, le valet de chambre lui recommanda de venir le lendemain parler à M. Persigny. Il ne manqua pas de se rendre à cette invitation, et à peine était-il arrivé que Persigny le fit monter en voiture avec lui. Ils prirent en route deux autres personnes, et arrivèrent ainsi près de Blackwall, où ils s'embarquèrent tous quatre sur le paquebot. Gillemand demanda où l'on allait, le chef de cuisine lui répondit : A la maison de campagne du prince, pour faire une partie de plaisir.

« Le lendemain, continue l'inculpé dans ses réponses, le prince
« nous réunit sur le pont et nous dit qu'il allait en France, où les
« vœux du peuple l'appelaient. On nous a fait dans la nuit revêtir
« des uniformes, mais on ne nous a remis nos fusils qu'au mo-
« ment de descendre à terre. »

Il déclare avoir suivi le prince à la caserne, et était encore près de lui à la colonne, lorsqu'on cria de se rembarquer. Ne trouvant pas de canot, il se cacha dans les falaises, revêtit un habit bourgeois et se réfugia chez un habitant, où il fut arrêté.

XXIV. *Duflos* (*Pierre-Antoine-Jules*), *âgé de* 34 *ans, chef d'atelier, tailleur d'habits, demeurant à Boulogne-sur-Mer.*

Duflos est originaire de Boulogne. Il était, dit-il, parti de Paris avec l'intention d'aller exercer à Saint-Pétersbourg son état de tailleur, lorsqu'en passant par Londres l'idée lui vint d'écrire au prince Louis-Napoléon, pour lui demander sa pratique. Il l'obtint en effet, et, se trouvant aussi occupé par d'autres personnes, il ne songea plus à quitter l'Angleterre.

« Le 4 de ce mois (d'août), a-t-il dit, dans son interrogatoire,
« je me rendis encore dans la maison du prince pour recevoir
« d'autres commandes, on me proposa de faire partie d'un dé-
« jeûner que l'on se proposait d'aller faire à la campagne; nous
« partîmes dans une voiture qui nous conduisit à deux lieues de
« Londres, où nous prîmes un bateau à vapeur.» Nous voyageâmes toute la journée, et sans arriver, ce qui m'étonna beaucoup. La nuit se passa de même. Le lendemain 5, dans l'après-midi, j'entendis dire que nous allions en France, mais on paraissait en douter, ou plutôt les officiers eux-mêmes le disaient hautement, bien avant que le prince vînt le déclarer lui même en faisant une harangue qui était conçue à peu près dans les mêmes termes que ses proclamations, en ayant toujours soin de nous recommander de ne pas répandre le sang. C'est alors que je fis de sérieuses réflexions; mais me rappelant les devoirs de la reconnaissance, les bontés que le prince avait eues pour moi, considérant que je ne pouvais reculer, et bien résolu d'ailleurs à ne point verser le sang français, j'ai suivi l'impulsion qui était donnée ; et, pendant la nuit, quelques instans avant de débarquer, plusieurs de ces messieurs, que je ne puis nommer, mais que je reconnaîtrais peut-être si je les voyais, nous ont distribué des armes, en nous assurant qu'elles étaient inutiles, car les choses étaient arrangées de manière à n'avoir pas besoin de s'en servir. »

Dans son interrogatoire, subi à Paris, le 22 août, Duflos a ajouté:

« J'avoue que, quoique attaché par une vive reconnaissance au prince Louis, j'ai regretté de le voir engagé dans une pareille entreprise; je craignais pour sa vie, car je suis de Boulogne, et je n'ignorais pas que les choses ne se passeraient pas comme il le croyait. Voyant que tout était perdu, j'entraînai le prince, qui, je crois, comprenait alors le malheur de cette entreprise.

« Tout ce que j'ai dit, continue-t-il, est l'expression de la vérité. Je désire être cru, parce que je n'ai aucun intérêt à la déguiser: Je suis monté dans le bâtiment sans avoir la moindre connaissance de ce qui se préparait, et la preuve, c'est que **mon petit**

XXV. *Thélin (Charles), âgé de 39 ans, valet de chambre du prince Napoléon, né à Paris, demeurant à Londres.*

Charles Thélin est attaché depuis son enfance au service du prince Louis-Napoléon. Il quitta la France avec lui en 1815, et l'a constamment accompagné partout en qualité de valet de chambre. Le 4 août, le prince lui donna l'ordre de s'embarquer à bord du bateau à vapeur. Il y arriva avant son maître. S'il faut l'en croire, le prince ne lui aurait révélé ses projets, comme aux autres gens de sa maison, qu'au milieu de la traversée. Du reste, il a accepté un uniforme, il a reçu un fusil et a assisté à tous les incidens de la matinée du 6 août.

Ce fut à lui personnellement que le prince confia l'un des rouleaux d'or saisis à Boulogne.

Au moment de la fuite, il a fait tout ce qui était en lui pour sauver son maître, ménager sa retraite et procurer son rembarquement.

XXVI. *Desfrançois (Henri), âgé de 26 ans, né à Saint-Julien (Haute-Loire), demeurant à Londres.*

Après sept ans de service dans le 63e de ligne, Desfrançois avait obtenu son congé, le 29 juin dernier. L'inculpé Forestier, dont nous vous avons exposé plus haut les manœuvres pour recruter dans les régimens français des hommes prêts à servir d'instrumens au prince, s'empressa d'engager cet ancien soldat comme domestique de d'Almbert, qui lui-même remplissait, comme nous vous l'avons déjà dit, les fonctions de secrétaire près de Louis Bonaparte. Desfrançois arriva à Londres dans les premiers jours de juillet, et fut immédiatement installé au service de d'Almbert. Il déclare que, le 3 août, son maître lui demanda s'il serait bien aise d'aller passer quelques jours à la campagne. « Le lendemain, continue-t-il, nous nous sommes embarqués ensemble, et ce fut quelques heures seulement avant le débarquement que le prince, que je ne connaissais pas, et que je ne savais pas être à bord, nous a fait distribuer des armes, des uniformes et de l'argent. » Arrivé à la caserne, Desfrançois fut mis en sentinelle dans la rue pour empêcher les officiers d'y pénétrer. Vous savez comment cette consigne fut observée. Ce serait là toute la part que Desfrançois dit avoir prise à l'attentat.

XXVII. *Vervoort (Félix), âgé de 32 ans, maître-d'hôtel du prince Napoléon, né à Guetroute, en Belgique, demeurant à Londres, chez le prince.*

Vervoort était un des domestiques du château d'Arenenberg, en Suisse. Il avait quitté Louis-Napoléon lorsqu'il passa en Angleterre; mais, au mois d'avril dernier, celui-ci le fit redemander, et il rentra à son service en qualité de maître-d'hôtel, aux gages de 150 fr. par mois.

Vervoort s'est embarqué le 4 août, sur l'ordre qui lui fut donné, dit-il, par l'inculpé Bure : il obéit, croyant, ajoute-t-il, « que le prince allait à son château. »

« J'affirme, a-t-il répété dans son interrogatoire du 22 août, que je ne connaissais pas le but de l'expédition, et que tous les domestiques étaient dans la même ignorance que moi. »

XXVIII. *Picconi (André), âgé de cinquante-deux ans, né à Visani (Romagne), courrier au service du prince Louis-Napoléon, demeurant à Bologne (Italie.)*

Picconi était, depuis le 3 avril dernier, au service de Louis-Napoléon en qualité de courrier. Ses gages étaient d'environ 200 fr. par mois. « La veille de l'embarquement, dit-il dans son interrogatoire du 22 août, le prince me fit prévenir par son valet de chambre de me trouver au palais; j'y fus, et là je suis monté en voiture; puis nous nous sommes embarqués, sans que j'aie su où l'on allait. On m'a fait prendre un habit militaire et un fusil, mais je vous assure que je n'ai rien fait. J'ai jeté mon arme dès que j'ai vu de quoi il s'agissait. »

Picconi a été arrêté par la garde nationale près du canot où le prince s'était embarqué.

Du reste, cet inculpé convient qu'il a revêtu l'uniforme du 40e régiment de ligne, et qu'il a suivi son maître partout où s'est portée la bande insurrectionnelle.

XXIX. *Beclier (Michel), âgé de 33 ans, valet de chambre, né à St-Denis de Gastines (Mayenne), demeurant chez le prince Louis-Napoléon, à Londres.*

Bellier n'était à Londres que depuis la fin d'avril dernier; il avait servi à Paris comme domestique, et il était parti pour l'Angleterre dans l'intention de s'y placer. S'étant présenté chez le prince Louis Bonaparte, le 2 ou 3 mai, il fut agréé, et, tout en faisant partie de la maison du prince, il fut attaché à Persigny en qualité de valet de chambre. Ses gages étaient fixés à 900 fr. par année. Suivant lui, il n'aurait reçu l'ordre de s'embarquer qu'une demi-heure avant le départ, le 4 août, et il aurait ignoré complètement le véritable but du voyage, croyant même qu'il s'agissait d'une partie de plaisir, jusqu'au moment où il vit ses camarades endosser l'uniforme du 40e. On lui apporta une capote de sergent qu'il revêtit, il s'arma comme les autres. Bellier ajoute qu'à Wimereux il débarqua l'un des derniers ; à Boulogne, il fut placé à la porte de la caserne pour empêcher le public d'y pénétrer ; il accompagna ensuite Louis-Bonaparte à la colonne, et se voyant poursuivi, se jeta à la nage et fut arrêté.

XXX. *Brigaud (Nicolas), âgé de 35 ans, né à Lyon (Rhône), chasseur chez le prince, demeurant à Londres.*

Nous avons déjà nommé Brigaud comme étant un des hommes embauchés par l'inculpé Parquin. Après avoir servi pendant 5 ans dans le 1er régiment de chasseurs à cheval, et pendant un an dans la garde municipale de Paris, Brigaud s'occupait du placement des marchandises dont son frère fait le commerce, lorsqu'il fut mis par un tiers en relation avec Parquin. Celui-ci l'engagea, comme chasseur, au service du prince Louis Bonaparte, à raison de 1,200 fr. par année. Il arriva à Londres, le 21 avril dernier, et y demeura chez le prince jusqu'au mois d'août.

« J'avais perdu ma mère, dit-il dans son premier interrogatoire, et mon frère m'avait écrit une lettre que j'ai reçue le 1er août, par laquelle il me mandait sans délai à Paris, pour régler nos affaires de famille. J'avais fait part de cette circonstance au prince, qui m'avait engagé à différer mon voyage de deux à trois jours, me disant qu'il me ferait profiter de l'occasion des colonels Voisin et Laborde, et me chargerait d'une lettre pour Paris.

« Dès le lendemain, ajoute-t-il dans un autre interrogatoire, je suis parti avec MM. Montholon, Voisin et Laborde. Arrivé avec ces messieurs à Ramsgate, je ne comprenais pas le but de ce voyage ; je fatiguais tout le monde de questions, et notamment le colonel Voisin, et de toutes parts je ne recevais que des réponses évasives ; mais à peine embarqué sur le paquebot, j'ai aperçu le prince Louis-Napoléon, et j'ai reconnu autour de lui tous ses partisans. Je compris alors que j'avais été indignement trompé ; mais je ne pouvais plus avancer ni reculer. »

Le reste de son récit est conforme en tous points à ceux des derniers inculpés dont nous avons eu l'honneur de vous entretenir.

Brigaud a été arrêté sur la plage près de son maître.

XXXI *Ancel (Polycarpe), âgé de 50 ans, né à Besançon (Doubs), ancien inspecteur des messageries, et actuellement chasseur du prince Louis-Napoléon, demeurant à Londres.*

Ancien militaire de la garde impériale, Ancel a fait partie, sous la restauration, des gardes à pied du roi ; il a quitté le service en

1822 et a été successivement employé dans diverses messageries en qualité de conducteur, de contrôleur ou d'inspecteur. En 1839, on lui proposa, dit-il, d'aller en Perse comme aide-de-camp du général Damas ; mais, l'affaire traînant en longueur, il eut l'occasion de voir l'inculpé Parquin, qu'il avait connu autrefois, et qui lui demanda s'il voulait entrer comme chasseur au service du prince Louis-Napoléon Bonaparte. Ancel accepta ; ses gages furent fixés à 1,500 fr.; il commença son service à Londres, le 22 avril.

Le mardi 4 août, on le prévint que le prince devait faire une partie de campagne, et qu'il emmènerait toute sa maison. Le même jour, il était embarqué avec tous ses camarades.

Interrogé sur les circonstances de l'attentat auxquelles il reconnaît avoir participé à la suite de son maître, il a répondu :

« Je n'ai rien à dire, j'ai obéi : si j'avais su plus tôt ce dont il était question, j'aurais peut-être agi différemment. »

Cet inculpé a été arrêté par les douaniers, près d'Ambleteuse.

On a saisi sur lui, avec diverses valeurs, un papier où il avait transcrit, comme souvenir, la harangue prononcée par le prince à bord du bateau à vapeur le *Château-d'Edimbourg*.

XXII. *Hyppemeyer (Jean-Jacques), âgé de 22 ans, né à Gottlieben, canton de Turgovie (Suisse), valet de pied du prince Louis-Napoléon, demeurant à Londres.*

Hyppemeyer, Suisse de naissance, était depuis deux ans au service du prince Louis-Napoléon, comme valet de pied ; il était passé, avec la maison du prince, de Suisse en Angleterre. Embarqué avec les domestiques il n'a même pas pu entendre la harangue prononcée sur le bord du paquebot, puisqu'il ne sait pas le français et ne peut se faire entendre que par interprète. Il n'a pu que conjecturer les projets du prince lorsqu'il a vu ceux qui accompagnaient son maître, revêtir des uniformes et prendre des armes. On lui en a présenté à son tour, et il a suivi l'exemple commun.

« Si, avant de quitter Londres, dit-il dans son premier interrogatoire du 24 août, j'avais connu les projets du prince, j'aurais bien certainement refusé de l'accompagner ; je n'ai jamais été militaire, et je ne me soucie pas de me battre. »

Hyppemeyer était, comme Bure et Thélin, porteur de l'un des rouleaux dans lesquels le prince avait enfermé son or.

« Si l'on m'a confié ce dépôt, a-t-il dit, c'est qu'on me savait honnête homme. »

XXXIII. *Thévoz (Benjamin-Eugène), âgé de 30 ans, cocher, né en Suisse, canton de Vaud, demeurant à Braested, près Londres.*

Thévoz, né en Suisse comme Hyppemeyer, n'était pas attaché comme ce dernier au service du prince Louis Bonaparte, mais à celui de la comtesse d'Espel, dont il était le cocher. Il habitait chez cette dame, à Braested. Ce fut d'elle qu'il reçut l'ordre, le 3 août, de se rendre à Londres avec ses chevaux. En s'embarquant sur le paquebot, il y trouva deux voitures chargées. « Ces apprêts lui firent supposer, dit-il, qu'il s'agissait d'un voyage d'agrément. » Bien qu'il ait accompagné le prince à Boulogne, jusque sur la plage où il fut arrêté, il proteste qu'il est « bien étranger à toute cette affaire. »

XXXIV. *Graizier (Jean-François), âgé de 36 ans, jardinier, né à Genève (Suisse), y demeurant.*

Graizier est un ancien militaire, habitant Genève, où il est né. Voici comment il explique sa position :
« Retiré du service militaire, j'étais à Genève, mon pays, lorsqu'au mois de juin dernier, un monsieur que je ne connaissais pas m'a engagé comme jardinier aux gages de 600 francs par année, au service d'une famille anglaise. Ce monsieur m'a remis, pour mes frais de route, 150 francs. Arrivé à Londres, le 1er juillet, j'ai été envoyé à la campagne de la comtesse d'Espel. On m'a laissé assez long-temps inoccupé, sous prétexte que ce n'était pas dans cette maison que je devais être employé. Enfin, l'on m'a conduit à un port, je ne sais lequel, et l'on m'a fait embarquer sur le *Château-d'Edimbourg*. Un monsieur que je ne connaissais pas, et qu'on m'a dit être le prince Louis-Napoléon, nous a annoncé qu'il allait en France. Alors je me suis dit : « Voilà la place de jardinier qui m'était promise. »
Comme les autres, Graizier prit l'uniforme du 40e de ligne et fit partie de l'expédition. Il avoue qu'il a suivi le prince à la caserne, car, dit-il, « il le fallait bien » ; mais il soutient qu'il est resté à la porte et n'a pas vu ce qui se passait à l'intérieur. Il fut arrêté quelques momens après.

XXXV. *Cuxac (Léon), âgé de 26 ans, né à Toulouse (Haute-Garonne), cuisinier du prince, demeurant à Londres.*

Léon Cuxac était depuis plusieurs années au service de la duchesse de St-Leu. A sa mort il devint cuisinier du prince Louis-Napoléon, et quitta bientôt la Suisse pour l'Angleterre. C'était, d'après ses propres interrogatoires, un des serviteurs les plus déterminés à suivre partout la fortune de son maître. « Le prince, a-t-il dit, connaissait tout mon dévoûment, du moins je le pense; il n'avait pas besoin de me faire aucune confidence pour être sûr de moi. » Avec de telles dispositions, Cuxac devait naturellement faire partie de l'expédition, revêtir l'uniforme et prendre les armes. Toutefois, il assure qu'au moment de l'embarquement, il ignorait le but du voyage. Le dernier des rouleaux chargés d'or avait été confié à sa garde.

XXXVI. *Heywang (Jean-Georges), âgé de 34 ans, cuisinier, né à Strasbourg (Bas-Rhin), demeurant à Londres.*

Heywang, cuisinier de son état, n'était pas actuellement au service du prince, mais il avait servi pendant quatre ans chez sa mère. Il avait, depuis, passé quatre années à la Havane; et, forcé de revenir à Londres, il s'y trouvait sans place depuis le 24 mai dernier. Le prince lui faisait espérer de le faire employer incessamment comme cuisinier dans une bonne maison.

Le 4 août, Thélin, le valet de chambre, était allé lui dire que son maître se proposait de faire une promenade en mer, et qu'il ferait bien d'aller aider le cuisinier.

On lui a demandé si, étant à Londres, il avait entendu parler des projets de Louis-Napoléon.

Il a répondu :

« Non; eh bien certainement, si j'en avais eu la moindre connaissance, je ne me serais pas embarqué. Je me souviens trop que, dans l'affaire de Strasbourg, la circonstance que j'avais été au service de sa mère m'avait fait subir une détention de deux jours. »

Heywang avait endossé l'habit de caporal du 40e ; on trouva son nom porté sur la liste des caporaux de la compagnie des guides dont le cadre était projeté; et cependant, s'il faut l'en croire, il n'aurait jamais servi.

Sa conduite à Boulogne a été la même que celle de tous les gens de la maison du prince.

XXXVII. *Meurisse (Louis), âgé de 26 ans, né à Anappes, cuisinier, attaché au service du prince, demeurant à Londres.*

Meurisse exerce la même profession que les deux précédens inculpés. Sa liaison avec Léon Cuxac lui a fait quitter une place de cuisinier qu'il avait à Paris, pour essayer s'il ne pourrait pas en trouver une plus avantageuse dans la maison du prince Louis-Napoléon; c'était à la fin d'avril dernier. A peine arrivé à Londres, il obtint effectivement d'être employé comme cuisinier chez la comtesse d'Espel, à Braestal. Le 3 août, l'ordre lui fut donné de se préparer à accompagner la comtesse et le prince, qui allaient, disait-on, faire un voyage d'agrément. Il obéit, et plus tard revêtit l'uniforme du 40e, et marcha sur Boulogne, où il fut arrêté.

XXXVIII. *Bernard (Jean-Pierre Joseph), âgé de 28 ans, cultivateur, né à Mont-Dragon, département de Vaucluse, y demeurant.*

Comme l'accusé Desfrançois, dont nous vous avons entretenus tout-à-l'heure, Bernard sortait du 63e régiment de ligne, après l'expiration de son terme légal, lorsqu'au mois de juillet dernier, Forestier lui offrit une place à Londres. Il n'aurait, lui disait-on, qu'à soigner un cheval, et recevrait 600 fr. de gages, outre la nourriture et le logement. Séduit par ces offres, Bernard partit immédiatement. Arrivé à Londres, le 11 juillet, on l'adressa au sieur Orsi; celui-ci lui annonça que le maître qu'il devait servir était absent, mais qu'il l'attendrait dans sa maison. Durant son séjour chez Orsi, Bernard fut parfaitement traité : il y demeura jusqu'au 4 du mois d'août, jour où, sous le prétexte d'aller avec son maître à la campagne, on le fit partir avec Orsi et Forestier. C'est ainsi qu'il arriva au bateau à vapeur le *Château-d'Édimbourg*, sans avoir, dit-il, aucun soupçon. Ce n'est qu'au moment de la harangue du prince en pleine mer, que ses yeux s'ouvrirent et qu'il aperçut le piége dans lequel on l'avait engagé. Il a répété, à plusieurs reprises, qu'il ne serait jamais monté sur le navire s'il avait connu les projets des conjurés.

Placé en sentinelle près de la caserne, il s'est, dit-il, évadé dès qu'il a pu, et n'a été arrêté que quelques heures après.

XXXIX. *Brunet (Jean-Marie), âgé de 42 ans, né à Gragny (Savoie), domestique, demeurant ordinairement à Paris.*

Brunet était domestique à Paris dans un hôtel de la rue Jacob, où il n'avait que 400 francs de gages, lorsqu'un nommé Louis, qui se trouvait au service de l'inculpé Lombard, lui vint offrir une place de valet de chambre avec 600 fr. de gages chez le prince Louis-Napoléon. Sur cet avis, il alla trouver Lombard qui l'accepta, et lui remit 95 francs pour frais de route. Arrivé à Londres le 18 mai, il fut attaché par le prince au service particulier de Bataille, il était en même temps chargé de soigner deux chevaux de selle. Le 2 août, il se trouvait à la campagne de la comtesse d'Espel, lorsqu'on le fit repartir pour Londres, où il fut logé avec quelques autres domestiques à l'hôtel de London-Bridge. Dans la nuit on les réveilla en leur donnant l'ordre de préparer les chevaux à l'instant même; un monsieur, qu'il ne connaît pas, les conduisit au port, où le maître d'hôtel de la comtesse fit embarquer hommes et chevaux. « J'hésitais, dit Brunet, à monter à bord du navire, n'ayant ni passeport ni effets, mais on me répondit qu'il s'agissait « d'un petit voyage d'agrément, et je consentis. »

« Jamais, a-t-il ajouté, je n'ai eu connaissance du projet de débarquement en France, et si je l'avais su, je me serais bien gardé, moi qui ai femme et quatre enfans, d'entrer dans une entreprise aussi téméraire. »

Brunet a fait partie de l'expédition de Boulogne, mais il prétend qu'il n'avait pas d'armes.

XL. *Buzenet (Noël-Michel), âgé de* 38 *ans, né à Langres (Haute-Marne), domestique attaché au prince, demeurant à Londres.*

Buzenet a servi pendant six ans et demie. Il était sergent dans le 36e de ligne lorsqu'il obtint son congé ; puis il fut admis dans l'administration des postes, comme facteur, à Dijon. Ayant appris qu'il pourrait trouver un emploi plus lucratif auprès de Louis-Napoléon, il partit pour Londres, où il arriva le 11 juillet dernier. Il entra, en effet, au service du prince comme domestique attaché à sa personne. Ce fut en cette qualité qu'il reçut du docteur Conneau l'ordre de s'embarquer, le 4 août, à bord du paquebot le *Château-d'Édimbourg*.

Buzenet convient qu'après avoir reçu l'uniforme du 40e de ligne et des armes, il a chargé son fusil, comme faisaient les autres ; mais il prétend que, s'étant trouvé malade au moment de descendre à terre, ce fusil est resté sur le bâtiment.

Il n'en a pas moins continué à suivre les conjurés jusqu'à la tentative de rembarquement. Plusieurs des officiers du prince lui avaient donné leurs manteaux à porter.

XLI. *Duhomme (Urbain), âgé de* 27 *ans, né à Épron (Calvados), domestique, demeurant à Londres.*

Duhomme est du nombre des militaires embauchés par Forestier au service du prince Louis-Napoléon, sous prétexte d'être domestique en Angleterre ; il était caserné rue de la Pépinière lorsqu'il reçut les offres de Forestier qu'il accepta. Il était entré dans la maison de la comtesse d'Espel depuis trois jours, lorsqu'eut lieu l'expédition de Boulogne. Ce fut Bure qui lui donna, au nom de la comtesse, l'ordre de s'embarquer. Il obéit, et croyant qu'il allait rejoindre la comtesse, il se trouva à bord du bateau à vapeur le *Château d'Édimbourg*.

Duhomme, à l'exemple des autres gens de la maison, revêtit

l'habit uniforme, prit les armes, et accompagna partout le prince Louis Bonaparte.

Son nom se trouve inscrit parmi les caporaux de la compagnie des guides.

XLII. *Gedbart (François)*, *âgé de 38 ans, né à l'Hôpital (Moselle), domestique du sieur Laborde, demeurant à Paris, rue Saint-Jacques, 54.*

Gedbart, ancien militaire et père de famille, se trouvait sans place à Paris : l'inculpé Laborde lui proposa de le prendre à son service comme domestique ; il devait lui donner 600 francs par année. Gedbart accepta : huit jours après, Laborde partit pour Londres, en lui disant de l'aller rejoindre ; ce qu'il fit. Il fut prévenu par son maître qu'il devait se tenir prêt à partir avec lui le lendemain. En effet, ils quittèrent Londres, et allèrent s'embarquer sur le paquebot où Gedbart, se trouvant confondu avec les gens du prince, suivit leur exemple.

Comme on lui demandait pourquoi il s'était ainsi rendu complice de l'attentat en revêtant un faux uniforme, en s'armant d'un fusil, en faisant partie d'une bande d'insurgés.

« Comment voulez-vous, reprit-il ; quand on est là, en pleine
« mer, on ne peut pas se sauver, et quand on est domestique, on
« est obligé d'obéir. »

Il invoque d'ailleurs sa position ; il est resté veuf avec deux enfans, dont il paie la nourriture avec ses gages.

XLIII. *Jardin (Stanislas-Désiré), âgé de 28 ans, né à Warmouth (Nord), domestique, demeurant à Braested, près de Londres.*

Après avoir servi cinq années dans le 45e de ligne, Jardin était rentré dans le sein de sa famille ; mais ne trouvant pas à s'occuper, il se rendit à Calais, puis à Boulogne, pour s'y placer comme domestique.

Un sieur d'Espagny lui offrit alors de le placer au service d'une famille anglaise, avec 600 francs de gages ; la proposition fut acceptée, et, le soir même, Jardin partit pour Londres. Deux jours après, il entrait au service de la comtesse d'Espel, à Braested. C'était au commencement de mai dernier.

Dans la nuit du 3 au 4 août, Jardin, avec toute la maison de la comtesse, reçut l'ordre de se rendre à Londres, puis de s'embarquer. Il échangea, à bord du bateau, sa livrée contre un habit de soldat. Descendu à terre, il a suivi le prince jusqu'au moment de leur arrestation commune.

Son nom est inscrit parmi les sergens, sur la liste des sous-officiers des guides.

XLIV. *Koionowski (Casimir), âgé de 40 ans, né à Sierghi (Pologne), domestique du capitaine D'Hunin, demeurant à Londres.*

Cet inculpé se trouvait depuis six ans à Portsmouth, où il recevait, comme refugié polonais, un secours d'une guinée par mois, lorsqu'il fit la rencontre du capitaine D'Hunin, polonais comme lui, qui le prit à son service vers le mois de juillet dernier.

Le 4 ou le 5 août, le capitaine D'Hunin lui donna l'ordre de s'embarquer avec lui sur un paquebot. Il suivit son maître, sans savoir, dit-il, où ils allaient. Il soutient n'avoir jamais vu le prince et n'avoir même pas appris qu'il fût sur le paquebot à vapeur où le capitaine et lui avaient pris passage.

Toutefois, il ne nie point s'être joint aux insurgés lors du débarquement de Boulogne, mais il déclare n'avoir obéi qu'avec répugnance et n'avoir pas voulu s'armer d'un fusil. On sait que le capitaine D'Hunin, qui faisait partie de l'état-major du prince, a péri lors de la tentative de rembarquement. Il est à remarquer que Koionowski ne peut s'exprimer que par interprète.

XLV. *Lambert (Hubert-Louis), âgé de 33 ans, né à Genève (Suisse), ci-devant tanneur, et maintenant domestique attaché à la personne du prince Louis, demeurant à Londres.*

Lambert n'a jamais été au service militaire. Il était attaché comme domestique à la maison du prince Louis-Napoléon depuis un mois. Il n'a fait, dit-il, qu'obéir à ses ordres en s'embarquant. Il ignorait si l'on allait en France ou ailleurs.

Quant à sa participation aux faits de Boulogne, il a suivi le prince en uniforme de soldat dans tous les lieux où il s'est présenté à la tête de la troupe insurgée.

XLVI. *Liétot (Jean-Louis), âgé de 34 ans, né à Paris, domestique, demeurant à Braested, près de Londres.*

Liétot compte quinze années de service militaire dans le 7e et le 48e régimens de ligne: il n'a quitté l'armée qu'en mars 1840. Se trouvant alors à Paris sans emploi, il rencontra Duhomme, qu'il avait connu sous les drapeaux, et qui lui dit qu'il partait pour Londres avec la promesse d'une place de chasseur chez la comtesse d'Espel. Duhomme le mit en rapport avec Forestier, qui, après l'avoir fait attendre quelques jours, lui fit connaître qu'il était aussi agréé comme domestique dans la maison de la comtesse. Liétot s'y rendit à l'instant : Forestier lui avança des fonds pour le voyage.

Le 3 août, il partit de Braested pour Londres avec les autres gens de service. On le fit embarquer sous prétexte, dit-il, d'un voyage de quelques jours.

A bord du paquebot, Liétot revêtit comme les autres une capote du 40e; celle qu'on lui donna portait les galons de sergent : il est aussi classé dans ce grade sur le projet de contrôle de la compagnie des guides.

Sa participation aux faits de Boulogne est avouée par lui dans tous les détails rapportés par les autres inculpés.

LXVII. *Prud'homme (Marie-Joseph-Aspais)*, *âgé de 22 ans, né à Verdun (Meuse), domestique demeurant ordinairement à Paris.*

Prud'homme, enfant de troupe, a déjà essayé de plusieurs états : successivement soldat, petit marchand, tambour de la garde nationale de Paris, il entra, il y a deux ans environ, au service de Faure, auquel, dans l'ordre du jour, on avait donné le titre de sous-intendant militaire, et qui a été tué à Boulogne. Ce fut son maître qui le conduisit à Londres et qui lui annonça, le 3 août, qu'ils allaient s'embarquer ensemble : il s'agissait, lui aurait-il dit, d'une partie de chasse. Prud'homme monta sur le siége de la voiture où était le prince Louis-Napoléon avec quatre personnes, dont Faure faisait partie : à vingt mille de Londres, on quitta la voiture pour un char-à-bancs qui se dirigea vers la Tamise, où l'on monta à bord du paquebot.

Le reste de son récit est le même que celui des gens du prince. Il soutient que, s'il a participé matériellement aux faits de l'attentat, il n'en avait eu à l'avance aucun avis.

XLVIII. *Finckbohner (Martin), âgé de 28 ans, domestique du colonel Parquin, né à Wissembourg, demeurant à Londres.*

Finckbohner a été employé pendant quelque temps à la boulangerie Viennoise de la rue de Richelieu. En mai dernier, il est passé au service de l'inculpé Parquin, par l'intermédiaire d'un nommé Charles, garçon à l'hôtel des Colonies. L'inculpé Parquin le conduisit à Londres; et, le 4 août, ils s'embarquèrent tous deux sur le bateau à vapeur le *Château d'Edimbourg.*

Finckbohner est entré dans de longs détails sur ce qui s'est passé tant à bord du paquebot qu'après le débarquement.

Il paraît s'être expliqué avec franchise. « Une fois engagé, a-t-il
« dit, j'ai dû faire comme les autres. Qu'aurait-on fait de moi ? on
« m'aurait peut être jeté à l'eau ; je ne pouvais plus reculer. »

XLIX. *Egger (Jean)*, *âgé de* 28 *ans*, *né à Wissembourg (Bas-Rhin)*, *valet de chambre de M. Voisin, demeurant à Paris.*

Egger a servi quatre ans dans le 40e régiment de ligne et quatre ans dans la garde municipale de Paris. Finckbohner, qui est né comme lui à Wissembourg, lui écrivit de Londres dans le courant de juillet dernier pour l'engager à venir le rejoindre, lui faisant espérer qu'il le placerait avantageusement. Il se rendit à cette invitation le 23 juillet, et fut pris pour domestique par Voisin. Le 2 août, il s'est embarqué en même temps que le colonel Voisin, le général Montholon et de Laborde. Il persiste à soutenir qu'il ne savait rien, et que tout ce qu'il a fait sur Boulogne est la conséquence de l'obéissance qu'il devait à son maître.

L. *Peiffer (Bernard)*, *âgé de* 26 *ans*, *né à Tixen (Moselle)*; *domestique du colonel Montauban, demeurant ordinairement à Richmond, près de Londres.*

Peiffer n'a jamais fait partie de l'armée : il était depuis deux ans au service de familles anglaises, lorsque Bouffet de Montauban le prit pour domestique, dans le courant du mois de juin dernier.

Le 3 août, il reçut l'ordre de son maître de se tenir prêt pour le lendemain : « C'était, dit-il, pour une partie de chasse avec le prince. »

Une fois embarqué, il a fait ce qu'ont fait les autres.

LI. *Masselin (Louis François)*, *âgé de* 31 *ans*, *né à Louviers (Eure), sculpteur et domestique, demeurant à Londres.*

Masselin, ancien militaire, a eu son congé en 1838. Il travaillait à Paris de son état de sculpteur, lorsque d'anciens camarades le mirent en rapport avec Forestier, qui l'engagea, moyennant une somme de 600 fr., au service d'un monsieur, qui, dit-on, était à Londres. Arrivé en Angleterre le 26 juillet, il fut quelques jours sans savoir quel maître il allait servir. Le 3 août, Forestier lui annonça qu'ils allaient passer une semaine à la campagne. On s'embarqua aussitôt, et ce fut en mer que Masselin apprit, à ce qu'il dit, le but véritable du voyage ; il n'osa pas alors abandonner l'entreprise, et suivit partout les pas du prince.

LII. *Crétigny (Jean-Henri)*, *âgé de* 27 *ans*, *né à Reverol (Suisse), domestique de M. Bachon, demeurant à Londres.*

Crétigny était depuis un mois au service de Bachon. Son maître l'aurait emmené à Londres et l'aurait fait embarquer sur le paquebot sans lui apprendre le but du voyage ; tel est, du moins, son affirmation, semblable à celle de ses camarades. Leur participation aux faits de l'attentat présente d'ailleurs une frappante similitude.

LIII. *Sierakowski (Xavier), âgé de 30 ans, né à Coigny (Pologne), domestique du sieur d'Hunin, demeurant à Portsmouth.*

La position de cet inculpé était assez semblable à celle de son compatriote Koionowski. Réfugié comme lui en Angleterre, il soupirait après un emploi : on lui en offrit l'espoir la veille même du jour où on voulait l'entraîner dans l'attentat.

Je ne gagnais que 25 francs à Portsmouth, a-t-il dit dans son interrogatoire du 11 août, et je ne pouvais vivre. Le capitaine d'Hunin m'a offert davantage, si je voulais travailler ; j'y ai consenti, et j'ai été embarqué à sept heures du matin, mardi dernier, sur un bateau à vapeur, sans qu'on me dise où nous allions.

Sierakowski, comme les précédens, a revêtu l'uniforme militaire et n'a pas quitté les conjurés.

LIV. *Viengiki (Valentin), âgé de 43 ans, né à Rosnan, près de Varsovie, domestique du sieur d'Hunin, demeurant à Portsmouth.*

Pendant que Parquin, Forestier et quelques autres s'étaient chargés d'embaucher d'anciens militaires français, le capitaine D'Hunin faisait un appel aux Polonais résidant en Angleterre. Vous en avez vu déjà deux exemples ; en voici un troisième :

Viengiki s'exprime ainsi dans son interrogatoire du 10 août :

« Le capitaine polonais d'Hunin m'a fait venir à Londres et m'a pris à son service. Au bout d'un mois, je me suis embarqué avec lui sans savoir où nous allions. »

Viengiki a été blessé d'un coup de feu, qui a motivé l'amputation du bras gauche.

Nous voilà, messieurs, parvenus au terme des la pénible tâche qui nous a été imposée.

Dans le commencement de ce rapport, destiné à faire passer sous vos yeux la série de tous les faits qui ont constitué l'attentat de Boulogne, nous en avons qualifié le principe ; une incroyable audace, une aventureuse présomption, une délirante ambition ont seules pu nous l'expliquer.

Abusant de la protection qui leur était accordée par des institutions qu'ils voulaient néanmoins renverser, et sous l'égide du respect justement commandé par notre législation pour la liberté de la presse, des conjurés ont pu former dans le sein de la capitale une presse quotidienne destinée à populariser leur cause, à lui créer des partisans. Leurs émissaires, suppléant au nombre par l'activité de leurs démarches, ont parcouru le pays, inquiété les populations, cherché à ébranler la fidélité des troupes, et, par un odieux embauchage, entraîné des malheureux que le besoin livrait sans défense à leur coupable séduction. Un jour, dans l'enivrement de leur présomptueuse folie, ils ont pu, au nombre de 50 à 60, partant de l'étranger, descendre sur nos côtes, et tenter de s'emparer de nos villes, d'où ils croyaient pouvoir s'élancer sur la capitale.

Vous jugerez les auteurs de cet odieux attentat, et, autant qu'il est en vous, vous préviendrez par la sage fermeté de vos décisions le retour de tant d'égaremens si funestes. Vous vous serez ainsi acquittés envers le pays et envers la couronne des devoirs que votre haute situation vous impose. Le gouvernement (nous n'en doutons pas) remplira aussi les siens ; il saura, par la prudence et par la vigueur de ses mesures empêcher le retour de ces malheurs dont la périodicité pourrait être considérée comme une insulte pour le pays, qui s'en indigne.

La cour des pairs, qui s'était réunie, le 15 septembre, en conseil pour entendre la lecture du rapport qui précède, a rendu, le 16, à cinq heures, l'arrêt suivant :

« La cour des pairs.

« Oui, dans la séance du 15 de ce mois, M. Persil en son rapport de l'instruction ordonnée par l'arrêt du 18 août dernier.

« Oui, dans la même séance, le procureur-général du roi en ses dires et réquisitions, lesquelles réquisitions par lui déposées sur le bureau de la cour, signées de lui, sont ainsi conçues :

RÉQUISITOIRE.

« Le procureur-général près la cour des pairs,
« Vu les pièces de la procédure instruite contre Charles-Louis-Napoléon Bonaparte, le général Montholon et les autres inculpés ;
« Attendu que les faits établis par ladite instruction constituent un attentat à la sûreté de l'État prévu et puni par le Code pénal; que ces faits, en raison des circonstances qui les ont précédés et accompagnés, du but que se proposaient leurs auteurs, des moyens

qu'ils ont mis en œuvre, de la situation des inculpés principaux, du rang militaire de quelques-uns d'entre eux, présentent au plus haut degré le caractère de gravité qui doit déterminer la cour des pairs à s'en réserver la connaissance ;

« Requiert qu'il plaise à la cour se déclarer compétente, donner acte au procureur-général de ce qu'il s'en rapporte à la prudence de la cour à l'égard des ci-après nommés :

« Pierre-Joseph-Léon Gillemand, Pierre-Antoine-Jules Duflos, Charles Thélin, Henri Desfrançois, Félix Vervoort, Picconi André, Michel Bellier, Nicolas Brigaud, Polycarpe Ancel, Jean-Jacque, Hippemeyer, Benjamin-Eugène Thévoz, Jean-François Graizier, Léon Cuxac, Jean-Georges Heywang, Louis Meurisse, Jean-Pierre-Joseph Bernard, Jean-Marie Brunet, Noël-Michel Buzenet, Urbain Duhomme, François Gedbart, Stanislas-Désiré Jardin, Casimir Koionowski, Hubert Louis Lambert, Jean-Louis Liétot, Marie-Joseh Aspais Prud'homme, Martin Finckbohner, Jean Egger, Bernard Peiffer, Louis-François Masselin, Jean-Henri Crétigny, Xavier Sierakowski, Valentin Viengiki, Flandin-Vourlat (absent);

« Et attendu que des pièces et de l'instruction résultent charges suffisantes contre :

« Charles-Louis-Napoléon Bonaparte, le général Charles-Tristan Montholon, le colonel Jean-Baptiste Voisin, Severin-Louis Le Duff de Mésonan, Denis-Charles Parquin, Hippolyte-François-Athale-Sébastien Bouffet Montauban, Etienne Laborde, Jules-Barthélemy Lombard, Henry Conneau, Jean-Gilbert-Victor Fialin de Persigny, Alfred d'Almbert, Joseph Orsi, Prosper Alexandre, dit Desjardins, Mathieu Galvani, Napoléon Ornano, Jean-Baptiste-Théodore Forestier, Martial-Eugène Bataille, Jean-Baptiste-Charles Aladenize, Pierre-Paul Frédéric Bachon, Pierre-Jean-François Bure, Henri-Richard Siegfroi de Querelles (absent);

« D'avoir, le 6 août 1840, commis à Boulogne un attentat dans le but, soit de détruire ou de changer le gouvernement, soit d'exciter les citoyens et habitans à s'armer contre l'autorité royale, soit d'exciter la guerre civile, en s'armant ou en portant les citoyens ou habitans à s'armer les uns contre les autres ;

« Crime prévu par les articles 87, 88, 89, 91 du Code pénal ;

« Mettre en accusation lesdits :

« Charles-Louis-Napoléon Bonaparte, général Montholon, colonel Voisin, Le Duff de Mésonan, Parquin, Bouffet Montauban, Laborde, Lombard, Conneau, Fialin de Persigny, d'Almbert, Orsi, Alexandre, dit Desjardins, Galvani, Ornano, Forestier, Bataille, Aladenize, Bachon, Bure, de Querelles (absent).

« Ordonner que lesdits inculpés seront pris au corps et conduits dans telle maison de justice qui sera désignée par la cour, pour être ultérieurement jugés par elle au jour qu'il lui plaira déterminer;

« Fait au parquet de la Cour des pairs, ce 15 septembre 1840.

« Le procureur-général,

« Signé FRANCK-CARRE. »

Après qu'il a été donné lecture par le greffier en chef et son adjoint des pièces de la procédure;

Et après en avoir délibéré hors la présence du procureur du roi dans la séance d'hier et dans celle de ce jour ;

En ce qui touche la question de compétence :

« Attendu qu'il appartient à la cour d'apprécier si les attentats dont la connaissance lui est déférée rentrent par leur gravité et leur importance, dans la classe de ceux dont le jugement lui est réservé par l'art. 28 de la Charte constitutionnelle;

« Attendu qu'il résulte de l'instruction à laquelle il a été procédé au sujet des faits qui se sont passés à Boulogne-sur-Mer, le 6 août dernier, et qui ont été déférés à la cour par ordonnance du roi, du 9 du même mois, que, soit à raison de la qualité des personnes qui y auraient pris part, soit à raison des moyens employés pour en préparer l'exécution par une bande armée, soit enfin à raison du but évident de renverser la constitution de l'État par la violence et la guerre civile, ces faits constituent le crime d'attentat à la sûreté de l'Etat, défini par les art. 87 et suivans du Code pénal, et présentent les caractères de gravité qui doivent déterminer la cour a en retenir la connaissance ;

« Au fond ;

« En ce qui touche :

« Le prince Charles-Louis-Napoléon Bonaparte, le comte Charles Tristan de Montholon, Jean-Baptiste Voisin, Denis-Charles Parquin, Hippolyte-François-Athale-Sébastien Bouffet de Montauban, Etienne Laborde, Severin-Louis le Duff de Mésonan, Jules-Barthèlemy Lombard, Henri Conneau, Jean-Gilbert Fialin de Persigny, Alfred D'Almbert, Joseph Orsi, Prosper Alexandre, dit Desjardins, Mathieu Galvani, Napoléon Ornano, Jean-Baptiste-Charles Aladenize, Pierre-Jean-François Bure, Henri-Richard Siegfroy de Querelles (absent), Flandin Vourlat (absent);

Attendu que de l'instruction résultent contre eux des charges suffisantes d'avoir commis à Boulogne sur-Mer, le 6 août dernier, un attentat dont le but était, soit de détruire, soit de changer le gouvernement, soit d'exciter les citoyens ou habitans à s'armer contre l'autorité royale, soit d'exciter la guerre civile en armant ou en portant les citoyens ou habitans à s'armer les uns contre les autres;

« Crimes prévus par les art. 87, 88, 89 et 91 du Code pénal.

« En ce qui touche Pierre-Paul-Frédéric Bachon, Pierre-Joseph-

— 105 —

Léon Gillemand, Pierre-Antoine-Jules Duflos, Charles Thélin, Henri Desfrançois, Félix Vervoort, André Picconi, Michel Bellier, Nicolas Brigaud, Polycarpe Ancel, Jean-Jacques Hyppemeyer, Benjamin-Eugène Thevoz, Jean-François Graizier, Léon Cuxac, Jean-Georges Heywang, Louis Meurisse, Jean Pierre-Joseph Bernard, Jean-Marie Brunet, Noël-Michel Buzenet, Urbain Duhomme, François Gedbard, Stanislas-Désiré Jardin, Casimir Koionowski, Hubert Louis Lambert, Jean-Louis Liétot, Marie-Joseph-Aspais Prud'homme, Martin Finckbohner, Jean Egger, Bernard Peiffer, Louis-François Masselin, Jean-Henri Crétigny, Xavier Sierakowski, Valentin Viengiki;

« Attendu que de l'instruction ne résultent pas contre eux charges suffisantes de culpabilité,

« La Cour se déclare compétente ;

« Donne acte au procureur-général de ce qu'il s'en est remis à la prudence de la cour à l'égard de Guillemand, Duflos, Thélin, Desfrançois, Vervoort, Picconi, Bellier, Brigaud, Ancel, Hyppemeyer, Thévoz, Graizier, Cuxac, Heywang, Meurisse, Bernard-Brunet, Buzenet, Duhomme, Gedbart, Jardin, Koionowski ; Lambert, Liétot, Prud'homme, Finckbohner, Egger, Peiffer, Masselin, Crétigny, Sierakowski, Viengiki et Flandin-Vourlat ;

« Déclare qu'il n'y a lieu à suivre contre eux ;

« Ordonne qu'ils seront mis en liberté, s'ils ne sont détenus pour autre cause ;

« Ordonne la mise en accusation de Charles-Louis-Napoléon Bonaparte, Charles-Tristan, comte de Montholon, Jean-Baptiste Voisin, Denis-Charles Parquin, Hippolyte-François-Athale-Sébastien Bouffet de Montauban, Etienne Laborde, Séverinle Duff de Mésonan, Jules-Barthélemi Lombard, Henri Conneau, Jean-Gilbert-Victor Fialin de Persigny, Alfred d'Almbert, Joseph Orsi, Prosper-Alexandre, dit Desjardins, Mathieu Galvani, Napoléon Ornano, Jean Baptiste-Théodore Forestier, Martial-Eugène Bataille, Jean-Baptiste-Charles Aladenize, Pierre-Jean-François Bure, Henri-Richard Siegfroid de Querelles (absent), Flandin-Vourlat (absent);

« Ordonne que lesdits inculpés seront pris au corps et conduits dans la maison d'arrêt, que la cour autorise le président à désigner ultérieurement pour servir de maison de justice près d'elle ;

« Ordonne que le présent arrêt sera notifié à la diligence du procureur-général à chacun des accusés ;

« Ordonne que les débats s'ouvriront au jour qui sera ultérieurement indiqué par le président de la cour, et dont il sera donné connaissance au moins cinq jours à l'avance à chacun des accusés ;

« Ordonne que le présent arrêt sera exécuté à la diligence du procureur du roi ;

« Fait et délibéré à Paris, le mercredi 16 septembre 1840, en la chambre du conseil, où siégeaient :

M. le Chancelier et messieurs :

1. vicomte d'Abancourt. 2. comte Alton-Shée. 3. marquis d'Audigné de la Blanchaye. 4. comte d'Anthouard. 5. comte d'Argout. 6. comte d'Astorg. 7. baron Atthalin. 8. Aubernon. 9. Aubert. 10. comte d'Audenarde. 11. baron Aymard. 12. Barthe. 13. comte Baudrand. 14. comte de Bastard. 15. comte de Beaumont. 16. marquis de Belbeuf. 17. de Bellemare. 18. comte de Bérenger. 19. Bertin de Vaux. 20. Besson. 21. marquis de Boissy. 22. comte de Bondy. 23. comte Bourke. 24. duc de Brancas. 25. comte de Breteuil. 26. de Cambacérès. 27. Castries (duc de). 28. vicomte de Caux. 29. vicomte de Cavaignac. 30. vicomte de Chabot. 31. Chevandier. 32. comte Cholet. 33. comte Claparède. 34. comte de Colbert. 35. comte Corbineau. 36. Cordier. 37. marquis de Dampierre. 38. baron Darriule. 39. comte Daru. 40. baron de Daunant. 41. baron Davillier. 42. duc Decazes. 43. comte Dejean. 44. baron Delort. 45. baron Dubreton. 46. baron Dupont-Delporte. 47. comte Durosnel. 48. comte Dutaillis. 49. baron Duval. 50. Etienne. 51. baron Feutrier. 52. duc de la Force. 53. baron Fréteau de Pény. 54. baron de Fréville. 55. Gautier. 56. baron de Gérando. 57. maréchal comte Gérard. 58. comte de Germiny. 59. comte Gilbert de Voisins. 60. baron Girod (de l'Ain). 61. Guiche (marquis de la). 62. vice-amiral Halgan. 63. comte de Ham. 64. comte d'Harcourt. 65. comte Harispe. 66. comte d'Haubersaert. 67. comte de Hédouville. 68. comte Heudelet. 69. vicomte d'Houdetot. 70. Humann. 71. vice-amiral comte Jacob. 72. vicomte de Jessaint. 73. Kératry. 74. comte de Lagrange. 75. comte Lanjuinais. 76. marquis de Laplace. 77. Lebrun. 78. Louvois (marquis de). 79. marquis de Lusignan. 80. Maillard. 81. baron Malouet. 82. duc de Massa. 83. Mérilhou. 84. comte Eugène Merlin. 85. Molé (comte). 86. maréchal comte Molitor. 87. comte de Montalivet. 88. comte de Monthyon. 89. baron Mounier. 90. comte de Montguyon. 91. baron Neigre. 92. comte de Noé. 93. Odier. 94. comte Pajol. 95. Paturle. 96. comte de Pontécoulant. 97. baron Pelet. 98. Périer. 99. comte Pernety. 100. comte Perregaux. 101. Persil. 102. baron Petit. 103. comte Portalis. 104. duc de Praslin. 105. Reggio (maréchal duc de). 106. de Ricard. 107. comte de Richebourg. 108. marquis de Rochambeau. 109. comte de la Roche-Aymon. 110. comte de la Rochefoucauld. 111. comte Jules de la Rochefoucauld. 112. duc de la Rochefoucauld. 113. comte Roguet. 114. Rossi. 115. comte de Saint-Aignan. 116. baron de Saint-Didier. 117. comte de Sainte-Hermine. 118. comte de Saint-Priest. 119. baron de Schonen. 120. comte Philippe de Ségur. 121. vicomte de Ségur-Lamoignon. 122. comte Siméon. 123. vicomte Siméon. 124. chevalier Tarbé de Vauxclairs. 125. baron Teste. 126. baron Thénard. 127. vicomte Tirlet. 128. de Vandeul. 129. baron de Vandeuvre. 130. Viennet. 131. vice-amiral Willaumez. 132. baron Zangiacomi,

Lesquels ont signé avec le greffier en chef.

TROISIÈME AUDIENCE.

(1re du Procès. — Lundi 28 septembre.)

La nouvelle salle a été disposée pour la cause actuelle. On s'aperçoit qu'il y manque les peintures et les dorures qui doivent former sa décoration. — Plusieurs améliorations s'y font remarquer : les tribunes sont vastes et bien espacées. Un rang de banquettes a été ménagé pour les députés, les membres du conseil-d'Etat et du corps diplomatique, dans tout le pourtour de l'enceinte à la hauteur des derniers fauteuils de MM. les pairs dont une balustrade les sépare.

A onze heures, le public est admis et remplit bientôt les tribunes, celle même des journalistes est promptement occupée. Arrivent successivement une trentaine de députés à la place qui leur a été reservée.

Les bancs des accusés ont remplacé le bureau ordinaire de la chambre. Le fauteuil du président est à droite, le bureau du ministère public est à gauche. Les secrétaires sont au-dessous du président.

Quelques momens avant l'ouverture de l'audience, les huissiers apportent et déposent sur des tables disposées dans le couloir de droite les pièces dites de conviction.

Le service militaire intérieur est fait par le 57e régiment, des sous-officiers vétérans, des gardes-nationaux de la 2e légion, des gendarmes de la Seine et des gardes municipaux en grande tenue. Les troupes chargées du service extérieur ne s'élèvent pas, assure-t-on, à moins de 6000 hommes.

Quarante ou cinquante personnes stationnent devant la porte du palais.

On sait que les prisonniers ont été conduits samedi au soir à la geôle du Luxembourg.

A midi un quart, les prisonniers accusés sont introduits et placés, sur les deux premiers bancs derrière celui de la défense, dans l'ordre suivant et à partir du bureau du chancelier. 1ᵉʳ banc : le PRINCE, ayant à sa droite un officier de gendarmerie et à sa gauche le général *Montholon*; un maréchal-des-logis de gendarmerie, le colonel *Voisin*, le commandant *Mésonan*, deux gendarmes, le commandant *Parquin*, le colonel *Bouffet-Montauban*, *Lombard*, *Persigny*, *Forestier*; 2ᵉ banc : un gendarme, *Bataille*, *Aladenize*, le colonel *Laborde*, le capitaine *Alexandre*, le docteur *Conneau*, deux gendarmes, *Ornano*, *Galvani*, *d'Almbert*, *Orsi*, *Bure*. Tous portent l'habit noir et les gants blancs. Le prince est décoré de la plaque de grand-aigle de la Légion-d'Honneur. Le colonel Voisin a le bras gauche enveloppé d'un foulard rouge.

Prennent place au banc de la défense :

MMᵉˢ Berryer et Marie (conseil), pour le prince et M. le général Montholon; Ferdinand Barrot et Piet (conseil), pour MM. Voisin, Parquin, Alexandre et Bataille; Barillon pour MM. Bouffet-Montauban, de Persigny, Lombard et Conneau; Jules Favre et Pinède (conseil), pour M. Aladenize; Nogent de St.-Laurent pour M. Laborde; Charles Delacour pour M. Mésonan; Ducluzeau et Forestier (conseil), pour M. Forestier; Lignier, Patorni et d'Almbert (conseils), pour MM. Ornano, d'Almbert, Galvani, Orsi et Bure : M&rs; Forestier et d'Almbert sont frères des accusés de leurs noms.

A midi et demi la cour entre en séance.

M. le secrétaire-archiviste fait l'appel nominal de MM. les pairs qui, présens à cette séance, auront seuls le droit de siéger pendant le procès.

Les pairs présens sont :

M. Le chancelier, duc de Broglie, maréchal duc de Reggio, duc de Castries, marquis de la Guiche, comte d'Haussonville, marquis de Louvois, comte Molé, comte de Noé, comte de Laroche-Aymon, duc Decazes, comte d'Argout, comte Raymond de Bérenger, comte Claparède, marquis de Dampierre, vicomte d'Houdetot, baron Mounier, vicomte Mollien, comte de Pontécoulant, comte Reille, marquis de Talhouet, comte de Germigny, baron Dubreton, comte de Bastard, marquis de Panges, comte Portalis, duc de Praslin, duc de Crillon, duc de Coigny, comte Siméon, comte de Saint-Priest, maréchal-comte Militor, comte Bourke, comte d'Haubersart, comte de Breteuil, comte Dejean, comte de Richebourg, vicomte Dode, duc de Brancas, comte de Montalivet, comte Chollet, comte Lanjuinais, marquis de Laplace, vicomte de Ségur-Lamoignon, comte Abrial, comte de Ségur, comte de Bondy, baron Davillier, comte Gilbert de Voisins, le comte d'Anthouard, comte Excelmans, vice-amiral comte Jacob, le comte Pajol, comte Philippe de Ségur, comte Perregaux, comte Rognet, comte Larochefoucauld, baron Girod (de l'Ain), baron Atthalin, Aubernon, Bertin de Vaux, Besson, président Boyer, vicomte de Caux, comte des roys, comte Dutailly, duc de Fezensac, baron de Fréville, Gautier, comte Heudelet, baron Malhouet, baron Montguyon, baron Thénard, comte Turgot, Villemain, baron Zangiacomi, comte de Ham, comte de Bérenger, baron Berthezène, comte de Colbert, comte de Lagrange, comte Daru, comte Baudrand, baron Neigre, maréchal comte Gérard, baron Duval, comte de Beaumont, baron Reinach, marquis de Rumigny, Barthe, comte d'Astorg, comte de Gasparin, comte de Hédouville, baron Aymard, de Cambacérès, vicomte de Chabot, le comte Corbineau, baron Feutrier, baron Freteau de Pény, vicomte Pernety, de Ricard, marquis de Rochambeau, comte de Saint-Aignan, vicomte Siméon, comte de Rambuteau, comte d'Alton-Shée, de Bellemare, marquis d'Andigné de la Blanchaye, comte de Monthyon, marquis de Belbeuf, Chevandier, baron Darriule, baron Delort, baron Dupin, comte Durosnel, comte d'Harcourt, vicomte d'Abancourt, Humann, baron Jacquinot, Kératry, comte d'Audenarde, vice-amiral Halgan, Mérilhou, Odier, baron Paturle, baron de Vandœuvre, baron Pelet, Périer, baron Petit, vicomte de Préval, baron de Schonen, chevalier Tarbé de Vauxclairs, vicomte Tirlet, vicomte Villiers du Terrage, vice-amiral Willaumez, Bourdeau, baron de Gérando, baron Rohault de Fleury, Rouille de Fontaines, baron de Daunant, marquis de Cambis d'Orsan, comte Harispe, vicomte de Jessaint, baron de Saint-Didier, baron Voirol, Maillard, duc de la Force, baron Dupont Delporte, baron Nau de Champlouis, Gay-Lussac, Aubert, marquis de Boissy, vicomte Borelli, vicomte Cavaignac, Cordier, Etienne, comte Jules de Larochefoucauld, Lebrun, marquis de Lusignan, comte Eugène Merlin, Persil, comte de Saint-Hermine, baron Teste, de Vandeul, Viennet, Rossi, le comte Serrurier (167).

Voici les noms des membres absens :

Le duc d'Orléans, de Mortemart, de Valentinois, de Montmorency, de Jaucourt, Klein, Lemercier, de Montbadon, de Brissac, d'Aligre, de Bellune, de Compans, de Biron, de Mun, Ricard, Séguier, de Talaru, de Vérac, de Morel Vindé, de Sabran, de Massa, de Choiseul-Gouffier, de Barante, Beker, de la Forêt, Pelet (de la Lozère), Rampon, de Spare, de Saint-Simon, Verhuëll d'Aramo, de la Ville Gontier, d'Aragon, de Conégliano, Portal, Roy, de Vaudreuil, de Tascher, de Puységur, de Courtarvel, d'Ambrugeac, de Plaisance, Dubouchage, Davous, Ducayla, Boissy-d'Anglas, de Montebello, de Noailles, de Larochefoucauld, de Chabrillan, d'Istrie, de Lauriston, de Brézé, de Périgord, de Saint-Aulaire, de Crillon, de Dalmatie, de Sesmaisons, de Richelieu, de Barthélemy, Duperré, d'Aux, Herwyn de Nevèle, de Boisgelin, de Cessac, de Turenne, d'Aubusson de la Feuillade, de Beauvau, de Caffarelli, d'Erlon, de Flahault, de Gramont-Caderousse, Emeriau, de Lascours, Bonet, Gazan, Cousin, Humblot-Comté, de Lamoignon, d'Ornano, Roussin, de Mareuil, Jurien-Lagravière, Grenier, Guéhéneuc, Faure, de Grouchy, de Preissac, Canson, Duchâtel, Saint-Cyr-Nugues, Brayer, de Saint-Cricq, de Saulx-Tavannes, Curial, de Montalembert, Brun de Villeret, de Cordoue, de la Moussaye, de la Riboissière, Vallée, de Lezai-Marnesia, Ledru-des-Essarts, Mortier, de Cadore, de Wagram, Bresson, d'Audiffret, Bignon, de Brigode, de Chanaleilles, d'Escayrac de Lauture, Marchand, de Mosbourg, Pelet, Lombard, Laplagne-Barris, Sébastiani, de Castellane, de Rosamel, de la Pinsonnière, Schramm, Despans-Cubières, de Malaret, Bérenger, (de la Drôme).

Pendant l'appel nominal, un huissier introduit M. le procureur général, qui est assisté de MM. Boucly, avocat-général; Nouguier, Glandaz, substituts.

M. le chancelier, au prince. — Quels sont vos nom et prénoms ?

1° *Le prince* se lève et répond : Charles-Louis-Napoléon Bonaparte.

D. Votre âge ? — R. 32 ans.
D. Votre lieu de naissance ? — R. Paris.
D. Votre demeure ? — A Londres.

Le prince se rassied.

Les autres accusés répondent ensuite aux mêmes questions dans l'ordre où ils sont placés :

2° Charles-Tristan, comte de *Montholon*, âgé de 58 ans, maréchal-de-camp en disponibilité, né à Paris, demeurant en dernier lieu en Angleterre.

3° Jean-Baptiste *Voisin*, 60 ans, colonel de cavalerie en retraite, né à Dieppe, demeurant à Tarbes (Hautes-Pyrénées).

4° Séverin-Louis *Leduff de Mésonan*, 57 ans, chef d'escadron d'état-major en retraite, né à Quimper, demeurant à Paris.

5° Denis-Charles *Parquin*, 53 ans, officier supérieur de cavalerie, démissionnaire de propre volonté, aide-de-camp du prince Louis, né à Paris, demeurant à Londres.

6° Hippolyte-François-Athale-Sébastien *Bouffet-Montauban*, 46 ans, ancien colonel au service de Colombie, général des volontaires parisiens en 1830 et 1831, né à Verneuil, demeurant à Richmond-Green, près Londres.

7° Jules-Barthélemy *Lombard*, 31 ans, officier d'ordonnance du prince Louis, né à Teuillac (Gironde), demeurant à Paris.

8° Jean-Gilbert-Victor *Fialin de Persigny*, 30 ans, attaché au prince Louis, né à Saint-Germain-Lespinasse, demeurant à Londres.

9° Jean-Baptiste-Théodore *Forestier*, 25 ans, négociant, né à Saint-Géran-le-Puy (Allier), demeurant à Paris.

10° Martial-Eugène *Bataille*, 25 ans, ingénieur civil, né à Kingston (Jamaïque), demeurant à Londres.

11° Jean-Baptiste-Charles *Aladenize*, 27 ans, lieutenant de voltigeurs au 42e de ligne, né à Issoudun (Indre), en garnison à Saint-Omer.

12° Etienne *Laborde*, 58 ans, lieutenant-colonel en retraite, né à Carcassonne (Aude), demeurant à Paris.

13° Prosper *Alexandre* dit *Desjardins*, 51 ans, capitaine en retraite, né à Paris, y demeurant.

14° Henri *Conneau*, 33 ans, docteur en médecine, né à Milan de parens français, demeurant à Londres.

15° Napoléon *Ornano*, 33 ans, ex-officier au 3e dragons, né à Ajaccio (Corse), demeurant à Londres.

16° Mathieu *Galvani*, 54 ans, sous-intendant militaire en réforme, né à Sainte-Lucie (Corse), y demeurant.

17° Alfred *D'Almbert*, 27 ans, secrétaire du prince Louis, né à Nanci, demeurant à Londres.

18° Joseph *Orsi*, 32 ans, négociant né à Florence, demeurant à Londres

19° Pierre-Jean-François *Bure*, 33 ans, commis de commerce, né à Paris, demeurant à Londres en dernier lieu.

M. *le chancelier.* — Je rappelle à MM. les défenseurs, aux termes de l'art. 311 du Code d'instruction criminelle, qu'ils doivent s'exprimer avec décence et modération. Accusés, soyez attentifs à ce que vous allez entendre. M. le greffier va donner lecture de l'arrêt rendu par la cour, le 16 septembre, et de l'acte d'accusation dressé en conséquence de cet acte.

Le greffier commence à peine cette lecture que M. le procureur-général fait observer qu'on n'a pas fait entrer les témoins assignés. Les ordres sont donnés, et les témoins sont introduits. L'audience reste suspendue pendant quelques minutes, au bout desquelles le greffier reprend la lecture commencée.

Quand elle est terminée, M. le greffier lit la liste des témoins assignés, tant à charge qu'à décharge, au nombre de vingt-huit. On les fait ensuite retirer dans la chambre qui leur est destinée.

L'audience est suspendue elle est reprise après une demi-heure.

M. *le chancelier.* —Prince Charles-Louis-Napoléon Bonaparte, levez-vous !

Le prince se lève.

D. N'avez-vous pas débarqué, le 6 août, dans le port de Wimereux, à la tête d'une troupe armée, dans le but de renverser le gouvernement ?

Le prince. — Je voudrais, avant de répondre aux questions qui me seront adressées, demander la permission de soumettre à la cour quelques observations.

M. *le chancelier.* — Parlez !

Le prince s'exprime en ces termes :

« Pour la première fois de ma vie, il m'est enfin permis d'élever la voix en France et de parler librement à des Français.

« Malgré les gardes qui m'entourent, malgré les accusations

que je viens d'entendre, plein des souvenirs de ma première enfance, en me trouvant dans les murs du sénat, au milieu de vous que je connais, messieurs, je ne peux croire que j'aie ici l'espoir de me justifier et que vous puissiez être mes juges. Une occasion m'est offerte d'expliquer à mes concitoyens ma conduite, mes intentions, mes projets, ce que je pense, ce que je veux.

« Sans orgueil, comme sans faiblesse, si je rappelle les droits déposés par la nation dans les mains de ma famille, c'est uniquement pour expliquer les devoirs que ces droits nous ont imposés à tous.

« Depuis cinquante ans que le principe de la souveraineté du peuple a été consacré en France, par la plus puissante révolution qui se soit faite dans le monde, jamais la volonté nationale n'a été proclamée aussi solennellement, n'a été constatée par des suffrages aussi nombreux et aussi libres que pour l'adoption des constitutions de l'Empire.

« La nation n'a jamais révoqué ce grand acte de sa souveraineté, et l'Empereur l'a dit : « Tout ce qui a été fait sans elle est illégitime. »

Aussi, gardez vous de croire que, me laissant aller aux mouvemens d'une ambition personnelle, j'aie voulu tenter en France, malgré le pays, une restauration impériale. J'ai été formé par de plus hautes leçons et j'ai vécu sous de plus nobles exemples.

« Je suis né d'un père qui descendit du trône, sans regret, le jour où il ne jugea plus possible de concilier avec les intérêts de la France, les intérêts du peuple qu'il avait été appelé à gouverner.

« L'Empereur, mon oncle, aima mieux abdiquer l'Empire que d'accepter par des traités les frontières restreintes qui devaient exposer la France à subir les dédains et les menaces que l'étranger se permet aujourd'hui. Je n'ai pas respiré un jour dans l'oubli de tels enseignemens. La proscription imméritée et cruelle, qui pendant vingt-cinq ans a traîné ma vie des marches du trône sur lesquelles je suis né jusqu'à la prison d'où je sors en ce moment, a été impuissante à irriter, comme à fatiguer mon cœur; elle n'a pu me rendre étranger un seul jour à la gloire, aux droits, aux intérêts de la France. Ma conduite, mes convictions s'expliquent.

« Lorsqu'en 1830, le peuple a reconquis sa souveraineté, j'avais cru que le lendemain de la conquête serait loyal comme la conquête elle-même, et que les destinées de la France étaient à jamais fixées; mais le pays a fait la triste expérience des dix dernières années. J'ai pensé que le vote de 4 millions de citoyens qui avait élevé ma famille, nous imposait au moins le devoir de faire appel à la nation, et d'interroger sa volonté; j'ai cru même que, si au sein du congrès national que je voulais convoquer, quelques prétentions pouvaient se faire entendre, j'aurais le droit d'y réveiller les souvenirs éclatans de l'Empire, d'y parler du frère aîné de l'Empereur, de cet homme vertueux qui, avant moi, en est le digne héritier, et de placer en face de la France aujourd'hui affaiblie, passée sous silence dans le congrès des rois, la France d'alors, si forte au dedans, au-dehors si puissante et si respectée. La nation eût répondu : République ou monarchie, Empire ou royauté. De sa libre décision dépend la fin de nos maux, le terme de nos dissensions.

Quant à mon entreprise, je le répète, je n'ai point eu de complice. Seul j'ai tout résolu; personne n'a connu à l'avance ni mes projets, ni mes ressources, ni mes espérances. Si je suis coupable envers quelqu'un, c'est envers mes amis seuls. Toutefois, qu'ils ne m'accusent pas d'avoir abusé légèrement de courages et de dévouemens comme les leurs. Ils comprendront les motifs d'honneur et de prudence qui ne me permettent pas de révéler à eux-mêmes combien étaient étendues et puissantes mes raisons d'espérer un succès.

« Un dernier mot, messieurs. Je représente devant vous un principe, une cause, une défaite. Le principe, c'est la souveraineté du peuple, la cause, celle de l'empire; la défaite, Waterloo. Le principe, vous l'avez reconnu; la cause vous l'avez servie; la défaite, vous avez voulu la venger. Non, il n'y a pas de désaccord entre vous et moi, et je ne veux pas croire que je puisse être dévoué à porter la peine des défections d'autrui.

« Représentant d'une cause politique, je ne puis accepter comme juge de mes volontés et de mes actes une juridiction politique. Vos formes n'abusent personne. Dans la lutte qui s'ouvre, il n'y a qu'un vainqueur et un vaincu. Si vous êtes les hommes du vainqueur, je n'ai pas de justice à attendre de vous, et je ne veux pas de générosité. »

INTERROGATOIRE DU PRINCE.

M. LE CHANCELIER. — Je n'ai pas voulu vous interrompre, quand vous développiez les motifs de l'entreprise à laquelle vous avez cru devoir vous livrer. Je ne crois pas que cet exposé soit favorable au fond de votre cause. J'aurais mieux aimé que vous vous fussiez montré plus dégagé des illusions qui ont deux fois entraîné, et qui deux fois vous ont placé dans une situation aussi pénible, situation dans laquelle vous auriez dû, je crois, mieux apprécier les sentimens du pays et de la nation que vous invoquez.

Je reprends mes questions. Vous avez débarqué, le 6 août, à quatre heures du matin, sur la côte de Wimereux, à la tête d'une troupe de gens armés dans le but de détruire le gouvernement établi?

LE PRINCE. — J'ai répondu à tout cela dans mes premiers interrogatoires.

D. Mais vous devez répéter ici ce que vous avez dit dans l'instruction, afin que MM. les pairs puissent vous juger, et, s'il y a quelque chose à y reprendre, vous pourrez fournir de nouvelles observations. — R. Je n'y changerai rien, je persiste dans mes premières réponses.

D. N'avez-vous pas trouvé sur le rivage, en débarquant, le lieutenant Aladenize et Bataille qui vous attendaient? — R. Je m'en réfère à mes premières réponses.

D. N'avez-vous pas trouvé un poste de douaniers qui ont tenté de s'opposer à votre marche? — R. Oui, monsieur.

D. Qu'avez-vous dit au chef de ces douaniers? — R. Rien.

D. N'avez-vous pas offert de l'argent à leur chef pour qu'il se joignît à vous? — R. Je ne m'en souviens pas.

D. N'êtes-vous pas allé aussitôt à la caserne de la ville de Boulogne? — Mon intention n'est pas de répondre.

D. Vous garderez le silence, je dois continuer à vous adresser mes questions. Le lieutenant Aladenize n'était-il pas à la caserne alors que vous y êtes arrivé? — R. Oui, monsieur.

D. Que s'est-il passé à la caserne? — R. Je l'ai déjà dit précédemment.

D. N'avez-vous pas fait à tous les officiers, et même aux soldats, des promesses d'avancement? — R. Je ne m'en souviens pas.

D. Lorsque le capitaine Col-Puygellier est arrivé, ne lui avez-vous pas dit : « Soyez des nôtres et vous aurez tout ce que vous voudrez? » — Non, monsieur.

D. N'avez-vous pas, sur le refus de cet officier d'accéder à vos propositions, tiré sur lui un coup de pistolet? — R. J'ai déjà dit que, dans un pareil moment, on ne peut pas toujours se rendre compte de ses intentions. Lorsque j'ai vu le tumulte, j'ai pris un pistolet, et il est parti avant même que je n'aie eu le temps de le diriger.

D. N'êtes-vous pas allé, au sortir de la caserne, vers la haute-ville? — R. Oui, monsieur.

D. Dans le trajet, n'avez-vous pas distribué des proclamations et de l'argent? — R. Des proclamations, oui, mais de l'argent, non.

D. Vous avez ensuite rencontré le sous-préfet, qui vous a intimé l'ordre de vous séparer. — R. Oui, monsieur.

D. Un de vous ne l'a-t-il pas frappé du manche du drapeau qu'il portait? — Je ne m'en souviens pas.

D. C'est l'accusé Lombard qui portait le drapeau? — R. Oui monsieur.

D. — N'avez-vous pas rejoint une partie de votre troupe à la Colonne? — R. Le rendez-vous avait été donné à la Colonne.

D. A quelle époque avez-vous conçu la pensée d'attaquer le gouvernement français? — R. J'ai pris cette résolution lorsque j'ai vu, après dix ans, que le gouvernement n'avait rien établi.

D. A quelle époque êtes-vous revenu des États-Unis? — En 1837.

D. N'est-ce pas alors que vous avez renoué des intelligences avec les hommes que vous jugiez capables de seconder vos projets? — R. Non, monsieur.

D. Cependant, c'est à cette époque-là même que vous avez écrit une lettre à l'accusé Mésonan, que vous n'aviez jamais ni vu, ni connu, uniquement parce qu'il venait d'être mis à la retraite? — R. Je ne m'en souviens pas.

D. Mésonan l'a déclaré lui-même, et il ne voudrait cependant pas vous charger. Vous avez participé à la rédaction de la brochure Laity où se trouve glorifié l'attentat commis par vous dans la ville de Strasbourg? — R. Je l'ai rédigée pour répondre aux calomnies que le gouvernement avait propagées contre moi.

D. A cette même époque, des écrits ont été répandus par vos ordres dans les casernes et dans les villes de garnison. — R. Non, monsieur.

D. Est-ce vous qui êtes l'auteur de la brochure intitulée : *Idées napoléoniennes?* — R. Oui, monsieur.

D. Est-ce vous qui l'avez fait distribuer? — R. J'ai été étranger à cela.

D. Vers la fin de 1839, vous avez envoyé de l'argent en France pour recruter des partisans? — Non, monsieur.

D. Vers la fin de 1840, des agens envoyés par vous ont cherché à nouer des relations avec les garnisons de différentes villes de France? — R. Ce n'est pas par mes ordres si l'on a agi ainsi.

D. Ce n'est pas vous qui avez chargé l'accusé Parquin de tenter a fidélité de quelques officiers? — R. Non, monsieur.

D. Ce n'est pas par votre ordre que Mésonan est allé à Lille, où il a pénétré jusque chez le commandant de la place? — R. Non.

D. C'est cependant vous qui avez écrit à ce propos une lettre où il est fait des propositions d'argent à un général? — R Je ne veux pas répondre à cette question. Je ne veux pas changer mon rôle d'accusé à celui d'accusateur.

D. Connaissiez vous le lieutenant Aladenize? — Non, monsieur.

D. Il a cependant dit qu'il vous connaissait depuis six ans? — R. Je ne crois pas l'avoir jamais connu.

D. Par qui a-t-il été mis en relation avec vous? — Je ne veux pas répondre.

D. Est-ce par Bataille? — R. Je ne veux pas répondre.

D. Aviez vous mis quelqu'un dans la confidence de vos projets? — R. Personne.

D. Le général Montholon a déclaré qu'il avait soupçonné vos projets et qu'il avait cherché à vous détourner de leur exécution? — R. Non, monsieur.

D. Comment vous êtes vous procuré les shakos et les capotes dont étaient revêtues plusieurs des personnes qui vous accompagnaient? — R. J'ai déjà répondu dans mes interrogatoires.

D. Comment vous êtes-vous procuré les habits des personnes qui vous accompagnaient? — R. J'avais averti ces messieurs que nous devions faire un voyage, et j'avais fait apporter leurs effets sur le paquebot.

D. Je vous représente diverses proclamations et ordres de service saisis sur le paquebot, les reconnaissez-vous? — Oui, monsieur.

D. Ces pièces portent la signature de diverses personnes, du comte de Montholon, du colonel Voisin, du commandant de Mésonan; ces signatures y ont-elles été apposées de leur consentement ou à leur insu? — R. A leur insu.

D. Comment avez-vous pu penser qu'il vous fût permis d'emprunter ainsi leurs noms sans leur consentement, et comment d'ailleurs avez-vous cru pouvoir désigner pour les plus hautes fonctions du gouvernement des hommes qui, évidemment, n'avaient aucune connaissance de vos projets? — R. J'ai désigné pour les fonctions les plus élevées les hommes que j'ai cru pouvoir être le plus utiles au pays, quoiqu'ils ne partagassent pas mes opinions : c'était la meilleure preuve que je pusse donner que je serais toujours prêt à appeler au pouvoir des hommes éminens.

D. Vous avez dit que vous ne vouliez agir qu'en vertu de la souveraineté du peuple, et cependant vous annuliez d'un seul mot tout ce qui s'est fait depuis 1830; vous prononciez la déchéance de la famille royale, ce n'était pas là appliquer, mais annuler par le fait le principe de la souveraineté du peuple? — R. Je rendais hommage, au contraire, à ce principe; je voulais convoquer un congrès national.

D. Et vous commenciez, de votre propre autorité par abolir tout ce qui existe? — R. On ne pouvait convoquer un congrès national sans faire une révolution.

D. Parmi les pièces laissées sur le paquebot, il s'en trouve une écrite de la main de Voisin, est-elle son ouvrage? — R. C'est moi qui l'ai rédigée; il n'a fait que la copier.

D. Il est difficile de croire que les hommes qui étaient le plus avant dans votre confiance, comme Parquin, Mésonan et Voisin, ne connaissaient pas vos projets? — R. Je n'ai rien à répondre.

D. Vous vous êtes embarqué à Gravesend, les autres personnes se sont embarquées à diverses distances les unes des autres; c'était sans doute pour ne pas exciter de soupçons? — R. Oui, monsieur.

D. Vous avez déclaré que vous vous étiez ouvert de vos projets à plusieurs de ceux qui vous accompagnaient lors de l'embarquement; quels sont ceux à qui vous vous êtes ainsi ouvert? — R. Je ne me le rappelle pas.

D. Quand vous avez donné lecture des proclamations, quelques-unes des personnes présentes ne vous ont-elles pas fait d observations? — R. Non, monsieur.

D. A combien s'élevait la somme que vous aviez sur vous? — R. J'en ai donné le compte.

D. Une partie de cet argent a été distribué; par qui cette distribution a-t-elle été faite? — R. Par la première personne que j'ai trouvée sous ma main.

INTERROGATOIRE DU GÉNÉRAL MONTHOLON.

M. LE CHANCELIER. — N'avez-vous pas débarqué avec Louis Bonaparte à Wimereux? — R. Oui, monsieur.

D. Ne l'avez-vous pas suivi à Boulogne? — R. Autant que ma jambe me l'a permis.

D. Aviez-vous connaissance de ses projets? — R. Non, monsieur.

D Pourquoi avez-vous débarqué? — R. Je croyais qu'il y aurait eu lâcheté à rester à bord.

D. Depuis quand étiez-vous à Londres? — R. Depuis le 4 ou le 5 avril, et pour mes affaires personnelles.

D. Saviez-vous que Louis Bonaparte voulait rentrer en France? — R. Il m'avait souvent parlé de cet espoir.

D. Saviez-vous qu'il voulait descendre à Boulogne. — R. Non, monsieur.

D Quand le paquebot est parti de Londres, n'avait-on pas dit que l'on allait à Ostende? — R. Oui, monsieur.

D. A quel moment avez vous su que votre destination était changée? — R. C'est seulement quelques heures avant de débarquer.

D. Vous aviez précédemment été, pour le prince, en Belgique; cette mission avait-elle quelque rapport avec l'entreprise de Boulogne? — R. J'ai dit dans mon interrogatoire que je n'en doutais pas, mais c'est sous l'impression des évènemens accomplis que j'ai parlé ainsi, car je n'en savais rien auparavant.

D. Saviez-vous que le prince vous destinait le grade de major-général? — R. Non, monsieur.

D. Au bas de l'ordre du jour, qui fixe les fonctions de toutes les personnes qui composaient l'expédition, on lit votre nom? — R. Je n'ai pas signé cette pièce.

D. Saviez-vous que le prince vous avait nommé major-général? — R. Je l'ignorais complètement.

D. Comment votre uniforme s'est-il trouvé sur le paquebot? — R. Quelques jours après, je devais aller avec le prince au bal, et il m'avait permis de faire porter mes habits chez lui.

D. Pourquoi aviez-vous mis votre uniforme et pris votre épée? — R. Quand je suis monté sur le pont, j'ai vu tout le monde en uniforme et en armes, il y aurait eu de la lâcheté à rester.

INTERROGATOIRE DU COLONEL VOISIN.

M. LE CHANCELIER. — N'avez-vous pas débarqué à Wimereux, le 6 août dernier, avec plusieurs individus armés? — R. Quand j'aurais été mal avec le prince, j'aurais considéré comme un devoir de l'aider et de le soutenir.

D N'avez-vous pas pris part à la tentative du 6 août? — R. J'ai suivi le prince partout.

D. Pourquoi l'avez-vous suivi? — R. Je n'ai connu son projet qu'à bord, mais je lui ai dit : Mon prince, ne croyez pas que je vous fausse compagnie, je vous suivrai partout où vous irez.

D. Depuis quand connaissiez-vous le prince? — R. Depuis deux mois environ.

D. Vous ne saviez donc rien du projet? — R. Je croyais qu'il ne s'agissait que d'un voyage d'agrément en Belgique.

D. Ne vous êtes-vous pas fait accompagner par un domestique, qui était un ancien militaire? — R. Oui, monsieur.

D. A quel moment et de quelle manière avez-vous appris le projet du prince? — R. Presque immédiatement après mon arrivée à bord.

D. Je vous représente diverses pièces dans lesquelles vous êtes désigné sous le titre d'aide-major général ; avez-vous su que ce titre vous était attribué? — R. Je l'ignorais.

D. Je vous représente un plan de campagne écrit de votre main; en êtes-vous l'auteur? — R. Non, monsieur; je n'ai fait que le copier.

D. Reconnaissez-vous plusieurs lettres contenant des ordres adressés à divers accusés et signés de vous? — R. Oui, monsieur, j'en suis l'auteur.

D. Vous agissiez évidemment là comme aide-major général? — R. Non, monsieur le président; je transmettais les ordres du prince parce qu'il m'en chargeait.

D. Comment peut-on croire que le prince n'ait pas cru devoir vous parler de ses projets?—R. Il savait qu'il pouvait compter sur mon entier dévoûment.

D. Comment votre uniforme se trouvait-il sur le paquebot? — R. Je devais aller avec le prince à un bal où on n'est admis qu'en uniforme ou en habit habillé ; j'avais fait faire un uniforme par raison d'économie, et je ne sais comment il s'est trouvé à bord.

INTERROGATOIRE DU COMMANDANT MÉSONAN.

M LE CHANCELIER. N'avez-vous pas débarqué avec Louis Bonaparte à Wimereux? — R. Oui, monsieur.

D. N'est-ce pas vous qui avez cherché à déterminer le sous-lieutenant de Maussion à vous suivre? — R. Oui, monsieur.

D N'avez-vous pas accompagné le prince à la caserne et à la haute-ville? — R. Je l'ai suivi partout.

D. Après que l'attentat a été déjoué, ne vous êtes-vous pas rembarqué avec le prince dans un canot? — R. Oui, monsieur; le canot a chaviré, et nous nous sommes mis à nager vers le paquebot : c'est alors que nous avons été pris.

D. Depuis quand connaissiez-vous le prince? — R. Depuis 15 mois environ.

D. N'avez-vous pas cherché, au moyen de vos anciennes relations avec divers officiers, à recruter des partisans à la cause du prince? — R. A l'exception d'une dénonciation qui a été faite contre moi je défie aucun officier de l'armée de rien dire de pareil.

D. Dans le courant du mois de février, n'avez-vous pas parcouru dans ce but diverses garnisons ? — R. J'ai fait, en effet, un voyage d'agrément en Belgique, à cette époque, mais je ne suis venu en France que dans le commencement de mars ; je suis resté à Paris ; j'ai été de nouveau en Belgique au commencement de juin.

D. Dans le cours de ce voyage, ne vous êtes-vous pas présenté chez un général, à qui vous avez donné communication d'une lettre de Louis Bonaparte, qui vous chargeait de lui offrir 300,000 fr. s'il voulait embrasser sa cause ? — R. J'ai déjà donné un démenti formel à cette dénonciation.

D. Vous n'avez cependant pas nié d'avoir vu ce général, vous avez même fini par convenir que le général vous avait donné de fort bons conseils ? — R. Je lui disais qu'il y avait dans le gouvernement de grands personnages qui étaient bonapartistes, il me répondit que quand on servait un gouvernement on devait lui rester fidèle.

D. Lui parler ainsi, c'était évidemment l'engager à faire comme les personnes dont vous parliez ; aviez-vous autorisé l'usage qui a été fait de votre nom dans les proclamations ?—R. Non, monsieur ; mais j'avais accepté les fonctions de chef d'état-major, que les proclamations m'attribuaient.

D. Ces fonctions prouvent elles-mêmes que vous étiez fort avant dans la confiance du prince ? — R. Le prince ne s'était confié à personne.

D. Avez-vous su si d'autres personnes désignées dans les proclamations avaient accepté les fonctions à elles déférées ? — R. Je l'ignore.

D. Vous vous êtes embarqué pendant que le paquebot descendait la Tamise ; où étiez vous alors ? — R. Dans un château dont je ne me rappelle pas le nom et où j'avais été conduit par des amis.

D. Saviez-vous les projets du prince ? — R. Non, monsieur ; nous étions seulement avertis depuis cinq jours de nous tenir prêts à nous embarquer.

INTERROGATOIRE DU COMMANDANT PARQUIN.

M. LE CHANCELIER. — N'avez-vous pas pris part à la tentative de Louis Bonaparte? — R. J'étais son aide-de-camp, je l'ai suivi partout sans demander pourquoi.

D. N'avez-vous pas cherché à engager le sergent Morange à vous suivre avec son poste ? — R. Comme je suis très mauvais fantassin, j'étais resté en arrière ; j'ai seulement dit au sergent : « Eh bien ! vous ne suivez pas ? »

D. Ne l'avez-vous pas menacé de le punir le lendemain ? — R.

Cela ne tombe pas sous le sens; j'étais seul, il m'aurait arrêté.

D. Ne vous êtes-vous pas rendu à la caserne? — R. J'y suis arrivé après le prince.

D. Qui a pu vous porter à prendre part à cette entreprise?— R. J'étais sans traitement après trente-quatre ans de service; on ne me paie pas seulement ma Légion-d'Honneur.

D. Il vous restait vos devoirs de citoyen. — R. Je ne trahissais pas les devoirs d'un citoyen en suivant un prince français.

D. Vous avez déjà pris part à l'attentat de Strasbourg?—R. J'ai été acquitté sur ce point et je ne puis être recherché pour mes opinions.

D. Vous n'êtes pas ici pour vos opinions, mais pour vos actions. N'avez-vous pas cherché à embaucher d'anciens militaires pour la cause de Louis-Napoléon? — R. Jamais je n'ai fait aucune tentative pareille; je ne saluais même pas les officiers que je connaissais, pour ne pas parler politique avec eux.

D. N'est-ce pas vous qui avez engagé Brigaud, ancien garde municipal, au service du prince? — R. On m'avait demandé un bel homme pour être chasseur; quand on veut un bel homme, il n'est pas étonnant qu'on prenne un garde municipal. (On rit.)

D. N'avez-vous pas contribué à engager le capitaine Desjardins dans l'entreprise? — R. Non, monsieur.

D. Saviez-vous en partant quels étaient les projets du prince? — R. Non, monsieur, je croyais que nous allions en Belgique.

D. Vous avez dit que le prince ne vous avait pas fait connaître ses projets parce que vous lui étiez dévoué; n'était-ce pas au contraire une raison pour lui de vous les communiquer? — R. Il savait que je n'avais pas besoin d'explications.

D. Un ordre écrit de la main du colonel Voisin vous charge comme colonel d'organiser un corps de cavalerie; avez-vous exercé ce commandement? — R. Non, monsieur.

D. Aviez-vous porté votre uniforme à bord du paquebot? — R. Il était chez le prince.

INTERROGATOIRE DU COLONEL BOUFFET-MONTAUBAN.

M. LE CHANCELIER. D. N'avez-vous pas pris part à la tentative de Louis Bonaparte à Boulogne? — R. Oui, monsieur; mais je ne savais pas pourquoi nous débarquions.

D. N'avez-vous pas suivi le prince à la caserne et à la hauteville? — R. Oui monsieur.

D. N'étiez-vous pas en uniforme? — R. J'avais une vieille capote de garde national et un sabre.

D. Saviez-vous que Louis Bonaparte entretenait des relations avec la France? — R. Non, monsieur.

D. Dans votre premier interrogatoire vous avez dit que le lundi 3 août, le prince vous avait fait part de ses projets, vous vous êtes rétracté depuis. — R. Je persiste à dire que je n'en savais rien, ce qui le prouve, c'est que je n'avais pas même apporté mon uniforme de colonel colombien.

D. N'êtes-vous pas parti de Londres pour Gravesend avec le prince? — R. Oui, monsieur.

D. Et il n'a pas été question des projets? — R. Non, monsieur. J'ai cru qu'il s'agissait d'une partie de chasse.

D. Le soir de l'embarquement Louis Bonaparte n'a t-il pas fait monter tout le monde sur le pont? — R Je n'y suis pas monté, j'étais fort malade. C'est plus tard et au moment du débarquement que j'ai revêtu un uniforme.

D. Vous êtes désigné dans l'ordre de service écrit par le colonel Voisin comme devant commander les volontaires à pied; quel grade aviez-vous dans l'armée française? — R. J'étais adjudant-major quand j'ai quitté le service.

INTERROGATOIRE DE LOMBARD.

M. LE CHANCELIER. N'avez-vous pas suivi le prince Napoléon à la caserne? — R. Oui, monsieur, j'étais porteur du drapeau impérial, et il a été accueilli avec enthousiasme dans les rangs des soldats. Le capitaine Col-Puygellier est arrivé, il était entre nos mains, nous lui avons fait grâce de la vie; il a commandé en avant à la baïonnette; nos armes étaient chargées, nous pouvions mitrailler les soldats. C'est alors que le prince a tiré le coup de pistolet pour éviter l'effusion du sang. (Rumeurs)

D Comment pouvez-vous vous vanter d'avoir fait grâce de la vie a un officier qui commandait les troupes du roi; croyiez-vous donc avoir le droit de le tuer? — R. Je rétracte cette expression.

D. N'avez vous pas frappé le sous-préfet de Boulogne, avec votre drapeau? — R. Non, monsieur; j'ai seulement baissé le drapeau quand il a passé.

D. Vous aviez pris part à l'attentat de Strasbourg? — R J'ai été acquitté pour ce fait, j'ai perdu mon état, et depuis le prince m'a accueilli comme un frère : c'est alors que je lui ai juré obéissance et dévoûment.

D Aviez-vous connaissance du projet d'attentat? — R Non, monsieur; quand le prince me disait de marcher, je marchais; il m'avait seulement dit qu'il méditait quelque chose, sans me dire ni le lieu ni le jour.

D. N'avez-vous cherché à détourner plusieurs officiers de leurs devoirs en parcourant à cet effet les garnisons? — R. Non, monsieur; je défie aucun officier de dire rien de semblable.

D. N'étiez-vous pas chargé par Louis-Napoléon de distribuer des pamphlets dans les casernes? — R. Je n'ai pas distribué de pamphlets; je voyageais pour des affaires de commerce, et je devais partir de Boulogne par le prochain paquebot.

D. Vous ne pouvez pas nier qu'avant de débarquer vous ne fussiez initié aux projets du prince? — R. Le prince n'avait rien à me confier, il n'avait qu'à donner des ordres, c'était à moi d'obéir.

D L'ordre de service vous désigne comme devant être attaché au colonel Laborde ? — R. Je portais le drapeau.

D. Comment votre uniforme se trouvait-il à bord du paquebot ? — R. Je n'avais pas d'uniforme, j'en ai pris un qu'on m'a donné ; si j'avais dû porter un uniforme, ç'aurait été celui d'officier d'ordonnance.

D. Cependant vous n'avez jamais été officier d'ordonnance ; mais chirurgien militaire? — R. J'étais officier d'ordonnance de S. A. le prince Napoléon à Strasbourg.

INTERROGATOIRE DE PERSIGNY.

M. LE CHANCELIER. Vous êtes descendu avec le prince à Wimereux ? — R. Oui, monsieur.

D Vous avez pris une part active à l'entreprise ? Vous étiez à la caserne avec le prince. N'avez-vous pas cherché à empêcher le capitaine Col-Puygellier de rejoindre la troupe? — R Oui, monsieur ; sans le lieutenant Aladenize, je l'aurais tué. (Mouvement.)

D. Mais ç'aurait été un assassinat ? — R. C'aurait été le résultat d'un combat loyal, car je n'aurais pas fait usage de mon fusil. Au reste, j'ai apporté ici ma tête, je n'ai rien de plus à dire.

D. A quelle époque avez-vous connu les projets du prince ? — R. Je n'en ai connu qu'une partie ; je ne puis préciser la date.

D Aviez-vous un uniforme à bord du paquebot ? — R. J'en avais trois ou quatre.

D N'avez-vous pas engagé l'accusé Forestier à se joindre à l'entreprise ? — R. Je n'y ai jamais engagé personne.

D Vous vous faites appeler de Persigny, votre nom est Fialin ? — Oui, monsieur, mais mon grand-père s'appelait de Persigny.

D Votre grand-père prenait-il aussi le titre de vicomte ? — R. Mon arrière-grand-père était comte.

INTERROGATOIRE DE L'ACCUSÉ FORESTIER.

M. Forestier déclare qu'il était à Boulogne lors du débarquement et que c'est sur l'invitation de l'accusé Bataille qu'il s'est rendu sur la plage ; c'est sans préméditation qu'il s'est mêlé aux personnes qui débarquaient.

D. Cependant la préméditation ne paraît pas moins établie que la participation ? — R. Deux motifs m'ont engagé à cette participation : quelque temps auparavant, le prince m'avait traité à Londres avec la plus grande bonté ; j'appris d'ailleurs, au moment du débarquement, que plusieurs des hommes que j'avais envoyés au prince comme domestiques étaient là en armes, et je crus que l'honneur m'obligeait à faire comme eux.

D Il résulte de vos aveux que vous avez envoyé à Londres un grand nombre d'individus comme domestiques? — R. Je n'en ai envoyé que cinq, deux d'abord pour M. de Persigny et trois autres pour des personnes de ses amis.

D. N'avez-vous pas distribué des pamphlets dans les casernes ? — R. Non, monsieur; j'ai distribué ostensiblement 3 ou 400 exemplaires d'un ouvrage de mon ami M. de Persigny.

D. Non content de recruter d'anciens militaires, vous avez envoyé des capotes pour les habiller. — R. Antérieurement à l'envoi des domestiques, on m'a demandé les capotes qu'on m'a dit être destinées à habiller des soldats au service de la reine d'Espagne, et je les ai expédiées. J'ajoute qu'en envoyant des hommes à Londres j'étais si loin de croire qu'on voulût en faire l'usage qu'on en a fait, que j'ai chargé mon frère de poursuivre quelques individus que j'avais d'abord engagés, et qui m'avaient emporté les avances. Je n'aurais certes pas osé les poursuivre si cette opération eût été un mystère.

D. Dans l'ordre de service écrit par Voisin, vous êtes désigné comme lieutenant des guides à pied. — R. C'est à mon insu.

Il est cinq heures trois quarts, la séance est levée et renvoyée au lendemain midi.

QUATRIÈME AUDIENCE.

(Deuxième du procès. — Mardi 29 septembre.)

On a pris aujourd'hui les mêmes précautions intérieures qu'à l'audience précédente.

Les prisonniers sont amenés à midi. La cour et le parquet entrent en séance immédiatement après.

L'appel nominal constate l'absence de MM. le baron Mounier, général Dode de la Brunerie, comte Molé, Lanjuinais, Aubert, comte Rambuteau. — M. le comte Molé arrive et prend place pendant l'interrogatoire du lieutenant-colonel Laborde.

Lombard demande à présenter une observation à la cour.

M. LE CHANCELIER. Vous aurez la parole après les interrogatoires.

INTERROGATOIRE DE BATAILLE.

M. LE CHANCELIER. Vous êtes accusé d'avoir pris part à un attentat contre le gouvernement établi par la charte de 1830, attentat dirigé par le prince Napoléon-Louis Bonaparte dans la matinée du 6 août à Boulogne.

R. Je ne nie pas ma partipicipation à l'attentat.

D. N'avez-vous pas fait un voyage en Angleterre? — R. Oui, monsieur, et j'y ai vu plusieurs fois le prince Louis-Napoléon.

D. Vous avez été mis au courant de ses projets? — R. Non, monsieur.

D. Vous avez déclaré pourtant que c'était par son ordre que vous aviez communiqué avec différentes personnes et que vous étiez venu à Boulogne? — R. J'ai déclaré que c'était non par son ordre, mais plutôt par son autorisation.

D. Une personne est venue vous trouver à Boulogne et vous a porté un ordre? — R. Oui, c'était M. Forestier.

D. Qui a envoyé cet ordre à Saint-Omer? — R. C'est moi.

D. Qui l'a porté? — R. C'est un courrier, mais je ne sais lequel.

D. Cet ordre annonçait l'heure et le lieu du débarquement? — R. Oui, monsieur.

D. N'êtes-vous pas allé au lieu indiqué? — R. Oui, monsieur.

D. Vous y êtes allé et vous avez revêtu un habit militaire? — R. Oui, monsieur.

D. Vous êtes allé avec le rassemblement jusqu'à ce qu'il ait été dispersé? — R. C'est exact.

D. Avez-vous eu connaissance des projets du prince, et comment êtes-vous entré en relations avec lui? — R. J'ai eu occasion de voir le prince à Londres. Les motifs qui m'ont attaché à lui sont le grand nom qu'il portait, et les souvenirs de sa famille. D'ailleurs, j'ai cru sa cause toute nationale.

Avez-vous été attaché à la rédaction du *Capitole?* — R. Oui; mais je n'y ai traité qu'une question spéciale, celle d'Orient. Si j'ai consenti à la traiter, c'est qu'elle avait été envisagée au point de vue de l'alliance russe, conforme à mes opinions; sans cela, je n'aurais pas consenti à m'en charger.

INTERROGATOIRE DU LIEUTENANT ALADENIZE.

M. LE CHANCELIER. — Vous vous êtes trouvé au moment et au lieu du débarquement du prince Louis-Napoléon? — R. Oui, monsieur.

D. Vous avez suivi le rassemblement, et en passant devant le poste du sergent Morange, vous l'avez menacé de le faire punir s'il ne vous suivait pas? — R. Mon intention était d'enlever ce poste, mais je n'ai pas fait de menaces. Le sergent m'a dit: Je suis là par l'ordre de la place et je n'en sortirai que par l'ordre de mes chefs. J'ai respecté sa consigne, et nous avons poursuivi notre marche.

D. Vous êtes allé à la caserne? — R. Oui, monsieur; je suis allé donner l'ordre de faire descendre les hommes en armes. Les hommes sont en effet descendus, et pendant ce temps le prince est arrivé dans la cour de la caserne.

D. C'est vous qui avez pris alors le commandement des deux compagnies? — R. C'est exact.

D. Vous avez fait présenter les armes au drapeau de Lous-Bonaparte? — R. Cela est vrai.

D. Quel motif a pu vous porter, vous militaire en activité de service, à trahir vos sermens pour vous associer à des projets dont plus que personne vous deviez connaître toute la culpabilité? — R. Je désire ne m'expliquer que sur des faits relatifs à l'accusation. Ma défense fera le reste.

D. Depuis combien de temps aviez-vous connu le prince, avant l'attentat du 6 août? — Je dois expliquer ma pensée : Je n'avais jamais vu le prince, mais j'avais entendu dire de lui le plus grand bien; j'avais des relations avec ses amis.

D. Qui vous a mis en relation directe avec lui? — R. Je ne dois pas nommer ici celui qui m'a présenté à lui.

D. A quelle heure êtes-vous arrivé à Boulogne le 5 août? — R. Entre une heure et demie et deux heures du matin : j'y ai trouvé M. Bataille, et ensuite un jeune homme que j'ai su depuis être M. Forestier, et nous sommes partis pour rejoindre le prince.

D. Quelle part avez-vous prise aux faits qui se sont passés avant le 6 août, notamment aux efforts qui ont été tentés pour embaucher des officiers de votre régiment? — R. Ma position est très-difficile, je suis placé entre mes amis politiques et mes camarades de régiment. Je ne voudrais rien dire qui pût tourner au détriment de mes camarades. Dans cette conjoncture, ce que j'ai de mieux à faire c'est d'attendre les dépositions des témoins. Elles seront ou ne seront pas en ma faveur; dans tous les cas, la cour jugera.

INTERROGATOIRE DU LIEUTENANT-COLONEL LABORDE.

D. Vous avez débarqué à Wimereux, le 6 août au matin, dans le but de participer à un complot pour renverser le gouvernement établi — R. J'ai en effet débarqué à Wimereux; je suis un officier de l'île d'Elbe, j'ai suivi le général Montholon; mais il n'est jamais entré dans ma pensée de détruire les institutions de la France. Jamais je n'ai porté les armes contre mon pays, je l'aime trop pour cela : je suis prêt, au contraire, à verser pour lui la dernière goutte de mon sang.

D. Vous êtes allé dans la cour de la caserne à la suite du prince.

R. Oui, monsieur, mais je n'ai rien tenté pour détourner les soldats de leur devoir; je puis même citer un fait qui prouve l'inaction où je suis resté : dans la cour, mon épée se détacha ; je croyais si bien être avec des amis que je remis mon épée pour la faire raccommoder à un grenadier, et dans la confusion elle ne me fut pas rendue ; je n'avais donc pas d'arme.

D. Etiez-vous près du prince lorsqu'il a tiré un coup de pistolet? — R. Je n'étais pas alors près du prince, je n'ai même pas entendu tirer un coup de pistolet.

D. Vous êtes allé de là à la haute-ville et à la Colonne? — R. Je suis allé à la suite du prince jusqu'à la Colonne; là, j'ai été obligé de l'abandonner, car je ne pouvais pas marcher; alors, le prince m'a tendu la main et je lui ai dit : « Adieu, prince!... »

D. Quels étaient vos motifs pour vous associer aux projets des factieux? — R. J'étais malade lors de mon départ de la France pour l'Angleterre; arrivé à Londres, le prince me proposa un voyage en Belgique avec le colonel Voisin et le général Montholon : je me suis embarqué à Londres, croyant aller à Ostende; je me proposais de voir ma fille à Valenciennes. Arrivé à un endroit où je dus croire que notre itinéraire était changé, je demandai la cause de ce changement, mais on ne me répondit pas. Pendant toute la nuit, je fus malade à bord; au point du jour, on m'apporta un uniforme, en me disant de m'habiller; j'obéis sans savoir pourquoi.

D. Quel était le but de votre voyage à Londres? — R. Je suis allé à la recherche d'un membre de ma famille.

D. Avez-vous vu le prince à ce voyage-là? — R. Non, monsieur.

D. Le connaissiez-vous? — R. Non, monsieur; je ne lui ai été présenté que plus tard, comme ancien officier de l'île d'Elbe. Le prince me reçut avec affabilité; je crus reconnaître dans ses traits ceux du grand homme, et plus particulièrement du prince Eugène. Depuis ce temps, je lui fus tout dévoué.

D. Quel motif vous a fait faire un second voyage à Londres? — R. Le même motif que le premier.

D. Le prince vous dit-il qu'il était certain de trouver de grandes sympathies en France? — R. Oui, monsieur, mais je lui répondis que s'il voulait s'en rapporter à ma vieille expérience, il pourrait se faire qu'on le trompât. En effet, j'avais entendu dire qu'on savait si bien en France les projets du prince que déjà on lui préparait un logement.

D. Ne vous fit-on aucune observation quand vous manifestâtes votre étonnement de ce que le bateau n'allait pas à Ostende? — R. Non, monsieur.

D. Vous avez assisté à la lecture des proclamations sur le bateau à vapeur? — R. Non, monsieur, j'étais trop malade à ce moment-là.

D. A quelle heure avez-vous revêtu votre uniforme? — R. A minuit. Je dois même dire à cette occasion qu'on avait changé les boutons de mon uniforme qui portaient le numéro du 40ᵉ régiment au lieu de 41ᵉ auquel j'avais été précédemment attaché. Je n'attachai pas une grande importance à ce changement, car je croyais le 40ᵉ en Afrique. D'ailleurs la personne qui a fait ce changement a eu la générosité de l'avouer elle-même.

D. Comment avez-vous pu consentir, vous, ancien militaire, à suivre des factieux dans une entreprise aussi coupable? — R. Je n'ai pu m'empêcher de suivre le prince Qu'aurait-on dit d'un ancien officier de l'île d'Elbe qui aurait abandonné le prince lorsque le général Montholon, des officiers et des soldats de l'armée le suivaient. Je craignis d'être accusé de lâcheté, et je fis comme les autres.

D. Dans l'ordre du jour dressé par le général Montholon, vous étiez nommé lieutenant-colonel commandant l'infanterie au centre; par l'instruction générale saisie sur le colonel Voisin, vous étiez chargé de la formation immédiate d'un bataillon de volontaires que vous deviez rassembler sur la place d'armes, devant l'Hôtel-de-Ville. Avez-vous accepté du prince les missions dont vous sembliez chargé par les proclamations? — R. Je n'ai eu connaissance de tout cela que par le rapport de M. Persil. Je n'aurais pas pu remplir des fonctions actives, car je pouvais à peine marcher.

INTERROGATOIRE DU CAPITAINE ALEXANDRE DIT DESJARDINS.

D. Vous avez débarqué, le 6 août à Wimereux, dans la compagnie du prince Louis? — R. En effet; mais j'avais les mêmes sentimens que vient d'exprimer mon vieux camarade Laborde; comme lui, j'avais l'amour de l'ordre et le respect pour les institutions de mon pays.

D. Vous avez suivi le prince partout? — R. Oui, monsieur.

D. Etiez-vous près de lui lorsqu'il a tiré un coup de pistolet? — R. Non, monsieur.

D. En sortant de la caserne vous avez accompagné le prince à la Haute-Ville et à la Colonne? — R. Non, monsieur. Je rencontrai le colonel Bouffet-Montauban, qui était chargé d'une mission par le prince. Il devait réunir des barques pour assurer notre fuite; je le suivis; nous fîmes un signal pour avertir le maître du bateau à vapeur; mais il ne l'aperçut pas. Les gendarmes et la garde nationale arrivaient; toute tentative d'embarquement devenait impossible. Je conseillai au colonel de battre en retraite, et nous renonçâmes à toute résistance. Au moment où le colonel fut arrêté, je vis un bourgeois à cheval; l'idée de ma conservation personnelle, qui ne quitte pas un père de famille, me fit demander à cet homme de me prêter son cheval : il y consentit. Je montai dessus et je courus sur le rivage chercher des barques afin de revenir aider la fuite de mes compagnons d'armes : je n'en trouvai pas, et convaincu de l'issue fatale de la tentative, j'arrivai dans un village où je mis mon cheval à l'écurie, en disant qu'il n'était pas à moi. Je pris quelque chose, car j'étais malade de besoin; et vers huit heures je revins à Marquise, où je me couchai; après ce temps, je me livrai aux gendarmes, qui étaient revenus là, et je fus arrêté.

D. Depuis combien de temps étiez-vous en relation avec le prince Louis? — R. Depuis environ quinze jours.

D. En quelle qualité étiez-vous attaché à sa personne? — R. En aucune. C'est le colonel Parquin, dont le bon cœur m'était connu, qui me promit d'écrire en ma faveur au prince. La réponse fut favorable, et je me rendis à Londres avec un passeport à mon nom, pour aller près du prince.

D. Quelles fonctions remplissiez vous ? — R. Je n'en avais pas de précises. Je passai quelques jours, pendant lesquels je visitai Londres ; de là j'allai rejoindre M. Parquin à Carlston-Garden ; et nous allâmes ensemble dans une petite ville sur les bords de la Tamise.

D. N'avez-vous pas reçu des confidences de l'accusé Parquin sur les services qu'on attendait de vous ? — R. Aucune.

D. Vous avez dit dans vos premiers interrogatoires que le prince vous avait fait confidence, le mardi 4 août, de ses projets ? — R. Je me suis trompé. Ce n'est que le mercredi, le lendemain de l'embarquement que j'ai eu confidence des projets du prince.

D. Dans quel but aviez-vous apporté à Londres vos armes et votre uniforme ? — R. Je suis protégé par plusieurs officiers et notamment par le général Gourgaud. Lorsqu'on parla que le roi venait d'exaucer le vœu national en faisant revenir en France les cendres du grand homme, j'écrivis au général Gourgaud pour être admis au nombre des passagers qui devaient aller à Sainte-Hélène. Je me fis faire un petit uniforme de la garde impériale avec une paire d'épaulettes dont les corps sont brodés comme ceux de l'ancienne garde, où j'ai eu l'honneur de servir.

D. Vous portiez les épaulettes de chef de bataillon, et cependant vous n'aviez pas ce grade ? — R. On m'a apporté ces épaulettes de la part du prince, et j'ai pensé qu'ancien officier de la garde impériale, je pouvais, sans inconvénient, prendre les insignes du grade supérieur à celui que j'avais occupé, car j'étais capitaine.

D. Vous étiez désigné dans les proclamations comme chef de bataillon à l'avant-garde ? — R. Je l'ignorais, ainsi que les lettres du colonel Voisin. Ces lettres n'ont pas été remises à ceux auxquels elles étaient destinées. Si elles ont été lues à bord, je déclare sur l'honneur que je ne les ai pas entendues.

D. D'autres fonctions vous étaient encore confiées. L'instruction générale vous enjoignait de vous occuper de la formation immédiate d'un bataillon de volontaires, et on vous indiquait même la manière dont cette formation devait s'opérer ? — R. Je n'ai jamais eu connaissance de ces pièces.

INTERROGATOIRE DU DOCTEUR CONNEAU.

D. Vous avez débarqué à Wimereux avec le prince Louis ? — R. C'est vrai.

D. Vous avez suivi le prince pendant toute la matinée du 6 août ? — R. Oui, monsieur, je l'ai accompagné partout.

D. Étiez-vous près de lui lorsqu'il a tiré le coup de pistolet ? —

R. J'étais près du prince, j'ai entendu le coup, mais je ne l'ai pas vu tirer.

D. Quels motifs vous ont porté à prendre part à une telle entreprise ? — R. Mon affection pour le prince, mes devoirs ; car la reine Hortense, sa mère, m'a comblé de bienfaits.

D. L'intimité du prince avec vous ne permet pas de douter que vous ayez su à l'avance ses projets ? — R. J'ai dit que je connaissais quelque chose de ses projets, puisqu'il m'avait chargé de l'impression de ses proclamations, mais je ne savais rien de certain.

D. Avez-vous participé à la rédaction de ces proclamations ? — R. Aucunement.

D. Comment les avez-vous imprimées ? — R. J'ai acheté une presse et des caractères.

D. C'est vous qui avez attaché les boutons avec le n° du 40° régiment à l'uniforme du commandant Laborde ? — R Je vous l'ai avoué avant même que vous me le demandiez dans mon premier interrogatoire.

D. Vous avez assisté à la lecture qui a été faite des proclamations avant le débarquement ? — R. Oui, monsieur.

D Quel uniforme aviez-vous revêtu ? — R. Celui de sergent-major du 40° régiment de ligne.

D. Cependant vous n'avez jamais servi ? — Non, monsieur.

D. L'ordre du jour vous donne la qualité de chirurgien-major. Vous aviez accepté ce grade ? — R. Je l'ignorais, et je ne l'aurais pas accepté, car mes connaissances n'étaient pas suffisantes pour le remplir.

INTERROGATOIRE DU LIEUTENANT ORNANO.

D. Vous avez débarqué à Wimereux, le 6 août, au matin ? — R. Oui, monsieur.

D. Vous avez accompagné le prince à la caserne, et vous avez joint vos efforts aux siens pour entraîner les soldats à la révolte ? — R. Je n'ai fait aucun effort, j'étais là pour obéir aux ordres du prince.

D. Étiez-vous près de lui quand il a tiré un coup de pistolet ? — R. Je ne l'ai su que dans la prison de Boulogne.

D. Avez-vous été arrêté près du prince ? — R. Je l'ai accompagné partout, et j'ai été arrêté quelques instans après lui.

D. Quels ont été vos motifs pour vous joindre à lui ? — R Mon attachement à la personne du prince.

D Depuis combien de temps étiez-vous attaché à lui ? — R. Depuis six semaines.

D. Cependant, vous étiez encore au service ? — R. Je n'étais plus au service ; sous-lieutenant au 3° de dragons, j'avais laissé expirer, sans revenir à mon poste, un congé de semestre que j'avais obtenu. Je n'avais pas rejoint et je devais être considéré comme démissionnaire lorsque j'ai rejoint le prince.

D. Vous étiez encore au service, mais vous étiez en état d'absence illégale? — R. Non, monsieur, aux termes des réglemens, j'aurais dû passer peut-être à un conseil de guerre, mais j'étais considéré comme démissionnaire.

D. Pourquoi aviez-vous emporté votre uniforme à Londres? — R. C'était ma propriété. Je n'avais pas l'intention de m'en servir, sans cela, j'aurais emporté mon sabre et mon sac.

D. Aviez-vous reçu quelques confidences du prince? — R. Aucune.

D. Cependant, vous avez déclaré que vous étiez parti de Londres, sachant les projets qu'il méditait? — R. Je ne les savais pas; mais quand j'ai reçu l'ordre de m'embarquer, j'ai pu faire des suppositions, et j'étais prêt à suivre le prince partout.

D. L'ordre du jour vous avait cependant désigné pour commander la cavalerie à l'arrière-garde? — R. C'est vous qui me l'avez appris dans mon interrogatoire.

INTERROGATOIRE DU SOUS-INTENDANT MILITAIRE GALVANI.

D. Vous avez débarqué à Wimereux, dans la matinée du 6 août? — R. Oui, monsieur.

D. Vous avez suivi le prince partout dans cette matinée? — R. Oui, monsieur.

D. Vous étiez près de lui au moment où il a tiré un coup de pistolet? — R. J'étais à côté du prince, mais je n'ai rien vu.

D. A quel moment avez-vous été arrêté? — R. Au moment de notre embarquement.

D. Depuis combien de temps étiez-vous en relation avec le prince? — R. Depuis mon arrivée à Londres, qui a eu lieu le 17 juillet.

D. En quelle qualité étiez-vous attaché à sa personne? — R. En aucune. Je voyageais à Londres lorsque je me suis présenté pour voir le prince.

D. Qu'alliez-vous faire à Londres? — R. J'y allais pour mon agrément.

D. Vous avez dit dans vos interrogatoires que vous étiez allé à Londres pour voir le prince, et vous associer à ses projets? — R. Si on a écrit cela, c'est qu'on s'est trompé.

D. Vous n'aviez pas d'uniforme à Wimereux? — R. J'étais là comme simple particulier, et personne ne m'a offert d'uniforme.

D. Votre nom était sur l'ordre du jour avec cette énonciation : « Galvani, sous-intendant militaire, vivres et transports? » — R. Je n'en savais rien.

D. Vous êtes encore porté sur les notes saisies sur le colonel Voisin? — R. Je n'en avais pas plus connaissance.

D. Un projet de lettre, saisi dans les papiers du sieur Faure, contient les mêmes indications. — R. On m'a sans doute supposé propre à ces fonctions ; mais jamais je n'ai eu connaissance de ces faits.

INTERROGATOIRE DE D'ALMBERT, SECRÉTAIRE DU PRINCE.

D. Vous avez débarqué à Wimereux, dans la matinée du 6 août? — R. J'ai débarqué avec le prince.

D. Ne saviez-vous pas bien ce que vous alliez faire? — R. Je ne l'ai appris que sur le bateau.

D. Etiez-vous près du prince lorsqu'il a tiré un coup de pistolet? — R. Je n'étais pas entré dans la caserne.

D. Où avez-vous été arrêté? — R. Je n'ai point été arrêté; je me suis rendu volontairement.

D. Quel motif vous a fait participer à l'attentat? — R. Ma position auprès du prince me faisait un devoir de le suivre.

D. Quelles fonctions remplissiez-vous près de lui? — R. Celles de secrétaire depuis quatre ou cinq mois.

D. En cette qualité, il est difficile d'admettre que vous ne connaissiez pas les projets du prince? — R. Non, monsieur.

D. Vous avez entendu lire les proclamations? — R. Je n'en ai entendu qu'une partie, et d'ailleurs, je ne pouvais plus reculer.

D. Votre nom est porté sur l'ordre du jour en qualité de lieutenant aux guides à pied? — R. J'ignorais complétement cette circonstance.

D. Quelle probabilité y a-t-il que vous, secrétaire du prince, vous ayez pu ignorer ses projets? — R. Mes fonctions de secrétaire ne me mettaient pas dans la nécessité de recevoir toutes les confidences du prince.

D. Vous étiez revêtu d'un uniforme et cependant vous n'étiez pas militaire. Vous ne pouviez pas ignorer toute la criminalité d'une telle action. — R. J'ai déjà dit que je ne pouvais plus reculer au moment où j'ai revêtu l'uniforme.

INTERROGATOIRE D'ORSI.

D. Vous avez débarqué à Wimereux, le 6 août? — R. J'ai reçu du prince l'ordre de m'embarquer avec lui; je l'aurais suivi partout; mais j'ignorais les détails des projets et des plans du prince.

(Le colonel Voisin, que sa blessure paraît fatiguer beaucoup, demande et obtient la permission de se retirer.)

D. Vous étiez près du prince lorsqu'il a tiré un coup de pistolet? — R. Non, monsieur.

D. Cependant vous l'avez accompagné à la haute ville et à la Colonne? — R. Oui, monsieur.

D. Quand avez-vous été arrêté? — R. Après l'arrestation du prince Napoléon.

D. Quels motifs vous ont porté à prendre part aux projets du prince? — R. Le courage et le patriotisme que le prince déploya dans les évènemens d'Italie me déterminèrent à le suivre. La perte de son frère, qui mourut au milieu des rangs de mes compatriotes, me l'avait rendu très cher, et quand il m'a dit : *Je compte sur vous*, je l'ai suivi.

D. Vous étiez donc chargé des affaires d'intérêt du prince? — R. C'était ma partie spéciale près de lui.

D. Vous avez dit dans vos premiers interrogatoires que vous aviez eu connaissance des projets du prince trois jours avant le débarquement. — R. Cela est vrai; je l'ai su, mais très vaguement, car le prince ne laissait pas facilement pénétrer sa pensée.

D. Vous étiez revêtu de l'uniforme de la garde nationale à cheval de Paris lors de votre arrestation. — R. Je ne le conteste pas.

D. Avez-vous accepté les fonctions que semble vous conférer l'ordre du jour saisi? — R. Je ne les ai pas acceptées, puisque l'on ne m'en a pas parlé; mais je les aurais acceptées si les circonstances l'avaient exigé.

D. Avez-vous eu connaissance des lettres saisies sur le colonel Voisin? — R. Je n'en ai nullement connaissance.

D. Comment l'uniforme dont vous avez été trouvé revêtu était-il à bord? — R. C'était par ordre du prince sans doute.

D. Vous ne faisiez pas partie de la garde nationale à cheval de Paris? — Non, monsieur, je suis étranger.

INTERROGATOIRE DE BURE.

D. Vous avez débarqué à Wimereux, le 6 août? — R. J'ai suivi le prince.

D. Arrivé à la caserne, vous avez joint vos efforts aux siens, afin de détourner les soldats de leur devoir? — R Non, monsieur.

D. Vous étiez près de lui lorsqu'il a tiré un coup de pistolet? — R. Non, monsieur.

D. Où avez-vous été arrêté? — R. Sur la place.

D. Quel motif vous a porté à prendre part au complot? — R. Mon dévoûment au prince.

D. Quelle était la nature de vos relations avec lui? — R. Je suis son frère de lait.

D. Quand êtes-vous allé à Londres? — R. Vers la fin de février. C'est le prince qui m'a fait entrer en qualité d'intendant dans une maison anglaise.

D. C'est vous qui avez été chargé du soin d'embarquer les hommes, les chevaux et les équipages? — R. Oui, monsieur.

D. Aviez-vous connaissance des projets du prince avant votre embarquement? — R. Non, monsieur.

D. Pourtant votre nom est porté sur l'ordre du jour avec la qualité de sergent de l'équipage? — R. Oui, monsieur.

D. C'est vous qui à bord du paquebot, avez distribué de l'argent aux hommes de l'équipage. — R. Oui, monsieur.

D. Par les ordres de qui? — R. Par les ordres du prince.

D. Quelle était la somme que vous avez distribuée? — R. 100 fr. à chaque homme.

M. LE CHANCELIER — L'accusé Lombard a demandé la parole.

LOMBARD. — Hier, en sortant de l'audience, mes amis m'ont fait observer qu'une de mes réponses avait pu être mal interprétée et donner une fausse idée de ma pensée. L'émotion que j'éprouve dans cette assemblée et le peu d'habitude que j'ai de porter la parole m'ont seuls empêché de bien formuler ma pensée. En parlant du coup de pistolet qui a été tiré, j'ai voulu dire qu'au moment où le capitaine Col-Puygellier est entré dans la caserne, il a donné l'ordre de croiser la baïonnette. Ses soldats lui obéirent aussitôt, et c'est alors qu'une explosion se fit entendre. Il en résulta un temps d'arrêt dans la cour, qui nous permit de sortir. Si les soldats eussent marché sur nous, il se fût établi une collision qui eût pu amener les plus sanglans résultats. C'est dans ce sens que j'ai dit qu'une collision, que tout le monde eût regrettée, a pu être empêchée par l'hésitation qui a suivi l'explosion du coup de pistolet.

PERSIGNY, demande la parole. — Le 11 août, dit-il, je fis à Boulogne une déclaration sur les faits qui me concernaient. Je la fis librement et volontairement après six jours de réflexions profondes, et lorsque aucune déposition de témoins ne me chargeait: car au milieu du tumulte, personne ne m'avait reconnu. L'accusation a attribué mes paroles à un sentiment de vanité : je laisse de côté cette appréciation, et je vous laisse le soin de la caractériser. Hier, l'émotion qui m'oppressait m'a dominé au point de donner à quelques-unes de mes réponses un caractère odieux qui n'était ni dans mes intentions, ni dans la nature de nos projets. Je prie donc la cour de vouloir bien se reporter à mes premières déclarations qu'elle a sous les yeux. Du reste, si vous saviez, messieurs, à quelles infâmes calomnies je suis en butte, vous comprendriez l'émotion de mes paroles!

L'audience est suspendue pendant un quart-d'heure.

A la reprise, M. le chancelier annonce que la cour va entendre les témoins.

Déposition des témoins.

GUILBERT (*Pierre Jean-Jacques*), 43 ans, brigadier ambulant des douanes, demeurant à Wimille. — Je me trouvais, le 6 août 1840, à quatre heures du matin, près de Vimereux, lorsque j'aperçus sur la plage un groupe de militaires et d'officiers. Trouvant là le sous-brigadier Nicquet, je lui demandai ce que c'était que ces militaires, et il m'apprit que c'était des officiers et des soldats du 40e qui avaient été obligés de relâcher en cet endroit parce que leur paquebot avait éprouvé un accident. Pendant que je causais avec Nicquet, je m'approchai de ce groupe dont un officier se détacha. Il vint à moi, et me dit qu'il fallait partir avec lui; je lui répondis que j'étais de service et que c'était impossible; mais au même moment, il donna l'ordre à un sergent de me faire marcher. Je fus donc avec eux, et nous ne tardâmes pas à rencontrer le sieur Bally, lieutenant de douanes. Au moment où j'avançais pour lui parler, un officier se mit entre nous et nous sépara. Il enjoignit cependant au sieur Bally de marcher avec nous. Pendant la route, j'appris que l'officier qui était entre nous s'appelait Montauban. Il me demanda si je savais qui nous conduisait, et, sur ma réponse négative, il m'apprit que c'était le prince Louis-Napoléon. Je vis alors que j'étais dans une mauvaise position, et je ne le lui cachai point. Mais ce monsieur me répondit que le prince était riche, et que, si j'étais révoqué, il viendrait à mon secours. Le sieur Bally et moi nous insistâmes vivement pour qu'ils nous laissassent partir. Le général Montholon nous offrit de l'argent que nous refusâmes, et à la fin le prince nous permit de nous en aller, mais en nous recommandant de ne rien dire. On nous escorta pendant quelque temps; puis, quand nous fûmes libres, nous envoyâmes bien vite à Boulogne le brigadier-gouverneur prévenir de ce qui se passait.

D. Reconnaissez-vous les personnes dont vous avez parlé?

Le témoin désigne le commandant Mésonan, qui a commandé au sergent de le faire marcher, le général Montholon et le colonel Bouffet-Montauban.

Ce dernier dit que le témoin est dans l'erreur, qu'il n'a fait, d'après l'ordre de S. A. I., qu'autoriser les douaniers à se retirer.

Le général Montholon dit qu'il est faux, absolument faux, qu'il ait offert de l'argent à personne.

BALLY (*Pierre Nicolas*), 37 ans, lieutenant de douanes, demeurant à Wimereux, fait une déposition analogue à celle du précédent témoin.

Le témoin reconnaît le prince, le général Montholon, Mésonan, Parquin, Montauban et Fialin de Persigny, qu'il prend pour Bataille.

DE MONTHOLON. Je répète à la cour que je n'ai offert d'argent à personne. Je sais bien que le prince a fait offrir une pension de 1,200 fr. au lieutenant pour l'indemniser de la perte de sa place, mais ce n'est pas moi qui ai fait l'offre.

PARQUIN. Le témoin a bien pu me reconnaître, mais pas à la place qu'il indique, car mon infirmité ne me permettait de suivre les autres qu'à distance.

ORNANO. C'est moi qui avais entre les mains le sac d'argent dont a parlé le témoin, mais le général Montholon n'en avait pas

BATAILLE. Je dois dire que je donnais le bras au général Montholon, qui portait une canne d'une main, mais qui n'avait pas de sac de l'autre.

MÉSONAN. C'est moi qui ai porté le sac dont il s'agit un moment, et je l'ai remis ensuite à M. Ornano.

Sur l'observation faite par M de Pontécoulant, qu'une grande partie de MM. les pairs n'entendent pas les dépositions, M. le chancelier ordonne qu'elles seront toutes répétées par le greffier.

COISY (*Jean-Baptiste*), 34 ans, voltigeur au 42e régiment de ligne, en garnison à Boulogne-sur-Mer. Jeudi, 6 août, vers cinq heures du matin, j'aperçus, étant de faction devant le poste de la place d'Alton, le lieutenant Aladenize venant à grands pas de la rue de l'Ecu. Il était en grande tenue, couvert d'un manteau : il est arrivé sur la place au moment où regardant de l'autre côté, j'aperçus la troupe du prince Louis. Le lieutenant a crié : Aux armes ! De suite j'en fis autant. Quand le sergent et les trois hommes eurent été sortis, on se mit en bataille. Plusieurs de ceux qui faisaient partie de l'escorte du prince se détachèrent en nous disant de les suivre. Ils étaient au nombre de cinq : l'un deux portait un uniforme de drap vert, des épaulettes de lieutenant ou sous-lieutenant, une épée et un claque ; un autre avait la capote de sergent-major avec le shako. Je ne puis indiquer la tenue des trois autres. Le lieutenant du 42e nous dit qu'il était envoyé par notre colonel. Le sergent commandant le poste lui répondit qu'il ne quitterait le poste que sur les ordres du commandant de place. Le lieutenant s'est alors adressé à moi et aux trois hommes du poste, mais nous lui avons répondu que nous ne connaissions que notre chef de poste. Il a alors pris par le bras le dernier homme de la file et l'a entraîné à trois ou quatre pas en lui parlant à l'oreille, après quoi il l'a relâché ; puis la colonne s'est dirigée vers le quartier. En revenant de la caserne, ils sont repassés devant le poste, en nous engageant de nouveau à les suivre. Le chef du poste leur a réitéré à son tour l'invitation de se retirer. Trois quarts d'heure après, je vis revenir les mêmes personnes. Le prince avait son chapeau à la pointe de son épée et criait : « Vive l'Empereur ! » On fit de nouveaux efforts pour nous emmener, en disant que ceux qui viendraient ne s'en repentiraient pas : mais personne ne bougea, et ils continuèrent leur marche.

ALADENIZE. Je ne voudrais pas ôter aux hommes du poste le mérite d'avoir fait leur devoir ; mais je dois rectifier un fait : Je n'ai pas dit aux soldats que le gouvernement fût changé, car mon intention était d'enlever le poste, et ce n'était pas le moyen en leur annonçant une nouvelle comme celle-là. Cela ne leur eût pas semblé légal et je voulais, avant tout, les faire marcher avec nous au nom même du gouvernement. Mais je n'étais pas porteur de mon hausse-col qui est la marque distinctive de l'officier de service; c'est là sans doute ce qui a décidé le sergent Morange à ne pas m'obéir.

PARQUIN. — Je rétablirai un fait important : je n'étais pas à la tête, mais à la queue de la colonne, en passant devant le poste de la place d'Alton, car je marchais péniblement. Je n'ai menacé personne, j'ai dit seulement au sergent : Eh bien ! vous ne venez pas avec nous ? — Non, je reste à mon poste, m'a-t-il répondu. — Eh bien, vous vous en repentirez.

MORANGE (*Martial*), âgé de 26 ans, sergent de grenadiers au 42e de ligne, décoré. — Le jeudi 6 août, étant de garde au poste de la porte d'Alton, le factionnaire cria aux armes. Je sortis de mon poste et je vis venir à nous le lieutenant Aladenize qui me dit qu'il fallait suivre la troupe, que c'était le prince Napoléon ; je refusai et la troupe continua sa route.

SERRET, voltigeur au 42e de ligne. J'étais de garde, le 6 août, au poste de la porte d'Alton, le factionnaire ayant crié aux armes, nous sortîmes et nous vîmes un groupe d'officiers-généraux qui voulurent nous entraîner, mais nous refusâmes. M. Aladenize me prit à part et me dit de le suivre, que j'en serai bien récompensé.

ALADENIZE. Le chef de poste refusant de suivre, je n'avais aucun intérêt à entraîner un simple soldat.

FEBVRE (*Jean-Marie-François*), voltigeur au 42e de ligne. — Le 6 août, j'étais en faction à la porte de la caserne, je vis arriver le lieutenant Aladenize, le sabre nu ; il me dit : Criez aux armes, voici le prince. Je criai aux armes ; bientôt il arriva une troupe avec un nombreux état major, ils placèrent deux factionnaires à la porte. Il y avait des messieurs qui donnaient de l'argent à des bourgeois pour crier vive l'Empereur, et les bourgeois criaient vive l'Empereur ! (On rit).

ORSI et DESJARDINS protestent contre ce dernier fait.

Le témoin ajoute que le lieutenant Maussion étant survenu, on lui a dit de crier vive l'Empereur ! il a répondu non, vive le roi toujours ; alors un des accusés a cherché à le frapper avec la baïonnette ; et s'il n'avait pas paré avec son sabre, il avait le ventre percé.

M. LE PROCUREUR-GÉNÉRAL à l'accusé Persigny. — N'est-ce pas vous qui avez menacé le lieutenant de Maussion, — R. Oui, monsieur.

GENDRE (*Antoine*), voltigeur au 42e de ligne. — Le 6 août, vers cinq heures du matin, j'étais assis sur un banc à la porte de la caserne, je vis venir le lieutenant Aladenize qui criait : « Aux armes ! voici le prince ! » Les soldats se sont mis en bataille devant la porte ; le lieutenant a fait battre le rappel et crié aux soldats de descendre avec leurs armes ; la troupe entra dans la caserne et j'entendis crier : « Vive l'Empereur ! » Bientôt arriva le lieutenant de Maussion ; le sieur Aladenize lui sauta au cou et lui dit : « Viens avec nous, tu n'auras pas lieu de t'en repentir : « M. de Maussion refusa ; alors un des insurgés lui porta un coup de baïonnette qu'il para avec son sabre. Un colonel me remit en même temps son épée qui s'était détachée.

Le colonel LABORDE. — C'est de moi que le témoin veut parler.

DE PERSIGNY. — Je prie la cour de croire que si j'ai menacé le lieutenant de Maussion, avec la baïonnette, c'est que j'étais en faction, et que je ne pouvais souffrir qu'on violât ma consigne.

ALADENIZE. Le témoin me fait tenir un langage que je n'ai jamais tenu.

RINCK (*François Joseph*), âgé de 26 ans, sergent au 42e de ligne. Le 6 août dernier, je m'habillais dans ma chambre dont la fenêtre donne sur la cour de la caserne ; je vis le lieutenant Aladenize qui faisait ranger la troupe en bataille ; je descendis, le prince me prit la main et me dit : « Je vous nomme officier. » Je répondis que j'étais content de mon sort, et que je voulais rester avec mes chefs ; bientôt arriva M. de Maussion, je n'entendis pas ce que lui disait M. Aladenize, mais il me sembla qu'ils n'étaient pas d'accord. Notre capitaine arriva un instant après ; les factieux l'ont entouré, et je n'ai pu entendre ce qui se disait ; mais j'ai vu un soldat de la suite du prince qui lui arrachait sa décoration : nous sommes allés à son secours ; je l'ai tiré par le bras (cette scène se passait sous la voûte d'entrée). Louis Bonaparte lui dit : « Je suis le prince Louis. » Le capitaine lui répondit : « Je ne vous connais pas ; vous venez ici comme un traître. » M. Aladenize s'approcha du capitaine, qui cherchait à regagner sa compagnie dans la cour, et lui dit : « Capitaine, capitaine, vous allez faire une boucherie, » à quoi il répondit : « Tant pis, nous en ferons une s'il le faut. » En ce moment arrivèrent notre sous-lieutenant et le capitaine de voltigeurs ; le prince tira alors un pistolet de sa poche et le dirigea sur le capitaine Col-Puygellier ; le coup blessa un grenadier ; les insurgés se sont alors retirés ; nous avons été prendre des cartouches, et nous nous sommes mis aussitôt en patrouille.

CHAPOLART (*Antoine*), âgé de 42 ans, sergent de grenadiers au 42e de ligne (décoré). Le 6 août, vers cinq heures et demie, je m'habillais dans ma chambre, j'entendis crier aux armes ! puis, vive l'Empereur ! vive Napoléon ! Les deux compagnies étaient sous les armes, le lieutenant Aladenize était là avec un nombreux état-major ; il me présenta à une personne qui était là et dit : « Mon prince, voici un ancien militaire à qui il faut une paire d'épaulettes ; » il me fit avancer devant la compagnie, et le prince dit : « Je vous fais capitaine de grenadiers. » Je lui répondis : « Prince, je refuse, je ne veux rien. » Le grade que le prince venait de me conférer m'avait de suite fait penser qu'il s'agissait d'un complot contre le gouvernement. Je dis aux grenadiers : « Grenadiers, il s'agit d'une conspiration ; je prends le commandement de la compagnie ; ne faites que ce que je vous commanderai. » Le prince parut fort contrarié de ce que je disais ; il changea de couleur. J'entendis alors le capitaine Col-Puygellier crier : « A moi grenadiers ! » Je m'avançai avec quelques grenadiers, dont je ne me rappelle pas les noms, et dégageai mon capitaine des mains de plusieurs officiers et soldats : sa croix avait été arrachée ! Il se mit à la tête des troupes le sabre à la main. Le capitaine a dit au prince qu'il était un traître, et a commandé à Aladenize de se retirer en lui disant : Ce n'est pas ici votre place. Lorsque le capitaine a crié : A moi. grenadiers ! j'ai entendu la détonation d'un coup de pistolet. J'ignore par qui il a été tiré et pour qui il était destiné. Un grenadier en a été blessé au cou. Après les paroles du capitaine au prince et au lieutenant, Aladenize, le prince et ses partisans sont sortis de la caserne, et on en a fermé les portes ; ensuite je suis sorti par suite d'ordres, et ne me suis plus trouvé en contact avec le prince ni aucun de ses partisans.

ALADENIZE. Je ne puis que démentir tout ce que vient de dire le témoin en ce qui me concerne ; il n'aurait jamais osé, en ma présence, dire aux grenadiers de n'obéir qu'à son commandement ; je souffre quand j'entends un sous-officier venir, sous la foi du serment, débiter de pareilles faussetés.

M. LE CHANCELIER. J'engage l'accusé à montrer plus de modération envers un témoin qui dépose sous la foi du serment.

Mᵉ JULES FAVRE Que vous a dit le lieutenant Aladenize ?

LE TÉMOIN. Il m'a proposé les épaulettes de sous-lieutenant.

Mᵉ JULES FAVRE. Vous aviez dit que c'était le grade de capitaine.

LE TÉMOIN C'est le prince qui m'a offert ce dernier grade.

Mᵉ JULES FAVRE. L'instruction constate que long-temps le capitaine Col-Puygellier a réclamé le secours des soldats : les compagnies étaient-elles alors dans le devoir ?

M. LE CHANCELIER. Si elles en étaient sorties, c'était par le crime de l'accusé Aladenize. (Au prince) : Qu'avez-vous à dire sur cette déposition ? — R. Je ne répondrai pas aux faits qui ne concerneront que moi, si je prends la parole ce ne sera que pour éclaircir quelques faits dans l'intérêt de mes amis.

GEOFFROY (*Joseph*), âgé de 30 ans, grenadier au 42ᵉ de ligne (décoré). Ce témoin, qui a été blessé à la bouche d'un coup de pistolet tiré par le prince, ne peut encore articuler les paroles qu'avec peine ; M. le secrétaire archiviste-adjoint de la Chauvinière est obligé de répéter sa déposition.

Le 6 août, dit le témoin, j'étais de cuisine à la caserne, lorsque, vers cinq heures un quart du matin, des officiers, accompagnés de beaucoup de soldats, sont entrés dans la cour, et, après s'être mis en bataille, ils ont, à plusieurs reprises, proféré le cri de *vive l'Empereur !* Je manifestais ma surprise à mon camarade en lui disant : « L'Empereur est mort, il est donc revenu vivant ? » lorsque je vis entrer dans notre cuisine un officier et un sergent décoré : le sergent portait une bouteille et l'officier avait le sabre à la main ; tous deux me dirent de boire un coup et de crier *vive l'Empereur!* Je leur répondis que je ne buvais pas et que je ne criais pas *vive l'Empereur!* puisqu'il était mort. L'officier dit alors : « Puisque vous ne voulez pas boire, je vais vous faire boire de force ; dépêchez-vous de vous mettre en tenue et de prendre vos armes ; nous avons l'ordre de votre colonel, nous marchons sur Paris ; c'est un officier de chez vous qui commande. » Sur ce, je me suis habillé et j'ai pris les armes ; je suis descendu dans la cour, je me suis mis dans les rangs ; mais de suite j'entendis M. Col-Puygellier, capitaine de notre compagnie, crier au secours. Il était tenu par l'état-major. J'ai couru vers lui avec d'autres de mes camarades pour le débarrasser ; je l'ai saisi par le bras gauche et l'attirais vers moi, lorsque je reçus un coup de pistolet à bout portant ; et j'en fus atteint sur la lèvre supérieure, du côté gauche. La balle, après m'avoir cassé trois dents, est parvenue dans le cou, du côté droit, où elle est encore. Je ne suis pas tombé à l'instant même, et je voulais courir avec mon fusil pour me défendre, lorsque le capitaine me fit rentrer dans ma chambre, et de là j'ai été amené par le chirurgien à l'hôpital.

LE PRINCE. Je regrette d'avoir par hasard blessé un soldat français ; je suis heureux que cet accident n'ait pas eu des suites plus graves.

M. COL-PUYGELLIER, major au 42ᵉ de ligne. Le 6 août dernier, vers six heures moins un quart du matin, un de mes grenadiers, qui travaille en ville, vint me dire qu'il avait rencontré plusieurs officiers-généraux accompagnés de militaires ; je me hâtai de vêtir mon uniforme. Alors, le sous-lieutenant Ragon vint m'avertir que le prince Louis était à la caserne ; j'y courus avec lui et le sous-lieutenant de Maussion ; que nous rencontrâmes en chemin. Nous trouvâmes un groupe d'officiers et de soldats ; avant d'arriver à ce groupe, nous avions rencontré, à l'entrée de la rue de la Caserne, deux factionnaires portant au shako le n° 40, qui m'ont dit : « Capitaine, on ne passe pas » J'ai répondu : « Ce n'est pas le 40ᵉ qui fait la police ici. » Nous avons passé alors et sommes arrivés au groupe dont je viens de parler. Là, un officier, portant les épaulettes de chef de bataillon, s'avança vers moi d'un air affable et en m'adressant quelques paroles que je ne me rappelle pas, et dont le sens était de m'engager à me joindre à lui. Je lui demandai ce que cela signifiait : il me répondit que le prince Louis était là. Je tirai mon sabre, et, entrant dans le groupe, on me saisit de toutes parts, et surtout le bras qui tenait mon sabre. Parmi les personnes qui me saisirent étaient le chef de bataillon dont je viens de parler et un colonel. Je m'avançai avec peine vers l'intérieur de la caserne. Je dis à un grenadier portant le n° 40 : « Si vous êtes un homme d'honneur, apprenez qu'on vous pousse à trahir. » On me répondit : « On ne trahit point ; criez : Vive le prince Louis ! » Je dis : « Je ne crierai point; mais où est-il ? » Je pus arriver sous la voûte qui est à l'entrée de la caserne, et là, un homme d'une trentaine d'années, revêtu d'un uniforme de général, je crois, et ayant un crachat sur la poitrine, s'est présenté à moi en disant : « Voilà le prince Louis, capitaine. Soyez des nôtres, et vous aurez tout ce que vous voudrez. » Il a dit encore quelques mots que je ne me rappelle pas. Je l'ai interrompu en lui disant : « Prince Louis ou non, je ne vous connais pas. Napoléon, votre prédécesseur, a abattu la légitimité, et ce serait à tort que vous viendriez ici la réclamer. Qu'on évacue ma caserne! » Le prince m'a paru intimidé; on m'a pressé plus vivement. J'ai crié : « Assassinez-moi, où je ferai mon devoir. » On a répondu : « On ne vous assassinera pas. » C'est alors que le lieutenant du 42e, Aladenize est accouru de la cour de la caserne, m'a couvert de ses bras, en criant : « Respectez le capitaine, je réponds de ses jours. » Je crois qu'il a fortement contribué à me sauver la vie. Ainsi débarrassé, j'ai pu arriver à ma troupe, qui se trouvait en bataille avec armes dans la cour de la caserne. Quand on m'a vu là, le prince Louis et ses adhérens se sont retirés jusque dans la rue. Mon premier soin a été de voir l'état de ma troupe, parmi laquelle se trouvaient les sous-lieutenans de Maussion et Ragon.

Presque immédiatement après, le prince est revenu avec sa troupe, que j'évalue à 50 hommes armés de fusils avec baïonnettes. En s'avançant, il faisait encore entendre des paroles que je ne me rappelle pas, mais qui avaient pour but de nous séduire. Ils se sont arrêtés à deux ou trois pas de moi. Le lieutenant Aladenize, qui se trouvait près de moi, paraissait désespéré; il a voulu briser son sabre, et l'a jeté à terre. Je lui ordonnai de rester près de moi; mais, pendant que je disais au prince : « Retirez-vous, ou j'emploierai la force, » il a passé du coté du prince, après avoir ramassé son sabre, qui n'était que recourbé.

Après ces mots prononcés par moi : «Retirez-vous, ou j'emploierai la force, tant pis pour vous, » et au moment où je me retournais vers ma troupe, dans l'intention de la faire agir si le prince ne sortait pas, une détonnation d'armes à feu se fit entendre; j'ignore par qui ce coup a été tiré, et à qui il était destiné, étant trop préoccupé. Après la sortie du prince, le sous lieutenant Ragon et le sergent-major Clément m'ont dit que ce coup avait été tiré par le prince, avec un pistolet, et qu'il m'était destiné. Le prince étant enfin sorti, j'ai fait solidement fermer les portes.

Me JULES FAVRE. Quand le capitaine était sous la porte de la caserne, le lieutenant Aladenize n'a-t-il pas fait entendre ce cri : Ne tirez pas sur le capitaine! Le témoin répète ce qu'il a déjà dit à cet égard.

M. DE MAUSSION (*Ernest-Louis-Marie*), âgé de 23 ans, sous-lieutenant de voltigeurs au 42e de ligne : Le 6 août, vers cinq heures du matin, je me disposais à sortir avec le capitaine Col-Puygellier quand je rencontrai dans la Grande-Rue plusieurs officiers-généraux avec des sous-officiers et soldats du 40ᵉ de ligne; un lieutenant-colonel me dit qu'il allait me présenter au prince; je me laissai conduire et je fus présenté au prince qui me dit : « Je suis venu pour l'honneur de la France humiliée depuis dix ans; » je ne répondis rien et je me retirai. J'allai avertir le capitaine Col-Puygellier qui mit son uniforme, et vint à la caserne avec moi et le lieutenant Ragon; la porte du quartier était occupée par des hommes du 40ᵉ. Nous forçâmes la consigne ; dans la cour nous trouvâmes plusieurs personnes, au nombre desquelles était M. Aladenize, qui nous sollicitaient de nous joindre à eux ; nous refusâmes. M. Aladenize s'est précipité entre nous et les hommes du 40ᵉ pour empêcher qu'on ne nous fît violence; je crois que les insurgés avaient l'intention de tirer sur nous, mais je n'ai pas entendu de commandement.

M. RAGON DE LA FERRIÈRE, sous-lieutenant de grenadiers au 42ᵉ de ligne. Je logeais à la caserne, mon appartement est séparé des chambres de la troupe par une cour et par les chambres des sergens-majors. Le 6 août, vers 5 heures 3 quarts du matin, je m'habillais quand un soldat vint m'avertir que le lieutenant Aladenize était dans la cour dans un groupe d'officiers généraux et faisait prendre les armes à la troupe, je me doutai de quelque insurrection et j'allai chez le capitaine Col-Puygellier qui logeait près de là; nous nous rendîmes au quartier avec le sous-lieutenant de voltigeurs Maussion, la cour était pleine d'officiers, l'un d'eux s'approcha du capitaine Col-Puygellier et lui dit : Soyez des nôtres, criez vive l'Empereur! le capitaine s'y refusa énergiquement; assassinez-moi, dit-il, ou je ferai mon devoir, pendant qu'il se débattait pour s'approcher de sa troupe, un coup de feu fut tiré sur lui et blessa un soldat; je ne pourrais affirmer que le coup ait été tiré par le prince: les insurgés se sont alors retirés.

Plus tard, vers sept heures du matin, j'étais avec plusieurs hommes sur la plage ; j'ai vu à cent pas de moi, du côté de la mer, une cinquantaine d'hommes armés de fusils; des personnes qui étaient là me dirent que ces hommes étaient disposés à la résistance ; j'avançai néanmoins ; plusieurs de ces individus montèrent dans un canot et s'éloignèrent: je me suis approché de ceux qui étaient restés, et ils se sont rendus sans résistance. J'ai sommé ensuite ceux qui étaient dans le canot de se rendre. Des coups de feu sont partis, je ne sais s'ils venaient du canot ou d'un peloton de garde nationale placé derrière moi ; le canot a chaviré, les insurgés qui le montaient ont été fait prisonniers.

M. LAUNAY LEPREVOST, sous-préfet de l'arrondissement de Boulogne-sur-Mer. Le 6 août, un peu avant six heures du matin, je fus éveillé par mon domestique, que suivit aussitôt Mᵉ Dutertre, notaire; ce dernier me dit que des proclamations au nom du prince Napoléon étaient répandues dans la ville, et que des officiers, au nombre desquels on disait être Louis Bonaparte, étaient à la caserne.

Je revêtis mon uniforme ; j'ordonnai au commissaire de police Bailly d'aller faire fermer les portes de la haute-ville, où étaient les magasins d'armes et de poudre ; je fis prendre les armes à la gendarmerie et je partis pour la caserne Au détour de mon hôtel, j'aperçus un cortège formé de militaires en haie et composé d'un premier rang de trois officiers supérieurs en uniformes. Celui du milieu, qui attira particulièrement mon attention, parce qu'il portait une plaque de grand dignitaire de la Légion-d'Honneur, me parut être Louis Bonaparte.

En arrière de ce premier rang s'élevait un drapeau à l'aigle impériale, et en arrière un groupe assez nombreux d'officiers, de tous grades. Je marchai droit à ce rassemblement, et sommai au nom du roi, ceux qui en faisaient partie de se séparer et d'abattre leur drapeau. Il me fut répondu par des cris de vive l'empereur ! M'adressant alors au militaires formant la haie, et que je croyais appartenir à la garnison, je cherchai à les rappeler au devoir, en leur disant qu'ils étaient la dupe d'un aventurier. Celui que je croyais être Louis Bonaparte ordonna alors de me repousser et de reprendre la marche un instant arrêtée. Quelques individus du groupe firent un mouvement vers moi, celui qui portait le drapeau l'inclina pour me porter un coup de manche, et je fus en effet atteint à la poitrine, mais faiblement, parce que je parai le coup avec les mains, qui furent fortement excoriées et meurtries ; je me retirai, en leur annonçant que dans quelques instants je les rejoindrais à la tête de la garde nationale.

Arrivé au poste de la rue d'Alton, j'y trouvai sous les armes quatre ou cinq hommes de la ligne, commandés par le sergent Morange, qui me déclara être prêt à exécuter tous mes ordres pour le service du roi. Je parcourus les rues de Seine et Neuve-Chaussée, en criant aux armes ! et en interpellant tous les citoyens de ma connaissance, à qui je recommandai de se rallier au poste de la place d'Alton. Pendant ce temps, la générale avait commencé à battre, et bientôt il se trouva au poste d'Alton une réunion assez nombreuse de gardes nationaux pour qu'il fût possible de songer à poursuivre les rebelles. Le colonel Sansot y arriva à cheval, et m'annonça qu'il y avait aussi des citoyens réunis sur la place de la sous-préfecture, à la haute-ville. Nous marchâmes donc, recueillant tous les hommes armés que nous rencontrions. Des cartouches avaient été demandées et arrivèrent successivement.

A la porte de Calais, nous rencontrâmes un piquet de 20 hommes de ligne commandé par un officier, que le commandant de place mit à notre disposition Nous nous dirigeâmes vers la colonne, éclairés par la brigade de gendarmerie, commandée par le lieutenant Bilot, à qui j'avais donné l'ordre de faire partir immédiatement un de ses hommes pour Calais, afin d'avertir et de faire prendre les mesures nécessaires, et à qui j'avais donné pour instruction de me tenir au courant de tous les mouvemens des rebelles. Arrivé au chemin de la Poterie, le colonel Sansot, après avoir fait charger les armes et distribuer de nouveau des cartouches, fit ses dispositions pour attaquer les rebelles, que l'on nous disait embusqués dans les plantations qui masquent le monument. Ce fut alors que, sur mon observation qu'il fallait faire marcher en avant 20 hommes de la ligne, afin d'épargner le sang des gardes nationaux, la plupart pères de famille, ceux-ci demandèrent à grands cris l'honneur de marcher les premiers, et je dus céder.

Comme nous approchions de l'enceinte de la colonne, nous fûmes informés que les rebelles fuyaient à travers champs, et immédiatement le colonel ordonna de diviser sa colonne en détachemens pour les poursuivre. J'entrai dans l'enceinte, et je vis sortir du monument un officier portant la décoration de juillet, et serrant entre ses bras le drapeau que j'avais vu dans la Grande-Rue. Cet officier était tenu par deux hommes que je ne connaissais pas, et un instant avant on m'avait remis un pistolet à deux coups, sans capsule, que l'on me dit avoir été jeté par lui du faîte de la colonne.

L'officier porteur du drapeau me le remit en présence de M. Dutertre, adjoint, qui n'avait pas quitté la colonne, et de M. le colonel Sansot. En m'en saisissant, mon premier mouvement fut d'en briser le manche. Je me concertai avec le colonel qui repartit toujours à cheval pour diriger les poursuites, et je rentrai en ville, accompagné de deux gardes nationaux, porteur du drapeau et suivi de l'officier prisonnier, que j'ordonnai de conduire au château. Je m'occupai alors de donner des ordres pour l'organisation de nouveaux détachemens et pour l'armement de la douane, d'expédier des dépêches, de pourvoir enfin aux devoirs de ma position. Depuis ce moment, les prisonniers ne cessèrent d'arriver sous l'escorte de gardes nationaux, de douaniers, etc.

J'appris par M. de Verville, inspecteur des douanes, l'arrestation de Louis Bonaparte, et bientôt, en effet, arriva près de mon hôtel une voiture dans laquelle se trouvait celui que j'avais parfaitement remarqué le matin en uniforme d'officier-général et avec la plaque de la Légion-d'Honneur, occupant la première place dans le cortége; on me dit alors que c'était Louis Bonaparte; il était complètement mouillé. Je montai dans cette voiture, où était déjà M. le maire, et nous allâmes au château, où on s'occupa d'enfermer les prisonniers et de leur donner les premiers soins.

Pendant mon absence, on avait arrêté et conduit chez moi le comte Montholon et le commandant Parquin. Ces deux messieurs s'étaient séparés du groupe des rebelles au moment où il se dirigeait vers la haute-ville. Ils étaient suivis d'enfans et d'ouvriers fort étonnés de voir des officiers supérieurs en uniforme parcourir la ville. On m'a dit que ces messieurs avaient répandu des proclamations dans la ville.

Voici, MM. les pairs, les principaux faits qui sont venus à ma connaissance.

LE GÉNÉRAL MONTHOLON : J'ai une observation à faire. Il est faux que j'aie distribué des proclamations et de l'argent.

M. LAUNAY-LEPROVOST : Le fait que j'ai rapporté n'est pas de ma connaissance personnelle, et je me garderais bien de démentir sur ce point M. le général Montholon.

PARQUIN : Mon intention, en restant à Boulogne, avait été de faciliter la fuite du prince. Je n'ai fait aucune distribution.

LOMBARD : Le coup qu'on dit avoir été porté par moi à M. le sous-préfet, n'a pas eu la moindre gravité, et, si je l'ai porté, ça été tout-à-fait involontairement.

M. LAUNAY-LEPROVOST : Je dois ajouter à ma déposition que M. Forestier avait été signalé à la police comme agent du prince, et que la police avait pris à son égard les précautions nécessaires.

FORESTIER : Il est possible que j'aie été signalé à la police ; je suis arrivé à Boulogne, et je n'y suis allé que cette fois, dans une barque de pêcheur ; mais il y avait dans cette barque une dame qui attendait comme moi le départ du paquebot.

M. ADAM (*Alexandre*), maire de la ville de Boulogne, dépose en ces termes :

« A six heures du matin, le 6 août, je fus averti que des hommes armés parcouraient la ville en criant *vive l'Empereur !* répandant des proclamations au nom du prince Louis-Napoléon. J'envoyai prévenir le sous préfet, le colonel et le major de la garde nationale. Je fis également prévenir le commandant d'armes et le directeur des douanes, que j'invitai à armer tous ses employés. Je fis dire au lieutenant du port de venir me trouver immédiatement. Je revêtis mon uniforme pour aller à la sous-préfecture ; mais ensuite je jugeai prudent de le retirer pour ne pas me faire connaître. J'avais appris que les rebelles avaient débarqué à Wimereux vers trois ou quatre heures du matin, et que le bateau qui les avait apportés était encore en rade, qu'ils s'étaient rendus à la caserne et que, sur le refus de l'officier commandant, le prince Louis-Napoléon lui avait tiré presque à bout portant un coup de pistolet qui avait atteint un grenadier de la troupe. Dès que le lieutenant du port fut venu me joindre, je lui donnai l'ordre de s'emparer du paquebot, de le faire rentrer dans le port ou de le jeter à la côte, afin d'enlever à Louis Bonaparte et à ses complices les moyens de se sauver. Je rencontrai M. le sous-préfet en haut de la Grande Rue au moment où il venait de quitter Louis Bonaparte et son cortége. Je revêtis mon uniforme et je réunis les gardes nationaux qui arrivaient de toutes parts sur l'esplanade. En ce moment, je fis désarmer M. le général Montholon et le colonel Parquin qui avaient été amenés et arrêtés par M. le commissaire de police Bergeret. Voyant la tranquillité de la ville assurée, je montai à cheval pour me rendre à la colonne, où je craignais de voir la lutte s'engager. Là, j'appris que Louis Bonaparte et ses complices avaient pris la fuite, et que la garde nationale était à leur poursuite; je rejoignis la garde nationale. Je donnai l'ordre au colonel de visiter toutes les maisons du voisinage de la côte pour voir si le prince n'y était pas entré pour se déguiser, comme on me l'avait rapporté. Je me dirigeai vers Wimereux où je pensais que les fuyards s'étaient retirés. Arrivés sur le bord de la côte, nous apprîmes que six d'entre eux avaient été arrêtés, et que les autres se dirigeaient vers la plage pour se rembarquer. Je revins sur Boulogne en toute hâte. J'étais en haut de la falaise lorsque la fusillade eut lieu, et je vis le canot se diriger vers les personnes qui étaient à la nage. Je reçus Louis Bonaparte et ceux qui l'accompagnaient des mains du lieutenant du port. Je les fis monter dans deux voitures que j'avais fait amener, et je les conduisis au château où ils furent constitués prisonniers. Louis Bonaparte, lors de son débarquement, m'annonça qu'il avait sur lui environ 300,000 francs en or et en billets de banque. Il me pria de m'en charger. Sur l'invitation de M. le juge d'instruction, je comptai, en présence de Louis-Napoléon et du général Montholon, les billets de banque d'Angleterre dont le prince était porteur. Il y avait en tout 9,080 livres sterling, en outre vingt-trois pièces de 20 francs. Je reconnus, en outre, que le commandant Mésonan avait déposé 210 livres sterling; le général Montholon ou l'accusé Bataille déposèrent en outre trente-huit billets de banque de 50 livres sterling formant un total de 1,900 livres sterling; ce qui fait, en monnaie de France, environ 227,000 francs.

M. SANSOT (*Joseph*), colonel de la garde nationale de Boulogne.

« Le jeudi 6 août, vers cinq heures et demie ou six heures moins un quart, un adjudant de la garde nationale vint me trouver pour me prévenir de ce qui se passait. Je donnai l'ordre à cet adjudant de faire battre la générale. Il alla chez un tambour, mais ne le trouvant pas, l'adjudant battit la caisse lui-même. J'ordonnai à mon domestique d'aller au grand galop chez le maître de poste pour lui défendre de donner des chevaux à personne. Mon domestique est revenu bien vite me dire que la poste était gardée par trois grenadiers, et qu'il n'avait pu pénétrer dans la cour parce que ces hommes l'avaient menacé et avaient croisé la baïonnette sur lui.

« Dans l'intervalle, les gardes nationaux arrivaient rapidement. Je les réunis sur l'Esplanade, et je dirigeai un certain nombre de gardes nationaux derrière la colonne, afin de couper la retraite au prince Louis et aux siens, tandis que je me portais sur son front de toute la vitesse des jambes des gardes nationaux, au nombre d'environ deux cent à deux cent cinquante. J'espérais qu'il se défendrait et que nous le ferions là prisonnier, car la position était bonne et il aurait pu s'y défendre. Mais en voyant notre approche et quand nous avons été à deux ou trois portées de fusil, ils se sont tous sauvés dans toutes les directions. Le drapeau seul est resté arboré au haut de la colonne.

« C'est alors que le sous-préfet et moi nous sommes entrés dans l'enceinte; le drapeau nous a été remis par un garde national, ainsi qu'un sabre et un pistolet, que je remis moi-même à mon domestique. J'ai dû faire de nouvelles dispositions ; j'ai envoyé un détachement commandé par M. Ausquet, chef de bataillon, sur Wimereux, un autre détachement commandé par un capitaine de grenadiers, sur le Moulin-Hubert ; et moi, à la tête du restant, je me suis porté sur Terlungtun, pour rester en communication avec les deux détachemens de droite et de gauche. C'est sur ce chemin que M. le maire m'a rejoint alors ; nous avons ensemble exploré les falaises. Un quart d'heure après, il est retourné à Boulogne, et moi je me suis porté sur Wimereux. Comme j'arrivais sur ce point, la garde nationale et la gendarmerie faisaient sept prisonniers, au nombre desquels étaient le colonel Montauban, le lieutenant du 42e, et cinq individus en uniforme de grenadiers du 40e. Quelques gardes nationaux ont appelé ces messieurs *traîtres*; je leur ai dit aussitôt que ces hommes appartenaient à la justice du pays, et que nous devions respecter leur malheur ; le colonel Montauban m'en a remercié d'un signe de tête, et il m'en a remercié vivement ensuite, lors de ma confrontation avec lui.

Il est un fait essentiel que je dois relever. Deux ou trois journaux de la capitale ont dit que la garde nationale de Boulogne avait assassiné des hommes désarmés et en fuite. Ces faits sont de toute fausseté. J'invoque ici le témoignage du colonel Voisin qui, alors qu'il était à l'hospice, m'a fait appeler par son médecin. Après avoir pris l'avis du maire, je me suis rendu dans sa chambre, et je lui ai demandé ce qu'il voulait. Il m'a répondu que c'était pour me dire qu'il n'en voulait pas à la garde nationale, et qu'il reconnaissait qu'elle avait fait son devoir. »

M. LE COLONEL VOISIN : J'aurai l'honneur de faire observer à M. Sansot que lorsque je l'ai fait appeler à l'hospice de Boulogne, je lui ai dit que je ne rendais pas la garde nationale de Boulogne tout entière complice et responsable de la conduite de quelques gardes nationaux, mais qu'il y avait dans son sein des gens indignes d'en faire partie. Si M. le colonel Sansot ne m'a pas compris, je dois l'attribuer à mon état de maladie ; mais jamais je n'ai pu dire, jamais je n'ai pu penser que la garde nationale avait fait son devoir en tirant sur des hommes désarmés et qui n'avaient pas fait le moindre signe offensif.

M. LE CHANCELIER, vivement : Comment ! l'agression du 6 août, l'invasion de la caserne de Boulogne, le coup de pistolet tiré sur le capitaine Col-Puygellier, n'ont pas été des signes offensifs qui ont motivé l'emploi de tous les moyens pour empêcher le crime et en arrêter les auteurs ? Il y a d'ailleurs une déposition qui dit qu'au moment où la garde nationale s'est approchée de la barque qui portait le prince, un coup de pistolet est parti de cette barque. (*Déné-*

gations au banc des accusés.) Dans tous les cas l'agression la plus coupable a eu lieu de la part des hommes que nous avons le malheur de voir devant nous, et ce n'est pas à eux qu'il appartient de se plaindre des moyens employés pour les arrêter. La garde nationale de Boulogne a fait son devoir avec force, avec énergie; personne n'a le droit de l'en blâmer, et tout le monde doit la louer.

Me FERDINAND BARROT : J'admets que la garde nationale de Boulogne ait fait son devoir ; mais lorsque le colonel Voisin a été frappé de trois balles, il avait le dos tourné, il a été frappé par derrière. Il a été blessé cruellement alors qu'il était dans l'impossibilité de s'échapper, et lorsqu'il était presque prisonnier. (*Rumeur sur les bancs de la cour.*) Je suis fâché de ces espèces de protestations.

M. LE CHANCELIER : Je recommande à la cour le plus profond silence.

Me F. BARROT : Il est impossible que je me fasse entendre, la cour veut me couper la parole.

M. LE CHANCELIER : C'est à moi qu'il appartient de donner ou de retirer la parole. Loin de retirer la parole au défenseur, je la lui conserve et la lui offre de nouveau.

Me F. BARROT s'assied, en déclarant qu'il n'a plus rien à dire.

M. LE COLONEL VOISIN : Nous étions désarmés quand on a tiré sur nous.

LE COLONEL SANSOT avec emportement : La garde nationale n'a pas tiré sur des hommes désarmés, elle a tiré sur des hommes qui fuyaient. Quand on est armé on ne fuit pas. (*Murmures.*)

M. LAUNAY-LEPROVOST : Des individus en fuite s'étaient emparés d'une embarcation. Le paquebot qui avait amené les rebelles était en mouvement. Convaincus que le paquebot était encore à la disposition du prince et des adhérens, les gardes nationaux ont fait feu. Quoi de plus simple que cette conduite? Mais quand les gardes nationaux ont vu que le paquebot était monté par des Français, ils se sont jetés à l'eau pour recueillir les rebelles. Il en est plus d'un qui leur doit la vie.

M. BERGERET, commissaire de police à Boulogne : Dans la nuit du 5 au 6 août, j'étais de service pour le départ du bateau à vapeur *la Cité de Boulogne*. Un marin vint me dire qu'on apercevait un bateau à vapeur à quelque distance du port. Comme nous n'atendions pas de paquebot, je ne fis pas attention à cette observation. Pendant que j'étais occupé de l'embarquement, le gendarme Theis me demanda si j'avais reçu l'avis officiel que le général Montholon, les colonels Voisin, Delaborde et autres colonels, avaient affrété à Londres, le 1er août, un bateau pour Ostende; que la marine était avertie et qu'elle exerçait une surveillance active sur la côte ; je lui répondis que non, mais que j'exerçais la plus grande surveillance sur les personnes qui m'étaient signalées comme suspectes. Entre cinq heures et demie et six heures, j'étais à peine couché, qu'un préposé des douanes vint sonner fortement à ma porte. Sur la question que je lui fis, il me dit que le prince Louis-Napoléon était à Boulogne; je m'habillai et descendis à la hâte, et je vis passer devant ma porte le général Montholon et le colonel Parquin, suivis d'un certain nombre d'ouvriers et d'enfans. Je les abordai et je les arrêtai au nom de la loi. Deux jours avant, le colonel Vaudrey et le comte Bacciochi étaient débarqués.

M. BOUCLY, avocat-général: N'est-ce pas le témoin qui, quelques jours plus tard, a procédé à l'arrestation de l'accusé Forestier?

LE TÉMOIN: En effet, dans la nuit du 20 au 21 août, je fus averti que M. Forestier devait s'embarquer avec le passeport d'un sieur Hallemand; je donnai l'ordre à un employé, qui connaissait Forestier, de surveiller les abords du paquebot, et cet accusé fut bientôt arrêté.

Me DUCLUSEAU: Le témoin sait-il que dans la barque, qui a amené M Forestier le 5 août, il y avait un Anglais et sa femme?

Le témoin répond affirmativement.

M POLLET, lieutenant de port à Boulogne: Après avoir reçu de M. le maire l'ordre de m'emparer du paquebot anglais la *Ville-d'Edimbourg*, qui m'avait été signalé comme ayant fait le débarquement, j'armai un canot monté d'un pilote et de six hommes, plus quatre employés de la douane armés. Pour ne point effrayer le capitaine de l'équipage du bâtiment, j'avais fait coucher les armes dans le fond du canot, d'autant plus que je craignais que le bâtiment, qui était près d'appareiller, ne coupât son câble ou le filât, et ne m'échappât.

« A la sortie des jetées, je rencontrai un canot monté par deux messieurs et un ouvrier. Cet ouvrier me demanda de monter à bord de mon canot; lui ayant répondu que je ne pouvais l'admettre, il me dit qu'il était porteur d'ordres pour le capitaine, afin qu'il se rendît devant Wimereux; craignant qu'en arrêtant cet homme je ne perdisse du temps, je lui signifiai de rentrer dans le port; je continuai ma route. Je rencontrai le canot du paquebot, qui était à demi-distance entre le paquebot et la jetée, et qui me héla si j'étais pilote; lui ayant répondu que oui, il n'eut aucune méfiance de moi, et je me dirigeai à force de rames vers le paquebot. Ce même canot avait l'air d'attendre des ordres. Je montai à bord, suivi des employés et de mes canotiers, et je demandai à l'homme qui vint me recevoir, s'il était le capitaine. Cet homme m'ayant dit que le capitaine était dans sa chambre, je l'engageai à remonter sur le pont, invitation que j'ai été obligé de récidiver.

« Le capitaine étant sur le pont, je lui dis en anglais: « Rentrez de suite dans le port. » Ce capitaine parut on ne peut plus surpris, et je fus obligé de lui récidiver mon invitation; je me servis pour cela d'un matelot anglais qui parlait parfaitement le français; je lui dis que j'étais le lieutenant du port, et que j'exigeais qu'il rentrât. Il me demanda si j'avais des ordres ; je lui répondis qu'il fallait à l'instant même rentrer. Le capitaine ne paraissant pas vouloir s'y décider, je lui signifiai que j'allais m'emparer de son bâtiment, et que, malgré lui, j'entrerais dans le port.

« Le capitaine parut atterré, et me demanda s'il n'y avait rien à craindre pour lui N'effectuant pas l'ordre que je lui donnai, j'ordonnai au maître de port de se placer au panneau de la machine, au pilote Wadaux, de s'emparer de la barre ; et au pilote Huret de passer devant pour lever l'ancre. Le capitaine voyant toutes ces dispositions, ordonna de faire marcher le bâtiment.

« Arrivé à deux cents mètres de l'entrée du port, la fusillade allant très-fort et plusieurs balles tombant sur le bâtiment, par un mouvement de peur, le capitaine ordonna d'arrêter, car alors on tirait sur les hommes du canot qui avait chaviré. Je signifiai au capitaine que j'allais m'emparer de sa personne, s'il ne continuait de se diriger sur le port ; alors il fit marcher le navire ; et voyant des hommes à la nage, je chargeai le maître du port de rentrer le bâtiment, et je m'embarquai dans un canot monté par cinq hommes et deux gendarmes, pour me rendre vers les hommes qui étaient à la nage.

« Je m'emparai premièrement de Louis Bonaparte, et ensuite d'un officier supérieur et de deux autres personnes qui avaient retiré leurs habits pour mieux nager. Je rentrai au port avec mes quatre prisonniers, que je remis entre les mains de M. le maire de la ville, qui ordonna de les conduire en douane.

« Le gardien de la jetée m'a déclaré qu'avant que je sortisse du port, un homme s'était présenté avec un air extrêmement pressé, et lui avait demandé avec instance un pavillon qu'il pût arborer au bout de la jetée. Le gardien l'ayant refusé, il a fait tout ce qu'il a pu pour entrer dans le logement de ce gardien ; mais ce-celui-ci ayant fermé la porte de son logement, l'homme prit sa cravate, et fit au bout de la jetée des signaux qui étaient évidemment pour le paquebot. Je suppose que cet homme était le même qui était dans le premier canot que j'avais rencontré. Il était monté d'abord dans un bateau pêcheur ; mais le patron l'en avait fait descendre, sur l'avis qui lui avait été donné par une femme du peuple, que c'était un révolutionnaire. »

L'audience est levée à cinq heures et renvoyée à demain, pour la continuation des dépositions de témoins.

CINQUIÈME AUDIENCE.

(Troisième du Procès. — Mercredi 29 septembre.)

Même situation qu'hier à l'extérieur et à l'intérieur.
La séance est ouverte à midi.
L'appel nominal ne constate aucune absence.
On continue l'audition des témoins.

LEJEUNE (*Louis-Marie-Joseph*), 48 ans, entrepreneur de bâtimens, rend compte de l'arrestation de Lombard, porte-drapeau, dans la colonne de Boulogne : » Je me présentai à l'accusé en lui disant : » Je te somme de me remettre ton drapeau et de te rendre prisonnier. » L'accusé avait un pistolet à deux coups. Je relevai vivement son bras et le saisis à travers le corps en appelant à moi le sieur Noël. L'accusé tenait un pistolet à deux coups de chaque main. Je lui en arrachai un et Noël lui enleva l'autre. Il me supplia de ne point lui arracher l'honneur en lui ôtant son drapeau. Je lui ai pris le drapeau, et je l'ai remis au sous-préfet. »

NOEL (*Jacques-Augustin*), 35 ans, maître maçon, demeurant à Boulogne-sur-Mer : Le 6 de ce mois, vers six heures du matin, je me rendais à mon travail, lorsque, passant sur la place du Mont-à-Cavolon, j'entendis une femme dire que les portes de la haute-ville étaient fermées. La porte des Dunes s'étant ouverte pour les gendarmes qui s'y présentaient, je les suivis. Je traversai la ville, et arrivé à la porte de Calais, qui n'était pas ouverte, j'y trouvai le sieur Lejeune père, et comme j'avais vu le prince et sa suite, je lui dis que si j'avais une vingtaine d'hommes comme nous, nous en aurions bon marché. La porte ayant été ouverte, nous allâmes vers la Colonne dans l'espoir d'être utiles. En y arrivant, nous vîmes plusieurs personnes arborant le drapeau qui accompagnait ceux que j'avais vus. Je dis à Lejeune : « Si tu veux m'accompagner là-haut, le drapeau est à nous. » Il y consentit ; nous montâmes, et à ce moment, nous fûmes obligés de nous mettre de côté pour laisser passer sept à huit personnes qui descendaient. On ferma en dedans la porte du monument. Lefebvre et un autre individu que je ne pourrais reconnaître nous suivaient à peu de distance : je dis même à l'un d'eux qui agitait les clés qu'il portait, de ne pas faire de bruit. Etant arrivés au sommet, celui qui s'y trouvait menaça Lejeune de lui brûler la cervelle avec un pistolet à deux coups, qu'il tenait de la main gauche. Lejeune lui saisit le bras ; j'arrivai de l'autre côté, je saisis le pistolet que je jetai bien loin. Au même moment, Lefebvre, qui tenait à la main un petit pistolet, ayant un filet à l'extrémité du canon, vint à moi et me dit : « Crie vive l'Empereur ! ou je te brûle la cervelle. » Celui qui le suivait était porteur d'une petite espingole au bout de laquelle était, je crois, une baïonnette. Je dis à Lefebvre, en relevant son pistolet avec la main : « Malheureux, veux-tu m'assassiner ? Retire-toi, il en est temps, et ne joue pas ta tête. » Celui qui était derrière dit : « Allons-nous-en, » et il se retirèrent. Je m'élançai vers le drapeau, je dénouai le mouchoir qui le tenait fixé par le bas. Un foulard qui le retenait au haut du balcon fut dénoué, j'ignore par qui. A ce moment, je vis un homme en uniforme qui nous ajustait du pied de la colonne, un autre suivait son exemple. Je criai au nommé Bonvoisin, qui était à quelque distance et que je reconnus, que c'était moi et qu'il fallait qu'il empêchât de tirer. Je vis de loin le colonel et une portion de la garde nationale qui venaient vers la colonne, et je leur fis signe avec ma casquette. Bientôt après, nous descendîmes avec le porte-drapeau ; ce drapeau fut remis aux mains du sous-préfet, qui le brisa en disant : « Voilà le drapeau des traîtres ! »

Me BARILLON : La déposition de Noël vient d'établir un fait important, c'est que Lombard a cru que le drapeau qu'il portait était un dépôt sacré ; mais il n'a menacé d'attenter aux jours de personne. Il s'est rendu lorsqu'on lui a promis que son drapeau serait respecté.

LOMBARD : J'ai tellement peu menacé les témoins, que Lejeune lui-même m'a proposé de me sauver. Il m'a dit : « Vous êtes un brave jeune homme, je vous sauverai » Je n'ai pas voulu accepter cette proposition, et je me suis rendu aussitôt que j'ai rencontré une autorité.

MAGNAN (*Bernard-Pierre*), 48 ans, né à Paris, maréchal-de-camp, est introduit et prête serment. Le témoin est un homme de haute taille, de belle apparence, et porte le grand uniforme de son grade. Il s'exprime avec une grande énergie, et raconte ainsi les faits relatifs à l'accusé Mésonan :

Le 28 mars 1840, je fus informé par le préfet du Nord qu'un sieur Lombard, ex-chirurgien aide-major, et compromis dans les événemens de Strasbourg, était à Lille, et qu'il chercherait sans doute à compromettre ou à séduire quelques officiers de la garnison. Je ne nommerai pas ces officiers ni les régimens auxquels ils appartiennent ; le roi, informé par M. le ministre de la guerre, et par moi, de leur étourderie, les a couverts de son indulgence. Ces officiers avaient été signalés par moi au ministre de la guerre, le 29 mars 1840, comme plus étourdis que coupables ; j'avais été assez heureux pour prévenir, et je n'avais pas voulu me réserver le droit de punir ; je me bornai à leur faire comprendre leur faute. Je leur dis que l'un d'eux avait conduit le docteur Lombard dans la ville, et qu'il était coupable d'une grande imprudence. J'ajoutai qu'on avait osé le conduire à la pension des officiers, et que c'était un tort. Je leur adressai durement ces reproches, et ils y furent sensibles.

Le 7 avril 1840, j'avais l'honneur de rendre compte à M. le ministre de la guerre que l'ex-commandant Parquin, un des principaux acteurs dans les événemens de Strasbourg, et que je savais avoir laissé une grande réputation de bravoure dans l'esprit des soldats, était arrivé à Lille ; je lui disais : « Ainsi Lombard n'est pas plus tôt parti que Parquin arrive. Je suis sans aucune inquiétude, quoi qu'il fasse ou qu'il tente ; toutefois, pour remplir mes devoirs, j'ai réuni MM. les officiers de la garnison de Lille ; et, bien que leur loyauté et leur dévouement me fussent connus, il était de mon devoir de leur signaler la présence de Parquin dans nos murs. » Le commandant Parquin ne resta que vingt-quatre heures à Lille, et par it

Vers la même époque, et au mois de février, autant que je me le rappelle, le commandant Mésonan, sans que je me doutasse le moins du monde qu'il fût partisan du prince Louis, arriva à Lille ; il se présenta chez un ancien ami à lui, le chef d'escadron Cabour-Duhay, attaché à l'état-major de la division Il fut aussi chez le colonel du 60e régiment de ligne, un de ses amis. Ce colonel lui dit : « Je ne puis pas te donner à dîner, parce que je dîne chez le général Magnan : le connais-tu ? va le voir, il t'invitera sans doute à dîner, et nous nous trouverons ensemble. » Le commandant Mésonan se présenta chez moi, je l'avais connu à Brest en 1829, aide-de-camp du lieutenant-général comte Bourke, inspecteur-général du régiment que je commandais alors. J'avais conservé une grande reconnaissance à M. le comte Bourke de ses bontés pour moi et mon régiment, comme inspecteur-général ; j'avais pour son aide-de-camp beaucoup de bienveillance ; je ne l'avais pas vu depuis 1829, j'étais heureux de le revoir. Je l'invitai à dîner, il accepta ; il dîna chez moi avec M. le lieutenant-général comte Corbineau, le vicomte de Saint-Aignan, préfet du Nord, le colonel du 60e de ligne et plusieurs officiers supérieurs de la garnison Après le dîner, dans mon salon, en présence de tout le monde, je demandai au commandant Mésonan qui l'amenait à Lille, et où il allait : il me répondit qu'il allait à Gand voir d'anciens amis qu'il y avait faits en 1809, me demanda des renseignemens sur quelques personnes de cette ville, où j'avais eu mon quartier-général, comme commandant de la division des Flandres, alors que j'étais en mission en Belgique ; je les lui donnai. Il me dit aussi qu'il irait à Bruxelles voir un ancien négociant, son compagnon de captivité en Angleterre. Je le présentai à M. le lieutenant-général commandant la division, et au préfet ; les parties de whist s'organisèrent, je ne parlai plus à Mésonan, qui se retira avec toute la société.

Le lendemain Mésonan vint chez moi, il fut introduit dans mon cabinet par mon aide-de-camp ; il me parla de sa mise en retraite au moment où, disait-il, on lui avait promis de l'avancement et le grade de lieutenant-colonel ; il me parla des services qu'il avait rendus à Paris, en 1830, au moment de la révolution de juillet, où il devint aide-de-camp du général Morin, commandant de la 1re division. Il m'entretint très longuement de ses services à Lyon sous M. le lieutenant-général Aymar, au moment où éclata le mouvement républicain dans cette ville. Je l'écoutai longuement avec bienveillance je lui devais des consolations. Il était malheureux, et moi, dont la carrière avait été si heureuse, je vis en lui un homme mécontent, mais il ne me parla nullement de sa liaison avec le prince Louis. Il m'annonça qu'il partait le lendemain pour Gand; avant de sortir, il me remit une petite brochure insérée, dans le temps, dans le journal le *Courrier de l'Europe*, et qui était l'expression de son mécontentement et de ses plaintes. Je jetai la brochure sur mon bureau, et lui dis que j'avais lu tout cela dans les journaux étant en Belgique; j'ajoutai : « Si vous voulez, mon cher Mésonan, que je vous donne toute mon opinion sur cette affaire, je vous dirai que je vous ai blâmé en Belgique, et que je vous blâme encore. Vous êtes garçon, vous n'avez pas de charges, pas d'enfant, vous avez un peu de fortune, vous êtes trop heureux d'être à la retraite. Qu'auriez-vous gagné d'être lieutenant-colonel; cinquante ou soixante francs de pension de plus. » Mésonan me quitta; il revint plusieurs fois à Lille, se présenta chez moi, ne me trouva pas, parce que j'étais en inspection trimestrielle. Cependant, ses allées et venues me parurent suspectes; je demandai au commandant Cabour ce que faisait sans cesse à Lille M. Mésonan; le commandant Cabour me répondit que c'était pour une femme; je le crus et je n'y pensai plus. Cependant, dans les derniers jours de juin, le commandant Mésonan revint encore à Lille, vint de nouveau me voir, et, de nouveau, je l'invitai à dîner; je lui en fixai le jour, dont je ne me souviens plus. Pour le même jour, j'avais invité M. le capitaine Gueurel, du 50e de ligne, et qui était venu à Lille déposer dans une affaire du conseil de guerre. Ces deux messieurs, ma femme et moi fûmes tous les quatre ensemble après le dîner, nous promener sur l'Esplanade. Je les quittai, ainsi que ma femme, sur les huit heures, et pris congé du capitaine Gueurel et de M. Mésonan, qui partaient tous les deux le lendemain. Sur l'Esplanade, en me quittant, Mésonan me donna un petit livre, en me priant de le lire; je crus que c'était encore l'affaire de sa polémique; je le mis dans ma poche, et fus à la préfecture. Le lendemain de ce dîner, 17 juin, autant que je crois, Mésonan, que je croyais parti, entra dans mon cabinet après s'être fait annoncer, comme de coutume, par mon aide-de-camp. Je lui trouvai un air embarrassé; je lui demandai comment il n'était pas parti; il me répondit qu'il avait une lettre à me remettre. « Et de qui? — Lisez, mon général. » Il me remit cette lettre, qui avait pour suscription : « A M. le commandant Mésonan. » Je la lui rendis en lui disant : « Vous vous trompez, elle est pour vous, et non pas pour moi; » il me répondit: « Lisez, mon général; non, elle est pour vous; » j'ouvris la lettre, et je lus les premières phrases que je crois pouvoir me rappeler parfaitement :

« Mon cher commandant, il est de la plus grande nécessité que
« vous voyiez de suite le général en question ; vous savez que c'est
« un homme d'exécution, et sur lequel on peut compter. Je l'ai
« noté comme devant être un jour maréchal de France ; vous lui
« offrirez 100,000 fr. de ma part, et 300,000 fr. que je déposerai
« chez un banquier à son choix, à Paris, dans le cas où il viendrait
« à perdre son commandement. » Je fus stupéfait, comme anéanti.
Un homme que j'estimais me remettait cette lettre à brûle pourpoint, sans précédens, sans que rien dans ma conduite, dans mes
discours eût pu donner lieu à une pareille ouverture. Je m'arrêtai, l'indignation me gagnant, je retournai le feuillet, et vis que la
lettre était signée Louis-Napoléon. Je remis la lettre au commandant (j'eus tort de rendre cette lettre, car on a abusé de ce fait pour
dire dans cette enceinte que j'étais un dénonciateur ; je renvoie
cette qualification à qui elle appartient), en lui disant que je croyais
lui avoir inspiré assez d'estime pour qu'il n'osât pas me faire une
pareille proposition ; que ma devise était : « Fais ce que dois,
advienne que pourra. » Jamais je n'ai trahi mes sermens, même
en 1815, n'ayant pas voulu servir la première restauration,
et étant devenu clerc de notaire, de capitaine de la garde
impériale et d'officier de la Légion-d'Honneur ; que mon culte pour
la mémoire de l'Empereur ne me ferait jamais trahir mes sermens,
que lui Mésonan, était fou de se mettre du parti du neveu ; que
c'était un parti ridicule et perdu ; j'ajoutai : « Et quand je serais
« assez lâche, assez misérable pour accepter les 400,000 fr. du
« prince, je les lui volerais ; car si demain je me présentais devant
« la garnison de Lille pour lui parler un autre langage que celui
« de la fidélité au devoir et au serment, le dernier des caporaux
« me mettrait la main sur le collet et m'arrêterait, tant l'armée
« a les sentimens du devoir et de l'honneur. » Je dis à Mésonan :
« Je devrais vous faire arrêter, et envoyer votre lettre à Paris ;
« mais il est indigne de moi de dénoncer l'homme que j'ai reçu
« chez moi, que j'ai reçu à ma table ; je ne le ferai pas. Sauvez-
« vous, il en est temps encore ; conservez, en renonçant à vos pro-
« jets, l'estime de vos camarades, et que l'armée ignore ce que
« vous avez voulu tenter. » Mésonan voulut répliquer, il me dit :
« Vous manquez une belle occasion, une occasion de fortune. Il
me cita des hommes que je ne veux pas nommer, et qui étaient
dans cette conspiration ; je lui dis que ce n'était pas possible, et
lui conseillai par honneur, par attachement pour moi, de renoncer à ses projets. Il fut ému ; il me dit : « Je pars ce soir. » En le
congédiant, je lui promis que, s'il partait de Lille, s'il n'y revenait
pas, je ne donnerais aucune suite à ces infâmes propositions ; l'affaire m'étant personnelle, je pouvais agir autrement que si un
de mes subordonnés était venu me porter plainte en subordination
contre Mésonan. Mésonan me dit qu'il partait le soir, et qu'il ne
reviendrait plus. Je jure par Dieu et devant les hommes, par la
tête de mes cinq enfans, que ceci est la vérité, et qu'il n'y a pas
un mot de plus, pas un mot de moins. Qu'on n'abuse pas de ce que

je n'ai pas la lettre dans les mains pour contester ces faits. (Sensation profonde.)

Après son départ, je me rappelai le livre qu'il m'avait donné la veille ; je le demandai à mon domestique, car il était resté dans ma poche. Je vis que ce livre était intitulé : « Lettres de Londres. » Je fis venir le colonel Saint-Paer, du 4e cuirassiers, à qui je le remis, avec invitation de s'assurer si, dans son régiment, on n'en avait pas répandu de pareils, et de le faire passer à MM les colonels dans le même but. Cet ouvrage avait été répandu dès la veille en effet, dans la caserne du 46e régiment de ligne ; le lieutenant-colonel Salleyx, qui commandait ce régiment par intérim, vint m'en rendre compte ; je lui en demandai un rapport que j'adressai, le 26 juin, à M. le ministre de la guerre.

Le même jour, 26 juin, j'écrivis aux treize commandans de place sous mes ordres, pour les prémunir contre les embaucheurs bonapartistes ; car, au milieu de tout cela, mon devoir militaire marchait toujours.

Les premières communications que j'avais faites à M. le ministre de la guerre, sur les tentatives de Lombard et de Parquin, avaient paru de ma part ridicules et puériles, tant on attachait peu d'importance à ces menées : M. le colonel baron de Varennes, chef d'état-major de la division, arrivant de Paris, m'avait dit que j'avais paru trop préoccupé de folies.

Mon devoir exigeait plus encore ; il importait que je visse mes troupes, je pris le conseil de révision que j'avais donné à M. le colonel Paillou, et j'accompagnai M. le préfet du Nord : je lui communiquai, en voyageant avec lui, tous les détails de mon entrevue avec Mésonan. Le préfet me demanda l'autorisation d'en prévenir le ministre de l'intérieur, et j'y consentis. Ainsi, le gouvernement fut averti, non par moi, il est vrai, mais par le préfet du Nord, avec mon autorisation Mais je le priai de ne pas parler des faits qui s'étaient passés dans mon cabinet, et des offres qui m'avaient été faites, car je ne voulais pas attacher mon nom à des procès politiques. A mon retour, mon aide-de-camp m'avertit que Mésonan était venu chez moi en mon absence, se plaignant de ce qu'il était surveillé ; je dis de suite à mon aide-de-camp : « Ne revoyez plus le commandant Mésonan. Pourquoi, mon général, me dit-il ; vous le recevez vous même ? — Je lui dis, c'est vrai, je l'ai reçu, je ne le recevrai plus ; » et je lui comptai tout ce qui s'était passé entre Mésonan et moi. Mon indignation était grande ; je défendis à mon aide-de-camp, si Mésonan se présentait chez moi, de le laisser entrer. Ce même jour mon devoir commençait. Je sentis qu'un plus long silence me compromettrait et me rendrait coupable. Au même instant, j'appelai le commandant de la gendarmerie. Je lui signalai Mésonan comme l'agent du prince Louis, lui donnai l'ordre de le rechercher et de le faire arrêter. Je fus moi-même, le même jour, 4 juillet, chez le procureur du roi lui signaler Mésonan, et j'eus l'honneur d'écrire au ministre de la guerre, le 5 juillet je fais cette remarque pour vous montrer qu'un mois avant

la descente de Boulogne, le gouvernement avait été averti, et qu'ainsi il n'avait pas été pris au dépourvu. J'étais à peine rentré chez moi et assis dans mon cabinet, que Mésonan, sans se faire annoncer par mon aide-de-camp, sans se faire connaître au planton, entra furtivement dans mon cabinet. Je lui demandai ce qu'il venait faire à Lille, il me répondit : « Je viens me plaindre à vous qu'on me suit partout, à Lille, en Belgique » ; je lui répondis que je n'avais donné aucun ordre, mais que lui avait violé son ban et qu'il était à Lille quand je n'y étais pas et malgré ma défense ; j'ajoutai : « Monsieur, venez-vous me faire part que vous renoncez
« à vos criminelles tentatives ? Il me répondit : « Non, je ne perdrai
« pas la tête, mais je renverserai le gouvernement » Je lui dis : Vous
« ne renverserez pas le gouvernement, mais vous perdez la tête,
« où plutôt vous l'avez déjà perdue. Vous êtes fou, sortez, partez,
« la gendarmerie vous cherche, sauvez-vous. D'ami que j'étais
« pour vous, je deviens votre ennemi. Vous voulez renverser le
« gouvernement que j'ai juré de défendre, séparons-nous. » Il sortit et je ne le revis plus.

Voici, messieurs, ma déposition tout entière et vraie ! J'ajouterai que M. le commandant Mésonan a déclaré que je m'étais plaint à lui de quelques promotions qui avaient eu lieu dans l'armée, et que j'avais le cœur ulcéré des injustices qu'on m'aurait faites. Je dénie cette déclaration.

On n'ouvre son cœur qu'à ses amis, et M. Mésonan n'était pas mon ami. Je ne l'avais connu que depuis 8 ou 10 jours, et je n'aurais pas pu me plaindre à lui. D'ailleurs, il n'y avait pas eu une seule promotion après moi, je veux le dire ici hautement. Ma carrière militaire a été tout heureuse. J'ai trouvé partout, même sous la restauration, la plus grande bienveillance. La restauration m'avait pris capitaine, et un avancement assez rapide a récompensé mes services.

En revenant d'Alger, où j'avais servi, le roi lui-même, le roi a reçu mon serment en qualité de commandeur de la Légion-d'Honneur ; trois mois après, j'étais fait officier-général, et le ministre me confiait une mission assez importante ; puis, quand ma mission fut finie, je ne suis pas resté un seul jour en disponibilité.

A mon passage à Paris, pour retourner dans ma famille, je vois M. le ministre de la guerre, le général Schneider, qui m'arrête à Paris et me dit : « Vous n'irez pas plus loin, présentez-vous au roi. » Je me rendis aux Tuileries, et le roi me nomma au commandement peut-être le plus important de mon grade. Et je me serais plaint ! et plaint à qui ? à M. le commandant Mésonan. Cela n'est pas même supposable.

J'ai écouté ses plaintes, je me suis montré sensible à sa triste position, et je lui ai donné des conseils. Mais je n'ai fait entendre aucune plainte. Une plainte de ma part eût été une action d'ingratitude, et jamais l'ingratitude n'est entrée dans mon cœur !

Cette déposition, prononcée avec une chaleur toujours croissante, a été écoutée avec une attention soutenue.

M. LE CHANCELIER : L'accusé Leduff de Mésonan a-t-il quelques observations à faire sur ce que vient de dire le témoin ?

MÉSONAN se levant vivement) : Je me renferme dans une dénégation formelle, et je laisse à mon défenseur le soin de prouver la fausseté des allégations de M. le général Magnan. Je ne veux pas dire autre chose. (*Mouvement.*)

LOMBARD : Je prie M. le chancelier de vouloir bien demander à M. le général Magnan s'il est à sa connaissance que j'aie fait à Lille des tentatives d'embauchage auprès des officiers de la garnison, et s'il ne sait pas, au contraire, pour quelle affaire j'étais à Lille. Je le prie, en outre, de déclarer si ce que lui ont dit ses officiers a pu lui laisser le moindre doute sur la nature des occupations qui m'ont retenu à Lille.

M. LE GÉNÉRAL MAGNAN . Je dois déclarer que ce n'est que par une induction tirée des antécédens de M. le docteur Lombard, que M. le préfet du Nord et moi nous avons pu penser qu'il pouvait s'occuper de tentatives politiques ; mais je dois dire que mes officiers n'ont rien déclaré qui dût faire supposer qu'en effet M. Lombard se fût occupé de politique pendant son séjour à Lille.

Mᵉ DELACOUR fait une observation sur la date des propositions que le général prétend avoir reçues de Mésonan ; il conteste la date donnée par le général, et produit un certificat délivré, le 16 juin, attestant que ce jour-là même Mésonan est parti pour Courtrai, d'où il suit que le lendemain du dîner, le commandant Mésonan n'a pas pu faire de propositions au général ce jour-là.

M. LE PROCUREUR-GÉNÉRAL : Ce fait n'a pas le moindre intérêt.

Mᵉ DELACOUR : Je crois, moi, qu'il est très important. D'ailleurs, j'ai en main d'autres certificats qui établiront le même fait, et j'en tirerai plus tard les conséquences.

PARQUIN : M. le chancelier voudrait-il demander à M. le général Magnan s'il sait que je me sois caché pendant les vingt-quatre heures que j'ai passées à Lille, et que je me sois occupé de manœuvres politiques ?

M. LE GÉNÉRAL MAGNAN : Je dois déclarer que M. le commandant Parquin a traversé Lille ostensiblement ; que les rapports des portiers-consignes de la place ont constaté son entrée et sa sortie; qu'il n'a vu personne de la garnison, et qu'il est parti sans avoir fait autre chose que traverser la ville.

M. LE CHANCELIER : Le témoin Cabour est malade, faites entrer le témoin Piedfort.

PIÉDFORT (*Antoine-Théodore*), 66 ans, portier à l'hôtel des Bains, demeurant à Boulogne-sur-Mer, dépose des faits sans importance, relatifs à l'arrivée de Forestier à Boulogne dans la nuit qui a précédé l'attentat.

LEGRAND fripier à Paris, faubourg du Temple, déclare que, vers la fin d'avril, il a vendu une grande quantité de capotes militaires à un jeune homme qu'il reconnaît pour l'accusé Forestier.

REIGNIER, menuisier à Paris, 32 ans, demeurant rue de la Cité, 13, déclare qu'il est à sa connaissance que l'accusé Forestier a été à Londres pour une opération commerciale.

HENRY, ingénieur civil à Paris, cité à la requête de l'accusé Bataille, donne des renseignemens sur ses antécédens ; il l'a toujours connu comme un homme probe et modeste. Son opinion lui a toujours semblé se rapprocher de l'opinion libérale plutôt que du parti napoléonien. Il sait qu'à Londres il s'est occupé des questions de chemins de fer.

DURAT LASSALE, assigné à la requête de l'accusé Parquin, rend compte des démarches par lui faites après le procès de Strasbourg, pour régulariser la position du commandant auprès de l'autorité militaire.

Me Barrot fait demander au témoin s'il n'est pas à sa connaissance que, dans le voyage fait en France par le commandant Parquin, il ne s'est pas uniquement occupé du soin de faire liquider sa pension de retraite.

Le témoin répond qu'il n'a connaissance d'aucun fait qui se rattache à la politique.

M. LE CHANCELIER : La liste des témoins étant épuisée, la parole est à M. le procureur-général.

M. Franck-Carré, procureur général, se lève, ainsi que ses substituts, et prend la parole en ces termes :

Messieurs,

Après les débats qui ont rempli vos dernières audiences, ne permettrez-vous pas au magistrat que son devoir appelle à soutenir cette accusation de se demander d'abord quelles peuvent être ici l'utilité de ses paroles et la nécessité d'une discussion? Rien n'a été contesté ni sur les faits qui constituent l'attentat, ni sur la part qui en est attribuée à chacun des accusés : l'intention, le but, les moyens, tout a été avoué. Dans les réticences mêmes que certaines positions commandaient, on a paru s'inquiéter moins du soin de cacher la vérité, que du point d'honneur qui défendait de la dire, et en produisant des excuses que pouvaient souffrir des situations moins désespérées, ce n'était pas du crime qu'on tentait de se justifier, mais de l'aveuglement qui l'avait conçu, et de la folle présomption qui l'avait entrepris.

Et comment eût-il été possible, messieurs, qu'il en fût autrement? Une violation du territoire à mains armée, le peuple sollicité à la révolte par des distributions d'argent et des acclamations séditieuses, des tentatives réitérées pour ébranler la fidélité des soldats, des proclamations qui provoquent au renversement des institutions du pays, des ordres, des arrêtés, des décrets qui supposent déjà l'exercice d'une dictature usurpée, ce ne sont pas là des actes dont l'évidence puisse être obscurcie, ou dont le carctère soit équivoque; les factieux avaient marché à découvert au milieu d'une population aussi surprise qu'indignée, et lorsque, après une déroute, presque tous les accusés, encore en armes, étaient arrêtés dans leur fuite, ceux-ci portant les marques distinctives des grâces qu'ils avaient obtenues au service de la patrie, et qu'ils venaient de mettre au service de l'insurrection, ceux-là revêtus d'uniformes et d'insignes qui ne leur appartenaient point, et dont la révolte les avait décorés pour son usage, nul d'entre eux ne pouvait nier une culpabilité flagrante, et le concours qu'il avait prêté à une si criminelle entreprise; il semble donc, messieurs, qu'il ne s'agisse plus que de mesurer pour chacun le degré de culpabilité qui lui appartient dans le crime de tous, et c'est là une appréciation où nous devrions peut-être hésiter à précéder votre haute justice, qui sait la faire avec autant de sagesse dans la fermeté que dans l'indulgence.

Mais nous comprenons, messieurs, que le procès ne doit point être réduit à ces termes : lorsqu'un effort a été tenté pour substituer un autre gouvernement à celui du pays, lorsqu'une ambition si haute qu'elle n'aspire à rien moins qu'au souverain pouvoir s'est manifestée par des actes formels, lorsque quelques hommes enfin ont cru pouvoir menacer d'une révolution nouvelle cette terre sillonnée déjà par tant de révolutions, suffit-il, devant cette cour surtout, de constater les circonstances matérielles de l'attentat, et de provoquer contre ses auteurs un châtiment mérité? Ne faut-il pas encore rechercher quels avaient été les mobiles, quelle était la portée de cette agression, sur quels titres s'appuyaient des prétentions si vastes, de quelles influences et de quels moyens disposaient les hommes qui s'étaient bercés d'une si folle espérance. Vous prévoyez déjà, messieurs, les résultats de ces investigations; elles nous montreront jusqu'à quels humilians mécomptes on a pu être abaissé par l'ignorance de la situation politique du pays; par l'inintelligence de ses vœux, de ses sympathies, de ses intérêts par une spéculation aventureuse fondée sur de glorieux souvenirs, dont le culte bien compris condamnait toutes les témérité. qu'ils ont inspirées.

Mais qu'il nous soit permis de rappeler d'abord les circonsstances principales de l'attentat qui amène les accusés devant vous; La conduite de cette coupable entreprise et son dénoûment doivent être le point de départ de l'appréciation à laquelle nous essaierons ensuite de nous livrer.

Dans la nuit du 5 au 6 août, un bateau à vapeur, nolisé à Londres, apporte sur les côtes de France Charles-Louis Napoléon Bonaparte. Un officier-général, plusieurs officiers de grades divers l'accompagnent; il porte les insignes du commandement supérieur; la plaque de la Légion-d'Honneur brille sur sa poitrine. A sa suite marche un corps peu nombreux d'hommes armés qui paraissent appartenir au 40e régiment de ligne, dont ils ont revêtu l'uniforme ; au milieu du cortége flotte un drapeau que surmonte l'aigle impériale, et sur lequel sont inscrits les noms à jamais mémorables des principales victoires de l'empire.

Ainsi, messieurs, c'est l'empereur que l'on prétend faire revivre aux yeux de la France : ce sont les gloires de son règne que l'on évoque. Quels sont-ils donc ceux qui osent se promettre à eux-mêmes et promettre à la patrie de continuer, à vingt-cinq ans d'intervalle, et l'Empereur et l'Empire? Trouverons-nous parmi eux, verrons-nous accourir à leur rencontre quelques-uns de ces chefs illustres, de ces lieutenans du héros dont la gloire ne pâlissait pas à côté de la sienne, ou quelques-uns de ces sages qui portaient avec lui, dans le conseil, le lourd fardeau des affaires? Comptent-ils du moins dans leurs rangs quelques-unes de ces illustrations plus nouvelles, qui s'élèvent pour remplir les places vides dans la phalange immortelle?

Vous avez sous les yeux, messieurs, la liste des conjurés; vous savez ce qu'ils ont été et ce qu'ils sont; et ce n'est assurément leur rien enlever de ce qu'ils ont pu considérer, les uns comme le prix de leurs vieux services, les autres comme les titres de leurs jeunes ambitions, que de leur refuser l'éclat de ces hautes renommées sur lesquelles peuvent reposer la confiance et l'espoir d'un grand peuple.

Ils s'avancent cependant vers la ville de Boulogne : trois ou quatre personnes seulement en sont sorties pour venir les joindre. Au nombre de ces auxiliaires de l'insurrection, se trouve le lieutenant Aladenize, qui sert dans le 42e régiment de ligne, et dont le concours, s'il faut en juger d'après les faits qui ont suivi, était, dans le plan de la conjuration, le plus énergique des moyens de succès qu'elle se fût préparés. La garnison de Boulogne se composait de deux compagnies d'élite détachées du 42e. Sur l'avis qui lui a été donné du prochain débarquement des conjurés, Aladenize est arrivé dans la nuit de Saint-Omer : il a appartenu pendant quelque temps à l'une des deux compagnies en face desquelles on va se trouver à Boulogne, et on espère que, par l'influence de son grade, il parviendra à les entraîner dans l'oubli du devoir, et à leur faire partager le crime de sa trahison.

Bientôt on entre à Boulogne; sur la place d'Alton se trouve un poste gardé par quelques soldats sous les ordres d'un sergent. En approchant de ce poste, Aladenize, qui précède de quelques pas le cortége de Louis Bonaparte, crie : *Aux armes!* Ce cri est répété par la sentinelle. Les soldats prennent les armes, et le sergent, qui voit s'avancer des officiers-généraux, leur fait rendre les honneurs militaires. C'est alors qu'on l'invite à quitter son poste et à se joindre au cortége. Aladenize, qui lui avait dit en l'abordant : *Sergent, voilà le prince*, le sollicite avec instance : il se prévaut de l'autorité de son grade : *Je suis officier*, dit-il, *vous n'êtes que sergent vous devez m'obéir.* Mais le sous-officier a compris qu'il s'agissait de quelque tentative criminelle; les instances le trouvent inflexible, l'autorité du grade ne lui impose pas : il répond avec fermeté qu'il n'abandonnera son poste que sur un ordre du commandant de la place; il rappelle aux soldats placés sous ses ordres qu'ils ne doivent obéir qu'à lui, et il les retient dans le devoir, malgré les efforts d'Aladenize, qui, ne pouvant séduire ou tromper leur chef, avait espéré les trouver plus dociles, et renouvelait auprès de chacun d'eux ses criminelles sollicitations. Un autre conjuré, le commandant Parquin, qui prend le titre d'aide-de-camp de Louis Bonaparte, s'était aussi approché du poste, et avait menacé le sergent de punition : *Si je suis puni*, avait répondu le soldat fidèle, *ce sera pour avoir fait mon devoir; je reste à mon poste.*

Cette première tentative d'embauchage, et cette courageuse résistance, suffisaient déjà pour donner à Louis Bonaparte et à ses affidés la mesure du succès qu'ils devaient attendre dans leur criminelle entreprise. Ils se dirigent toutefois sur la caserne, où ils vont éprouver de nouveau le degré d'influence que peut conserver un officier parjure sur des soldats trop intelligens pour qu'on les trompe longtemps, trop pénétrés du sentiment de l'honneur pour qu'on les égare jamais.

C'est encore Aladenize qui paraît le premier à la caserne; il s'y présente tenant à la main son sabre nu, et il s'écrie : *Voilà le prince! aux armes! aux armes!* Bientôt après arrive le cortége en faisant retentir les cris de *Vive l'Empereur! vive Napoléon!*

Aladenize fait battre le rappel; les soldats surpris prennent leurs armes et descendent dans la cour où on les range en bataille. Aladenize fait placer le drapeau des conjurés au centre des deux compagnies; il ordonne de présenter les armes et de battre au drapeau : ses ordres sont exécutés. Il profère à haute voix le cri de : *Vive l'empereur!* et ce cri est répété à grand bruit par les hommes qui accompagnent le prince. Dans les deux compagnies, qui ne comprennent pas encore ce qui se passe et ne savent pas ce qu'on leur demande, quelques voix répètent cette acclamation : malgré l'ascendant du grade et l'habitude de leur discipline, la plupart des soldats ne répondent que par le silence aux provocations d'Aladenize, comme aux discours que leur adresse Louis Bonaparte.

Cependant, on a fait sortir des rangs les sous-officiers : on les présente à celui qui se donne pour l'héritier de Napoléon, et qui, pour les séduire et les entraîner à sa suite, leur prodigue des promesses de grades et de décorations. Mais l'effet qu'il produit est loin de répondre à son attente : des sergens auxquels ils vient d'annoncer qu'il les fait capitaines comprennent aussitôt qu'on les veut faire des instrumens de complot; ils refusent nettement ces propositions coupables, et l'un d'eux, vieux soldat, annonce aux grenadiers qui l'entourent qu'il prend le commandement de la compagnie, et qu'ils ne doivent agir que par ses ordres.

Cependant les officiers ont été prévenus : le capitaine Col-Puygellier, les sous-lieutenans Maussion et Ragon-Laferrière se dirigent vers la caserne après avoir revêtu leurs uniformes. Vous savez, messieurs, quelles difficultés rencontrèrent ces trois officiers pour pénétrer jusque dans la caserne, et comment cette fermeté qu'inspire le sentiment du devoir les fit triompher de tous les obstacles. C'est par la force que le capitaine Col-Puygellier parvint à s'approcher de Louis Bonaparte, qui essaya par ses discours de l'entraîner avec lui.

Mais le capitaine l'interrompit, et parlant avec fermeté : « *Prince Louis ou non, je ne vous connais point : je ne vois en vous qu'un conspirateur. Napoléon, votre prédécesseur, avait abattu la légitimité, et c'est en vain que vous viendriez la réclamer ici : qu'on évacue ma caserne !* »

Ces paroles parurent déconcerter, et celui auquel elles étaient adressées, et la plupart de ceux qui l'entouraient.

Les plus déterminés cependant, et parmi eux l'accusé Fialin, serrèrent de près le courageux officier, qui continuait à faire les plus grands efforts pour pénétrer jusqu'à sa troupe, et sa vie fut un moment menacée. M. Ragon Laferrière ne l'avait pas quitté, et était exposé aux mêmes dangers ; M. de Maussion, qui en avait été séparé par les mouvemens d'une lutte commune, résistait de son côté aux instances d'Aladenize, qui cherchait à l'entraîner dans la révolte.

Il paraît cependant que quelques uns des conjurés redoutèrent la responsabilité des violences odieuses qui devenaient imminentes. Aladenize lui-même, dont la trahison avait livré l'entrée de la caserne, sentit qu'il ne fallait pas que le sang de ses camarades égorgés retombât sur sa tête : on l'entendit crier : *Ne tirez pas !* et on le vit se jeter entre le capitaine et ceux qui le menaçaient. D'un autre côté, les soldats de la garnison restés dans la cour, au repos sur leurs armes, entendirent la voix de leur chef, et s'aperçurent du péril qui le menaçait. Plusieurs se précipitèrent aussitôt vers lui et l'arrachèrent des mains des conjurés. A peine eut-il paru sur le front de sa troupe, que les assaillans firent un mouvement rétrograde qui les porta jusque dans la rue. Mais ils revinrent presque aussitôt sur leurs pas. Louis Bonaparte, le général Montholon, les principaux parmi les officiers, marchent à leur tête. Ils n'ont pas encore renoncé au projet d'entraîner les soldats : ils ne sont pas encore convaincus de l'inutilité de leurs efforts, et leurs dernières illusions ne sont pas dissipées. Le capitaine se porte au-devant d'eux, s'adresse à Louis Bonapaate, lui signifie de se retirer, et le menace, s'il s'y refuse, de l'y contraindre par la force. C'est alors qu'une détonation se fait entendre. C'est Louis Bonaparte, vous le savez, messieurs, qui vient de tirer un coup de pistolet. Il est certain que l'arme fut dirigée contre l'officier qui se montrait si énergique et si ferme dans l'accomplissement de son devoir, contre celui que les conjurés devaient considérer comme un invincible obstacle au succès de leur criminelle entreprise. La balle frappa un grenadier, qu'elle blessa grièvement.

Le sang venait de couler : c'est le sang d'un militaire français, et c'est le neveu de l'Empereur qui l'a versé volontairement. Ce coup pouvait devenir le signal d'un conflit meurtrier. Les fusils des soldats n'étaient point chargés ; ils n'avaient pas de cartouches dans leurs gibernes. Mais armés de leurs baïonnettes, rangés sous le commandement de leurs chefs, qui tous avaient alors pénétré jusqu'à eux, ils pouvaient aborder avec confiance cette poignée de factieux qui étaient venus leur proposer le déshonneur et la trahison. Mais ceux-ci, effrayés de leur propre audace, précipitent leur retraite et abandonnent la caserne.

Parlerons-nous maintenant, messieurs, des efforts qu'ils ont encore tentés pour entraîner la population qui les entourait, et parmi laquelle ils jetaient des proclamations subversives dont ils cherchaient à seconder l'effet par des distributions d'argent? Dirons-nous comment ils se sont dirigés vers la ville haute dans l'espoir de s'emparer du château qui renfermait des armes, et comment ils ont inutilement essayé d'en enfoncer les portes, fermées à leur approche *comment ils ont repoussé avec une indigne violence le sous-préfet qui venait, au nom du roi, les sommer de se disperser*; comment enfin ne trouvant de sympathie nulle part, et voyant au contraire, se préparer partout autour d'eux une énergique résistance, ils se sont dirigés vers la colonne de la grande armée pour y planter leur drapeau? Que venaient-ils faire, messieurs, à l'ombre d'un monument élevé à de grands souvenirs, ces coupables auteurs d'une conspiration misérablement avortée, s'ils ne s'y réfugièrent pas comme dans une sorte de lieu d'asile, où la religion de la gloire protégeât leur crime et leur fuite contre l'indignation publique?

Mais toutes les mesures avaient été prises pour qu'ils ne pussent pas échapper à la justice. Tous les dépositaires tous les agens de la force publique, se montrent jaloux de faire en sorte que les lois n'aient pas été impunément violées. Jamais le devoir ne fut mieux compris, jamais le dévouement et le zèle ne se manifestèrent avec une plus louable spontanéité, avec une harmonie plus heureuse de volontés et d'efforts.

Quelles attaques contre les institutions et le gouvernement du pays peuvent paraître redoutables, messieurs, lorsqu'on voit, au premier péril le pays lui-même se lever pour les défendre?

Bientôt, à l'approche de la garde nationale et de la troupe de ligne qui marchent contre eux en se disputant le poste du danger, les conjurés se dispersent et précipitent leur fuite.

Nous ne rappellerons pas, messieurs, comment tous sont successivement arrêtés, ou sur la plage, ou dans la campagne.

Parmi les accusés, il n'en est pas un qui n'ait pris part à tous les faits que nous venons de rappeler. Tous ils ont occupé leur place dans le cortége armé qui s'est formé autour de Louis Bonaparte au moment du débarquement; tous ils ont envahi avec lui la ville de Boulogne.

Devant le poste de la rue D'Alton, que l'on croyait facilement enlever; dans la caserne, où la séduction cherchait vainement des dupes et des traîtres, où la violence essayait vainement d'enchaîner le courage; aux portes de la ville haute ébranlées, à coups de hache; partout enfin, rangés en uniforme et en armes autour de leur chef, ils l'ont secondé de tous leurs pouvoirs ; ils ont prêté à l'insurrection le concours le plus actif, tous fondant sur le succès de la révolte d'ambitieuses espérances, tous agissant dans la pensée de détruire les institutions du pays et d'élever sur leurs débris un gouvernement nouveau, tous obstinés jusqu'au dernier moment dans les efforts d'une tentative impuissante. Ils l'ont avoué, messieurs ; bien plus, la plupart s'en fait gloire, et nul ne voudrait laisser croire qu'il ait pu faillir.

Sous le chef qu'ils se sont donné, ils se regardent comme enchaînés par le devoir militaire, et celui que la conspiration aurait trouvé infidèle serait à ses propres yeux un soldat qui aurait abandonné son poste.

Devrons-nous donc nous arrêter à rechercher à quel moment chacun d'eux a été initié aux projets de Louis Bonaparte, et aux détails de l'entreprise où l'on allait s'engager ? n'en est-il pas d'abord à l'égard desquels un silence absolu était impossible, et qu'on ne pouvait pas avoir la coupable pensée de compromettre à leur insu dans un attentat à main armée contre le gouvernement de leur patrie ? Que le secret de la conspiration n'ait pas été abandonné à la tourbe des conspirateurs, qu'on n'ait pas cru devoir de confidences à des domestiques dont on allait cacher la livrée sous un uniforme, à des hommes à gages qu'on emmenait à sa suite et qui ont l'habitude de suivre leur maître sans demander où il va : cela est vraisemblable ; nous le comprenons, nous n'hésitons pas à l'admettre. Mais qu'un officier-général, des officiers supérieurs, des hommes pour lesquels on n'avait pas le droit de méconnaître ce qu'ils se doivent à eux-mêmes, aient été enlevés en quelque sorte, sous de frivoles prétextes, et jetés, les yeux fermés, dans une insurrection téméraire, cela n'est pas possible, messieurs, et nous ne craignons pas d'affirmer que cela n'est pas. Pour être amené à croire qu'on ait pu disposer ainsi de leur conscience et de leur bras, il faudrait du moins qu'il fût reconnu qu'on les savait toujours prêts à tout, qu'il n'était pas d'extrémités auxquelles ils ne fussent d'avance résolus, et qu'entretenus dans un état permanent de conspiration, ils ne devaient jamais reculer devant les hasards et les périls de l'exécution. Qu'importe dès lors qu'on leur ait appris le lieu et l'heure où leurs vœux seraient réalisés, où l'occasion qu'ils attendaient leur serait offerte ?

Il est certain d'ailleurs que, pendant la traversée, Louis Bonaparte a fait connaître à tous ceux qui l'accompagnaient son intention de débarquer à Boulogne, et sa volonté de renouveler la tentative dans laquelle il avait si tristement échoué à Strasbourg. Il est certain que chacun a trouvé sous sa main son uniforme, ses armes, son équipement, et que, sur l'ordre qui en a été donné, l'état-major, comme la troupe, s'est aussitôt costumé pour l'action. C'est donc au moins depuis ce moment que l'entreprise avait été sciemment acceptée, et que tous les complices s'étaient associés, sans réserve, à la pensée de leur chef Nous ne savons, messieurs, si parmi eux il s'est trouvé un homme dont la raison plus mûre comprit tout le néant d'une ridicule illusion, et qui prévit l'inévitable issue d'une témérité sans exemple. Mais celui-là même n'a pas refusé son concours ; et lorsqu'au milieu du peuple et devant les soldats il marchait revêtu des insignes de son grade, sous le drapeau de la sédition, il assignait aux factieux le plus énergique moyen de défense dont ils pussent disposer. Le général Montholon né pourra donc se disculper en invoquant son peu de confiance dans le succès, où l'intention de prévenir des collisions violentes. Placé dans une situation élevée, il est plus coupable lorsqu'il en foule aux pieds les devoirs : les épaulettes d'officier-général lui imposaient envers la patrie et envers le roi des obligations plus étroites, et son nom, recommandé par un pieux dévoûment au souvenir de la France, ne devait pas être compromis dans une tentative sans portée contre les institutions qu'elle s'est faites. Il était de ceux qui avaient reçu la noble mission de guider l'armée dans les voies de la fidélité et de l'honneur. La conscience publique et la justice des lois prononceront un arrêt rigoureux sur le crime qu'il a commis en devenant le complice de ceux qui provoquaient des soldats à la trahison et à la révolte.

Moins élevés en grade, mais officiers en activité de service, Ornano et Aladenize avaient à remplir des devoirs analogues, et les ont également violés. Le premier avait quitté son corps en vertu d'un congé. Il ne l'avait pas quitté à l'expiration du terme qui lui avait été fixé, et son absence irrégulière avait duré assez long-temps pour qu'il dût être jugé comme déserteur. Son nom, toutefois, n'était pas rayé des contrôles. Il faisait encore partie du 3e régiment de dragons. Militaire, il ne devait pas se considérer comme affranchi de ses sermens ; citoyen, il ne devait jamais être dégagé de ses devoirs envers la patrie.

La conduite d'Aladenize est plus coupable et plus odieuse encore ; il était, au moment de l'attentat, en activité de service sous le drapeau de son corps. Pour se rendre à Boulogne, où il sait que Louis Bonaparte va débarquer, il abandonne le lieu de sa garnison. Instruit des projets criminels dont on va tenter l'exécution, il a promis sa coopération la plus active, et il tient largement sa promesse. Ce n'est pas seulement l'influence, c'est l'autorité même de son grade qu'il emploie pour détourner des soldats qui appartiennent à son régiment. C'est au nom de la hiérarchie et de la discipline que, traître et parjure lui-même, il leur prescrit la trahison et le parjure. Violation déplorable des lois les plus impérieuses de l'honneur ! Crime le plus odieux peut-être et le plus funeste qu'un militaire puisse commettre ! Que deviendraient les institutions et les lois, la sécurité publique et la liberté, si chacun de ceux qui sont préposés à leur garde croyait pouvoir, au gré de ses intérêts, de ses passions, de *ses principes personnels* (pour rappeler le langage de l'accusé), tourner contre le gouvernement du pays les armes qui lui ont été confiées? Un témoin rapporte que vous vouliez, Aladenize, briser votre épée quand vous avez vu que le succès ne répondait pas à vos espérances. C'était avant l'attentat qu'il fallait la briser et déposer en même temps vos épaulettes. L'armée du moins n'aurait point eu à regretter qu'il se soit rencontré dans ses rangs un officier capable de trahir aussi déloyalement ses devoirs. Nous ne redoutons pas, messieurs, que cet exemple unique devienne contagieux. Il importe toutefois qu'il soit énergiquement réprimé : les nécessités de la discipline militaire et les intérêts si nécessaires au pays d'un gouvernement national et d'une institution libre, nous impose l'obligation de provoquer contre Aladenize toutes les sévérités de votre justice.

Auprès d'Aladenise se placent naturellement Forestier et Bataille. Depuis long-temps le premier est un des agens les plus actifs de Louis Bonaparte ; c'est Forestier qui a distribué les brochures, embauché les hommes, acheté les uniformes ; c'est lui qui, la veille de l'attentat, vint de Londres, apporter à Bataille, rédacteur habituel du *Capitole*, l'ordre que celui-ci fit parvenir au lieutenant Aladenize. Tous trois, le jour même, à deux heures du matin, allèrent au devant de l'expédition qu'ils secondèrent ensuite de leurs efforts.

Nous n'avons pas besoin, messieurs, de rappeler les faits qui concernent l'accusé Parquin, sa participation aux embauchages et sa présence dans les principales scènes de l'attentat ; de le montrer à Wimereux forçant les douaniers à suivre le prince, et à la place d'Alton cherchant à intimider par ses menaces le sergent Morange : Parquin, commensal habituel de Louis Bonaparte, se tenait à ses ordres ; il s'est peint devant vous en quelques mots, quand il a dit qu'on ne *l'appelait pas au conseil, mais qu'il était un homme d'action.*

Comme lui, relaps de Strasbourg, les accusés Fialin et Lombard devaient se retrouver à côté de lui sur la plage de Wimereux. Fialin est l'auteur d'une brochure publiée à Londres en 1837, et qui plus tard a été reproduite en France par Laity. C'est Fialin qui a eu le triste courage de révendiquer comme un honneur les violences dont le capitaine Col-Puygellier et le sous-lieutenant Maussion ont failli être victimes. Lombard portait le drapeau : il en a frappé le courageux fonctionnaire qui, seul, voulait s'opposer à la marche des insurgés, et a plus tard arboré cet insigne de la révolte au sommet de la colonne.

Si la présence du colonel Voisin, dans tous les actes qui ont précédé l'attentat, n'est pas prouvée par les débats, au moins est-il impossible d'admettre, comme il le prétend, qu'il n'a joué dans l'agression du 6 août qu'un rôle purement passif. C'est lui qui a rédigé à l'avance le plan d'attaque ; c'est lui qui devait en assurer l'exécution. Le haut grade que lui assignait l'ordre du jour devait être la récompense de son dévoûment à l'insurrection. Vous partagerez, messieurs, le chagrin que nous éprouvons à trouver parmi les rebelles un militaire qui avait dignement servi son pays.

La vie aventureuse de l'accusé Bouffet est suffisamment prouvée par les titres mêmes dont il se pare. C'est un de ces hommes que Louis Bonaparte tenait toujours à sa disposition, et qui étaient prêts par avance à accepter toutes les missions qui leur seraient confiées. Nous n'avons pas besoin de rappeler la participation coupable de cet accusé à tous les faits de l'attentat.

Mésonan ne pouvait pas reculer devant la réalisation d'un complot auquel il s'était associé depuis long-temps. La cour n'a pas oublié les menées de cet accusé à Lille, et l'audace de ses propositions que le général Magnan vient de retracer devant elle. Ce fait suffirait pour caractériser sa complicité, si bien attestée d'ailleurs par sa participation directe à l'attentat de Boulogne.

Galvani, de son propre aveu, s'est dévoué aux projets du prince, dès qu'ils lui ont été révélés sur le paquebot, et il est prouvé qu'à la porte de la caserne il distribuait les proclamations de la révolte.

Nous ne devons point séparer Orsi, banquier de Louis Bonaparte ; Conneau, son médecin ; d'Almbert, son secrétaire, et Bure, son frère de lait. Ces quatre accusés ont pu expliquer, mais non excuser leur participation au complot, en alléguant le dévoûment aveugle qui les attachait à leur chef.

Nous devons en outre faire observer que Conneau a imprimé à Londres les proclamations de Louis Bonaparte, et qu'il a été chargé des préparatifs immédiats du départ.

La présence du colonel Laborde à côté des accusés Montholon et Voisin, fait assez comprendre qu'elle était l'importance de son rôle dans l'insurrection : il n'a reculé devant aucun de ses actes.

Le dénûment où se trouvait le capitaine Desjardins, et enfin, messieurs, les besoins de sa nombreuse famille le livrait sans défense aux dangereuses provocations du commandant Parquin ; elles lui attireront peut-être une indulgence que nous ne nous sentons pas le courage de lui disputer.

Nous nous bornons, messieurs, à ce résumé rapide des faits : nous n'insistons, il faut le répéter, ni sur les détails, ni sur les preuves, parce que la complicité dans l'attentat n'est pas niée et ne peut être niée par personne, parce qu'il ne nous paraît pas possible qu'une explication soit tentée pour faire disparaître, sous ce rapport, la culpabilité.

Que si nous demandons maintenant comment ces hommes et leur chef ont pu être amenés à courir les chances d'une entreprise qui partout a été accueillie avec un mouvement de surprise, presque d'incrédulité ; que tout le monde aurait condamnée d'avance non-seulement comme criminelle, mais comme insensée ; dont il n'est personne enfin qui n'eût prévu l'inévitable dénoûment, les écrits publiés pour faire l'apologie de l'attentat de Strasbourg et pour préparer l'attentat de Boulogne, suffisent pour faire comprendre et les illusions dont ils se berçaient, et l'aveuglement dont ils étaient frappés. Déjà, messieurs, vous vous le rappelez, nous avons dû apprécier devant cette cour les prétentions et les ressources, les vanités et les erreurs de ce qu'on appelait alors, de ce que l'on nomme encore aujourd'hui le parti napoléonien.

Lorsqu'on a pu, dans une brochure répandue avec profusion, se-

poser en revendiquant une sorte de légitimité impériale, comme le tuteur nécessaire des intérêts, des libertés et de la gloire de la patrie ; se vanter d'avoir rallié tous les partis dans les mêmes sentimens et dans les mêmes vœux ; se présenter enfin comme soutenu par toutes les sympathies du peuple et de l'armée, on a donné la mesure de ce que pouvaient imaginer les fantaisies de l'ambition, de ce que pourraient oser les témérités de l'inexpérience. On s'était montré cependant sur le sol français. Un colonel, cette fois, avait livré son régiment, qu'un instant il avait pu abuser, en séparant, pour conserver son influence tout entière, les soldats de leurs officiers. Quelle avait été l'issue ? combien de temps avait-il fallu pour que celui qui rêvait un trône se réveillât dans une prison, dont une clémence aussi libre qu'elle était généreuse lui a seule ouvert les portes ? Comment se fait-il qu'il n'ait point été alors désabusé ? Vaincu sans combats, pardonné sans conditions, ne devait-il pas comprendre qu'on ne redoutait ses entreprises ni comme un péril, ni comme une menace ? Si la reconnaissance ne l'enchaînait pas, ne devait-il pas voir, du moins, que la prudence la plus commune lui faisait une loi de se renfermer désormais dans l'obscurité de la vie privée, et d'y échapper par l'oubli à la réprobation ? Il n'en est pas ainsi, messieurs : on cherche le bruit et l'éclat ; on s'efforce de glorifier l'échauffourée de Strasbourg, de conquérir en quelque sorte, dans l'opinion, une situation politique qu'elle s'obstine à refuser ; on fonde à grands frais un journal, on répand de nouveaux écrits ; et en même temps qu'on emprunte à la presse sa puissance, on renoue dans l'ombre des trames criminelles. Ce n'est pas sans indignation, messieurs, que vous avez vu celui qui ose se présenter, dans une de ses publications, comme ramenant sur la terre de la patrie la gloire et l'honneur exilés avec lui, descendre jusqu'à marchander, à prix d'argent, la fidélité d'un officier général. Mais où viennent donc aboutir toutes ses menées secrètes, tous ses efforts, toutes ses proclamations séditieuses ? à la tentative de Boulogne, messieurs, c'est-à-dire à quelque chose de plus misérable encore que la tentative de Strasbourg.

On se plaint aujourd'hui de défections : on parle de ressources cachées, des raisons étendues et puissantes qui devaient promettre le succès ? mais à qui pense-t-on que ce langage puisse faire illusion ? Est-ce au pays, qui sait bien qu'il n'appartient à personne de disposer sans lui de lui même, et qui a manifesté si énergiquement le jugement qu'il portait sur la conjuration et sur les conjurés ? Est-ce à vos complices eux-mêmes qui, de tous ces moyens rassemblés par l'influence, appréciés par la sagesse de leur chef, n'ont rien vu apparaître au moment décisif, rien qu'un lieutenant parti furtivement de sa garnison pour vous introduire dans une caserne, dont sans lui peut-être vous n'auriez pas franchi le seuil !

N'est ce pas ici le lieu, messieurs, de montrer les misères de cette entreprise, jusque dans la ridicule contradiction qui éclate entre les pompes du programme et les pauvres détails de l'exécution ? Vous avez lu, messieurs, vous avez sous les yeux ces arrêtés, ces décrets, ces ordres du jour où, par avance, on a dépassé le succès, et où déjà se trouve accomplie, consommée, l'œuvre impossible que l'on a rêvée. On y a réglé la marche de l'armée victorieuse, distribué les commandemens divers : celui-ci est placé à l'avant-garde, il commande la cavalerie tout entière ; celui-là a sous ses ordres toute l'infanterie du centre ; cet autre est chargé de veiller à l'arrière-garde ; l'état-major est organisé ; l'intendance militaire est établie ; elle est en fonctions... On n'a pas oublié le service de santé ; et cependant messieurs les pairs, cette puissante armée, elle a été tout entière soumise à votre justice ; et quand elle a été dépouillée du déguisement dont on l'avait couverte, nous avons vu apparaître la livrée de la domesticité ; puis, quand une ordonnance de non-lieu à suivre est venue licencier le gros de la troupe, tous ces soldats redevenus des valets, se sont empressés de réclamer leurs gages par l'entremise des magistrats.

Parlerons-nous des proclamations menteuses, tristes parodies d'une langue inimitable, où se lisent à chaque ligne l'ignorance de la situation du pays et l'oubli et la dignité nationale ; où celui qui reproche à nos institutions de ne pas protéger la liberté institue des commissions militaires pour juger ceux qui se permettraient de rester fidèles à leur devoir, où celui qui a fait pratiquer l'embauchage et distribuer l'argent pour acheter la trahison, *accuse notre gouvernement de corruption;* ou un neveu de Napoléon annonce à la France *qu'il a des amis puissans à l'extérieur, qui lui ont promis de le soutenir ?* Comme si la France ne savait pas que l'étranger qui conspirerait contre son gouvernement, conspirerait en même temps contre elle ; où ce jeune homme, connu seulement par ses deux équipées de Strasbourg et de Boulogne, ose promettre de ne s'arrêter qu'après avoir repris l'épée d'Austerlitz..... L'épée d'Austerlitz ! elle est trop lourde pour vos mains débiles ! Cette épée, c'est l'épée de la France ! Malheur à qui tenterait de la lui enlever !

Cependant, messieurs, le dictateur improvisé qui vient de débarquer à Boulogne au milieu de sa domesticité travestie, a déjà supprimé d'un trait de plume le gouvernement national fondé en 1830 ; un arrêt laconique, comme ceux du destin, mais heureusement moins irrésistible, décrète la déchéance de notre royale dynastie et la dissolution des deux chambres. Et il faut que tout cela, messieurs, que toutes ces œuvres qu'on serait tenté d'attribuer à une imagination en délire soient signées du grand nom de Napoléon ; il faut que tout cela figure dans la mise en scène d'une conspiration qui doit avorter devant les premiers soldats qu'elle tentera de séduire! Cette armée en ordre de bataille, cet état-major organisé, ce cortége presque triomphal, ces arrêtés, ces décrets qui ont déjà disposé des fruits de la victoire, tout cela vient aboutir à une impuissante manifestation, à une fuite, à une seconde prison. On devait alors demander à la justice des lois une garantie décisive contre les agressions réitérées d'une ambition si aveugle et si obstinée. Il devenait nécessaire de rendre à jamais impossibles ces entreprises à main armée, que ne pouvait tolérer la nation, quand elles n'auraient été que des insultes, et qui pouvaient si facilement amener des collisions sanglantes. La force du gouvernement de Juillet est dans la loi ; c'est par elle seule qu'il protége tous les intérêts du pays; c'est par elle seule qu'il se défend contre les trames cachées, ou les violences ouvertes des partis. La justice, toujours calme et modérée, mais toujours ferme et puissante, est le seul appui qu'il invoque et sur lequel il lui convienne de se reposer. Certes, messieurs, nous déplorons les premiers ce crime renouvelé qui a placé notre gouvernement libéral et généreux dans la douloureuse nécessité de ce procès ! Nous comprenons tout ce qu'il est dû de respect aux grands noms, aux grandes infortunes ! Dieu nous préserve, nous ne dirons pas seulement de toute action, mais de toute pensée contraire à ce sentiment élevé ! car nous nous sommes dit aussi avec douleur, en nous rappelant une énergique parole, que ce qui manquait trop souvent à ce pays, c'était le respect !

Oui, sans doute, un tel procès est une chose triste et regrettable ; mais à qui faut-il l'imputer, de ceux qui attaquent par la force ou de ceux qui se défendent par la loi? Ce qui ébranle surtout ce respect salutaire dont nous parlons, c'est quand l'atteinte qui lui est portée vient de ceux-là même qui devraient l'inspirer ! Pour nous, messieurs, plus est vive l'admiration que nous avons vouée dans notre cœur à l'empereur Napoléon, au grand homme qui a rétabli l'ordre en France, et qui a porté si loin la gloire de nos armes, plus nous avons besoin de nous rappeler notre caractère de magistrat pour maintenir l'impartialité de notre jugement, en présence de cette ambition puérile qui deux fois a compromis ce grand nom dans les plus misérables échauffourées. C'est véritablement là, messieurs, ce qui est douloureux pour les âmes élevées, pour ceux qui ont le respect des grandes choses et le culte des nobles souvenirs, c'est qu'un neveu de l'Empereur, c'est qu'un Bonaparte soit devenu le triste héros des complots avortés de Strasbourg et de Boulogne ! Voilà ce qu'on ne saurait trop déplorer ; voilà ce qui, au regard de l'opinion publique, sinon aux yeux de la justice, aggrave le crime que nous poursuivons. Ainsi, à ceux qui nous demanderaient de respecter le nom qu'ils portent, nous serions en droit de répondre qu'avant tout ils doivent le respecter eux-mêmes : le nom de l'Empereur, sachez-le bien, appartient plus à la France qu'il ne vous appartient à vous, et elle peut et doit vous demander compte et de l'acte qui constitue votre crime, et du procès même que vous faites subir à l'un des noms dont elle s'honore le plus. Elle en demandera compte aussi à vos complices ; et puisqu'il est par mieux des hommes que leur dévoûment de soldats pour le grand capitaine a jetés dans les entreprises de son neveu, elle leur dira d'interroger leurs souvenirs, de comparer ce qu'ils faisaient autrefois et ce qu'ils viennent de faire, la gloire qu'ils partageaint alors et leurs humiliations d'aujourd'hui. N'ont-ils pas déjà senti dans leur conscience, n'ont-ils pas avoué par leur confusion, qu'ils ont compromis l'honneur de leurs vieilles épaulettes, et qu'ils ne pourraient trouver nulle part un juge plus sévère que Napoléon lui-même, si le bruit de ces témérités sans grandeur, de ces défaites sans combats, pouvait monter jusqu'à lui.

En résumé, messieurs, un mot suffit pour expliquer les illusions et les mécomptes, l'audace et les revers de ces quelques hommes, qui, groupés autour de Louis Bonaparte, composent le parti napoléonien.

Ils se sont imaginé que les grandeurs de l'Empire et la gloire de l'Empereur étaient comme un patrimoine pour la famille de Napoléon; et le culte de la nation pour ses immortels souvenirs se transforme, à leurs regards, en un vœu populaire qui appelle cette famille à régner. Vingt-cinq années cependant se sont accomplies depuis que le trône élevé par la puissance d'un homme de génie s'est écroulé dans les débris de sa fortune ; et ces vingt-cinq années ont été marquées par les efforts et par les progrès d'un grand peuple qui marchait vers la liberté avec le calme de la force et la sagesse de l'expérience. Récemment éprouvé par les malheurs de l'anarchie et par ceux que peut entraîner à sa suite l'esprit de conquête et de domination, il voulait des garanties pour ses droits ; il voulait imposer à tous le respect de l'indépendance et de la dignité nationales ; mais il savait les écueils, et n'ignorait plus à quel point les garanties de l'orde pouvaient être compromises par le zèle de la liberté, et les conditions de la liberté, par le tumulte des armes et les enivremens du triomphe. Au dedans, la liberté sous l'égide des lois respectées et puissantes ; au dehors, une attitude ferme et digne qui ne menaçât, qui ne redoutât personne : c'est là ce qui était dans ses vœux ; tel était le but vers lequel il s'avançait avec persévérance ; il se montrait patient du présent sous l'Empire d'une charte qui lui garantissait l'avenir.

Le jour où cette charte fut brisée par la main du pouvoir, le peuple rentra dans ses droits : il les soutint et les fit triompher par les armes : le monde sait l'usage qu'il fit de la victoire, et comment, en présence de la nation toute entière debout et armée, un contrat solennellement accepté et juré est devenu la base inébranlable d'une dynastie nouvelle.

Dans ce moment où toutes les voix étaient libres, une seule voix s'est-elle élevée à l'appui des prétentions que l'on essaie de raviver aujourd'hui ? le grand nom du héros a-t-il valu un suffrage à son fils ?

Et c'est, messieurs, dix années après cette grande révolution, l'un des événemens les plus mémorables et les plus féconds de notre histoire, que, sans être découragé par le déplorable dénoûment de deux tentatives insensées, Louis Bonaparte vient proclamer jusque devant vous, nous ne savons quel droit d'anéantir nos institutions par ses décrets, et de convoquer un congrès national pour organiser, à nouveau, le gouvernement du pays. Ce n'est plus aujourd'hui la légitimité impériale qu'il revendique : ce n'est pas une restauration qu'il veut faire, c'est une dictature dont il se saisit de son chef, par devoir envers la patrie, et pour la conduire, sous ses auspices, à de meilleures destinées.

Mais, en vérité, qui donc êtes-vous pour afficher de si extravagantes prétentions ? qui donc êtes-vous pour vous ériger en représentant de la souveraineté du peuple, sur cette terre où règne un prince que la nation a choisi, et auquel elle a remis elle-même le sceptre et l'épée ? qui donc êtes-vous pour vous donner en France comme un représentant de l'Empire, époque de gloire et de génie, vous qui étalez tant de misères dans vos entreprises, qui donnez par vos actes tant de démentis au bons sens ?

L'Empereur, apprenez-le, n'a pu léguer à personne le sceptre tombé de sa main puissante avant que ses destins fussent accomplis : sa gloire est l'héritage de la France, et, pour elle, les véritables représentans de l'Empire, ce n'est pas vous, ce ne sont pas les amis obscurs dont les hommages vous entourent, et dont l'ambition intéressée exalte la vôtre, c'est le génie de l'Empereur vivant encore dans nos lois, ce sont les hommes dépositaires de ses traditions, et qui, à la tête de nos armées ou dans les conseils, sont l'honneur de la patrie et l'appui de la royauté qu'elle a fondée de ses mains.

Nous avons été sévères envers vous, prince Louis ; notre mission et votre crime nous en faisaient un devoir ; nous n'oublierons pas, toutefois, que vous êtes né près d'un trône qui fut aussi national, que vous avez été élevé dans l'une de ces cours de l'exil, où l'on ne peut interdire à l'espérance de consoler l'infortune, où les regrets du passé s'adoucissent par les illusions de l'avenir.

Peut-être avez-vous eu le malheur de vivre jusqu'ici sur la foi de quelques hommes trop associés à votre fortune, et qui prenaient pour des réalités les rêves de leur dévoûment. Sachez enfin connaître cette France qui fut votre patrie, et d'où vous a banni une loi dont vous avez su trop bien justifier la prudence; appréciez ces institutions éprouvées déjà, qu'elle aime pour leurs bienfaits, et qu'elle défend comme sa conquête. Deux fois coupable envers le pays, vous l'avez mis dans la nécessité d'invoquer contre vous les lois qui protègent son repos et sa sécurité. Traduit à la barre de la plus haute de ses juridictions, ne dites pas que vous êtes traîné vaincu devant les hommes du vainqueur. C'est une prétention devenue triviale parmi les factieux, et qui n'a jamais relevé ni justifié personne. Il ne suffit pas de nier la justice pour l'abolir, ni de braver, pour s'absoudre, la loi qui condamne.

Puissiez-vous reconnaître, au contraire, que la France a eu le droit de vous demander compte de son territoire violé, du sang français versé par votre main, et vous souvenir que le repentir atténue toutes les fautes et convient à toutes les conditions.

Après ce discours, la éance est suspendue pour un quart d'heure.

A trois heures dix minutes l'audience est reprise.

M⁰ BERRYER, défenseur du prince, prend la parole en ces termes :

Tout à l'heure, M. le procureur-général s'est écrié : « Voilà un triste et déplorable procès ! » et moi aussi je n'ai pu assister à ce grave débat sans qu'il s'élevât de douloureuses réflexions dans mon cœur. Quel n'est pas le malheur d'un pays où, dans un si petit nombre d'années, tant de révolutions successives, violentes, renversant tour à tour les droits proclamés, établis, jurés, ont jeté une si profonde et si affligeante incertitude dans les esprits et dans les cœurs, sur le sentiment des devoirs ! Eh quoi ! dans une seule vie d'homme, nous avons été soumis à la République, à l'Empire, à la Restauration, à la royauté du 9 août. Cette acceptation de gouvernemens si opposés dans leurs principes, si rapidement brisés les uns sur les autres, ne s'est-elle pas faite au grand détriment de l'énergie des consciences, de la dignité de l'homme, et je dirai même de la majesté des lois ?

Pardonnez-moi une réflexion qui me saisit chez un peuple où de tels événemens se sont succédés : serait-il vrai donc que les hommes qui ont le plus d'énergie, un sentiment plus élevé des devoirs, un respect plus profond pour la foi jurée, un sentiment plus religieux des engagemens pris, une fidélité plus invincible aux obligations contractées, soient précisément les hommes les plus exposés à être considérés comme des factieux et de mauvais citoyens, et que l'on compte au nombre des citoyens les plus purs et les plus vertueux, ceux qui, dans ces révolutions diverses, se sentent assez de faiblesse dans l'esprit et dans le cœur pour ne pouvoir porter ni une foi, ni un devoir ? Et pour la dignité de la justice qu'elle atteinte, messieurs, quand elle se trouve appelée à condamner comme un crime ce que naguère il lui était enjoint d'imposer et de protéger comme un devoir.

Dans une telle situation sociale, les hommes d'Etat et les moralistes se peuvent affliger, ils se doivent alarmer ; mais les hommes de justice, juges et avocats, quand ils se trouvent jetés dans l'un de ces procès politiques, de ces accusations criminelles, où la vie des hommes est en jeu, ils doivent s'armer de vérité et de courage, protester énergiquement, et, avant d'accorder à la société ou au pouvoir les satisfactions, les vengeances qu'ils réclament, leur demander quelle part ils ont eue dans les actions, les entreprises, les résolutions dont ils viennent requérir le châtiment.

Le devoir qui m'est imposé aujourd'hui, je l'ai rempli loyalement il y a vingt-cinq ans au début de ma carrière. En 1815, des ministres méconnaissant la véritable force de la royauté légitime, infidèles à son caractère auguste, poursuivirent devant les tribunaux les hommes debarqués en France avec Napoléon et échappés au désastre de Waterloo. J'avais adopté les principes politiques que j'ai gardés et défendus toute ma vie. J'étais ardent et sincère dans les convictions que le spectacle offert à mes yeux fortifie de jour en jour. Royaliste, j'ai défendu les hommes restés fidèles à l'Empereur. Pour sauver leur vie, j'ai fait la part des événemens, des lois, des traités, des actes, des fautes mêmes du gouvernement, et les juges du roi ont acquitté Cambronne. Aujourd'hui, l'accusé qui a accordé cet honneur à mon indépendance et à ma bonne foi, de me venir chercher pour sa défense dans un parti si différent du sien, ah ! il ne me verra pas faillir à sa confiance. Aussi, quoique les questions que soulève ce procès touchent profondément aux points fondamentaux de nos luttes politiques, veuillez croire, messieurs, que je ne les aborderai que sous le seul point de vue du seul pouvoir que vous soyez appelés à exercer ici, sous le point de vue judiciaire.

Le 6 août dernier, le prince Louis Bonaparte est parti de Londres, sans communiquer ses projets, ses résolutions. Accompagné de quelques hommes sur le dévoûment desquels il pouvait compter, il s'est embarqué ; et à l'approche des côtes de France, il les a fait armer ; il est descendu en France ; il a jeté sur le territoire ses proclamations, et un décret proclamant que la maison d'Orléans a cessé de régner ; que les chambres sont dissoutes ; qu'un congrès national sera convoqué ; que le président actuel du ministère sera chef du gouvernement provisoire. Tous ces faits sont avoués ; vous êtes appelés à les juger ; mais, je vous le demande, dans la position personnelle du prince Napoléon, après les grands événemens qui se sont accomplis en France, et qui sont votre propre ouvrage ; en présence des principes que vous avez proclamés et dont vous avez fait la loi du pays, les actes, l'entreprise du prince Napoléon, sa résolution présentent-ils un caractère de criminalité qu'il vous soit possible de déclarer et de punir judiciairement ? S'agit-il donc, en effet, d'appliquer à un sujet rebelle et convaincu de rébellion des dispositions du Code pénal ? Le prince a fait autre chose ; il a fait plus que de venir attaquer le territoire, que de se rendre coupable d'une violation du sol français ; il est venu contester la souveraineté à la maison d'Orléans ; il est venu en France réclamer pour sa propre famille des droits à la souveraineté ; il l'a fait au même titre et en vertu du même principe politique que celui sur lequel vous avez posé la royauté d'aujourd'hui. Dans cet état, il ne s'agit pas pour vous de vous prononcer entre les deux principes dont la lutte a si profondément agité et troublé notre pays depuis cinquante années : il ne saurait être question pour la défense du principe qui domine aujourd'hui tous les pouvoirs en France, d'appliquer les lois existantes contre un principe contraire ; c'est votre principe même qui est invoqué. Deux mots d'explication.

Tant que les princes de la branche aînée de Bourbon ont été assis sur le trône, la souveraineté en France résidait dans la personne royale ; sa transmission était réglée dans un ordre certain, invariable, connu de tous, maintenu, au-dessus de toutes prétentions rivales, par les lois fondamentales contre lesquelles rien ne pouvait se faire qui ne fût nul de soi. Ainsi consacré par le temps, par les lois, par la religion, le droit souverain était le type et la garantie de tous les droits des citoyens dans l'Etat ; c'était le patrimoine du passé promis en héritage à l'avenir. La légitimité ! elle n'est point en cause dans ce débat. Mais en 1830, le peuple a proclamé sa souveraineté, il a déclaré qu'elle résidait dans les droits et dans la volonté de la majorité des citoyens, vous l'avez reconnu ainsi, et c'est ainsi que vous l'avez consacrée en tête de la nouvelle loi fondamentale.

On nous disait tout à l'heure : depuis 25 ans la France poursuit sa carrière, elle veut le règne des lois, la défense et le maintien de ses institutions. Messieurs, n'est-ce rien que ce qui s'est passé en 1830, ou ne veut-on plus le savoir ? n'est ce rien que de changer tout le système des droits publics d'un pays ? n'est-ce rien que de renverser le principe des lois fondamentales et d'en substituer un autre ? n'est-ce rien que de proclamer à la face d'un peuple intelligent et hardi des principes qui l'appellent à l'exercice des droits de souveraineté ? n'est-ce rien, messieurs ? Qu'a dit le prince Napoléon ! « La souveraineté nationale est déclarée en France, et cette souveraineté de la nation comment se peut-elle transmettre ? comment cette délégation peut-elle être constatée si ce n'est par une manifestation certaine, incontestable de la volonté nationale. » En votre présence, il dit : « Cette manifestation solennelle, cette manifestation incontestable de la volonté des citoyens, je ne la vois pas dans la résolution de 219 députés et d'une partie de la chambre des pairs en 1830.

« Le principe qui vous gouverne aujourd'hui, que vous avez placé au-dessus de tous les pouvoirs de l'Etat, c'est le principe de 91, c'est le principe qui régnait en l'an 8, c'est le principe en vertu duquel il fut fait appel à la nation pour qu'elle se prononçât et sur le consulat à vie et sur l'Empire. Par les votes constatés sur l'adoption des constitutions de l'Empire, quatre millions de votes, en 1804, ont déclaré que la France voulait l'hérédité dans la descendance de Napoléon, ou dans la descendance de son frère Joseph, ou, à défaut, dans la descendance de son frère Louis. Voilà mon titre. »

Le sénat, en 1814, a aboli cette hérédité. Mais que s'est-il passé en 1815 ? qu'a fait la chambre des représentans ? qu'a-t-on fait au champ de mai ? combien de votes recueillis sur l'acceptation de l'acte additionnel, tendaient à renouveler encore la manifestation de la volonté du pays ? Et depuis, messieurs, soyez de bonne foi, quand un système contraire, quand une souveraineté autrement basée a régné pendant 15 ans sur le pays, parmi ceux qui vont siéger, combien y en a-t-il qui, pendant ces 15 années, ont travaillé et se sont efforcés de rétablir le principe que le retour de la maison de Bourbon avait effacé de nos lois ! combien qui sont descendus jusque dans les engagemens et la fièvre des partis, dans les ardeurs individuelles les plus passionnées, pour rétablir ce dogme de la souveraineté du peuple, pour remettre en vigueur cette protestation de la chambre des représentans, dont, je n'hésite pas à le dire, j'ai entendu beaucoup de ceux qui m'écoutent réclamer la consécration, comme le testament en quelque sorte de la nation française, comme l'acte auquel il fallait rendre la vie.

Vous l'avez fait en 1830. Et pour un moment, messieurs, détournons la pensée du caractère des circonstances et des préparatifs de l'entreprise ; nous verrons plus tard à quel moment et dans quels sentimens le prince Napoléon s'est élancé témérairement des côtes d'Angleterre sur les côtes de France. Ne pensons ici qu'au droit de juger, qu'au droit de régler par un arrêt des contestations de la nature de celle qui est portée devant vous, qu'à la possibilité qu'en présence de vos principes de droit national, au nom du pouvoir établi, vous jugiez le débat entre ce pouvoir et celui qui se prétend un droit qui, après tout, n'est pas un rêve.

Est-ce donc un fantôme, messieurs, est ce donc une illusion que l'établissement de la dynastie impériale ? Ce qu'elle a fait retentit assez dans le monde et se fit sentir assez loin, non-seulement en France, mais chez tous les peuples de l'Europe. Non, ce ne fut pas un rêve que l'établissement de l'Empire.

L'Empereur est mort et tout a fini avec lui ! Qu'est-ce à dire ? ces dynasties fondées, établies, jurées au nom de la souveraineté nationale, veut-on avouer qu'elles ne promettent de durée au pays que celle de la vie d'un homme ? C'est ainsi qu'il vous faut attaquer les garanties mêmes du pouvoir que vous venez de défendre, pour repousser le droit qui avait été fondé par la consécration de la volonté nationale, consécration unanime, plus éclatante que celle de 1830, par la nation appelée tout entière à émettre son vote.

L'Empire est tombé ! mais alors a succombé le dogme politique sur lequel l'Empire était fondé. Qu'avez-vous fait depuis ? Vous avez relevé ce dogme, vous avez restitué cette souveraineté populaire qui a fait l'hérédité de la famille impériale. Et vous allez le juger, dans un pays où tous les pouvoirs de l'Etat sont sous le principe de la souveraineté nationale, vous allez le juger sans interroger le pays ? Ce n'est pas une de ces questions qu'on vide par un arrêt. Un arrêt, des condamnations, la mort, les têtes qui tomberont ! mais dans des questions d'hérédité, vous n'avez rien fait. Tant qu'un reste de sang se transmettra dans cette famille, la prétention d'hérédité, appuyée sur le principe politique de la France, se transmettra également. Vous aurez des supplices affreux, injustes ; vous serez usurpateurs dans l'exercice de la qualité de juges, et tout cela aura été complètement inutile.

Voyons, messieurs, le véritable état de la question. Est-ce ici la matière d'un jugement ? N'est-ce pas là une de ces situations uniques dans le monde et où il ne peut y avoir un acte de gouvernement, un acte politique. Il faut défendre les pouvoirs, il faut maintenir l'ordre public, il faut préserver l'Etat de commotions nouvelles, de désordres nouveaux, je le reconnais, c'est gouverner. Mais juger dans des questions de cet ordre, prononcer un arrêt, on aura beau dire que ce sont là des phrases qui viennent au secours de tous les factieux. Non, messieurs, dans le débat actuel, le droit actuel a été établi, consacré par vous, dans un principe que vous avez posé. 'Ce droit d'hérédité est réclamé par un héritier incontestable, vous ne pouvez pas le juger. Il y a entre vous et lui une cause victorieuse et une cause vaincue, il y a le possesseur de la couronne et la famille dépossédée. Mais, encore une fois, je le répéterai toujours, il n'y a pas de juges, il n'y a pas de justiciables.

Juger, messieurs! mais il faut maintenir l'idée de la justice, sa majesté. Au milieu des révolutons qui ont tant fatigué notre pays, laissons quelque chose d'inaltéré, qui conserve sa sainteté dans la pensée des peuples. Le véritable caractère de la justice, messieurs, c'est l'impartialité. Vous venez ici pour juger. Mais y a-t-il un de vous qui se soit dit, en entrant dans cette enceinte : « Je serai impartial, je pèserai les droits de chacun, je mettrai dans la balance la royauté de juillet et la souveraineté transmise par les constitutions de l'Empire ; je serai impartial. » Mais vous n'avez pas le droit de l'être, vous êtes aujourd'hui une partie du gouvernement ; une révolution ne peut s'opérer qu'en vous brisant. Par ce fait, la chambre des pairs et la chambre des députés seront dissoutes.

Vous venez donc défendre le gouvernement dans la latitude et pour la garde de vos pouvoirs. Si vous ne pouvez être impartiaux, et si cependant vous voulez être juges, que restera-t-il de l'idée sainte de la justice ? Si vous couvrez les besoins du gouvernement du manteau de la justice, songez-y. Quand tant de choses saintes et précieuses ont péri, laissez au moins la justice au peuple, et qu'il ne confonde pas un arrêt avec un acte du gouvernement.

Vous venez juger, et pourquoi? pour protéger le gouvernement, pour le défendre, pour venger un affront, une attaque, une menace qu'il a reçues. Des actes récens qui se sont exercés sur le premier des accusés, sur le prince lui-même, mais ne manifestent-ils pas quelle inconséquence il y a de la part du gouvernement à vous appeler aujourd'hui à juger? On a parlé de reconnaissance, j'y répondrai. Mais en attendant, je vous dis : en 1836, on a appliqué au prince Napoléon les maximes professées par nos ministres : « En pareille matière, il n'y a que de la politique et pas de jugement. » Et dans un autre instant, un ministre disait encore : « Les formes judiciaires ne sont qu'une comédie solennelle. » N'y a-t-il pas aujourd'hui une flagrante inconséquence à venir poser des principes contraires.

Vous parlez de reconnaissance! N'a-t-il pas été interdit au prince de mettre le pied sur le territoire français? n'y a-t-il pas une loi qui le lui défend? Et pourquoi cela? Parce qu'il est en dehors du droit commun, parce qu'il ne peut être traité comme les autres. En 1830, à deux reprises différentes, j'ai demandé que cette loi fût abolie pour être conséquent avec ce grand dogme politique de la souveraineté nationale ; vous avez fait une loi tout opposée à ce principe, pour mettre le prince hors du droit commun. Et ailleurs encore, n'était-il pas mis hors ce droit, quand vous exigiez d'un état voisin qu'il chassât le prince, alors auprès de sa mère mourante?

Vous diriez donc : Oui, nous n'avons pas de lois pour lui en

France; point de lois pour qu'il vive, pour qu'il ait une patrie, une liberté, des droits, mais nous avons des lois pour lui donner la mort. Voilà ce qui révolte la raison, le bon sens, la logique, la justice, en un mot toutes les idées de droit. Que si malgré les principes que vous avez consacrés, que si malgré les actes les plus solennels de votre gouvernement qui mettent en dehors de la juridiction de la chambre des pairs le prince Louis-Napoléon, vous voulez être juges, au moins jugez humainement les choses humaines. Rendons-nous compte des circonstances au milieu desquels a éclaté l'entreprise de Boulogne. Je ne fais pas ici ni de la politique ni de l'hostilité, je rappelle des faits incontestés.

Le pouvoir en France est aujourd'hui confié à un ministère dont l'origine est récente. Ce ministère a lutté, avant de se constituer, pendant plusieurs années dans une ardente et vive polémique.

Il a gémi profondément sur la politique qui avait été suivie au nom du gouvernement de la France à l'égard de l'étranger; il a vu de la timidité, je ne veux pas me servir d'un autre mot, dans toutes nos relations avec les Etats de l'Europe; il a gémi de ce délaissement de la Belgique jusque dans la question du Luxembourg; il a gémi, le ministère qui gouverne aujourd'hui, de l'abandon d'Ancône sans condition; il a accusé les exigences funestes qui nous ont aliéné la Suisse, et le sentiment d'attachement qu'elle avait depuis tant de siècles pour la France; il a accusé cette politique désolante qui, renfermant toute la pensée de la France dans les intérêts matériels, dans les calculs des besoins privés, frémissait à l'idée de guerre, et laissait tomber la grande influence de la France sur les Espagnes pour les livrer à l'influence ennemie de l'Angleterre.

Qu'est-il arrivé? A peine ce ministère a-t-il touché le pouvoir, qu'il a senti l'état politique de l'Europe; qu'il a vu se préparer et s'ourdir contre la France des plans injurieux pour sa dignité, menaçans peut-être pour ses intérêts; qu'il a vu se préparer quelque chose comme la réunion de presque tous les Etats de l'Europe contre la France isolée, et rejetée du congrès et des transactions des rois. Il s'est alarmé d'une pareille situation. Il a senti qu'il fallait faire sortir cette France dévouée à l'égoïsme, à l'individualisme; qu'il fallait la faire sortir de ce joug matériel qui éloignait toute pensée de sacrifice; qu'il fallait réveiller d'autres sentimens dans cette fière et glorieuse patrie; et, ne pouvant espérer le faire au nom du gouvernement actuel, il a voulu réveiller des souvenirs, et il est allé invoquer la mémoire de celui qui avait promené la grande épée de la France depuis l'extrémité du Portugal jusqu'à l'extrémité de la Baltique. Il a voulu qu'elle fût montrée à la France, cette grande épée qui avait presque courbé les pyramides, et qui avait presque entièrement séparé l'Angleterre du continent européen. Toutes les sympathies impériales, tous les sentimens bonapartistes ont été profondément remués, pour réveiller en France cet esprit guerrier. La tombe du héros, on est allé remuer ses cendres pour les transporter dans Paris et déposer g'orieusement ses armes sur un cercueil.

Vous voulez juger et condamner la tentatative de Louis-Napoléon, messieurs ; est-ce que vous ne comprenez pas ce que de telles manifestations ont dû produire sur le jeune prince ? Est-ce dans cette enceinte, où je vois si bon nombre d'hommes qui doivent tant aux noms qu'ils ont reçus avec la vie, qu'il me sera difficile de faire comprendre ce que cette grande provocation au souvenir de l'Empereur a dû remuer dans le cœur de l'héritier d'un nom héroïque ?

Ce besoin de ranimer dans les cœurs, en France, les souvenirs de l'Empire, les sympathies napoléoniennes, a été si grand que sous le règne d'un prince qui dans d'autres temps avait demandé à porter les armes contre les armées impériales, et à combattre celui qu'il appelait l'*usurpateur corse*, le ministère a dit : « Il fut le légitime souverain de notre pays. »

C'est alors que le jeune prince a vu se réaliser ce qui n'était encore que dans les pressentimens des hommes qui gouvernent. Il s'est trouvé au milieu des hommes qui ourdissaient ce plan combiné contre la France ; et vous ne voulez pas que ce jeune homme, téméraire, aveugle, présomptueux, tant que vous voudrez, mais avec un cœur dans lequel il y a du sang, et à qui une âme a été transmise, sans consulter ses ressources, se soit dit : « Ce nom qu'on fait retentir, c'est à moi qu'il appartient, c'est à moi de le porter vivant sur ces frontières ! il réveillera en deçà la foi dans la victoire, au-delà la terreur des défaites. Ces armes sont à moi ; pouvez-vous les disputer à l'héritier du soldat ? » Sans préméditation, sans calcul, sans combinaison, mais jeune et ardent, sentant son nom, il s'est dit : « J'irai, je mènerai le deuil et je poserai les armes sur sa tombe, et je dirai à la France : me voici... vouler vous de moi ? (sensation prolongée.)

Disons tout avant de juger. S'il y a eu un crime, c'est vous qui l'avez provoqué par les principes que vous avez posés, par vos exemples, par les actes solennels du gouvernement ; c'est vous qui l'avez inspiré par les sentimens dont vous avez animé les Français, et, entre tout ce qui est français, l'héritier de Napoléon lui-même.

Vous voulez le juger, et, pour déterminer vos résolutions, pour que plus aisément vous puissiez vous constituer juges, on vous parle de projets insensés, de folle présomption... Eh ! messieurs, le succès serait-il donc devenu la base des lois morales, la base du droit ? Quelle que soit la faiblesse, l'illusion, la témérité de l'entreprise, ce n'est pas le nombre des armes et des soldats qu'il faut compter, c'est le droit, ce sont les principes au nom desquels on a agi. Ce droit, ces principes, vous ne pouvez pas en être juges, ils ne peuvent provoquer qu'une révolution politique dans l'intérêt du gouvernement établi, ils ne peuvent pas provoquer un jugement. Ce droit, ces principes, ils ne sont pas diminués par le ridicule jeté sur les faits et le caractère de l'entreprise.

Et ici je ne crois pas que le droit au nom duquel était tenté le projet puisse tomber devant le dédain des paroles de M. le procureur-général. Vous faites allusion à la faiblesse des moyens, à la pauvreté de l'entreprise, au ridicule de l'espérance du succès ; eh bien, si le succès fait tout, vous qui êtes des hommes, qui êtes même les premiers de l'État, qui êtes les membres d'un grand corps politique, je vous dirai : il y a un arbitre inévitable, éternel entre tout juge et tout accusé ; avant de juger, devant cet arbitre et à la face du pays qui entendra vos arrêts, dites-vous, sans avoir égard à la faiblesse des moyens, le droit, les lois, la constitution devant les yeux : « La main sur la conscience, devant Dieu et devant nous qui vous connaissons, dites : s'il eût réussi, s'il eût triomphé, ce droit, je l'aurais nié, j'aurais refusé toute participation à ce pouvoir, je l'aurais méconnu, je l'aurais repoussé. » Moi, j'accepte cet arbitrage suprême, et quiconque d'entre vous, devant Dieu, devant le pays, me dira : « S'il eût réussi, j'aurais nié ce droit ! » celui-là, je l'accepte pour juge. (Mouvement dans l'auditoire.)

Parlerais-je de la peine que vous pourriez prononcer ? il n'y en a qu'une, si vous vous constituez tribunal, si vous appliquez le Code pénal : c'est la mort ! Eh bien, malgré vous, en vous disant et en vous constituant juges, vous voudrez faire un acte politique; vous ne voudrez pas froisser, blesser dans le pays toutes les passions, toutes les sympathies, tous les sentimens que vous vous efforcez d'exalter ; vous ne voudrez pas le même jour attacher le même nom, celui de Napoléon, sur un tombeau de gloire et sur un échafaud. Non, vous ne prononcerez pas la mort !

Vous ferez donc un acte politique, vous entrerez dans les considérations politiques, vous mettrez la foi de côté. Ce n'est plus ici une simple question d'indulgence, c'est une raison politique qui déterminera le corps politique..... Pourrez-vous prononcer selon vos lois la détention perpétuelle ? Une peine infamante ! Messieurs, j'abandonne tout ce que j'ai dit. Je laisse de côté l'autorité du principe politique ; je ne parle plus de l'impossibilité de prononcer sans que le peuple soit convoqué entre le droit constitué par vous, et le droit consacré par les constitutions de l'Empire, et renouvelé dans les Cent-Jours ; je laisse de côté les considérations prises de ce qu'a fait votre gouvernement, je ne parle plus des sentimens si naturels, si vrais, qui repoussent la condamnation, et je me borne à dire que vous ne jetterez pas une peine infamante sur ce nom ; vous ne donnerez pas cette joie à l'étranger, ou ce serait le premier gage que vous lui offririez de vos sacrifies à la paix. Cela n'est pas possible à la face du pays, cela n'est pas possible en ces jours et en ces temps. Sortez des considérations de devoir, de législateur et de juges dont je vous ai parlé, et croyez que la société française attache encore un prix immense, un honneur immense aux sentimens naturels à l'homme..... On veut vous faire juges ; mais qui êtes-vous donc ?

En remontant à l'origine de vos existences, vous marquis, comtes, barons, vous ministres, maréchaux, à qui devez-vous vos grandeurs ? A votre capacité reconnue sans doute ; mais ce n'est pas moins aux munificences mêmes de l'Empire que vous devez de siéger aujourd'hui et d'être juges.... Croyez-moi, il y a quelque chose de grave ici.... Une condamnation par vous à une peine infamante n'est pas possible.

En présence des engagemens qui vous sont imposés par les souvenirs de votre vie, des causes que vous avez servies, de vos sermens, des bienfaits que vous avez reçus, je dis qu'une condamnation serait immorale! et j'ajoute qu'il vous y faut penser sérieusement; il y a une logique inévitable et terrible dans l'intelligence et les instincts des peuples, et quiconque, dans le gouvernement des choses humaines, a violé une seule loi morale, doit attendre le jour où on les brisera toutes sur lui-même.

Une vive agitation suit cette brillante improvisation, qui a été constamment écoutée avec attention par la cour et a produit une vive impression.

Quand le calme est un peu rétabli, M. le chancelier demande au prince s'il a quelque chose à ajouter; le prince semble faire un geste négatif. M. le général Montholon se lève et commence la lecture d'une allocution qu'il adresse à la cour; mais la faiblesse de son organe l'empêche d'être entendu.

Il fait passer son manuscrit à M. Léon de la Chauvinière, greffier-adjoint, qui en donne lecture.

» Messieurs les Pairs,

« J'étais en Angleterre, où des intérêts de famille m'avaient appelé.

» J'y vis souvent le prince Napoléon, souvent il me confia ses pensées sur l'état de la France, son projet de convoquer un congrès national, son espérance de rendre un jour aux Français l'union politique que l'Empereur avait si glorieusement fondée.

« Toutes ses idées manifestaient un ardent amour de la France, un noble orgueil du grand nom qui lui a été transmis, et je retrouvais en lui un vivant souvenir des longues méditations de Sainte-Hélène.

« Mais jamais il ne m'a parlé d'entreprises prochaines, de préparatifs pour une expédition en France.

« Lorsque, croyant aller à Ostende, je me trouvai à bord du paquebot que montait le prince, et qu'il me fit connaître sa détermination, j'ai pu lui soumettre quelques observations; mais il était déjà trop tard.

« Je n'ai pas quitté le neveu de Napoléon, je ne l'ai pas délaissé sur la côte de France.

« J'ai reçu le dernier soupir de l'Empereur; je lui ai fermé les yeux. C'est assez expliquer ma conduite. Je me vois sans regret accusé aujourd'hui pour avoir pris une résolution, dont la bonne opinion que j'ai des hommes, me persuade que chacun de vous, messieurs les Pairs, eût été capable. »

Me BERRYER. Après ce que vient de dire M. le général Montholon, je pense que sa défense peut se borner à un seul mot. Comme il vous l'a dit, pouvait-il laisser sur la côte de France le neveu de celui dont il avait fermé les yeux à Sainte-Hélène? Un seul fait pourrait demander une discussion. Est-il vrai, est-il possible que le général n'ait pas connu la détermination, les projets du prince? Le général l'affirme, le prince l'a déclaré dans le premier interrogatoire qu'il a subi. Et dans le reste de l'instruction, rien, pas un fait, pas une circonstance, pas un indice ne vient indiquer qu'il y ait eu entre eux autre chose que des conversations générales. Quant au projet d'entreprise, rien ne vient donc constater que le général l'ait connu ; et, dans l'absence d'une preuve, il n'y a pas de condamnation possible. Pour achever d'édifier la cour sur les intentions du général, je dépose sur le bureau deux lettres écrites par lui les 2 et 3 août, c'est-à-dire, la veille du débarquement, et ces lettres constatent qu'en s'embarquant sur le paquebot, il croyait se rendre en Belgique, et qu'il annonçait son retour à Londres dans quatre ou cinq jours.

M. LE CHANCELIER. Me Barrot, défenseur du colonel Voisin, du commandant Parquin, de Bataille et de Desjardins, m'a prié de ne lui donner la parole que demain. Un autre des défenseurs est-il prêt à parler?

Me BERRYER. Mon confrère Me Barrot est chargé d'exposer un système général de défense qui embrasse la position de tous les hommes dévoués au système impérial que vous avez à juger. La cour sentira combien il est important que l'exposé de ce système précède la discussion des faits particuliers à chacun des accusés.

M. LE CHANCELIER. L'audience est renvoyée à demain midi.

La séance est levée à quatre heures.

SIXIÈME AUDIENCE.

(Quatrième du Procès. — Jeudi 1er Octobre.)

L'audience est ouverte à midi et demi. — L'appel nominal ne constate aucune absence.

M. le chancelier donne la parole à Me Ferdinand Barrot.

Me F. BARROT. Messieurs les pairs, le procès qui vous occupe renferme d'assez hauts enseignemens pour qu'il soit utile de les recueillir et d'en prendre acte au nom des idées d'avenir.

D'une part, les princes reconnaissent que de notre temps ils relèvent de la souveraineté nationale, et qu'ils doivent compter relativement à leurs droits avec les révolutions qui les ont compromis ou effacés.

D'une autre part, vous, comme juridiction, vous vous êtes résolument saisi d'un de ces débats qui, jusqu'à présent, s'agitaient et se vidaient dans l'arène du fait, et non dans le prétoire de la loi. C'est là un acte grand et solennel, et dont vous appréciez toutes les conséquences, et vous voilà prêts sans doute, messieurs les Pairs, à engager juridiquement tout ce contentieux des dynasties que le mouvement social, dans sa marche, à pu laisser derrière lui.

Il est donc convenu que dorénavant en France nous jugerons ceux qui furent d'institution divine ou d'institution nationale, peu importe; nous ferons passer le droit qu'ils invoquent, les prétentions qu'ils soutiennent sous le niveau de la loi commune ; et cette résolution de la part de l'un des trois pouvoirs de l'État aura poussé plus avant que jamais dans les voies populaires notre droit politique.

Du reste, messieurs, j'ai voulu seulement retenir, au bénéfice des doctrines avancés, le résultat de votre décision, et je me hâte d'abandonner de grandes thèses qui appartenaient à une position à part dans ce procès, position à laquelle il a été admirablement pourvu; et, disons-le, la dignité, l'honneur, la liberté d'un prince qui s'appelle Napoléon, qui a dans les veines le même sang que l'Empereur, valaient bien d'être défendus par l'une des plus puissantes paroles des temps modernes ; disons encore que le zèle, l'éclat de la défense ont témoigné que cette cause pouvait, en France, aller à toutes les convictions.

Maintenant, messieurs, je dois ramener votre attention à une tâche moins élevée; je n'emprunterai rien aux doctrines transcendantes du droit public. Il ne m'appartient pas, comme à l'orateur que vous avez entendu à votre audience d'hier, d'aller bâtir l'aire de ma cause au-dessus des régions de la loi commune. Je viens défendre de simples accusés que n'abriterait pas suffisamment l'exception invoquée pour le prince ; je viens défendre de simples accusés qui sont citoyens, qui se le rappellent, qui doivent compte à la loi et à votre justice. C'est donc le procès en lui-même, le procès dans ses conséquences judiciaires que je viens débattre devant vous.

J'invoquerai votre raison ; j'invoquerai l'impartialité qui distingue votre intelligente et longue pratique des choses de ce monde ; et, que mes cliens me permettent de le dire, sans que leur dignité, leur dévoûment en soient blessés, je m'efforcerai, messieurs les Pairs, de tenter votre indulgence.

Un crime politique ne commence pas au fait ; il faut rechercher, et il importe à tout le monde de rechercher, la pensée qui y a présidé. Cela importe à l'accusation au nom de l'ordre et de la sûreté publique ; car il ne suffit pas qu'elle ait raison du fait, il faut encore qu'elle ait raison des doctrines ; cela importe à la défense, aux accusés qui, au nom de leur honneur, peuvent venir défendre la probité de leur résolution, la probité de la cause à laquelle ils ont volontairement donné en gage leur existence ou leur liberté

L'accusation a donné à l'entreprise de Boulogne un caractère qui ne lui appartient peut-être pas. C'est, nous a dit l'accusation, une tentive insolente d'usurpation ; le prince, oubliant que le droit qu'il invoque a été effacé par deux révolutions successives, est venu sur le territoire français redemander une couronne et un sceptre. Il a tiré son épée, élevé son drapeau, appelé à lui le désordre et l'anarchie. C'est une spéculation puérile ; c'est le résultat d'une ambition sans portée et sans patriotisme ; et M. le procureur-général, en la vouant à la colère des lois, s'efforçait hier, dans le réquisitoire que vous avez entendu, dont nous gardons toute l'impression, de la vouer en même temps au mépris de tous. Plus est formelle cette imputation, plus est irrité le besoin de la repousser. Le prince a déjà protesté, et proteste encore de toute l'énergie de son âme contre une pareille interprétation de ses actes.

Assurément, messieurs les Pairs, je ne viens pas glorifier l'acte de Boulogne ; mais enfin je viens lui restituer une pensée. Vous le verrez, c'est une pensée d'ordre, c'est une pensée généreuse qui a donné issue à une erreur que je déplore. Il y avait assurément beaucoup d'habileté, mais aussi quelque injustice de la part du ministère public, à représenter l'entreprise du prince comme un fait d'égoïsme personnel. Est-il donc bien vrai que le prince Louis-Napoléon, en posant le pied sur le territoire français, soit venu réclamer les droits d'une dynastie, et redemander un sceptre et une couronne ? Eh mon Dieu ! messieurs les pairs, qu'il me soit permis de le dire, quelle est donc la pauvre ambition que de notre temps peuvent tenter un sceptre et une couronne ? Hélas ! vous le savez, vous : c'est un lourd et dangereux fardeau ; vous le savez tous, et je le comprends : c'est un fardeau que l'on accepte et qu'on ne supporte que par le sentiment d'un impérieux et irrésistible devoir.

Ce ne sont donc pas ces joyaux de la souveraineté qu'ambitionnait le prince Louis Bonaparte ; M. le procureur général n'a pas bien inventorié la succession impériale, s'il n'y a vu que ces choses : en cherchant à côté, au-dessus il y aurait trouvé la gloire nationale, nos frontières reculées, le pays respecté partout, et donnant son avis à haute voix dans les affaires du monde : n'est-ce rien ? Oh ! pourquoi aujourd'hui parler de gloire : il n'en est pas temps encore ; mais si un jour l'insulte faisait soulever la nation, alors ce serait bien le moment de rappeler le bruit de ces temps de fièvre héroïque, où nous allions frapper à toutes les capitales de l'Europe : alors, messieurs, héritiers ou non, saisissons-nous de cette part oubliée de la succession impériale.

Mais allons donc plus avant. Il y a dans la succession impériale, dont le prince entendait se porter héritier, des ressources qui vont mieux peut-être aux idées positives de ce siècle. Notre régime de liberté, au milieu des avantages qu'il comporte, a des misères auxquelles il faut pourvoir et des nécessités menaçantes. Il y a des esprits qui s'effraient de cette arène toujours ouverte, où, depuis cinquante ans, les systèmes politiques luttent sans trêve et sans merci, trônant tour à tour, prétendant chacun à son rang apporter la forme normale et définitive, puis tout s'épuisant en efforts, et un jour, par hasard ou par raison, tombant sous la violence.

Lorsque ces hommes, messieurs les pairs, voient les systèmes déchus se reformer derrière la résolution qui les a repoussés, s'organiser et prendre des positions patentes et puissantes dans toutes les voies de la société, ils appréhendent qu'il n'y ait là, pour cette dernière, des causes incessantes de désordre et de ruine, et redoutent que sous la guerre intestine de cette république des partis la base sociale ne vole en éclats. Ils pensent que ce qu'il faut aujourd'hui c'est de restaurer le pouvoir, l'autorité, la loi. Ils se montrent préoccupés des destinées du pouvoir en France; ils voudraient le voir marcher en avant et non au centre des institutions, afin qu'il n'absorbât point la force qui lui est propre dans les débats de ses limites chaque jour contestées; ils ne veulent pas que le pouvoir et la liberté vivent, pour ainsi dire, coude à coude, car il y a à chaque pas, dans les voies politiques, des passages trop étroits pour qu'ils puissent s'y présenter de front.

Que faut-il donc mettre entre le pouvoir et la liberté? c'est là une recherche à laquelle les esprits dont je parle se livrent avec ardeur. Que faut-il donc mettre pour trouver la distance utile qui doit exister entre le pouvoir et la liberté? La force, l'énergique et sévère loi; on l'a essayé : c'est trop, et ce n'est pas assez. Ce qu'il faut y mettre, c'est mieux que l'autorité, le respect de l'autorité; c'est mieux que la loi, le sentiment de la loi : il faut qu'on croie à l'autorité, aux institutions, à la loi; il faut que l'on comprenne que la loi c'est l'épée et le bouclier du droit!

Cet état de choses, messieurs les pairs, sans repos et sans lendemain, a occupé les longues méditations du jeune prince Louis-Napoléon, et, dans les études de son exil, il recherchait dans les traditions de l'Empire les élémens de force morale qui assurent au pouvoir le respect et la confiance des peuples.

Hélas! messieurs, le prince est à une place qui ne permet pas de lui faire de l'opposition; mais enfin dirai-je que, pour rallier à ses idées d'ordre et de gouvernement, je compte sur la liberté elle-même, qui purifie les mauvaises passions et fournira la règle sociale que nous devons rechercher, et je considère le régime constitutionnel comme le terme et le résumé de la longue crise d'organisation sociale que nous avons subie.

Après cela, que le prince Napoléon soit venu sur le territoire de France demander l'héritage qu'il croyait lui appartenir, qu'il se soit trompé sur sa qualité d'héritier, il ne faut pas refuser au besoin de son honneur qu'il avait au-dessus du fait de nobles et utiles pensées, au nom desquelles il voulait consulter le grand dogme duquel il pensait que relevaient toutes les résolutions publiques de notre temps

En définitive, lorsqu'il est venu sur le sol français, il n'y est pas venu dans le but d'une spéculation puérile, comme celle que lui attribuait M. le procureur-général. Ce n'est pas l'héritage d'un sceptre et d'une couronne qu'il est venu demander, mais l'héritage des pensées que l'Empereur avait écrites dans son testament politique de Sainte-Hélène.

Messieurs les pairs, le fait que vous avez à juger est au nombre de ceux qu'on ne qualifie justement et sûrement que le lendemain. Qu'il réussisse, c'est une révolution; qu'il échoue, c'est un crime. Le succès relève de l'histoire; la défaite, vous le voyez, relève des menaces de la loi.

Enfin, messieurs les pairs, Louis Bonaparte est un prince français; le canon de la bien-venue a sonné à sa naissance, et nous nous sommes tous inclinés devant son berceau. Aussi, moi qui le défends, vous qui l'accusez, vous qui le jugez, nous serons tous heureux au fond de notre âme de pouvoir lui rendre ce témoignage, qu'il n'a pas, ainsi qu'on nous le disait hier, outrageusement manqué à la gloire du nom qu'il porte.

Non, messieurs, il n'est pas permis, si l'on veut bien rechercher la pensée du fait que vous avez à juger, de déshonorer cette pensée et de jeter l'accusé en proie au ridicule. Vous le savez, monsieur le procureur-général, ce sont là des triomphes qu'on cherche et qu'on obtient trop facilement de notre temps sur les choses les plus saintes, sur les personnes les plus sacrées.

Voilà ce que je recherchais au-dessus du fait qui vous a été signalé; voilà les idées qui ont amené le prince dans la fatale entreprise pour laquelle aujourd'hui il comparaît devant vous en accusé, lui, le neveu de l'Empereur.

Il n'est pas venu dans un intérêt personnel tenter une révolution. Il est venu demander à son pays le droit d'y vivre; et, en échange, il apportait des idées, des principes d'ordre, de nationalité, de stabilité sociale, qu'il voulait jeter dans les voies tumultueuses de notre civilisation.

Maintenant je passe à une autre partie de ma tâche, je vais défendre le colonel Voisin.

Parmi tous les accusés, vous avez distingué assurément ce brave militaire que M. le procureur-général semblait accuser avec regret, et sur lequel il n'a pu s'empêcher de laisser tomber quelques paroles bienveillantes. Voisin est un soldat de l'Empereur, vous le savez, vous le connaissez tous, vous savez tous quelle a été sa vie.

Il est entré, en 1799, dans l'artillerie comme simple canonnier; il a acquis tous ses grades sur le champ de bataille, et j'ai là, messieurs, la feuille de ses états de service. Ma meilleure défense serait de lire cette page où je trouve des faits glorieux, de nombreuses campagnes, de nombreuses blessures. Ce fut à Austerlitz qu'il reçut le grade de lieutenant. Je parle de ce fait, messieurs les pairs, parce que l'un de vous, un illustre général, pourra se rappeler qu'il était alors colonel du 5e lanciers, dans lequel servait le lieutenant Voisin, et qu'il le proposa pour la croix d'honneur. Le lieutenant Voisin ne voulut pas accepter à la fois le grade et la décoration : c'était une des nobles abnégations de ces temps-là.

Il y a encore un fait, messieurs les pairs, qu'il faut signaler à votre attention : c'est un de ces faits héroïques dont parlaient jadis les bulletins de la grande armée. En 1813, Voisin était alors lieutenant-colonel. C'était en Italie ; l'armée française devait occuper la ville de Livourne. Les Anglais étaient débarqués pendant la nuit sur la plage ; il s'agissait d'assurer le passage par lequel notre artillerie devait se rendre à Livourne. Un corps d'Anglais allait occuper un pont qui coupait la route. Le lieutenant-colonel Voisin comprit de quelle importance il était de s'emparer de cet étroit passage avant l'ennemi : suivi de douze dragons, il chargea l'avant-garde du corps ennemi ; mais bientôt, c'était au détour d'une route, il vit devant lui cinq ou six cents Anglais échelonnés en pelotons nombreux. Il poussa sa vigoureuse charge jusqu'au dernier peloton ; pendant ce temps, l'artillerie s'était emparée du pont et tirait sur l'ennemi. Les douze dragons furent tués ou blessés, Voisin eut son cheval tué sous lui, et reçut une blessure à la tête.

Ce fait d'armes est écrit tout entier sur les états de service du colonel Voisin. Je me sens heureux de le rapporter. Il me semble que cela doit réveiller en vous de vieux, de glorieux souvenirs, et le cœur me bat en pensant que ces souvenirs peuvent être des leçons pour nos jeunes soldats.

A la restauration, le lieutenant-colonel Voisin, qui avait été un des derniers serviteurs de l'Empire, qui avait salué l'Empereur au moment où il se rendait sur la côte de France, pour aller de là toucher la côte de Sainte-Hélène, Voisin resta fidèle à ses affections ; il ne voulut pas prendre du service ; et ce ne fut qu'en 1830 qu'il consentit à rentrer dans les rangs de l'armée. En 1831, il fut nommé colonel du 3e régiment de lanciers. Beaucoup d'entre vous, messieurs les pairs, ont connu ce régiment, et savent à quel degré de discipline le colonel Voisin avait su l'amener : quelques généraux qui siègent dans cette chambre ont pu apprécier l'aptitude du vieux militaire. Et cependant, c'est après trente ans de service, qu'en 1837, on vient tout à coup briser dans ses mains une épée, que certes il était encore en état de soutenir. Etait-il donc trop vieux ? Vous le voyez et vous connaissez son énergie. Mais je ne sais quelle calomnie avait terni la gloire du vieux militaire ; je ne sais quelle imputation odieuse, sourde d'abord, était venue éclater et le surprendre au milieu de la sécurité que lui assuraient ses longs et glorieux services.

Accusé d'un fait que démentait toute sa vie, il demanda un conseil d'enquête. Il voulait qu'on lui rendît l'honneur, le patrimoine du soldat. On lui répondit avec dédain, on repoussa ses justifications ; puis, comme il insistait, on lui jeta à la face ces paroles :

« Vous êtes fou ! » Oui, fou d'honneur ! Et aujourd'hui, blessé, assis sur le banc de votre cour, il n'a qu'une pensée, le noble soin de son honneur ; et à ce moment le colonel Voisin est heureux peut-être que le crime qui l'amène devant vous lui donne une juridiction aussi solennelle qui lui permette de donner de haut, et en face du pays, un démenti à ceux qui ont calomnié sa vie ; et maintenant qu'il a, par ma voix, protesté contre les odieuses imputations dont il a été victime, il voudrait borner là sa défense, et me dirait de m'asseoir ; mais il faut que je continue : le colonel Voisin doit répondre à une bien autre accusation.

Il est allé, au mois de mai 1840, à Londres pour ses plaisirs et pour ses affaires ; il vous l'a expliqué lui-même. Il pourrait en justifier si votre audience comportait de pareils détails.

Arrivé à Londres, le colonel Voisin voulut voir le prince. Le prince est affable, il se fait aimer de tous ceux qui l'approchent ; il sait parler comme il faut parler à de vieux soldats des souvenirs de l'Empire. Le prince, par ses manières, par son esprit, par le courage dont il a fait preuve dans beaucoup d'occasions, gagna bientôt l'affection du colonel Voisin. Messieurs, je puis bien ici faire l'éloge du prince : il est dans une position où l'on peut être son courtisan sans honte, où la flatterie a pour lui peu de dangers.

Le colonel Voisin se dévoua au prince, il entra dans ses espérances : il eut, non pas la confidence, mais une vague indication de ses projets futurs. L'exilé pense toujours à la patrie, et l'exilé parlait constamment au colonel Voisin de sa patrie, qu'il voulait revoir, il lui parlait de ses projets, dont il espérait plus tard la réalisation.

Le crime n'était pas là encore pour mon malheureux client ; car il n'est pas permis d'imputer à crime les consolations, les encouragemens que l'on porte aux douleurs et aux impatiences de l'exil ; mais un jour le prince dit au colonel Voisin : « Le général Montholon part pour Ostende ; je l'ai chargé d'une mission : voulez-vous l'accompagner ? » Il y consentit.

Dans la sincérité de son âme, sous l'honneur de sa vie, le colonel Voisin vous a déclaré que telle est l'explication de sa présence sur le paquebot la *Cité d'Edimbourg*. Il se rendit donc à Margate, où il devait s'embarquer. Lorsqu'il y arriva, il trouva le prince, qui bientôt lui fit part des résolutions qu'il avait prises et qu'il était déterminé à exécuter. Le colonel Voisin avait à choisir entre la raison et le danger. Son dévoûment ne pouvait pas balancer ; son affection pour le prince ne permettait pas qu'il y eût deux résolutions possibles. Il fit quelques observations, elles furent sans succès. Que vous dirai-je ? il débarqua sur la plage de Boulogne, il accompagna le prince jusqu'à la caserne : et lorsque l'entreprise eut échoué, il le suivit auprès de la colonne, où dans son désespoir le prince voulait mourir sous les balles françaises. Ce ne fut que par violence qu'on put arracher le prince à la résolution de son désespoir ; il fut entraîné, porté plutôt sur le rivage ; et c'est en ce moment que le colonel Voisin, joignant ses efforts à ceux des amis qui entouraient le prince, essaya de lancer à la mer le canot qui pouvait le sauver ; mais déjà le lieutenant du port s'était emparé du paquebot. Les prisonniers devaient tomber nécessairement au pouvoir de l'autorité ; il était certain, à ce moment-là, que la justice serait saisie de cette tentative, et cependant le colonel Voisin reçut deux balles par derrière. Il se tourna alors, et présentant sa poitrine, il dit : « Ce n'est pas ainsi que meurt un soldat; » et une balle vint le frapper au milieu de la poitrine.

Il y a entre la cour et moi un incident que je regrette. Je me suis laissé entraîner à un mouvement que je n'ai pas bien calculé. Je n'avais pas pensé que l'on pût invoquer le droit de la guerre et le consacrer solennellement pour l'usage de nos luttes intestines. Hélas ! messieurs, cela est vrai, on a usé du droit de la guerre, on a accompli un devoir, mais un devoir bien cruel. Ce que je voulais vous faire comprendre, c'est qu'il y a dans les blessures reçues par le colonel Voisin un châtiment déjà bien dur ; ce que je voulais dire, c'est que votre justice, votre indulgence au moins, doit lui tenir compte de cette peine horriblement cruelle, pour un soldat français, de voir des balles françaises effacer pour ainsi dire les glorieuses traces qu'avaient laissées sur son corps les blessures de vingt batailles. (Sensation.)

En 1813, l'Empereur passait une revue. Un jeune lieutenant de ses chasseurs à cheval se présenta sur le front de bandière d'un régiment d'infanterie. Trois fois l'Empereur passa devant lui, l'interrogeant du regard, comme il savait interroger ; enfin, le jeune homme s'enhardit, et adressant la parole à l'Empereur : « Sire, dit-il, j'ai vingt-cinq ans d'âge, onze années de service, onze campagnes, douze blessures ; cela vaut bien la croix ; je la demande, on me la doit. » L'Empereur répondit : « Assurément, et je ne veux pas qu'on me fasse crédit plus long-temps. » Et de sa main il attacha la croix sur la poitrine du jeune lieutenant. Ce lieutenant, c'était Charles Parquin.

Il a de bien beaux états de service ; mais les bulletins, les ordres du jour de la grande armée en contiennent bien davantage. Hier, M. le général Magnan vous disait combien était grande la réputation du commandant Parquin, combien il était estimé et aimé des anciens officiers.

Il n'y a qu'un seul fait que je veux citer dans cette vie glorieuse. Je ne veux pas m'occuper de ces drapeaux enlevés à l'ennemi ; je ne veux pas même vous parler de la vie du maréchal duc de Raguse, sauvée sur un des champs de bataille du Portugal ; je veux vous parler d'un fait qui doit vous toucher. Devant Leipsick, au mois d'octobre 1813, un de nos maréchaux était engagé dans un gros d'ennemis ; sa vie était menacée ; le capitaine Parquin se précipite sur l'ennemi, à la tête de quelques soldats, et délivre le maréchal de France. Il est assis parmi nos juges, et si je le nomme, ce n'est pas que je veuille troubler le devoir de sa conscience par le souvenir d'un service rendu ; non, messieurs, si je prononce ici son nom, c'est que je veux vous faire comprendre qu'il a été donné à Parquin de conserver à la France l'une des plus pures gloires de notre époque. Que M. le maréchal duc de Reggio me pardonne si j'abrite sous la gloire de son nom l'infortune du vieux soldat. (L'émotion qu'éprouve le défenseur l'empêche pendant un instant de continuer son discours.)

M. le maréchal duc de Reggio. Le fait est vrai. (Vive sensation.)

Me Ferdinand Barrot. La parole de M. le maréchal est un moyen de défense dont je m'empare. Je pourrais vous citer encore quelques-uns de ces faits glorieux que comprend la vie de Parquin. Il m'en racontait plusieurs qu'il croyait utiles pour vous le faire connaître. Je lui demandais pourquoi ils n'étaient pas sur ses états de services; il me fit observer qu'il n'y avait plus de place. Il aurait fallu faire des feuilles de service tout exprès pour les hommes de cette nature.

Lors de la restauration, Parquin sortit des rangs de l'armée : ses opinions bonapartistes ne lui permettaient pas d'y rester. Plus tard, en 1819, il comparut devant la cour des pairs, accusé de conspiration bonapartiste. En 1836, lorsque le prince tenta sur Strasbourg ce que récemment il a tenté sur Boulogne, Parquin était à Paris; il était au service. Le prince l'appela; il se rendit auprès de lui. Il faut que je vous dise ce que c'est que le dévoûment de Parquin. Lorsque dans cette enceinte, vous l'avez entendu déclarer qu'il était l'aide-de-camp du prince, et qu'à ce titre il devait lui obéir, il n'a pas cherché là un moyen de défense désespéré : c'était le cri de sa conscience. Je suis dégagé du service militaire; j'ai quitté mon grade, j'étais libre; je suis allé me mettre au service du prince Louis Bonaparte, en Angleterre.

Ce dévoûment s'explique parfaitement chez Parquin. En 1819 ou 1820, il était allé habiter au château qu'il possédait, lui vieux soldat, auprès d'Arenenberg. Là, il connut la reine Hortense. Vous savez quelle était son irrésistible bonté; elle accueillit le serviteur de l'Empereur. Dans cette illustre famille, Parquin n'entendit plus parler que des souvenirs de l'Empire, des douleurs de l'exil et de ses espérances. Il s'identifia avec qui l'avait accueilli. La reine Hortense avait deux fils, l'un de huit ans, l'autre de six. Ils étaient frappés de la proscription qui a pesé si cruellement sur leur vie. Quel était leur crime! Ils étaient les neveux de l'Empereur, de l'Empereur dont nous glorifions aujourd'hui la mémoire. Ce crime l'attacha davantage au jeune prince.

Parquin commença dès lors une vie d'abnégation et de dévoûment. Il a tout quitté pour le prince qu'il avait adopté; c'était l'affection suprême de son cœur. Il avait une fille unique. Vous savez combien ces hommes de bronze aiment tendrement lorsque l'amour paternel s'est une fois glissé dans leur cœur. Eh bien! il la quitta sans hésiter, à l'appel du prince, en 1836! et aujourd'hui il ne comprend pas qu'on lui fasse un crime de son dévoûment; et quand il dit qu'il est aide-de-camp du prince, qu'il a obéi à ses ordres, il ne pense pas qu'on puisse le condamner. C'est là une conviction si bien arrêtée chez lui, qu'il y a quelques jours encore, il écrivait à M. le chancelier: « Monsieur le chancelier, je suis aide-de-camp du prince; je suis parfaitement dans la position de Drouot et de Cambronne, qui avaient accompagné l'Empereur à son retour de l'île d'Elbe, comme aides-de-camp, et que le conseil de guerre a acquittés. Je demande ma mise en liberté immédiate. » Il attend encore la réponse. (Mouvement.) Ce moyen de défense, il exige que j'y insiste; je ne voudrais pas manquer à la mission qu'il m'a donnée.

Tout cela vous explique pourquoi le commandant Parquin est sur ces bancs.

Faut-il maintenant que je recherche quelle a été sa participation plus ou moins active au fait de Boulogne? Faut-il que je recherche s'il a été initié aux résolutions du prince? Non, cela est inutile. Il vous a déclaré qu'il n'était point appelé dans le conseil; on savait qu'il était homme d'action, et que le jour où on l'appellerait, il serait prêt, toujours prêt Le prince lui aurait dit : « Parquin, il faut que tu ailles là, tu seras tué, mais j'avancerai d'un pas; » Parquin y serait allé.

Il y a cependant quelques faits qui ont pu jeter de l'équivoque sur la position de mon client. Il a fait, depuis 1837, en France, un voyage de courte durée. L'accusation le lui impute à crime, et dit : « Vous étiez en France par les ordres du prince Napoléon, et vous avez embauché pour lui des complices : vous êtes plus coupable. » Messieurs les pairs, il déclare que le fait n'est pas exact, il dit qu'il est venu en France pour ses affaires; effectivement, vous avez entendu hier un témoin qui vous a déclaré que Parquin, dans le voyage qu'il avait fait à Paris, ne s'était occupé que d'une importante affaire relative à l'arriéré de sa pension militaire.

Il y a deux faits qu'il ne conteste pas. Il aurait envoyé au prince Louis-Napoléon un chasseur nommé Brigaud. A cet égard, je ne puis que rapporter l'explication fort naïve, quoiqu'elle ait une apparence logique très-serrée, qu'il a donnée à votre audience. On lui demandait un chasseur, il fallait qu'il trouvât un bel homme. Il avait été chef d'escadron dans la garde municipale; c'est là qu'il était sûr de trouver de beaux hommes; il en prit un qui était hors du service, et il l'envoya au prince. Ce n'était évidemment pas là un embauchage. Le chasseur l'a servi lui-même à la table du prince; c'était un domestique.

Il y a un autre fait. Parquin était *un bon compagnon*; les anciens officiers savent que près de lui ils trouveront toujours une assistance assurée. Il y avait à Paris un pauvre capitaine, le capitaine Desjardins; c'est un autre de mes clients. Le capitaine Desjardins avait été mis, en 1838, à la retraite. J'ai aussi pour lui de beaux états de services. Parti simple soldat, il est devenu capitaine et a été décoré de la croix d'officier de la Légion-d'Honneur. Il a sept ou huit blessures, a fait un grand nombre de campagnes. Il a servi autant qu'il pouvait servir; en 1838, il a demandé sa retraite. Cette retraite lui assurait 1,360 fr. de pension; il avait une femme et cinq enfans. Il demanda un emploi : les emplois sont tellement disputés aujourd'hui qu'il n'en obtint pas ; il était dans la misère la plus profonde. Sa femme tomba malade ; dans cette famille, pendant tout le temps de cette maladie, on ne prit qu'un seul repas par jour afin de trouver des ressources pour pourvoir aux besoins de la malade. (Vive sensation.) On ne put suffire à ses besoins, et la misère plus que la maladie emporta la pauvre mère de famille.

(L'accusé Desjardins ne peut cacher son émotion; il essuie avec son mouchoir les larmes qui inondent son visage.)

Ce fut dans ces circonstances, messieurs les pairs, qu'il s'adressa à Parquin, qui lui dit : « Allez voir le prince Louis Bonaparte ; il est généreux, il viendra à votre secours ; on vous emploiera comme secrétaire. Le prince publie des brochures, vous copierez. » Parquin expédia le capitaine Desjardins à Londres. Le capitaine vit le prince, s'attacha à lui ; puis un jour il est devenu justiciable de la cour des pairs par une participation qu'il ne comprend pas lui-même à la tentative de Boulogne.

Hier, M. le procureur-général a prononcé une parole dont je m'empresse d'invoquer le bénéfice. Il vous a dit qu'il n'insistait pas, et que Desjardins était promis à votre indulgence.

Desjardins pleurait, ce vieux soldat ; vous l'avez vu, il pleurait à l'espérance, à la certitude d'être rendu à sa pauvre famille. C'est une espérance que votre arrêt ne démentira pas.

Je n'ai pas encore fini ; j'ai encore à défendre le jeune Bataille, bon et loyal jeune homme, qui n'a pas, lui, d'anciens souvenirs, qui n'est pas ce qu'on appelle une *vieille moustache*, mais qui a le cœur chaud et chez qui s'exalte l'espérance.

Bataille a été élève de l'École Polytechnique; c'est un titre qui ne manque jamais de recommander celui qui le porte à l'estime et à la bienveillance. A sa sortie de l'école, Bataille se livra avec assiduité, avec succès, à des études industrielles. Je ne puis pas entrer dans le détail de toutes les entreprises dans lesquelles il a été employé; seulement hier un témoin vous a déclaré que toute sa vie, depuis sa sortie de l'École Polytechnique, avait été consacrée aux études de ponts suspendus ou de chemins de fer : il est ingénieur civil.

Il paraît qu'il y a quelque temps l'emploi vint à lui manquer ; il se livra alors à l'étude d'une question politique qui est à l'ordre du jour : c'était la question d'Orient, question dont tout le monde parle, que peu de gens, comme c'est l'ordinaire, ont étudiée à fond.

Bataille, au contraire, en parlait peu et l'étudiait beaucoup ; il l'étudiait sur les cartes, dans les livres ; il comprenait les intérêts divers qui pouvaient se donner rendez-vous sur ce terrain ; il était partisan de la question d'Orient, comme il vous l'a dit, au point de vue de l'alliance avec la Russie. Je ne viens pas assurément développer devant la cour le système de mon jeune client ; seulement je dois dire que ses idées sur la question d'Orient étaient tellement bien étudiées que des personnages fort importans, et l'on pourrait

3ᵉ PARTIE. 17

l'attester au sein de la chambre des pairs, lui ont conseillé de les écrire et de faire un mémoire.

Le mémoire fait, il y avait une tentation toute naturelle de le publier. Bataille chercha long-temps ; il s'adressa d'abord au *Journal des Débats*; l'Orient rentrait dans le département d'un des rédacteurs du journal, on ne laissa pas de place à Bataille. Il y avait un autre journal qui traitait très savamment cette question d'Orient et qui était au point de vue de mon client, celui de l'alliance russe ; c'était le *Capitole.* Il s'y présenta. Ce fut une bonne fortune pour le journal ; on y accueillit ses articles. Il a donc écrit dans le *Capitole*. On le lui reproche aujourd'hui, et voyez à quoi tient la destinée ! car voilà un lien que l'accusation a trouvé entre les antécédens de Bataille et l'entreprise de Boulogne. Voyez donc par quel malheureux hasard il a trouvé place prise au *Journal des Débats*.... De là sa destinée. Combien de grands événemens n'ont pas de causes plus raisonnables !

Quoi qu'il en soit, Bataille fut amené par la nécessité de ses études et de ses affaires industrielles à faire un voyage à Londres. Là, il désira, il faut le dire, d'être présenté au prince Louis-Napoléon. Le prince l'accueillit avec son affabilité ordinaire. Bataille le trouva penché sur les mêmes études, cherchant aussi, lui, les spéculations politiques. Ils se trouvèrent d'accord sur cette question d'Orient, et le prince lui mit le doigt sur les pages des Mémoires de Sainte-Hélène, où le grand homme traite la question, et la traite avec des prévisions qui ne se réalisent que trop aujourd'hui. Ce fut une affiliation toute naturelle entre le jeune Bataille et le jeune prince. Ce fut un lien qui le rattacha davantage aux souvenirs de l'Empire, et insensiblement il se laissa aller, il se laissa en quelque sorte envahir par la pensée politique du prince, qui trouvait pour porte dans son esprit cette belle et grande question d'Orient qui avait été l'idée de sa vie, l'objet de ses études de chaque jour.

Voilà, messieurs les pairs, comment les rapports s'établirent entre le prince et Bataille ; ils mirent cette idée politique qui en embrasse tant d'autres en communauté. Le jeune Bataille se dévoua au prince, qui devint pour lui un de ces hommes auxquels on engage sa vie entière. Ce n'est pas ici une rodomontade ; nous les avons vus dans la prison : ils ont tous, ces hommes-là, pour la personne du prince, une affection véritable, un dévoûment absolu, un respect profond. Le jeune Bataille ne put pas résister à cette séduction par laquelle d'autres avant lui avaient été entraînés.

Un jour, le jeune Bataille était à Boulogne ; il n'y était pas allé par ses ordres, ainsi que l'a allégué M. le procureur-général ; seulement le prince savait qu'il devait s'y rendre. Je ne dirai pas que ce fût pour des affaires, mais pour un de ces motifs qu'on comprend à l'âge de Bataille ; et peut-être y a-t-il là une de ces fautes qu'on est heureux d'avouer lorsqu'on peut en faire une sorte d'abri d'un crime politique et d'un crime entraînant des conséquences pénales.

Il était à Boulogne depuis cinq jours, non pas comme un partisan, non pas comme un mandataire, non pas comme un serviteur s'occupant des intérêts de celui qui l'emploie, mais comme un jeune homme qui prend du plaisir avec ardeur.

Le 5 août, Bataille reçoit, le soir, je ne sais de quelles mains, un ordre du prince qu'il fallait transmettre au lieutenant Aladenize. C'est là, pour lui, que va commencer la série des faits qui pourront être un jour retournés contre lui comme un crime. Le 5 août, un ordre arrive à Bataille; il doit le transmettre immédiatement au lieutenant Aladenize. Va-t-il être coupable? transmettra-t-il l'ordre? obéira-t-il à l'appel qu'on fait à son dévoûment? Oui. Le prince est son ami; le prince lui envoie un ordre duquel dépend peut-être sa vie, sa destinée tout entière; Bataille pouvait-il calculer? pouvait-il déchirer cet ordre? pouvait il discuter avec lui-même? Non. Il envoie l'ordre.

Le lendemain, il fut sur la plage de Boulogne, il accompagna le prince, c'est vrai. Le lendemain il était encore sur le bord de la mer lorsqu'on tirait sur le prince, et il cherchait à lui faire un abri de son corps. Voilà sa faute, voilà quels sont les entraînemens auxquels il a cédé. Ce pauvre jeune homme m'écrivait, il y a quelques jours : « Monsieur, faut-il donc que, si jeune, je voie mon avenir brisé par une condamnation politique? » Je ne lui ai pas répondu, mais j'ai pensé que dans votre justice il y avait, pour ainsi dire, un mélange du droit de grâce qui devait laisser une large part à l'indulgence. J'ai jugé qu'il suffisait de recommander tout cet avenir à votre raison, à vos consciences. J'ai pensé que peut-être bien vous sentiriez que, pour un jeune homme intelligent comme Bataille, l'avertissement de cette épreuve solennelle, de cette accusation qui pèse sur lui, qui le menace, suffirait pour éclairer sa vie tout entière et la maintenir dans la ligne des devoirs du citoyen.

Maintenant je me hâte. J'ai fini. Je n'ai pas voulu vous entretenir longuement de chacun de mes cliens; je sais avec quel soin vous étudiez dans les pièces de la procédure le caractère de chacun, et je m'en rapporte à la sagesse de cette étude. Il y a là de vieux soldats qu'ont entraînés leurs souvenirs, et de jeunes hommes qu'ont séduits leurs espérances.

Je termine par une considération. Ordinairement on repousse votre juridiction, parce que c'est une juridiction politique, parce que vous êtes des hommes politiques. C'est une raison pour moi de l'accepter avec confiance et sécurité.

Effectivement, vous avez été tous, ou à peu près tous, avant d'être les hommes et les soutiens du gouvernement, les hommes d'une conviction politique, et je pourrais distinguer, en cherchant bien, les diverses couches d'illustrations que le flot révolutionnaire en passant a laissées sur votre institution. C'est précisément parce que vous êtes des hommes politiques, que vous ne vous effrayez pas outre mesure des espérances, des résolutions, des ardeurs, des impatiences des hommes de parti; c'est précisément parce que ce sont des hommes politiques que vous savez mesurer la peine à l'utilité sociale de cette peine, et qu'alors votre haute raison sait dans la distribution de la justice accorder beaucoup à l'indulgence.

L'ACCUSÉ PARQUIN : Je demande la permission d'ajouter une parole à celles que vient de prononcer mon défenseur.

Messieurs les pairs, j'avais promis à une illustre princesse expirant sur la terre d'exil de ne pas quitter son fils dans la position difficile où le sort l'avait placé. Voilà ce qui explique ma récidive. J'ai rempli ce pieux devoir. Et si, du haut du ciel, où l'on fait monter sa religion, sa vertu et ses bienfaits, la reine Hortense jette un regard ici-bas et voit avec douleur son fils devant vous, je serai aperçu, je l'espère, moi qui partage l'infortune de ce jeune prince qui, depuis de longues années, m'honore de son amitié, et à qui j'ai voué tout le dévoûment dont je suis capable.

M. LE CHANCELIER. La parole est au défenseur de l'accusé Mésonan.

Mᵉ DELACOUR. Messieurs les pairs, vous n'attendez pas de moi qu'après les orateurs qui ont déjà paru devant vous avec une éloquence si entraînante, l'un d'eux surtout avec une si incroyable autorité de parole, je vienne, moi le plus jeune et le plus obscur de leurs confrères, ramener vos esprits sur ces considérations générales qu'ils ont su épuiser par leur talent. Après le spectacle qui vous a été donné, du nom le plus grand des temps modernes venant se mettre sous la protection du plus grand de nos orateurs, ma marche était toute tracée, et il ne me restait plus qu'à jeter de faibles couleurs sur des tableaux esquissés à si grands traits. Aussi, n'est-ce pas dans un misérable sentiment d'amour-propre que j'ai puisé le courage et la force nécessaires pour venir affronter cette éclatante publicité à laquelle expose nécessairement un procès de cette nature et de cette importance. Des motifs plus élevés ont dirigé ma conduite. Lié avec M. de Mésonan par ces rapports d'estime qui sont souvent le prélude des plus solides amitiés, j'avais pu apprécier toutes les qualités de son noble cœur, comme il avait cru découvrir en moi cette franchise et cette loyauté qui lui sont si chères. De là, messieurs, à toute l'intimité de l'affection, il y a loin encore; et lorsque j'admirais les vertus privées de M. de Mésonan, cette union si rare et si belle qui lui faisait confondre son existence avec celle de la plus respectable des sœurs, je ne prévoyais pas l'évènement si grave qui devait faire sitôt de moi l'ami intime du vieux militaire et le trop faible appui de sa famille. Cette amitié, messieurs, est la plus sacrée qui se soit jurée sur la terre; ce sont les murs d'un cachot qui ont été les témoins de ses premières effusions; et vous comprenez de quelle force ma faiblesse se sent animée, quand je me représente que M. de Mésonan n'est pas le seul client que j'aie à défendre, et qu'en dehors de cette enceinte, et cachée à tous les regards, entourée de ses modestes vertus et de ses larmes impuissantes, celle dont M. de Mésonan voudrait racheter les douleurs au prix de tant de sang, attend avec angoisse l'arrêt souverain de votre suprême justice.

Voilà, messieurs les pairs, ce qui porte dans le cœur, avec le sentiment impérieux du devoir, la force de le remplir, et ce qui le purge entièrement de tout sentiment indigne de retour sur soi-même. Chargé avec ma faiblesse, de l'insigne honneur de défendre devant vous toute une vie de dévoûment et de probité, j'ai compris que j'étais perdu, si je me recherchais moi-même, et si je demeurais, par l'effet d'un si lâche sentiment, au-dessous de la noble mission qui m'était confiée.

Leduff-Louis-Marie-Severin de Mésonan, chef d'escadron d'état-major en retraite, officier de la Légion d'Honneur, chevalier de St-Louis et de St-Ferdinand d'Espagne, descend d'une de ces familles écossaises, si fidèles au malheur, qui suivirent en France la fortune de leurs rois fugitifs. Voilà son origine, et la source de ce sang généreux qui, mêlé au sang breton depuis des siècles, s'est conservé jusqu'à ce jour dans son énergique pureté, c'est lui, MM. les pairs, c'est ce sang précieux qui anime le noble cœur que je dois vous faire connaître, et à l'éclat dont vous le verrez briller dans une vie modeste, mais remplie des plus belles vertus, vous pourrez vous convaincre qu'il s'est transmit sans aucun mélange, et qu'il pourrait, sans honte, remonter à sa source d'héroïsme et de dévoûment.

Entré au service dans la marine, à l'âge de 17 ans, en qualité d'officier comptable, le 1er vendémiaire an VIII, on peut dire de M. de Mésonan, qu'il a supporté tout le poids d'un siècle, dont les travaux paraîtront fabuleux aux siècles à venir. Après avoir écrit à sa mère une lettre touchante pour lui promettre, en véritable Breton qu'il était, d'être fidèle à son Dieu et à l'honneur, le jeune Mésonan s'embarque sur la Salamandre, et ne quitte le service de mer qu'en l'année 1808. Le 9 mai 1809, il est fait lieutenant dans le 45e de ligne, et après une action d'éclat au siége de Flessingue, il est nommé capitaine provisoire par le général Monnet. L'ennemi s'étant emparé, dans la nuit du 14 au 15 août, du fort de la *Coupure*. M. de Mésonan y accourut avec une partie de sa compagnie s'élança le premier dans le fort et en resta maître. Tel est, messieurs, le début de sa carrière que M. de Mésonan annonçait devoir rendre si brillante par son courage et par des connaissances spéciales si rares à cette époque parmi les officiers de l'armée ; mais le sort de la guerre et la fatalité qui dispose de tout, firent tomber le lendemain même M. de Mésonan entre les mains des Anglais, et il expia sur les pontons jusqu'en 1815, par une captivité dont l'histoire conservera le souvenir comme une tâche honteuse au nom d'un peuple civilisé, les premiers exploits qui avaient signalé son jeune et brillant courage. Rentrée en France à cette époque, il ne put être confirmé dans son grade de capitaine, par suite de la perte qu'il fit dans les prisons d'Angleterre de la pièce originale constatant sa nomination. C'était là un malheur sans doute, mais qui fût loin de jeter le découragement dans son cœur. M. de Mésonan appartient à une famille où le devoir accompli sait se passer de récompense, et il avait été formé d'ailleurs à cette grande école, dont les traditions, je le crains bien, se perdent de plus en plus, où l'amour de la patrie n'était pas regardé comme un vain mot, et où l'esprit de sacrifice naissait de ce sentiment exalté.

M. de Mésonan, au sortir d'une si longue et si cruelle captivité, se remet donc à l'œuvre avec une nouvelle ardeur, et fait la campagne de 1815, à l'armée du Rhin, commandée par le général Rapp, comme aide-de-camp du maréchal-de-camp Jamel.

Nommé capitaine pour la seconde fois, le 20 juillet 1815, par le général en chef, en remplacement du capitaine aide-de-camp Bergeret, passé à l'ennemi durant la campagne, il perd encore une fois son grade par suite du licenciement. Mis à la demi-solde, il resta dans cette position jusqu'au 13 février 1819, qu'il entra dans le corps royal d'état-major, après avoir subi les examens exigés des lieutenans.

Le 12 janvier 1820, M. de Mésonan est enfin nommé définitivement capitaine à l'ancienneté au corps royal d'état-major.

C'est là, messieurs les Pairs, que commence, pour ce brave officier, si péniblement arrivé à une position tant de fois conquise sur le champ de bataille, et tant de fois perdue par le malheur, une nouvelle existence qui le met en rapport direct avec les chefs de l'armée. Il faudrait vous lire, messieurs les pairs, toute la volumineuse correspondance que j'ai parcourue avec tout l'intérêt et tout l'orgueil d'un ami, pour vous donner une idée des sentimens d'estime qu'il a su inspirer à tous les généraux qui l'ont eu sous leurs ordres. Pourquoi faut-il, hélas! que je sois forcé d'ajouter que cette estime universelle, cette position si honorable, n'ont pu le préserver de nouveaux malheurs, beaucoup plus poignans que ceux dont il ne pouvait se plaindre qu'au cours inévitable des choses.

M. de Mésonan fit la campagne d'Espagne de 1823, comme premier aide-de-camp de M. le lieutenant général Bourke, qui le proposa cinq fois, durant cette campagne, et toujours inutilement, pour le grade de chef de bataillon. Vous voyez assez, messieurs les pairs, que M. de Mésonan n'est point un enfant gâté de la fortune.

Il devint, en 1830, aide-de-camp de M. le lieutenant-général baron Maurin; nommé chef de bataillon en 1831, il fut maintenu, en cette qualité, à l'état-major de la première division militaire; il y resta jusqu'en 1833, époque à laquelle il reçut l'ordre de se rendre à Lyon, à l'état-major de la septième division militaire.

Cette disgrâce, car c'en était une, vint frapper M. de Mésonan dans ses intérêts, en lui faisant perdre 1,000 fr. par an sur ses appointemens, ce qui était d'une grande considération pour un officier pauvre; elle le frappa également dans ses affections, en le séparant de sa famille qui réside à Paris.

Je ne recherche pas, messieurs les pairs, quelles ont été les causes de cette disgrâce; ce que je puis affirmer, c'est qu'il n'y a pas d'exemple d'un pareil renvoi, à moins de promotion à un grade supérieur, ou de faute grave dans l'exercice de ses devoirs.

Quoi qu'il en soit, M. de Mésonan, qui a appris pendant le cours de sa longue carrière militaire, le prix de l'obéissance, se rend de suite à son nouveau poste; c'est là son devoir, et il n'y manquera pas.

Permettez-moi, messieurs, pour vous mettre à même de juger d'une manière plus intime le caractère de l'excellent homme, du brave officier qui m'a confié sa défense, de mettre sous vos yeux un fragment de lettre confidentielle qu'il écrivait de Lyon à M. Naudet, son ami :

«...Nous avons maintenant une garnison suffisante pour maintenir la tranquillité, et le général Aymard, parfait honnête homme, estimé de tous ceux qui le connaissent, a de la tête, de la vigueur et du caractère. Il joint à ces qualités de l'affabilité dans ses relations, de la simplicité dans ses manières, de la sagesse et de la modération; il est tout ce qu'il faut pour ce pays. Le préfet Gasparin est un homme d'un esprit supérieur, aimé et estimé de toutes les personnes faites pour l'apprécier; il vit en parfaite intelligence avec le lieutenant-général. Notre ancien collègue Aupick, aujourd'hui mon chef d'état-major, est un officier de mérite que vous connaissez pour avoir de l'aplomb, du savoir et pour un travailleur. Vous voyez qu'ici tous les premiers rouages sont bons et en harmonie.

« Non certainement, mon cher Naudet, je n'ai pas renoncé à retourner à Paris, mais cela ne dépend pas uniquement de ma volonté, comme vous le savez bien, et s'il plaît quelque jour à M. le Maréchal de m'y rappeler, ce qui me réunirait de nouveau à ma sœur qui n'a plus d'autre appui que moi, j'en serai fort aise, je vous assure, et je lui en serai même très reconnaissant; cependant, malgré tout le désir que j'en ai, après la disgrâce imméritée que j'ai éprouvée, est-il naturel, est-il convenable, je vous le demande, que je fasse des démarches pour solliciter une position quelconque à Paris, qui ne m'offrirait plus les mêmes avantages que ceux que j'avais à l'état-major de la première division militaire ? L'initiative dans ce cas doit venir d'une personne bienveillante : si j'avais quitté Paris par l'effet d'une mesure générale ou de suppression d'emploi, ce serait bien différent, car dans un naufrage (et ce ne serait pas le premier de ma vie, sans compter comme tel mes cinq ans de ponton, le licenciement de l'armée et par suite mes trois ans de demi-solde,) dans un naufrage, dis-je, on se raccroche à la première planche qui se présente; mais mon éloignement de Paris n'a aucune analogie avec tout cela, c'est le résultat d'une vengeance toute personnelle; et mon emploi, que je remplissais à la satisfaction du général Pajol, qu'on le consulte et on verra si je dis la vérité, m'a été enlevé par une noire intrigue, ourdie dans l'ombre par un ennemi qui a eu l'astuce de jouer le général Pajol et de faire mettre ses projets contre moi à exécution dans les bureaux de la guerre, à l'insu même du ministre, au moyen d'une décision générale surprise à sa signature, décision qui a tout le caractère d'un faux, puisqu'elle n'a jamais été insérée au journal militaire, sollicitée pour m'atteindre personnellement, et qu'on a jetée de côté dès que j'ai été sacrifié. Voilà cependant un échantillon des menées qui se pratiquent dans les bureaux; c'est une machination bien noire, qui ferait peine au ministre s'il en connaissait toutes les trames. Nul doute qu'on se sera servi de quelque faux prétexte que j'ignore pour colorer cette mesure ; on aura peut-être même eu recours à la calomnie, que sais-je? il y a des hommes capables de tout ; mais, dans cette dernière hypothèse, qu'on demande au brave et digne général Bonet qui je suis, et au général Pajol s'il a une seule plainte à porter contre moi.

« Le devoir d'un militaire est d'aller partout où on l'envoie, sans plaintes et sans murmures, c'est ce que j'ai fait, et je me suis mis en route pour Lyon. La nouvelle de l'injustice qu'on venait de me faire éprouver m'y avait précédé : je vous donne ma parole d'honneur qu'elle ne venait pas de moi, et je fus accueilli par le général et par mes camarades d'une manière propre à adoucir l'amertume de ma position, à calmer mon irritation intérieure, enfin, à m'affermir dans ma résignation, en attendant qu'il plaise au ministre de réparer le tort et le mal qui m'a été fait, certainement contre sa volonté ; car je tiens de quelqu'un de connaissance, qui l'approche de près, qu'il est essentiellement bon, et répugne même d'exercer une juste sévérité. Mon renvoi de l'état-major de la première division militaire, je n'hésite pas à le dire, est un acte injuste commis sous l'administration et sans la participation du maréchal : c'est un acte arbitraire, un abus de la force contre la faiblesse, exercé en son nom, et cependant il l'ignore! Jugez d'après cela comment vont parfois les choses de ce bas-monde, et qu'en conclure, mon cher? sinon que les ministres ici-bas sont comme le Dieu de l'univers, occupés des généralités, ayant à peine le temps de lire, et ne pouvant régler à eux seuls la masse innombrable des intérêts privés. Il ne faut pas leur en vouloir, ils ont encore plus de soucis que nous, et sont plus à plaindre qu'à blâmer.

« J'avais néanmoins conçu le projet d'écrire à M. le maréchal, aussitôt mon arrivée à Lyon, j'y ai renoncé depuis. Eh ! qu'importe, en effet, que je serve dans un lieu ou dans un autre, pourvu que je serve bien ; devais-je aller l'étourdir de mes tribulations, l'ennuyer de détails fastidieux et dégoûtans? non sans doute ; mais alors quoi lui dire ? qu'on l'avait trompé ? Hélas ! c'est la triste condition des hommes au pouvoir de l'être malheureusement trop souvent. Il le sait mieux que moi. Le silence m'a paru plus digne, et je l'ai gardé, attendant une réparation du temps, qui est le grand maître de toutes choses. »

Voilà, messieurs, avec quelle haute philosophie, avec quel bon sens supérieur, avec quelle connaissance parfaite des hommes, M. de Mésonan savait faire la part de ce qui revient à chacun. Ce ne sont pas là ces plaintes banales et exagérées que la défiance ou l'envie élève souvent contre le pouvoir. Frappé par une mesure injuste et de la manière la plus cruelle, M. de Mésonan, séparé de sa sœur, privé d'une partie de ses faibles appointemens, ne voit là que l'effet d'une erreur, et attend avec soumission et au sein de ses devoirs, une réparation qu'on ne peut lui refuser. Toute considération d'intérêt personnel disparaît entièrement devant cette grande considération de l'obéissance militaire : *qu'importe, dit-il, que je serve dans un endroit ou dans un autre! pourvu que je serve bien?* c'est-à-dire, messieurs, et pour traduire, en la dénaturant, dans un langage vulgaire, cette belle pensée de M. de Mésonan : qu'importe que je sois séparé de ma sœur dont je suis le seul appui? qu'importe que mes vieux services aient été méconnus, qu'un caprice ministériel, sans tenir compte de ma pauvreté, réduise d'un quart les modiques appointemens que j'ai gagnés sur les champs de bataille par tant de sang et de sueur, pourvu que je fasse mon devoir et que je sois fidèle à mon serment? Vous reconnaissez là, messieurs les Pairs, les sentimens qui dictèrent, 35 ans plus tôt, la lettre d'adieu du jeune marin de la Salamandre à sa mère qui pleurait et le recommandait à Dieu.

La lettre que j'ai eu l'honneur de vous lire, messieurs les Pairs, est à la date du 19 décembre 1833. M. de Mésonan y promet d'être fidèle à son devoir, et vous allez voir bientôt comment M. de Mésonan est un de ces hommes qui savent joindre l'effet aux promesses.

Nous sommes au mois d'avril 1834, à cette époque de l'insurrection la plus formidable qui ait menacé le pouvoir depuis 1830.

M. de Mésonan reçoit, à la date du 13, l'ordre suivant, signé de M. le lieutenant-général Aymard.

Lyon, le 13 avril 1834.

ORDRE.

« M. de Mésonan, chef-d'escadron d'état-major, prendra demain, à 3 heures du matin, quatre compagnies du 15e régiment d'infanterie de ligne sur la place Bellecour, et se mettra en marche pour se rendre, par le pont de la Mulatière et le chemin des Etroits, à l'entrée de la rue de la Quarantaine, à la hauteur du point provisoire ; ces compagnies seront sous ses ordres ; arrivé au lieu indiqué, M. de Mésonan y prendra position, et attendra les ordres de M. le général Buchet qui arrivera avec une autre colonne à la barrière de Saint-Just, à 4 heures 1/2, heure à laquelle la colonne aux ordres de M. de Mésonan devra se trouver aussi en position.

« M. de Mésonan mettra l'une de ses quatre compagnies à la disposition de M. Daigremont chef de bataillon du génie, qui se portera avec elle sur le fort Sainte-Irénée, par le chemin dit le *Grand Moulans*.

« M. de Mésonan aura le soin de s'arrêter sur la route à la caserne de Perrache, pour prévenir M. le commandant de Gripière, chef d'escadron au 7e dragons, de son mouvement et lui demander de couvrir la rive gauche de la Saône par des patrouilles de cavalerie qui commenceront à 4 heures du matin environ.

« M. de Mésonan est prévenu qu'une pièce d'artillerie le couvrira de la rive gauche pendant sa marche par le chemin des Etroits.

« Le lieutenant-général commandant la septième division militaire,

« A. AYMARD. »

Cet ordre, messieurs, fut exécuté à la lettre, avec un courage et un sang-froid admirables, et quelques jours après, sur la demande de M. le lieutenant-général, M. de Mésonan avait reçu la croix d'officier de la Légion d'Honneur, pour prix de sa belle conduite. Voilà, messieurs les pairs, le dernier service rendu par M. de Mésonan à son pays, celui qui devait couronner sa modeste et laborieuse carrière. Il ne lui a pas été permis d'en rendre d'autres, et le brave officier qui venait de se signaler par le dévoûment le plus difficile, celui qui s'emploie contre ses concitoyens, apprend un mois plus tard qu'il est question de le mettre à la retraite. — Voici dans quels termes il fait part à M. le général *** à la date du 5 mai, de cette nouvelle qui lui était parvenue :

« Je suis né le 10 octobre 1781, et par conséquent j'ai aujourd'hui 53 ans 6 mois et 26 jours. Voilà mon âge exact. Jamais je ne me suis mieux porté que maintenant. Pendant notre déplorable collision, mes camarades et le général Aymard lui-même, me faisaient compliment sur ma bonne mine, prétendant que je rajeunissais à vue d'œil dans les fatigues, que la guerre et l'activité de corps et d'esprit m'allaient à merveille, et me convenaient mieux que le repos. Depuis deux ou trois mois, si je l'avais voulu et qu'il eût été bien nécessaire de le faire, j'aurais pu me livrer à l'exercice du cheval, que l'on me suppose nuisible bien à tort, et si vous ne me recommandiez pas de ne parler à personne de ce qu'on écrit à Paris, que le cheval me nuisait j'en aurais fait part au général Aymard, qui se serait empressé de réparer, ou du moins d'atténuer le mal que lui-même m'aura fait, sans doute bien involontairement, par cette imprudente note dont mes ennemis se servent pour chercher à me nuire. Il est bien vrai que j'ai différé de me remettre en selle, parce que cela n'était utile ici que pour aller à la promenade sur la place Bellecourt ; mais je me suis abstenu de le faire dans l'unique but de me fortifier davantage et plus promptement, afin d'être apte et de me préparer, si besoin était, pour la guerre noble contre l'étranger, si différente de ces horribles boucheries des rues, auxquelles nous sommes continuellement exposés depuis près de quatre ans. Après la guerre d'Espagne, je suis resté deux ans dans le même état, et cela ne m'a pas empêché de remonter à cheval de plus belle et de m'y tenir peut-être plus solidement que ceux qui veulent me nuire. Voilà ma véritable situation, et si j'avais quelque chose à cacher, ce ne serait certainement pas à vous, mon général, que je le ferais.

« Je suivrai bien exactement les conseils que vous avez la bonté de me donner. Je ne laisserai rien apercevoir de ce qui se passe en moi, je ne me plaindrai à personne, et ne laisserai pas même paraître d'humeur. J'attendrai le résultat de toutes les machinations que mes ennemis cherchent à brasser contre moi. Cela me sera d'autant plus facile que je préfère les voies de douceur à toutes les autres, et le repos de l'âme aux émotions vives que j'évite autant que possible. Il ne faut cependant pas que mes antagonistes se figurent que je suis homme à me laisser jouer comme un tonton. L'injustice des hommes, l'ingratitude et le mépris du gouvernement pour les bons services et les droits acquis, me révoltent au-dessus de toute expression, me font sortir de mon apathie, et développent en moi une énergie d'autant plus grande que pour mon repos je tâche de la comprimer et d'éviter cet état d'exaltation. J'envisage d'abord en face et de sang-froid les circonsances graves et difficiles où je suis entraîné par mon étoile, et mon âme est assez fortement trempée pour les supporter avec courage et fermeté quand je ne puis les maîtriser.

« Je suis pauvre, mon général, mais moulé et façonné pour cet état ; il n'a rien d'effrayant pour moi. J'ai peu de besoins à satisfaire, et sous ce rapport je serai toujours assez riche. Ma frugalité, ma résignation dans l'infortune ont été mises à l'épreuve pendant mes cinq années de captivité sur les pontons. Je n'ai rien de pis à redouter désormais. »

En 1837 l'événement vient confirmer les craintes de M. de Mésonan, et il est admis à faire valoir ses droits à la retraite. C'est le lendemain du jour où il a atteint sa 54e année, que le ministre, usant à la dernière rigueur de la faculté qui lui est laissée par les règlemens, s'empresse de rejeter, comme un serviteur inutile, celui qui vient de payer le tribut de son vieux sang à la cause de l'ordre. Vous vous rappelez tous, messieurs les pairs, cette époque fameuse, où l'héroïsme d'une population soulevée tint pendant six jours la France entière en suspens, et fit douter de la victoire à une armée remplie du sentiment de ses devoirs. A cette époque, messieurs, les dangers étaient réels, et l'on connaissait alors tout le prix des serviteurs fidèles et dévoués. Une voix pourrait s'élever au milieu de vous, qui vous dirait que pendant des heures entières le découragement a présidé aux délibérations, qu'on a agité la question d'évacuer la ville, et cette voix ajouterait, si la modestie ne lui faisait un devoir du silence, qu'un avis plus courageux a prévalu ; et cet avis en la ville de Lyon, et bien d'autres peut-être, a illustré à jamais un de vos collègues et de nos juges.

A cette époque donc, messieurs les pairs, il fallait trouver des hommes capables de faire face à de si grands périls, et l'officier qui s'élançait par le chemin des Étroits, protégé de la rive gauche de la Saône par une seule pièce d'artillerie, méritait peut-être que, deux ans plus tard, la religion égarée d'un ministre ne le rayât pas des cadres de l'armée active.

Nous ne nous dissimulons pas les difficultés qui peuvent entourer les hommes qui sont au pouvoir, et nos sentimens sont conformes sur ce point aux sentimens de M. de Mésonan; mais, tout en consentant à faire une large part à l'erreur, et sans vouloir nous donner le mérite facile d'attaquer une administration qui n'est plus, ne pouvons-nous observer que des erreurs si fatales et si propres à jeter le découragement dans l'armée, ne devraient pas échapper à des hommes chargés, par leur haute position, de maintenir l'esprit militaire, qui vit d'émulation, et se perpétue par la confiance que sait inspirer une justice exacte?

Je n'incrimine pas, messieurs les pairs; hélas! les incriminations ont bien peu de force dans la bouche des faibles et des accusés; je ne conteste pas à M. le ministre de la guerre le droit matériel qu'il a eu de nous mettre à la retraite, après un service signalé, et alors que notre santé et notre âge nous permettaient encore de servir utilement le pays; mais ce que je voudrais vous faire comprendre, c'est l'irritation naturelle provoquée par cette mesure, qui, venant réveiller dans le cœur du vieux soldat les affections d'un autre âge et les souvenirs d'une époque glorieuse, où les services étaient toujours récompensés et jamais méconnus, l'a jeté dans une voie au bout de laquelle il devait, après quarante ans de fatigues, ne trouver que ma faible voix pour défendre le fruit modeste de tant de travaux et de courage.

Je vous disais tout à l'heure, messieurs les pairs, que je ne contestais pas le droit matériel qu'avait eu, en 1837, M. le ministre de la guerre de nous retrancher de l'armée comme un membre inutile; mais quand je gémis, au nom de l'amitié, de la conséquence amère de cette mesure, ne puis-je aussi m'élever moralement contre l'exercice de ce droit matériel? Ne sait-on pas qu'il existe en ce monde deux espèces de justice, la première qu'on ne peut pas ne point appliquer sans violer matériellement la loi, et sans faire un scandaleux appel à la force et à l'arbitraire. La violation de cette justice qui frappe tous les regards a toujours été châtiée, chez les peuples libres, par des actes éclatans de résistance. La seconde espèce de justice, c'est celle qui rend à chacun ce qui lui est dû moralement, sans qu'aucune loi en fasse une obligation expresse, et qui peut être long-temps violée dans l'ombre avant que toutes ces violations honteuses et secrètes aient comblé la mesure et appelé le châtiment. Votre expérience vous dit, messieurs les pairs, que si la première de ces deux justices est comme l'appui qui fait tenir debout les États, la seconde est comme la chaleur essentielle qui les pénètre et leur donne la vie: sans elle, messieurs les pairs, la société languit, se consume d'elle-même, et quand elle ne finit pas violemment par un choc terrible, elle s'éteint lentement par une misérable agonie qui afflige les regards.

Je ne cherche pas à établir des comparaisons historiques qui seraient ridicules. Je ne veux pas surtout m'arrêter plus longtemps sur des considérations de cette nature, qui, se basant sur des motifs d'excuse, pourraient avoir, je l'avoue, leur côté dangereux ; mais, avant d'entrer dans la discussion du fait, j'ai pu vous demander avec confiance si vous ne pensiez pas que l'une de ces deux justices eût été violée dans notre personne ; violation odieuse, qui, en ne blessant que l'équité, ne permet pas de recourir à la loi, et laisse sa malheureuse victime désarmée et sans appui.

Ce qui ne veut pas dire, messieurs les pairs, que nous ayons été poussés par un intérêt personnel, si étranger à la loyauté de notre caractère, aux démarches dont le résultat devait nous être si funeste ; ce n'est pas nous, qui avons eu, de tous temps pour compagnes de notre vie, la modération et la pauvreté, que vous pourrez confondre avec ceux que l'ambition a déçus, et qui cherchent dans la témérité des entreprises une pâture à l'avidité de leurs désirs. Vous êtes juges criminels, et c'est dans le cœur des accusés que vous devez descendre. Vous verrez donc dans le nôtre, à des marques qu'il est impossible de méconnaître, que si l'injustice nous a toujours révoltés, ce sentiment de révolte n'était pas exité par la vue de l'intérêt, mais qu'il s'allumait en nous, comme dans tous les cœurs qui ont quelque noblesse et quelque sens de la dignité humaine, par cette indignation naturelle et instinctive qu'inspire l'injustice, par elle-même, par ce qu'elle a de contraire à toutes les idées que l'homme ne peut abandonner, sans consentir à s'abandonner lui-même dans ce qu'il a de plus grand et de plus précieux.

C'est ce sentiment, messieurs, qui nous a dicté, en 1837, cette protestation énergique dont on vous a parlé, et dont j'ai l'honneur de remettre sous vos yeux le passage suivant :

« Je le proclame ici, monsieur le ministre, ce n'est pas en dédaignant les services passés, en repoussant brutalement de l'armée les faibles débris de nos glorieuses phalanges, en abandonnant à des mains juvéniles le sort des anciens militaires, que l'on remédiera à ce déplorable état des choses, mais en suivant une marche contraire à la pensée machiavélique du rajeunissement total de l'armée, conçue pour niveler les médiocrités ; en évitant, surtout, de commettre des injustices et des passe-droits ; en ne prodiguant pas tout l'avancement aux intrigues de salon ; en récompensant, autant que l'état de paix peut le permettre, les bons serviteurs modestes et zélés qui vous sont signalés dans les inspections ; en honorant tous les grades et une existence entière de fatigues, de périls et de désintéressement.

« La nation, monsieur le ministre, prodigue au besoin le sang de ses enfans et fait des sacrifices énormes d'argent pour entretenir une armée destinée à maintenir l'intégrité du territoire, à garantir l'indépendance nationale, à assurer l'exécution des lois et à soutenir l'autorité royale, mais non pour soudoyer des légions organisées plutôt dans des intérêts personnels que dans celui de l'Etat.

« Si je voulais entrer dans de plus longs détails, je pourrais dévoiler toutes les plaies de notre état militaire, et signaler les infractions aux lois et aux règlemens qui ont été commises depuis plusieurs années ; enfin, vous dire que les avancemens de faveur et les avancemens prématurés humilient et découragent les officiers expérimentés. Mais pour cela, il faudrait me livrer à des personnalités que je cherche à éviter autant que possible. D'ailleurs, à quoi bon ? Le pouvoir, par amour-propre, revient rarement sur ses erreurs, ses fautes et ses injustices.

« Il faut cependant, monsieur le ministre, que quelqu'un se dévoue et qu'il ait le courage de dire la vérité, au risque de déplaire à l'autorité. Peu importe, dans ce cas, la forme et l'énergie du langage, lorsqu'on ne s'écarte point des règles de la politesse, et je ne crois pas l'avoir fait. Mais si, contre mon attente, la franchise de mes expressions m'attirait l'animadversion du pouvoir, je m'en consolerais en lui répétant après Mirabeau : « J'ai toujours craint d'indigner la raison, jamais d'indigner les hommes. »

Le caractère de M. de Mésonan se révèle tout entier dans cette lettre. Frappé par une mesure injuste, ce ne sont pas ses intérêts froissés qui le révoltent, c'est l'intérêt général blessé dans sa personne dont il prend la défense avec toute la chaleur et tout le courage d'une conviction ; c'est que M. de Mésonan a pu, mieux que personne, pendant sa longue carrière militaire et les inspections nombreuses qu'il a faites, apprécier les réactions produites par de pareilles mesures sur l'esprit de l'armée, et il a cru de son devoir d'appeler l'attention du ministre sur un abus si propre à jeter le découragement dans les rangs. La cause qu'il plaide, c'est celle de tous les vieux serviteurs qui, comme lui, n'attendent rien que de la justice, et ne soupçonnent pas que d'obscures menées dans les antichambres puissent l'emporter sur des services glorieux rendus au plein air des champs de bataille.

Vous savez, messieurs les pairs, que c'est à cette époque que M. de Mésonan reçut une lettre du prince Louis. Le commencement de ses relations avec lui n'est donc pas le fruit de l'intrigue ou de l'ambition. Cette lettre vint le surprendre, dans sa modeste retraite, comme un témoignage imprévu auquel il dut être sensible, et qu'il pouvait sans doute recevoir avec joie, sans se montrer coupable ; car je ne sache pas de loi qui soit venue compléter la loi d'ostracisme portée contre la famille de Napoléon, en défendant de correspondre avec elle. Si le feu et l'eau lui ont été interdits sur la terre de France, on ne lui a pas interdit encore ce commerce de la pensée, qui seul peut alléger son exil et rendre moins exorbitante cette condition qui lui a été faite par la législature d'un peuple qui va recevoir tout à l'heure avec des transports d'amour les cendres glorieuses de son chef.

Cette correspondance, messieurs, n'a pas d'ailleurs été fort étendue entre le prince Louis et M. de Mésonan, puisque le portier de sa maison, rue Saint-Nicolas-d'Antin, a déclaré à M. Gille, commissaire de police, à l'époque de la visite domiciliaire qu'il fit chez lui dans ces derniers temps, que jamais M. de Mésonan ni sa sœur n'avaient reçu de lettres de Londres ou d'Angleterre.

Quoi qu'il en soit, notre dévouement à la personne du prince a été absolu plus tard ; car il appartient, messieurs, au caractère du prince Louis de savoir inspirer de ces sortes de dévoûment ; et si le cours des choses, qui emporte tout avec tant de rapidité depuis cinquante ans, n'avait pas emporté avec lui la fortune de sa famille, c'est par là qu'il aurait relevé l'éclat de son haut rang. Il aurait su commander autrement que par l'intérêt, et on lui aurait obéi, comme on veut obéir en France, par affection et par amour. C'est ce qui vous explique, messieurs, ce qui devient de plus en plus incroyable dans l'état de nos mœurs publiques, cette confiance, je me garderai bien de dire aveugle, mais si intime et si touchante, qui a porté M. de Mésonan, comme tant d'autres, à s'embarquer avec lui, sans connaître le but du voyage, et sous la foi de son honneur et de son nom.

M. de Mésonan, vous le savez, a répondu par le dévoûment le plus cordial aux premières ouvertures du prince sur le bateau anglais, et ce dévoûment ne s'est pas démenti un seul instant depuis, ni dans ses actes ni sur ses lèvres. Vous connaissez sa franchise : elle est égale à son courage et à sa modération. M. de Mésonan n'a rien nié ; c'eût été indigne de son caractère... Il a dû seulement, dans l'intérêt de la vérité et de sa cause, démentir hautement d'étranges allégations : vous comprenez, messieurs, qu'il s'agit de la déposition de M. le général Magnan.

Constatons d'abord ce qu'il y a d'invraisemblable dans cette offre toute crue d'argent, faite de la part d'un prince qui avait le plus grand intérêt sans doute à connaître le personnel de l'armée à un général dont le nom devait repousser une pareille insulte. Ces offres-là ne se font d'ordinaire qu'à ceux qui ont été amenés à cet état de déconsidération où tout est permis vis-à-vis d'eux. Et M. de Mésonan n'avait aucune raison de penser qu'il pût en agir d'une façon aussi cavalière avec M. le général Magnan.

C'était là l'injure la plus cruelle qu'un honnête homme pût recevoir. Quel devait donc être le premier mouvement du général; après une proposition de cette nature ! N'était-ce pas de chasser indignement de chez lui celui qui venait de s'oublier en sa présence jusqu'au point de lui faire un pareil affront, le général Magnan l'avait si bien senti, qu'il avait déclaré d'abord devant M. le chancelier que, l'indignation le gagnant, il avait jeté M. de Mésonan à la porte. C'est là en effet le premier mouvement de l'homme d'honneur, que rien ne peut maîtriser et vaincre, au moment où l'honneur vient de se trouver offensé dans ce qu'il a de plus délicat, et l'on comprend assez que les choses ont dû se passer de la sorte, si en effet M. de Mésonan a poussé l'oubli des convenances jusqu'à venir ainsi, dans le cabinet d'un général, offrir une prime à sa trahison.

Eh bien! messieurs les pairs, les choses ne se sont point passées ainsi, et vous avez entendu hier la seconde version donnée par M. le général Magnan. Il ne s'agit plus, comme dans la première déclaration, de cette indignation qui le gagne, et qui le fait s'emporter à des actes de violence à notre égard. Nous ne sommes plus jetés à la porte, et la susceptibilité si vive de M. le général Magnan s'est convertie tout-à-coup en une douceur remarquable. Il nous prend affectueusement les mains, il nous presse, il nous conjure de renoncer à nos coupables projets : il ne veut pas nous perdre, il veut nous convertir, et celui que nous venions ainsi d'insulter, selon lui, de la manière la plus grave, cherche à faire couler dans notre cœur le miel de la persuasion ; mais là ne s'arrêtent pas les invraisemblances, ou plutôt nous commençons à aborder les preuves frappantes des illusions que s'est formées M. le général Magnan, jusqu'à ce que nous arrivions enfin à vous parler des certificats que nous avons eu l'honneur de produire devant vous dans la séance d'hier.

Le général a déclaré devant M. le chancelier qu'il lui avait été fait une offre de 100,000 fr. de la part du prince, et de 300,000 fr. à déposer chez un banquier, dans le cas où il viendrait à perdre son commandement. 400,000 fr. en tout. Voilà sa déclaration bien circonstanciée ; et cependant, messieurs les pairs, M. Cabour-Duhay, à qui M. le général Magnan fit ses confidences, quelques jours après la prétendue proposition qui lui aurait été faite, déclare, dans sa déposition reçue par M. le chancelier, tenir du général qu'il lui avait été promis une somme de 600,000 fr., le bâton de maréchal de France, et, en cas de mauvaise fortune, une rente de 15,000 fr.

Vous voyez, messieurs les pairs, comme le chiffre se gonfle ; il ne s'agit plus de 400,000 fr. seulement, mais bien de 600,000 fr. et de 15,000 livres de rente, ce qui représente un capital de 900,000 fr. Encore une version semblable, et la grande connétablie de France va être rétablie en faveur de M. le général commandant le département du Nord.

Ces contradictions évidentes suffisaient à elles seules, sans doute, pour détruire à vos yeux l'autorité de sa déposition ; mais nous devions aller plus loin ; la logique et le raisonnement sont pour nous : ce n'est pas encore assez : les contradictions et les invraisemblances jaillissent de tous côtés de la déposition de M. le général Magnan ; mais il ne suffisait pas de la presser en tous sens pour en faire sortir ce qu'elle renferme, il fallait quelque chose de plus palpable, de plus fort, de plus invincible ; il fallait un fait, une preuve matérielle, et ce fait, cette preuve, nous l'avions entre les mains.

M. le général Magnan avait prétendu d'abord que c'était le 22 ou 23 juin que nous avions dîné chez lui avec le capitaine Gueurel, ajoutant que c'était le lendemain de ce dîner que nous nous étions présentés chez lui pour lui faire, de la part du prince, les propositions dont il se plaint.

Les faits étaient parfaitement précisés. M. de Mésonan avait dîné ce jour-là avec le capitaine Gueurel, du 50e de ligne, qui était venu à Lille déposer dans une affaire du conseil de guerre. C'était là une circonstance qui ne permettait pas au général Magnan de se tromper sur l'époque de ce dîner. Un général commandant un département doit savoir de la manière la plus positive quel jour un officier vient au chef-lieu du département pour déposer devant le conseil de guerre.

Que signifie donc de sa part cette inexplicable hésitation qui lui fait tantôt fixer l'époque de ce dîner au 22 juin et tantôt au 17 ?

Le général Magnan pouvait, en recourant à *son rapport journalier*, constater, sans amphibologie aucune, l'époque de ce dîner. Pourquoi ce doute, cette obscurité de sa part ? M. Magnan n'avait-il pas le plus grand intérêt à les faire disparaître, et pourquoi ne l'a-t-il pas fait ? Qu'il explique pourquoi il s'est refusé à préciser, par l'inspection de ses rapports, le jour de ce dîner.

Quoi qu'il en soit, M. Magnan s'est arrêté, dans sa déposition d'hier, à la date du 17 juin.

Cette date, messieurs les pairs, est aussi erronée que celle du 23.

Nous avons conservé, sans doute par une inspiration de la Providence, la lettre d'invitation de M. le général Magnan, signée et datée par lui, et dont nous avons eu l'honneur de donner lecture à la cour.

Il résulte de cette lettre que nous avons dîné chez lui le 12 juin ; c'est donc d'après son propre aveu, le 13 juin, c'est-à-dire le lendemain de ce dîner, que nous avons dû lui faire les propositions qui ont révolté sa délicatesse.

Et cependant, messieurs, nous avons eu l'honneur de vous donner également lecture d'un certificat délivré par M. le directeur des messageries de Lille, constatant que, le 13 juin, à sept heures du matin, nous sommes partis pour Courtray, et pour répondre d'avance à une objection qui pouvait nous être faite par M. le procureur général, que nous aurions pu revenir le jour même de Courtray à Lille, nous avons produit, *comme dernière preuve*, un certificat de l'hôtellier des *Armes de France* à Courtray, constatant qu'aussitôt après notre arrivée dans cette ville, nous sommes partis par le chemin de fer pour nous rendre à Gand.

Que puis-je ajouter à l'évidence d'un tel fait ? Le général Magnan prétend que c'est le lendemain du dîner qu'il nous a donné que nous sommes venu tenter sa fidélité que nous aurions trouvée à toute épreuve, et le lendemain de ce dîner, nous avions quitté Lille à sept heures du matin.

Il ne reste donc plus qu'une dernière version au général, c'est de prétendre qu'après les propositions infâmes que nous lui aurions faites, il aurait poussé l'oubli de tout ressentiment jusqu'à nous admettre amicalement à sa table.—Vous jugerez, messieurs les pairs.

M. le général Magnan a fait longuement l'éloge, dans la séance d'hier, de son dévoûment aux institutions du pays. C'est un éloge sur lequel il s'est arrêté avec complaisance.

Vous me permettrez, messieurs les pairs, de faire à ce sujet un rapprochement qui m'inspire un sentiment pénible. C'est M. le général Magnan qui *notoirement* a été mis en non-activité en 1831, pour la conduite ambiguë qu'il a tenue dans les événemens de Lyon, qui se trouve aujourd'hui notre accusateur, nous qui, dans cette ville, et trois ans plus tard, avons modestement versé le reste de notre vieux sang pour la cause de l'ordre. Quant à notre éloge, il se trouvera dans d'autres bouches que la nôtre, et nous avons pensé qu'il ne nous manquerait pas dans cette enceinte, quand il s'agirait de prononcer sur notre sort.

Je ne reviens pas, sur la discussion tendant à prouver que nous nous sommes embarqués sur *le Château-d'Édimbourg* sans connaître le but du voyage et le lieu du débarquement. Hier, lorsque M. le procureur-général, en parlant de la futilité de l'entreprise, avait l'air d'appeler sur nous une triple confusion, et nous demandait à nous-mêmes, à nous qui, pour la plupart, avons assisté comme acteurs à de si glorieux événemens, si nous n'étions pas embarrassés de la pauvreté de notre rôle; il aurait dû comprendre que, pour des hommes d'honneur, il ne fallait donc rien moins que la force de la vérité pour arracher de leur bouche un aveu qui devait redoubler en eux ce sentiment de malaise. Quoi! vous persistez à douter de la véracité d'une allégation semblable faite par le général Montholon, par le colonel Voisin, par M. de Mésonan, comme si l'allégation contraire n'eût pas été mille fois plus facile à de si nobles cœurs, à de si généreux dévoûmens? Un accusé vous a dit, en réponse à vos doutes, que le vrai pouvait quelquefois n'être pas vraisemblable, et moi je vous dis que ce qui est invraisemblable, c'est que des hommes *comme ceux qui sont là* aient cherché à se soustraire par un mensonge aux sévérités de la justice, comme les derniers des misérables, et aient ajouté par ce mensonge indigne à ce qu'il y a de faux dans leur position. Quoi! c'est M. de Mésonan, qui tient si peu de compte de sa personne, qu'au moment où on cherchait à le retirer des flots il criait de sauver le prince avant lui, que vous soupçonnez d'avoir pu accepter de gaîté de cœur ce rôle qui lui est imposé par la force des choses, mais qui pèse à son cœur et à son courage? Il est parti sans rien savoir. Voilà la vérité, voilà la vraisemblance. Ne savez-vous pas que pendant quinze jours j'ai lutté contre M. de Mésonan, dans sa prison, pour le détourner de faire un mensonge qui relevait à ses yeux le rôle qu'il a rempli? Il voulait dire à la justice qu'il avait tout su, tout connu à l'avance. Que M. le procureur-général interroge le cœur humain, et qu'il dise si ce mensonge généreux n'était pas mille fois plus facile que l'aveu que nous avons fait!

Une circonstance particulière à M. de Mésonan ajoute d'ailleurs à la vraisemblance de son récit. Depuis trois semaines, il était retiré dans un château à quelques milles de Londres. Il est donc certain que, dans cet état d'éloignement, il ne pouvait être ni dans le secret ni dans la confidence de l'entreprise. Il reçut, cinq jours à l'avance, l'invitation de se rendre à Gravesend, et il trouva sur le bateau son uniforme, qu'on avait fait apporter de Londres. Vous savez le reste.

M. de Mésonan suivit le prince partout, à la place, à la caserne; c'est lui qui devant la colonne le conjurait de sauver sa vie si précieuse; c'est lui qui le fit monter dans le canot, et qui, lorsqu'il eut chaviré, jetait ce cri si touchant, et qui peint si bien toute la bonté de son âme.

Vous savez aussi, messieurs les pairs, si une seule menace, un seul acte de violence a signalé M. de Mésonan au milieu de ces scènes de confusion. C'est que M. de Mésonan n'a jamais su tirer l'épée que contre les ennemis de la France. Quant à sa participation à cette entreprise hasardeuse, elle ne s'est révélée que par un dévoûment absolu à la personne du prince : nous ne pouvons être condamné que pour ce dévoûment.

Je ne m'arrête pas, messieurs les pairs, sur la question de votre compétence, vous l'avez souverainement jugée : qu'il me soit permis d'observer seulement que c'est là une de ces questions obscures, qui tourmentent depuis long-temps la conscience publique. Si vous n'ignorez pas avec quelle sévérité l'histoire a toujours jugé ces tribunaux d'exception que la politique établit en dehors du droit commun, vous savez bien mieux encore de quels titres mérités elle a flétri ces tribunaux établis pour le besoin du moment, et qui ne puisent pas même dans une loi odieuse leur droit de juger et de punir.

Une loi odieuse est encore la loi, et peut, à ce titre, servir de base à une condamnation; mais il n'est pas donné à l'imagination du publiciste de concevoir rien de plus monstrueux qu'une loi obscure appliquée par des juges politiques.

Vous avez su, messieurs les pairs, corriger, jusqu'à un certain point, et par l'effet d'une jurisprudence pleine d'élévation, le vice que je signale, en vous réservant le noble privilége de modérer, suivant vos consciences, les peines insérées dans le Code criminel; de sorte que ceux qui ont toujours maudit le plus hautement cette espèce de nécessité politique, dans laquelle ils apercevaient la base la plus réelle de votre juridiction, n'ont pu s'empêcher, d'un autre côté, de rendre pleinement justice à l'esprit de modération et de philantropie qui a dicté vos arrêts. C'est par un arrêt de cette nature que vous avez glorieusement inauguré aux yeux de l'Europe, une révolution qui s'est conservée pure, et qui vous doit ainsi sa plus belle et sa plus solide sanction, et cependant, si vous voulez comparer l'attentat dont la connaissance était déférée à votre justice, par suite d'une accusation nationale, à celui dont le jugement vous est déféré aujourd'hui par une ordonnance, quelle distance énorme les séparent! d'un côté c'était la violation flagrante, préméditée de la constitution du pays, violation appuyée pendant trois jours par la force des armes, et par la guerre civile dans ce qu'elle a de plus odieux. Vous aviez à venger alors le sang qui avait coulé avec abondance au service de la plus juste des causes. Le crime était patent, avéré, il était exécrable, et jamais la justice n'avait pu, à meilleur droit, s'armer de toutes les sévérités.

D'un autre côté vous avez à juger une tentative qui ne se présente avec aucun de ces caractères odieux. Lorsque nous avons mis le pied sur le sol de France, c'était pour fuir l'exil, toujours si pesant pour un cœur généreux, et qui doit être insupportable surtout (vous en conviendrez) pour celui qui a l'honneur de porter le nom si français de Bonaparte. Nous ne venions pas accompagnés de la violence ou de la force : il ne s'agissait pas d'une intrônisation à la pointe des baïonnettes, puisque notre intention bien arrêtée et consignée dans nos proclamations, était de faire un appel à un congrès national. Aussi voyez avec quelle résignation les accusés ont fait leur retraite, sans songer à déshonorer leur cause par des actes de violence indignes de leurs sentimens tout français. Nos mains sont pures, messieurs les pairs, et n'ont pas été souillées par le sang de nos compatriotes; et si vous tenez à savoir de quel côté le sang a coulé, demandez-le aux flots de la mer qui ont jeté à regret sur le rivage le cadavre de deux malheureux tués sans défense au milieu de leur fuite : demandez-le encore à cette noble figure, qui porte si visiblement les traces de ses souffrances, à la suite de trois blessures reçues à bout portant sur sa poitrine désarmée.

Voilà, messieurs, quelle a été notre modération, et quels sont nos titres à votre indulgence.

Serions-nous donc jugés aussi sévèrement que ceux qui n'ont pas craint, à une autre époque, de faire gronder le canon dans les rues de la capitale, et que vous avez pris avec tant de magnanimité sous la haute protection de votre justice? Vous avez su vous mettre au-dessus des clameurs de la foule, qui criait vengeance; et, dans cette sphère élevée où la justice se rend loin des orages populaires, vous avez prononcé avec calme un arrêt solennel qui proscrit à jamais la peine de mort en matière politique.

La peine de mort! Vous me rendrez la justice de croire que je ne m'arrête point à cette idée : la raison, les mœurs, la politique la déclarent impossible, aussi bien que toute peine dont la trop grande rigueur appellerait l'intervention du plus noble droit de la couronne.

Mais devez-vous, messieurs, vous qui êtes des juges, et qui n'êtes que cela, compter sur une action étrangère à l'action de votre justice souveraine?

Non, je ne crains pas de dire que ce rôle équivoque de juges criminels, occupés sans cesse à désigner des victimes qu'on aurait l'air d'arracher sans cesse à leurs rigueurs, ne saurait convenir à la haute position que vous occupez dans l'ordre constitutionnel. Il ne faut pas qu'une clémence auguste, à laquelle nous avons si souvent applaudi, puisse s'exercer aux dépens de la considération qui vous est due, et que l'un des pouvoirs de l'Etat, en exerçant les fonctions de la plus terrible magistrature, celle qui dispose de la vie et de la liberté des hommes, soit soupçonné de ne pas le faire sérieusement, et d'avoir cherché l'occasion de faire ressortir de tout l'odieux d'une condamnation dont la tache lui resterait, la gloire d'un pardon qui lui est étranger. Calcul aussi faux qu'impolitique, car s'il était vrai de dire, sous l'empire des vieilles mœurs monarchiques, qu'une noblesse respectable et considérée était le plus ferme appui du trône, avec combien plus de vérité ne pouvons-nous pas affirmer aujourd'hui que la royauté ne se maintient que par la même force qui maintient les autres pouvoirs de l'Etat, et que chaque coup porté à leur considération retombe directement sur elle, et l'ébranle dans ses fondemens.

Ménagez précieusement, messieurs les pairs, les restes de respect qui se sont conservés au sein des masses, et que le sentiment que vous avez de votre propre dignité vous fasse préférer ces principes éternels suivant lesquels les sociétés se perpétuent, à ces nécessités si improprement appelées nécessités politiques, comme s'il y avait autre chose de nécessaire pour les grands pouvoirs de l'État que de se maintenir dans toute leur force et dans toute leur intégrité.

J'abandonne, messieurs, ces considérations générales qui se rattachaient d'ailleurs d'une manière si intime à la position de chaque accusé, et je me renferme, en finissant, dans ce que la nôtre présente de particulier.

Vous connaissez les services signalés rendus, en 1834, par M. de Mésonan à la cause de l'ordre, et si ces généreux services, oubliés par le ministre d'alors, n'ont été payés à ce brave militaire que par une disgrâce injuste, il convient que le souvenir en soit rappelé devant une justice comme la vôtre, qui s'exerce, dans toute sa sphère, par les considérations les plus élevées.

Je ne crois pas, messieurs, invoquer ici une maxime dangereuse, en provoquant de votre part une compensation que l'opinion publique aurait ratifiée d'avance.

Vous n'êtes point des juges ordinaires. Vos lumières, l'éclat qui vous environne, les actes que vous êtes appelés à juger, tout ici est exceptionnel, et si vous tenez entre vos mains une balance dont vous seuls pouvez connaître le poids, faites-la pencher du côté de la clémence, et que vos arrêts magnanimes se distinguent entre tous les autres, comme vous vous distinguez déjà entre tous les autres juges par votre haute position.

Le cardinal de Richelieu a consigné cette pensée dans son testament politique, « que le bien et le mal sont deux ennemis qui ne doivent point être mis en parallèle l'un avec l'autre, et que si l'un est digne de récompense, l'autre l'est de châtiment; » mais vous remarquerez que si ce grand homme rejette ainsi la compensation en matière de peines, c'est qu'il avait implicitement admis la nécessité de récompenser le bien, comme il avait établi la nécessité de punir le mal. Or, nous qui avons fait le bien, sans trouver de récompense, nous punirez-vous jusqu'à l'extrême rigueur pour le mal dont nous sommes accusés? Je vous livre, messieurs, cette grave considération.

Au moment où mes dernières paroles retentissent dans votre enceinte, peut-être que le premier coup de canon qui doit mettre l'Europe en feu a déjà retenti au-delà des mers. Laissez-nous, messieurs, avec la liberté, la disposition de notre vieux sang français, et s'il s'agit de marcher à la frontière et de repousser l'invasion, vous verrez si M. de Mésonan se tient encore solidement en selle, et s'il avait raison de réclamer, il y a trois ans, contre sa mise à la retraite. Le jour est bien prêt peut-être où nos divisions intestines devront disparaître devant la gravité des événemens, et où la France, entraînée de nouveau dans des luttes héroïques, aura besoin de tous ses jeunes défenseurs et de tous ses vieux soldats.

Après cette plaidoirie, M. le chancelier annonce que la séance est suspendue pour un quart d'heure. Au même moment, M. le général Magnan s'avance au milieu de l'enceinte, comme pour demander la parole, mais messieurs les pairs ont déjà quitté leurs siéges, et le témoin retourne à sa place. Une assez vive agitation règne dans l'émicicle et devant le banc du Barreau.

A trois heures un quart la séance est reprise.

Me BARILLON, défenseur de Persigny, demande pour lui l'autorisation de prendre la parole.

M. DE PERSIGNY, sur l'autorisation de M. le chancelier, prend la parole en ces termes : « Messieurs les pairs, il y a sept ans que des études approfondies sur la grande époque consulaire et impériale, opposées dans mon esprit, à l'époque actuelle, me vouèrent au culte des idées napoléoniennes. — Ce culte vous explique mon dévoûment à l'illustre race qui personnifie ces idées, et au noble prince qui en est ici le représentant. Pour assurer le triomphe de ces idées qui promettaient, dans ma pensée, la gloire, la grandeur et les libertés de mon pays, je n'ai pas hésité à me faire le soldat d'un homme, d'une famille. A une époque où il n'y a en France ni véritable autorité, ni véritable liberté, où les partis et le pouvoir sont également impuissans, faute d'une personnification vivante des grands intérêts du pays...

M. LE CHANCELIER : Je ne puis laisser passer ces expressions; il n'est pas permis de dire qu'il n'y a en France ni véritable liberté, ni véritable autorité.

PERSIGNY : J'ai voulu dire que l'autorité n'était pas assez forte et la liberté pas assez étendue. Je crois que c'est là une doctrine, messieurs les pairs, que vous partagez en partie.

M. LE CHANCELIER : Prenez garde à vos paroles; ne dites pas des choses qui aggravent votre position.

M. DE PERSIGNY : Si je le faisais, c'est que je me tromperais.

M. LE CHANCELIER : Vous vous êtes déjà trompé sur l'intention, vous pouvez vous tromper encore.

M. DE PERSIGNY, continuant : A une époque où tout le monde veut commander et personne obéir, je suis fier d'avoir compris l'obéissance et engagé ma liberté dans le but d'assurer et d'agrandir les libertés de mon pays. Je suis fier d'avoir pris la devise de ce généreux roi de Bohême qui vint mourir à Crécy pour la cause de la France, cette devise modeste, mais qui a aussi sa grandeur : ICH DIEN, *Je sers*.

L'idée napoléonienne qui fut l'expression la plus sublime de la révolution française, qui rattache les siècles passés au nouveau siècle, qui du sein de la démocratie la plus agitée fait surgir l'autorité la plus gigantesque, qui remplace une aristocratie de huit siècles par une hiérarchie démocratique accessible à tous les mérites, à toutes les vertus, à tous les talens, la plus grande organisation sociale que les hommes aient conçue : l'idée napoléonienne qui, prodigue d'égalité, veut aussi assurer aux peuples les plus grandes libertés, mais ne leur en accorde la jouissance complète qu'après les avoir étayées de solides institutions, associant ainsi les doctrines de liberté aux doctrines d'autorité; l'idée napoléonienne qui songe surtout au peuple, ce fils de sa prédilection qui ne le flatte pas, mais s'occupe sans cesse de ses besoins, et place sa plus grande gloire dans l'extinction de la mendicité et dans l'organisation du travail; l'idée napoléonienne qui marche à la tête des voies industrielles que sa glorieuse épée débarrasse de toutes entraves, et appelle l'Europe à une vaste confédération politique; l'idée napoléonienne, enfin, cette grande école du dix-neuvième siècle, légitimée par le génie, illustrée par la victoire, sanctifiée par le martyre; l'idée napoléonienne, vous la connaissez, messieurs les pairs, car vous avez servi à ses triomphes, vous qui fûtes les compagnons de gloire de l'Empereur! Il faudrait une voix plus éloquente et plus digne de faire entendre ici la parole napoléonienne pour vous en dérouler les magnifiques grandeurs. Ce n'est donc pas à un humble soldat de cette idée à s'en faire l'apôtre devant un si illustre auditoire. A lui seulement, comme tout citoyen, de pleurer et de gémir sur les malheurs qui ont renversé son empire. A lui, comme tout soldat, de verser des larmes sur la grande calamité de Waterloo! Sénateurs de l'Empire, dites-nous, quelle n'aurait pas été la grandeur de la France sans les désastres de 1814 et de 1815? Que ne seriez-vous pas, vous-mêmes, aujourd'hui?

Rappelez-vous, en effet, le rôle qui vous était assigné par les constitutions impériales ; songez à celui qu'elles vous réservaient...

M. LE CHANCELIER : Tout cela est complètement étranger à votre défense. Il ne s'agit pas de savoir quelle aurait été la grandeur de l'Empire sans la catastrophe de 1815.

M. DE PERSIGNY : Permettez-moi de développer mes idées, d'expliquer la cause qui m'a fait agir. La Cour pourra l'apprécier.

M. LE CHANCELIER : Continuez ; mais, en vérité, vous ne servez pas votre cause, je vous en donne l'avis.

M. DE PERSIGNY, reprenant : Songez à celui qu'elles vous réservaient quand les esprits, si long-temps distraits des préoccupations intérieures, par les bulletins de nos victoires, se furent enfin reportés à la paix générale, sur les débats de nos assemblées. Mais pensez surtout à ce rôle mille fois plus grand encore, qui vous était destiné sous les successeurs du premier Napoléon, quand le génie du grand Empereur, descendant avec lui dans la tombe, vous eut légué l'héritage de son pouvoir ! Serait-ce à ce triste devoir de juger et de punir les victimes de nos discordes sans fin, que seraient consacrées vos lumières ? Non, non, de tels débats n'agiteraient pas cette enceinte. Arbitres des destinées du monde, ce sont des rois vaincus que vous verriez à cette barre venir implorer le nouveau sénat romain ! Mais pourquoi se laisser aller à la pensée de tant de grandeurs, quand on songe à cette loi impénétrable de la destinée qui traduit devant vous, comme un criminel, un prince même du sang impérial, lui qui devrait siéger aujourd'hui le premier parmi vous pour prendre conseil de votre sagesse ou marcher à la tête de nos armées à quelque grand dessein de la patrie ! Hélas ! pourquoi la France ne sut-elle pas repousser l'étranger de son sein ? Pourquoi les pères de la patrie ne surent-ils pas mourir sur leurs chaises curules ?..... Mais pas de vaines récriminations ! L'histoire de tous les peuples est souillée de quelques pages funestes. Le grand peuple de l'antiquité, le peuple modèle dans l'histoire du monde, les Romains ne virent-ils pas leurs légions passer sous le joug des Samnites ? Et l'or du Capitole ne paya-t-il pas le poids de l'épée de Brennus ? Il est d'ailleurs, comme a dit l'Empereur, des événemens d'une telle nature qu'ils sont au-dessus de l'organisation humaine. Oublions donc les grandeurs passées, puisqu'il faut forcément jeter les yeux sur les misères présentes ! Messieurs les pairs, s'il est un sentiment commun et parmi les juges et parmi les accusés, c'est ce sentiment pénible qu'inspire à tous les cœurs le triste spectacle de nos agitations depuis dix ans. Comment des divisions funestes, des partis infatigables, détruisent-ils sans cesse les germes de notre prospérité ? comment la voix de la France, cette voix puissante, qui jadis faisait trembler l'Europe, est-elle étouffée par les cris de la place publique ! En vain le langage officiel de la politique jette chaque jour à la face du pays les grands mots de factions insensées, d'ambitions coupables ! Ce n'est pas en flétrissant les effets qu'on détruit les causes. Au fond de ces résistances incessantes doit être une moralité. Il faut la chercher dans notre histoire. Quand la France impériale succomba, l'Europe entière liguée contre nous ne fut animée que d'une seule pensée : affaiblir la France. Cette pensée devait être impraticable. Enlever nos départemens militaires, s'emparer de nos forteresses ou les détruire, ouvrir sur tous les points de nos nouvelles frontières des passages préparés pour de nouvelles invasions, nous entourer enfin d'une ceinture de fer; rien de ce que peut la stratégie moderne ne fut épargné pour nous soumettre. Et ce n'était point encore assez. Pour rassurer l'Europe effrayée au souvenir de nos victoires, il fallait jeter parmi nous un principe éternel de division et de faiblesse. Il fallait frapper la France au cœur. Illustre et malheureuse maison de Bourbon, vous deviez servir d'instrument à cette politique. Le génie de la diplomatie étrangère, toujours si fatal à la France, avait compté vos destins et les nôtres. Dans ses calculs, ynastie étrangère aux nouveaux intérêts, aux nouvelles idées, aux nouvelles gloires de la France, vous deviez soulever contre vous ces nouveaux intérêts, ces nouvelles idées, ces nouvelles gloires; quoi que vous puissiez faire, vous deviez toujours apparaître à la masse inquiète de la nation comme la déléguée de la victoire étrangère. Et cette situation éveillant des méfiances continuelles, excitant les classes les unes contre les autres, devait détruire l'esprit public, et donner enfin raison à l'Europe de cette France terrible, qui avait osé prétendre à l'empire du monde !

Aussi, messieurs les pairs, écoutez lord Castelreagh...

M. LE CHANCELIER : Tâchez d'abréger, accusé Fialin; car vous lisez là une brochure. Ce n'est pas votre défense. La cour n'est pas ici pour entendre lire des brochures; arrivez à la fin.

PERSIGNY : C'est ma défense... Qu'ai-je besoin, messieurs les pairs, de dérouler devant vous le triste tableau de la situation de la France ? Cette situation, ne la connaissez-vous pas mieux que moi ? N'en êtes-vous pas les premières victimes. C'est en vain que vous comptez parmi vous tant de noms célèbres......

M. LE CHANCELIER : Accusé Fialin, c'est intolérable, je ne peux pas vous laisser continuer sur ce ton-là. Avez-vous une conclusion ? lisez vos conclusions.

PERSIGNY : Je proteste contre votre décision, monsieur le président; j'ai mis dans mes paroles toute la modération possible, et, si la cour m'avait écouté, elle aurait pu s'en convaincre.

M. LE CHANCELIER : Avez-vous des conclusions? Prenez vos conclusions.

PERSIGNY se rasseyant : Je n'en prends pas; je proteste, voilà tout ce que je puis faire.

M. LE CHANCELIER : Me Barillon a la parole.

Me BARILLON. Si la destinée de l'homme dépend des premières impressions qu'il reçoit au début de la vie, on peut dire que trois de mes cliens, MM. de Persigny, Lombard et Conneau, devaient être fatalement enchaînés aux souvenirs de l'Empire; car ils font partie de cette génération enfantée au bruit des victoires, au milieu des miracles politiques de 1809 et 1810; car le premier cri populaire qui frappa leurs oreilles fut le cri magique et pénétrant de *Vive l'Empereur!* Car leurs premiers regards rencontrèrent le nom du grand homme inscrit partout dans l'alphabet, dans les prières de l'enfance, dans les fastes, sur les monumens, partout enfin. La France entière n'était-elle pas, pour l'enfance de cette époque, un livre éloquent dont le nom de Napoléon remplissait toutes les pages?... Ah, si les hommes de tous les âges, monarchiques ou conventionnels, subjugués par cette irrésistible grandeur, se sont inclinés devant elle pour confondre dans un même hommage les opinions les plus opposées, les préjugés les plus opiniâtres, comment la jeunesse de la France impériale aurait-elle pu grandir indifférente à cette mythologie de notre histoire contemporaine !

C'est à cette école, si féconde en inspirations vivaces et profondes, que furent élevés Lombard et Persigny; et quoique leur jeune cœur, tout plein des émotions de cette époque, ait eu le temps de se refroidir sous l'influence calmante de la restauration, les premières inclinations de leur enfance prévalurent, et tous deux se dirigèrent vers la carrière des armes, mais par des chemins différens. Persigny, entré dès 1827 à l'école de Saumur, en devint bientôt l'élève le plus brillant et le plus remarquable, puisqu'il en sortit avec un premier numéro pour prendre place en 1829 dans les rangs du 4ᵉ hussards, où il demeura fidèle à son service jusqu'à la fin de 1830.

Libéré par un congé définitif, il quitta l'épée pour entrer dans les rangs de la presse : la plume lui semblait l'arme la plus active dans ce siècle de controverses et de discussions politiques. Après avoir essayé ses forces dans cette nouvelle carrière, il devint, en 1834, le fondateur d'une revue mensuelle intitulée l'*Occident français*, et consacrée à l'examen de l'Empire et du système impérial. Cette publication, qui se faisait remarquer par des vues politiques et des théories élevées, attira l'attention de tous ceux qui avaient admiré l'Empire, et lui valut surtout les félicitations de la famille Bonaparte, qui voyait dans cette brochure un hommage rendu à une vérité historique long-temps obscurcie par l'esprit de parti. Cette circonstance le mit en rapport avec le prince Louis-Napoléon. Ici, messieurs, je m'arrête pour vous exprimer un sentiment que partagent tous mes confrères, et qui, révélé à cette barre, ne peut être accusé de flatterie.

Les expéditions du prince Louis-Napoléon peuvent être diversement interprétées, diversement jugées. Les uns peuvent y voir li signe d'un entraînement irréfléchi, les autres l'expression d'un caractère ferme et persévérant; mais ce qui n'est ni contestable, n-contesté, ce sont les éminentes qualités qui distinguent le prince, et dont nous pouvons parler comme témoins croyables, nous qui l'avons pour la première fois rencontré au fond d'une prison, dans une de ces grandes épreuves auxquelles l'homme politique n'est pas toujours préparé; ce qui n'est pas contestable, c'est l'ascendant immense, irrésistible, qu'il exerce sur tous ceux qui l'approchent ; c'est cette attraction secrète qui appelle et qui retient ; c'est enfin cette cordialité qui n'exclut pas la dignité et qui commande l'affection autant que le respect ; à tous ces traits ajoutez ce regard de famille qui fut une des puissances de Napoléon ; à ce portrait enfin ajoutez le nom de Napoléon lui-même, ce nom qui entoure comme d'une auréole une tête vivante, et vous aurez, messieurs, le secret de ce dévoûment entier, absolu, aveugle, je dirai presque superstitieux, qui enchaîne tous les accusés aux destinées du prince, et qui est devenu l'unique drapeau de l'expédition de Boulogne.

Les jeunes hommes pour lesquels je parle en ce moment, messieurs, ne peuvent, comme ces vieux braves dont vous venez d'entendre la défense, étaler devant leurs juges de glorieux états de service ; ils ne peuvent dire comme eux : « J'étais à Austerlitz ou à Marengo ! » mais les vertus civiques peuvent encore briller à côté de la gloire militaire, et puisque la modestie de l'un de mes cliens l'a empêché de vous révéler ses honorables antécédens, permettez-moi, messieurs, de vous les faire connaître.

Après avoir terminé ses études médicales et obtenu le grade de docteur, Lombard entraîné par une pente irrésistible vers l'armée, se fit attacher en qualité d'aide-major à un régiment alors en garnison à Belle-Isle-en-Mer. Ce fut dans ce port qu'il eut, en 1831, l'occasion de signaler le courage ardent et généreux dont il est doué ; un bâtiment de Nantes, arrivant des colonies, battu par la tempête dans la rade, tirait le canon pour appeler un pilote ; l'un des matelots eut l'avant-bras cassé pas le refouloir du canon. Le navire forcé de subir une quarantaine, et ne pouvant entrer dans le port, fait demander du secours à Belle-Isle. La commission sanitaire propose en vain à divers médecins de se transporter à bord pour sauver un marin. Il fallait braver deux fléaux à la fois, une mer orageuse d'abord, et le choléra plus terrible encore.

Lombard se présente et sollicite l'honneur d'exposer doublement sa vie. On applaudit à un dévoûment si intrépide et si désintéressé ; et grâce à ce généreux élan de philantropie, un soldat français fut conservé au pays. Parmi les témoignages honorables qui récompensèrent alors cette belle action, il en est un que Lombard se rappelle avec reconnaissance, et il est heureux de pouvoir aujourd'hui remercier, par mon organe, l'un de vos collègues (M. Aubert, pair de france, alors député de la Charente), de la lettre flatteuse qu'il en reçut à cette occasion.

L'année suivante, Lombard était à la Rochelle ; un incendie éclate pendant la nuit dans une maison qui devient bientôt la proie des flammes. Quand tout le monde en fut descendu, on s'écrie que deux enfans ont été oubliés au second étage : ce cri était déchirant ; c'était une mère qui l'avait poussé. Un homme s'élance à travers les flammes et reparaît bientôt après avec les deux jeunes victimes sauvées par son courage ; cet homme, messieurs, vous l'avez encore reconnu : c'était Lombard !

Sur un tel caractère, sur ce cœur, tout d'élan et d'exaltation, l'infortune devait exercer plus de séductions que la puissance. Ainsi s'explique, messieurs, pourquoi Lombard est devenu le fidèle courtisan d'une grandeur déchue, et comment depuis 1836, sa vie s'est trouvée liée à celle du prince Louis. Inspiré par l'exil et le malheur, ce dévoûment s'est fortifié par la reconnaissance : il ne pouvait faiblir et reculer au jour des périls.

Quels que fussent l'instruction et le talent éprouvés de M. Lombard, c'était en qualité d'officier d'ordonnance et non comme médecin qu'il était attaché au prince. Le poste de médecin...... Ah! messieurs, il était occupé et dignement rempli par un homme qui avait reçu de la reine Hortense la sainte mission de veiller sur son fils Dès l'âge de 17 ans, M. Conneau fut placé en qualité de secrétaire auprès du roi Louis Bonaparte, et dès ce moment il fut lié par des bienfaits ; car ce fut sous ce patronage de la famille impériale qu'il termina ses études, et fit les premiers pas dans la carrière médicale. Il exerçait à Rome cette profession, lorsqu'en 1832, il fut recherché et poursuivi pour avoir prodigué des soins et des secours à deux patriotes italiens qu'il avait recueillis chez lui. Une loi, digne des plus mauvais jours, des plus mauvais gouvernemens, défendait l'hospitalité envers les proscrits, et ordonnait de les dénoncer. Menacé d'une accusation pour avoir obéi à la première des lois, à celle de l'honneur et de l'humanité, le docteur Conneau indigné se proscrivit lui-même, et quitta cette Rome dégénérée, où, comme au temps des tyrans, la vertu était un crime, et la délation une vertu !

Il vint alors sur notre sol hospitalier, pour y chercher le repos qui convenait à ses mœurs douces et à ses habitudes laborieuses ; mais une grande épreuve lui était réservée. Il était destiné à fermer les yeux de sa bienfaitrice, de cette bonne et généreuse Hortense, dont le nom prononcé réveille tant de vives émotions, et tant de populaires souvenirs en France. Conneau apprend que ses soins sont réclamés. Il va en Suisse, et tous les habitans d'Arenemberg savent avec quelle pieuse ardeur, avec quel infatigable dévoûment il a veillé au chevet de l'illustre malade jusqu'à sa mort, avec quel douloureux courage il a entrepris l'autopsie de ce corps glacé, auquel il aurait voulu rendre la vie au prix de la sienne. La reine laissait un fils, messieurs, et son testament contenait cette phrase qui associera éternellement son fidèle médecin à l'existence du jeune prince : « Je désire que mon fils puisse le garder toujours auprès de lui. » Le dernier vœu d'une mère mourante a été religieusement accompli, messieurs ; car sur ce banc de douleur, vous apercevez Conneau à côté du fils de sa bienfaitrice ! (Sensation.)

J'allais oublier, messieurs, de vous parler d'un de mes cliens qui a passé presque inaperçu à travers les foudres du réquisitoire et de l'acte d'accusation. C'est M. Bouffet de Montauban, que le ministère n'a fait que toucher en passant, et qui ne serait coupable que *d'une vie aventureuse.* Pour moi, j'accepte l'accusation, et je suis loin de vouloir l'en justifier, car c'est justement cette vie aventureuse qui est le meilleur moyen de sa défense ; c'est cette vie aventureuse qui explique sa présence à Londres, et ses rapports avec le prince.

M. Bouffet de Montauban est un de ces jeunes Français qui à l'époque de nos triomphes s'arrachèrent au collége pour s'élancer sur les champs de bataille. Le régiment dans lequel il entra comme fourrier était en Italie ; il y courut, et après plusieurs actions d'éclat, il fut présenté au prince Beauharnais, vice-roi d'Italie, qui le plaça dans un régiment de chasseurs italiens. Il y fit un rapide chemin ; il devint successivement sous-lieutenant, lieutenant et adjudant-major. Telle était la position de M. de Montauban à l'ouverture de la glorieuse campagne de Russie. Il y prit une part active, et fut blessé en combattant avec honneur. Il n'en fit pas moins les rudes campagnes de 1813 et de 1814, et quand la paix et l'installation d'un nouveau gouvernement le décidèrent à se retirer du service, il avait bien besoin de reposer ses membres brisés.

Au retour de l'île d'Elbe, il courut un des premiers se présenter à la rencontre de l'Empereur, et fit partie du bataillon sacré. Après les Cent-Jours il fut licencié avec l'armée de la Loire. A cette époque de haines et de vengeances politiques, vous savez, messieurs, quelle était la qualification donnée à nos braves défenseurs, et vous savez quel fut le sort de nos généraux et de nos soldats....

M. Bouffet de Montauban alla demander un asile à l'étranger : de là, cette vie aventureuse que l'accusation lui reproche. Il ne pouvait plus rester en France où il était suspect de fidélité au pays et à l'Empereur : il alla chercher ailleurs la carrière des armes qui lui était fermée dans sa patrie, il s'embarqua pour la Colombie. Les guerres incessantes de ce pays lui permirent de se distinguer, il devint aide-de-camp de Bolivar et colonel, et s'il eut un regret, ce fût de n'avoir pas bravé ces nouveaux dangers pour le service de la France.

En juillet 1830, M. Bouffet de Montauban était à Bruxelles, délégué de tous les Français que l'exil retenait encore en Belgique, il accourut mettre son épée et sa science à la disposition du gouvernement provisoire.

A cette époque une coalition menaçante se formait déjà contre la France ; M. Bouffet de Montauban offrit d'équiper et d'armer à ses frais un chasseur à cheval pendant toute la durée de la guerre ; cette offre fut acceptée, et M. le maréchal Soult, alors ministre de la guerre, l'en remercia au nom du pays.

Placé par le choix de ses camarades, avec le grade de général, dans le corps des volontaires parisiens, il fit preuve dans ce poste d'un patriotisme et d'un dévoûment qui lui valurent les éloges des hommes honorables qui dirigeaient alors le nouveau gouvernement. La légion parisienne fut bientôt dissoute, et M. de Montauban, qui voyait les chances de la guerre s'éloigner pour la France, reporta son activité vers une nouvelle carrière. Dans un voyage qu'il fit en Angleterre, il y contracta un mariage honorable, et s'y fixa définitivement en fondant aux environs de Londres une entreprise industrielle qui ajoute encore des revenus importans à sa fortune personnelle. Son séjour à Londres, son titre d'officier français, et la reconnaissance qu'il avait gardée pour la famille impériale, le mirent bientôt en rapport avec le prince Louis Napoléon ; ces rapports n'avaient aucun caractère politique, et vous pouvez l'en croire sur parole, messieurs, lorsqu'il affirme que loin d'être initié aux projets du prince, il n'avait été convié qu'à une partie de plaisir : en effet, on a saisi à bord du navire la légère valise qui formait tout son bagage, qu'y a-t-on trouvé? un habit de bal, des bas de soie, en un mot le costume élégant de l'homme du monde. Dites, monsieur le procureur général, sont-ce là vos pièces de conviction, et croyez vous que ce soit l'équipage militaire d'un conspirateur ? (*On rit*.)

Dois-je, messieurs, entrer dans l'examen des charges formulées par l'accusation contre chacun de mes cliens? rechercherai-je avec le réquisitoire si l'un d'eux savait le projet du prince avant le départ, si les autres ne l'ont connu qu'en mer, au moment où le secret se divulgait de lui-même? Quelle est donc cette étrange logique qui, mesurant la culpabilité sur les distances et sur les heures, juge plus criminels ceux qui ont appris un peu plus vite que les autres la destination du navire, et trouve des circonstances atténuantes en faveur de ceux qui ne l'ont apprise qu'après l'embarquement? Est-ce parce que pour ces derniers la retraite n'était plus possible en ce que la mer leur fermait toute issue? Ah ! mesieurs aucun de mes cliens, aucun des accusés ne voudrait subir une telle justification et tous en masse se lèveraient pour refuser l'humiliant bienfait de cette circonstance atténuante. Non, ce n'est point parce que la mer leur fermait toute issue qu'ils ont suivi le prince, c'est parce que l'honneur leur défendait la retraite. (*Approbation au banc des accusés*).

M. LE CHANCELIER. Je ne puis laisser passer cette expression, un attentat n'est jamais honorable et l'honneur ne commande jamais de s'y associer....

Me BARILLON. Monsieur le Chancelier, permettez-moi de reprendre ma phrase et de maintenir ma pensée en la développant. Je dis qu'il y a de l'honneur dans le dévoûment, je dis qu'il y a de l'honneur dans la fidélité, je dis que des gens de cœur, quand ils se sont consacrés par affection ou par reconnaissance à la cause d'un prince malheureux, ne peuvent sans félonie, l'abandonner au jour du danger, et je déclare hautement que pour mon compte j'éprouverais quelque pudeur à venir défendre ici le timide compagnon du prince qu'on aurait trouvé dans le navire, misérablement caché à fond de cale, pendant que les autres payaient bravement et loyalement de leur personne dans une entreprise qu'ils n'avaient ni conseillée ni devinée, je dis enfin qu'il est consolant et honorable pour le pays de voir que le courage français ne se dément jamais, alors même qu'il s'égare dans des voies aventureuses. (*Approbation générale.*)

Pour avilir cette cause et pour la réduire aux mesquines proportions d'un procès correctionnel, que n'a-t-on pas essayé, messieurs? quelle objection dédaigneuse et méprisante lui a-t-on épargnée? Sous l'uniforme de ces soldats improvisés, a dit l'organe éloquent du ministère public, on a trouvé la livrée de la domesticité... Ah, vous auriez dû poursuivre plus loin votre perquisition, M. le Procureur-général, et sous la livrée de la domesticité vous auriez découvert de glorieuses cicatrices : car ces nouveaux domestiques étaient tous d'anciens soldats. (*Sensation.*)

Après plusieurs considérations qui, selon lui, repoussent la supposition que le prince aurait confié à ses amis le secret de son expédition, Me Barillon termine ainsi :

Permettez-moi, messieurs, de terminer par un rapprochement dont la vérité éclaire tout ce procès. Lorsque Napoléon tenta en 1815 son fabuleux débarquement, lorsqu'il monta sur le brick l'*Inconstant*, et confia aux flots la fortune du nouveau César, avait-il réuni tous ceux qui devaient figurer dans cet événement extraordinaire, tous ceux qu'un dévoûment inébranlable attachait à sa personne? Non, Cambronne l'a dit dans sa défense, et l'histoire après lui, excepté Bertrand et Drouot, personne n'était dans le secret de l'Empereur. Ce ne fut qu'après le départ, alors que sa profonde et mystérieuse conception n'avait plus à craindre les remontrances de l'amitié, que, rassemblant sur le pont du navire ses fidèles serviteurs, Napoléon leur dit : « Amis, ce n'est point en Italie, mais en France, que je veux débarquer ! » Et tous lui répondirent par une de ces soudaines acclamations qui saluaient toujours les grandes pensées de Napoléon ! Qu'ai-je besoin d'insister d'avantage ? le prince Louis-Napoléon n'est-il pas nourri des souvenirs de l'Empereur, et ce mémorable exemple a-t-il pu lui échapper lorsqu'il a tenté le débarquement de Boulogne ? N'a-t-il pas dû renfermer son secret dans son sein, et attendre, comme l'Empereur l'avait fait, le moment suprême pour le révéler à ses amis ?

Cambronne, messieurs, fut acquitté par les juges de la restauration. Ah ! je vous en conjure, ne nous faites pas regretter leur indulgence !....

BOUFFET-MONTAUBAN. Je n'ai qu'un mot à ajouter à ce que vient de dire mon défenseur, c'est que si j'avais pensé marcher à une expédition militaire, j'aurais emporté mon uniforme et mes décorations de colonel colombien ; je n'avais mis dans ma malle, au contraire, que des habits civils, et l'on a été obligé de me prêter une vieille capote d'infanterie de la garde nationale.

M. le chancelier donne la parole à Me Nogent de Saint-Laurent défenseur du colonel Laborde.

Me NOGENT DE SAINT-LAURENT. Messieurs les pairs, le moment est venu pour le colonel Laborde de vous expliquer sa conduite ;

le moment est venu pour lui de se défendre en face de l'accusation dont il est l'objet .... Sa position, vous l'avez déjà jugée ; elle se détache avec simplicité sur le débat qui s'est agité dans cette enceinte ; et peut-être, profitant d'une position aussi simple, aussi précise, peut-être aurait-il pu imiter le noble laconisme de M. le comte de Montholon, et se borner à vous dire : « Je suis officier de la vieille garde j'ai été désigné pour accompagner l'Empereur à l'île d'Elbe et j'ai assisté à ce grand miracle militaire que l'on appelle les Cent-Jours. »

M. Laborde a réfléchi ; il a compris que son nom n'était pas lié d'une manière spéciale et principale à un événement que personne n'ignore ; il a compris que la gloire qu'il a pu acquérir était collective, qu'elle était commune à ceux qui avaient partagé ses dangers et sa fortune sur les champs de bataille ; il a compris qu'il ne lui était pas permis, à lui, de s'isoler dans l'histoire, et de se défendre avec quelques paroles qui réveillent une pieuse et illustre affection, un grand et solennel souvenir.

Il se défendra donc..... Il le doit, il va le faire. Toutefois n'attendez pas de lui une défense timide et minutieuse, une défense qui se réfugie derrière les allégations et les invraisemblances, qui s'enveloppe des obscurités de la dénégation. Non ; il veut se montrer tout entier ; il ne reniera pas ses idées, son dévoûment, ses sympathies ; il veut rester ce qu'il fut toujours, ce commandant de la vieille garde, plein de bravoure, plein d'honneur, incapable, d'une hésitation, d'une faiblesse un jour de guerre, incapable d'un mensonge ou d'une réticence devant la justice !

M. Laborde est un de ces hommes dont la vie entière s'est écoulée à travers les vicissitudes glorieuses de l'Empire. Parti simple soldat en 1803, il sut par son propre mérite, par son courage, s'élever rapidement dans la hiérarchie militaire. Il traversa l'Europe avec nos armées, et son sang fut répandu dans la plupart de ces mémorables batailles dont l'Empereur faisait de grandes victoires. Je regrette de ne pouvoir retracer ici un à un tous les détails de sa carrière ; mais le colonel m'a imposé une grande réserve, me défendant presque de vous parler de lui ...; et d'ailleurs ce serait une vanité puérile de sa part. M. Laborde ne cherche pas une occasion de fixer l'attention publique sur sa vie militaire.... Ses amis, ses frères d'armes le connaissent et lui rendent justice.. Ce témoignage lui suffit, et il sait que la gloire personnelle d'un colonel se confond dans cette merveilleuse histoire de l'Empire, comme une journée disparaît devant un siècle.

Inactif pendant une partie de la restauration, M. Laborde, fut appelé plus tard au commandement d'une compagnie de sous-officiers vétérans ; après 1830, il reprit un service plus actif et assista au siège d'Anvers avec son régiment, qui était alors le 41e régiment de ligne. Devenu commandant de place de la ville de Cambrai, il prit définitivement sa retraite en 1838. Retiré dans la banlieue de Paris, M. Laborde y vivait obscurément des produits de cette retraite et d'une modique fortune. Un seul malheur venait mêler son amertume à cette vie si régulière et si paisible.

Par une suite de circonstances trop douloureuses pour en parler longuement ici, madame Laborde avait quitté la France, et était allée en Angleterre. Depuis longues années, on en était sans nouvelles ; des nécessités de fortune et de position, le désir d'utiliser des talents remarquables, avaient seuls déterminé une séparation qui fut involontaire.

Au mois de mai 1840, le colonel, tourmenté par cette cruelle incertitude, partit pour Londres, et ce fut à cette époque qu'il fut présenté pour la première fois au prince Louis-Napoléon. Un ancien officier allait voir le neveu de l'Empereur, c'était naturel ; il en fut accueilli comme devait l'être un adjudant-major du bataillon de la vielle garde à l'île d'Elbe.

Toutefois, les recherches de M. Laborde furent infructueuses ; il revint en France au bout d'un mois, après avoir chargé ses amis de continuer les recherches qu'il avait commencées. Six semaines s'étaient à peine écoulées, lorsqu'il reçut une lettre dans laquelle on lui apprenait que madame Laborde habitait Richmond, dans les environs de Londres.

Le colonel retourna précipitamment en Angleterre ; et pendant ce second voyage, il fit une nouvelle visite au prince. Cependant il dut prolonger son séjour au-delà de ses désirs, car sa santé s'altéra, et au mois d'août il était encore à Londres, malade, languissant, en proie à de cruelles souffrances.

Ce fut alors que le prince lui proposa de faire un voyage à Ostende, avec M. le comte de Montholon et le colonel Voisin. Laborde accepta ; il espérait trouver un soulagement à ses maux dans les distractions du voyage ; et le lundi trois août, à neuf heures du matin, il s'embarqua avec ces messieurs sur un bateau à vapeur, et dans la conviction qu'ils se rendaient à Ostende. Le même jour, à quatre heures, le bateau relâcha à Margate, sur la côte d'Angleterre, à l'embouchure de la Tamise. Le colonel fut fort étonné et fort contrarié de cette circonstance ; malade comme il l'était, il voulait faire le voyage le plus promptement possible. Le lendemain, il se perdait en conjectures lorsque, dans la nuit du 4 au 5, ils furent ralliés par un canot qui les transporta inopinément à bord du paquebot la *Cité d'Edimbourg*. Le prince était à bord ; le colonel plus malade que jamais, incommodé par la mer, se jeta dans un coin du pont.

Le 5, de grand matin, on était en vue des côtes de France ; les proclamations étaient lues ; la résolution annoncée à tous les passagers. Le colonel avait revêtu son uniforme qu'il avait laissé à Londres, et qu'à son grand étonnement on venait de lui apporter sur le paquebot. Il débarqua à Wimereux.... De ce moment il a suivi les pas du prince, dans les rues de Boulogne, à la caserne, partout.... et puis il n'a pas cherché à fuir, il a quitté le prince à quelques pas de la colonne de la grande armée, il est resté seul sur la côte, seul, épuisé de lassitude et de souffrance, il s'est jeté au-devant d'une arrestation........ Voilà son histoire dans la matinée du 5 août; elle est simple et précise, comme je le disais en commençant. Le colonel est parti croyant aller à Ostende ; il est parti sans rien savoir des projets du prince, sans les approuver, s'il faut en croire les paroles qu'il aurait adressées au prince lui-même avant le débarquement, et que ce dernier a rapportées dans une de ses dépositions. Une fois qu'il a vu le prince déterminé à se jeter dans un péril, il n'a plus hésité, il est resté à ses côtés, il a traversé Boulogne avec lui......... Depuis, bien des fois, pendant ces conversations intimes qui s'établissent entre le défenseur et l'accusé, je lui ai demandé quelle était sa résolution; et toujours il m'a répondu avec un accent de vérité qui m'a pénétré d'une conviction profonde : « J'en avais une, une seule, je voulais éviter une collision ; j'étais venu là sans rien savoir, ce n'était pas une question politique, c'était une question d'honneur pour moi. Je voulais sauver les jours du prince s'ils venaient à être menacés. » Voilà sa résolution, le cri continuel de sa conscience !

L'accusation a prétendu que cette première partie du récit, c'est-à-dire la croyance dans laquelle se seraient trouvés MM. de Moutholon, Laborde et Voisin, qu'ils allaient à Ostende, était une allégation dénuée de vraisemblance. Ici je n'ai qu'un mot à répondre. Quand à moi leur affirmation me suffit, car je les tiens tous les trois pour hommes d'honneur et de loyauté; mais j'ajouterai cette circonstance pour l'accusation : Peu d'instans après leur arrestation, M. le comte de Montholon, M. le colonel Voisin, M. le lieutenant-colonel Laborde, furent interrogés séparément, sans communication possible, et tous les trois furent unanimes dans leurs réponses..... D'où vient cet accord, cette unanimité ?... qu'est-ce à dire ?... Serait-ce que par hasard, si ces messieurs avaient été instruits des projets du prince, ils auraient, par une prudence inconcevable, imaginé cette excuse à l'avance ?...: serait-ce qu'au moment de descendre à terre, au moment d'une périlleuse tentative qui devait absorber toutes leurs passions, toutes leurs facultés, ils auraient paisiblement rêvé une allégation judiciaire, un moyen de défense ?... Non; cela est l'hypothèse de l'accusation, et cela est invraisemblable, car cela est incompatible avec le caractère de ces trois hommes.

Mais, nous dit-on encore, l'habit du colonel était à bord...... qu'importe cette circonstance ! L'uniforme de M. Bacciochi, celui du colonel Vaudrey, s'y trouvaient aussi; leurs noms figuraient au bas d'une proclamation, et il est bien certain aujoud'hui que ces messieurs n'ont pas débarqué à Wimereux dans la matinée du 5 août.

Les boutons de l'uniforme qu'avait le colonel à Boulogne, portaient le numéro 40, numéro d'un régiment qui avait garnison dans les environs, et le colonel Laborde appartient au 41ᵉ régiment de ligne. Encore une circonstance qui n'est sérieuse qu'en apparence. Le docteur Conneau, le médecin du prince, a spontanément déclaré que c'était lui qui, à l'insu du colonel et dans un but qu'il ignorait avait changé les boutons de son uniforme... Que veut on de plus ?.. tout n'est-il pas expliqué, n'y a-t-il pas dans toutes ces paroles, dans toutes ces réponses faites séparément et sans qu'une convention antérieure fût possible, n'y a-t-il pas une clarté, une évidence, de nature à satisfaire toutes les exigences de l'accusation ! Je dois me repentir d'avoir insisté si long-temps ; c'était une préoccupation inutile de ma part, car enfin toutes ces circonstances qui tendaient à établir que M. Laborde connaissait les projets du prince ne serviraient qu'à formuler une accusation de complot, et cette question a été écartée du procès.... Ce n'est point ici le complot, ce crime intellectuel qui saisit la pensée commune, c'est l'attentat, ce crime spécial qui se subdivise pour saisir le fait individuel........ Si j'ai donné ces explications, c'est qu'il m'a semblé que, dans une affaire de cette nature, je devais porter une vive lumière partout où il y avait une ombre d'accusation...; c'est que je n'ai pas voulu laisser passer sans réponse cette hypothèse, que trois hommes honorables, considérés, que trois officiers supérieurs auraient été capables d'inventer une lâche excuse, un vil mensonge, indignes tout à la fois de leur caractère et de leur défense...... Oh! n'ayez crainte, ce n'est pas ici le lieu des discussions subtiles, c'est le moment d'une explication sincère qui vous sera donnée sans faiblesse comme sans ostentation...... Vous avez affaire à des hommes qui vous apportent toutes les vérités de leurs âmes, toutes les pensées de leurs consciences !

Il faut donc que je me rapproche de l'accusation, il faut que je l'envisage telle qu'elle se présente. Point de complot, mais un attentat, voilà son expression la plus simple.... Discutons l'attentat.

Le jour de la responsabilité judiciaire est venu pour tous les accusés, et M. Laborde ne peut pas s'isoler dans une défense contradictoire avec la défense générale ; son cœur est incapable d'un pareil égoïsme : il me l'a dit, et je l'en remercie pour moi, défenseur, qui serais désespéré de prononcer une seule parole contraire à un de ses co-accusés ; je l'en félicite pour lui, car j'ai la conviction profonde qu'un sentiment pareil sera apprécié par la cour des pairs. Il accepte donc, non pas la solidarité d'un projet qui ne fut jamais le sien, et contre l'exécution duquel il a protesté à l'une de vos audiences ; mais il accepte la solidarité d'un dévoûment, d'une sympathie qui est la sienne. Oui, le colonel Laborde doit tout à l'Empire, et il ne pouvait pas se faire que son cœur restât froid et insensible en présence du neveu de son Empereur, de ce jeune homme dont le nom et la naissance réveillent tant de glorieux souvenirs.

Cette sympathie pour le prince Louis-Napoléon, elle est vraie, elle est naturelle, mais ce n'est point là un attentat. Laissons donc les idées, les affections, les sympathies, tout ce qui est en dehors d'un caractère de criminalité, et voyons les actes, les faits matériels.... Qu'a fait le colonel Laborde ? Débarqué à Wimereux, le 3 août, il a suivi le prince à travers le péril dans lequel il s'était précipité ; il s'est séparé de lui quand il a cru que le péril était fini, il est resté sur le rivage, seul, et s'est jeté volontairement, sans crainte, sans remords, au devant de ceux qui poursuivaient les fugitifs. Eh bien ! est-ce là un attentat ?

Messieurs les pairs, l'influence du passé existe sur le présent et l'avenir ; il ne faut pas séparer un homme de ses antécédens, il ne faut pas l'isoler moralement et matériellement dans un fait, car ce serait omettre le véritable mobile de son action. En matière d'attentat surtout, dans cette accusation où les faits sont toujours liés aux idées, aux souvenirs, il faut accepter l'influence nécessaire du passé et des antécédens, sans crédulité, sans scepticisme, avec cette réserve et cette dignité qui conviennent à la justice.

Ici, messieurs, je suis forcé d'oublier un instant les préoccupations de l'accusé pour ne me souvenir que des nécessités de la défense. La mission de l'avocat est sacrée, et, dussé-je affliger le colonel par quelques détails extrêmement brefs sur sa vie militaire, il faut que je vous parle de lui un instant, il faut que j'accomplisse ce devoir impérieux que me prescrit ma conscience.

Voici ses états de service : M. Laborde, parti simple soldat en 1803, a passé par tous les grades avant d'atteindre celui de lieutenant-colonel. Il a fait les campagnes d'Espagne en 1803, 1809, 1810, 1811 ; de Russie en 1812, de Saxe en 1813, de France en 1814, de Belgique en 1830 et en 1832.

Permettez-moi, messieurs, de citer textuellement.

Ici, Me Nogent-Saint-Laurent lit des états de service qui constatent plusieurs actions d'éclat à la suite desquelles le colonel obtint ses grades et ses décorations, les blessures qu'il a reçues dans plusieurs batailles.

Il continue en ces termes :

Après la capitulation de Fontainebleau, en 1814, M. Laborde, alors chef de bataillon adjudant-major au 2e régiment de chasseurs à pied de la vieille garde, fut désigné par le général Cambronne pour faire partie de l'état-major du bataillon d'infanterie qui se rendait à l'île d'Elbe. Il y resta neuf mois, tout le temps qu'y resta l'Empereur ; il y vécut dans son intimité, faisant partie de sa maison, et revint en France aux Cent-Jours.

Voilà l'homme. Voulez-vous savoir l'opinion qu'il avait su inspirer à ses supérieurs pendant des temps plus rapprochés de nous ? En 1832, M. le colonel Laborde était au siége d'Anvers ; il commandait le 41e régiment de ligne. Permettez-moi de vous lire la lettre que lui écrivit alors un lieutenant-général qui siégerait parmi ses juges si une mission glorieuse ne le retenait en Afrique :

« Mon cher colonel, c'est à mon grand regret que je n'ai pu, jusqu'à présent, trouver l'occasion d'utiliser votre bonne volonté. Je pense être plus heureux d'ici à quelques jours, puisqu'on a parlé d'un assaut général, pour lequel ma division est destinée non-seulement par son tour de service, mais encore par sa composition. Des détachemens de chacun des bataillons d'élite seront fournis, et ce sera avec grand plaisir que je vous en donnerai le commandement, convaincu que je suis qu'il ne pourrait être en de meilleures mains. Vous pouvez donc vous préparer à partir, car l'ordre doit m'arriver ce soir ou demain matin. Dans tous les cas, vous n'irez pas seul, vous aurez pour témoin et co-acteur votre général, qui ne se sépare jamais de sa troupe, surtout lorsqu'il y a quelque danger à courir ou quelque gloire à acquérir. Votre affectionné,

« Vicomte SCHRAMM. »

Et maintenant que vous connaissez le colonel Laborde, ses antécédens, sa disposition d'esprit, l'opinion si honorable qu'on avait de lui, il vous sera facile de comprendre sa conduite dans la matinée du 5 août, et d'en apprécier le véritable caractère. Voyez, en effet, cet homme amené à bord du *Château d'Edimbourg*, apprenant une résolution qu'il a toujours ignorée, placé près du prince Louis, prêt à courir les hasards, et les dangers d'une tentative sur Boulogne ?... que devait-il donc arriver?... que devait faire M. Laborde?... Lui qui a épuisé sa vie, lui qui a versé son sang dans les guerres de l'Empire, lui le vieux compagnon, le vieux serviteur de Napoléon à l'île d'Elbe; lui qui débarqua au golfe Juan en 1815; lui qui était à côté de l'Empereur, un peu avant Grenoble, lorsqu'il découvrit sa poitrine à quelques pas d'un bataillon du 5e de ligne auquel on criait de faire feu, et qui, refusant d'obéir, donna une preuve nouvelle de cette puissance morale et de ce prestige incroyable qu'avait pu atteindre la gloire d'un seul homme!.. Ce qui devait arriver?... ah! vous l'avez tous jugé, messieurs... Voyant qu'il n'était plus temps de s'opposer à une détermination positive; voyant qu'il était trop tard pour discuter, le colonel allait être entraîné par un sentiment d'abnégation qui est le fond de son caractère; il allait oublier son intérêt, sa famille, les chances d'une tentative, la possibilité d'un échec, d'une arrestation, d'un procès; il allait ne penser à rien de tout cela, marcher derrière le prince, le suivre là où le danger de mort pouvait se rencontrer; il allait être prêt à le couvrir de son corps si une baïonnette venait à menacer sa poitrine, comme il avait été prêt pendant quatorze années à mourir pour l'Empereur son oncle... Voilà ce qui allait arriver, voilà ce qui est arrivé, voilà ce qu'a fait le colonel *sans préoccupation politique* et par pure affection, et depuis, bien des fois il l'a répété, car c'est la croyance de son âme, il me l'a répété avec sa vieille énergie militaire.....
«Amené là, il ne pouvait plus reculer!... consciencieuse parole d'un soldat qui ne sait ni calculer ni réfléchir en vue du péril, et dont le cœur n'a jamais renfermé que l'abnégation et le dévoûment.

Messieurs les pairs, avant l'ouverture de ces débats, votre justice si élevée et si intelligente a déjà fait une distinction; elle a mis en liberté tous les accusés subalternes, véritables instrumens sans volonté, mais qui pourtant constituaient la force matérielle de l'attentat. Cette pensée a été comprise : vous n'avez pas voulu demander compte à ces hommes d'un acte qui n'avait eu pour mobile que l'obéissance passive.

Les accusés qui restent au procès sont les hommes d'intelligence, ceux qui pouvaient comprendre la portée de leur action... Oui, cela est vrai; mais il y a aussi une cause, un principe qui domine leur conduite : ce n'est point l'obéissance passive; il faut donc chercher dans une influence morale la raison d'une action qui est dénaturée si on la dépouille de cette influence... Le colonel Laborde, par exemple, quelle est la cause, le mobile de sa conduite?... Oh! ici le doute ne me paraît pas possible, et je ne crois pas que l'on songe à contester mon affirmation. Cette cause, c'est la religion des souvenirs; ce principe, c'est le prestige de la gloire.

Vous le savez tous, Messieurs les pairs, il est une religion des souvenirs, sentiment puissant, réel, incontestable, qui naît dans le cœur de l'homme pour envelopper plus tard son âme tout entière. Jeune, on existe dans le présent, dans les vicissitudes, dans les espérances, dans les événemens si variés de la vie; vieillard, on existe surtout dans le passé, dans les souvenirs, et c'est une source d'émotions inépuisables, dit-on, que ce retour par la pensée vers les années où l'on vivait d'une activité prodigieuse, où l'on travaillait à sa réputation, à sa fortune, à son avenir.

Le prestige de la gloire..... Oh! oui, sans doute, cela est véritable encore. Eh, que serait-ce donc qu'une gloire sans prestige? Rien qu'un vain mot, un principe stérile; ce ne serait plus la gloire. Est-ce la faute de ces vieux soldats si l'Empereur fut si grand que sa gloire les couvre encore de son prestige?... Et ne savez-vous pas que ces hommes si calmes au feu, pleurent au nom de l'Empereur, que ces cœurs si froids pour le péril se remplissent d'une émotion brûlante au récit d'un fait d'armes? Ne savez-vous pas qu'ils ont gravé dans leur mémoire, à force de les lire ces proclamations immortelles que le génie de l'Empereur dictait la veille d'une bataille ou le lendemain d'une victoire?.. Et c'est à de pareils hommes que l'on viendrait dire : « Ferme ton âme à la religion des souvenirs, dérobe ta vue au prestige de la gloire; arrivé aux termes d'une vieillesse languissante, oublie tout d'un coup toutes les années de ta jeunesse pendant lesquelles tu vivais avec toute ton énergie, et si quelque chose te rappelle l'Empire, s'il t'est donné de revoir un proche parent de l'Empereur, reste froid, calme, impassible, sans larmes, sans émotion!... » Non, cela ne se peut pas; ce serait méconnaître la nature de l'homme que d'exiger tant de raison à côté de tant de cœur?... Et tout le temps qu'un soldat de la vieille garde restera debout dans un coin de la France, n'attendez pas de lui qu'il abjure la religion de ses souvenirs, ni qu'il résiste au prestige de la gloire impériale!....

Eh quoi! ce serait de pareils hommes que vous condamneriez, et cela pour une tentative de quelques heures, qu'ils n'ont connue qu'au moment où la résistance était impossible, à laquelle ils ont assisté sans autre résolution que le dévoûment, et qui n'a entraîné ni malheurs ni résultat politique.... Oh! messieurs les pairs, je ne le dissimulerai point, à cette pensée d'une condamnation, je me suis senti douloureusement ému; je n'ai pas su résister à un sentiment d'affliction profonde en entendant les paroles sévères de l'accusation qui appellent une responsabilité terrible sur ces têtes blanchies dans les batailles.... Et puis je me suis rassuré, car je sais que je parle devant une assemblée où siégent les plus grandes illustrations militaires de la France; je sais que votre justice, la première du royaume, saurait, s'il le fallait, pardonner un moment de faiblesse à un moment d'enthousiasme.... Non, vous ne les condamnerez pas, ces hommes; c'est au nom de la gloire de mon pays que je demande leur liberté : car ils ont servi la gloire nationale, cette gloire qui existe au-dessus de toutes les idées politiques, qui est le patrimoine de tous, et devant laquelle s'inclinent les hommes de tous les partis!... Aujourd'hui que des bruits de guerre ont traversé l'Europe, aujourd'hui que les hommes de l'Empire peuvent devenir des exemples et des modèles, vous ne voudrez pas qu'un colonel de la grande armée aille mourir dans une prison d'État, ni qu'une captivité douloureuse refroidisse trop tôt ce reste de vie que lui a laissé la victoire.

(Le jeune défenseur reçoit en s'asseyant les félicitations de Mes Berryer et Marie.)

M. LE CHANCELIER : La parole est au défenseur d'Aladenize.

Me FAVRE : (Au moment où cet avocat se lève, la cour fait le plus grand silence.)

Me FAVRE. Officier dans l'armée, Aladenize a mis son épée au service d'une cause que l'événement a condamnée. Aussi, ce n'est pas seulement d'attentat, c'est de trahison qu'il est accusé, de trahison ! Faute immense pour un militaire dont les antécédens sont purs, et qui a déjà eu l'honneur de verser son sang pour l'indépendance et la liberté de son pays. Croyez-le, messieurs, et permettez-moi de le dire, ce cœur dont vous avez jugé l'élan dans les fugitives impressions des interrogatoires, n'est pas celui d'un traître; et certes, au sein de cette assemblée qui a une si haute expérience des révolutions politiques, il ne se peut qu'on n'apprécie la fatalité des entraînemens qui l'ont égaré.

Le défenseur entre dans des considérations et des développemens dont l'éloignement ne permet aux sténographes de saisir que des parties fort incomplètes.

Ma parole, dit-il, sera-t-elle tout à fait impuissante pour détruire les impressions de ce terrible réquisitoire que vous avez entendu hier ? Non; car si la constitution du pays vous ordonne de protéger l'État quand il est attaqué, elle ne vous défend pas de le faire avec intelligence et générosité.

Racontant les antécédens de son client, le défenseur rappelle qu'Aladenize est un officier de Juillet : quand le peuple se leva en armes en 1830, il combattit dans ses rangs ; il fut blessé........ Il entra dans l'armée : pour lui la révolution nouvelle n'était pas seulement l'affranchissement du peuple, c'était aussi la réhabilitation de la Farnce : il la voyait, libre enfin d'engagemens, planter sur les rivages du Rhin son drapeau, et jeter aux peuples de l'Europe l'exemple de sa glorieuse émancipation. Je n'ai pas à vous dire comment furent trompées ses espérances. Cette voûte retentit encore des mâles accens d'une voix puissante qui vous retraçait hier la coupable pusillanimité de ce système indigne d'une grande nation.... (Murmures sur quelques bancs.) Ajoutez que, sans être un mauvais citoyen, on peut frémir de douleur à la vue de tant de faiblesse, on peut rougir de honte.... (bruit) en entendant les défis de l'Europe.... A ceux qui se préoccupent du soin de la dignité du pays et de sa grandeur, à ceux qui voudraient que le nom français fût partout le plus puissant et le plus respecté, comme il est le plus généreux, il est permis de s'affliger et de se reporter vers les époques de notre histoire.... (Interruption.)

Ces sentiment messieurs les pairs, étaient ceux d'Aladenize. Dans sa sphère modeste, il supportait impatiemment les misères du présent, et il appelait de tous ses vœux un avenir qui pût réaliser ses rêves de grandeur nationale. C'est vous dire assez qu' appartenait à l'avance à quiconque se présenterait à lui en flattan ses sypathies. Dans une réunion d'officiers, jeunes comme lui, comme lui braves, comme lui inquiets et mécontens de la situation du pays, il a dû croire à la parole d'un homme qui se présentait, non pas seulement comme l'héritier d'un grand nom, mais encore......

PLUSIEURS PAIRS. On n'entend pas Plus haut !

Me. FAVRE : Aladenize ne s'est pas attaché au prince, mais au citoyen qu'il a cru appelé à ressusciter les libertés de l'indépendance du pays. (Réclamations sur quelques bancs.) Assurément, dans les événemens de 1830....

M. LE CHANCELIER. Depuis les événemens de 1830, la France n'a pas cessé d'être forte, puissante et respectée. La défense de l'accusé n'a pas besoin de pareilles allégations.

Me FAVRE : Je ne vois rien dans ma défense qui soit inconvenant :

M. LE CHANCELIER : Continuez !

Me FAVRE : Je serais désolé de m'être en quoique ce soit écarté des convenances et du respect que je dois à cette assemblée. J'ai essayé d'exprimer quels étaient les sentimens d'Aladenize, et assurément quand j'ai dit qu'il s'agitait à la pensée que la France n'avait pas ses anciennes limites, je crois avoir dit quelque chose qui est dans la pensée de tous. Et en ajoutant que le prince qui se présentait à lui, lui disait vouloir être l'élu du peuple, et lui faisait espérer qu'il aurait un jour la puissance de rendre à la France ses limites du Rhin, j'ai expliqué quelles étaient les illusions d'Aladenize.

ALADENIZE, se levant : J'approuve les paroles de mon défenseur.

Me Favre essaie de démontrer qu'Aladenize n'était pas prévens à l'avance du complot. — Il a cherché à combattre les projets du prince ; il lui a demandé sur quoi il pouvait s'appuyer, et le prince lui a dit : « Je compte sur vous, sur votre dévoûment ; il y a deux compagnies de votre régiment à Boulogne, il faut les enlever. » Aladenize avait quitté son régiment, abandonné son drapeau, et si vous pouvez comprendre quelle a été la violence irrésistible de l'entraînement auquel il a été exposé, vous comprendrez que, après cet acte, qui était pour lui le passage du Rubicon, il ne pouvait plus reculer... Il marche donc vers la ville, il essaie d'enlever le poste d'Alton, il échoue ; il arrive à la caserne. Les deux compagnies étaient réunies dans la cour ; le drapeau, placé au centre, était salué d'un roulement de tambours et d'acclamations, lorsque, à la porte de la caserne, se présente le brave capitaine Col Puygellier. Le passage lui en est interdit ; il est menacé lui et les deux sous-lieutenans qui l'accompagnent ; il s'écrie, et une voix répond : « Ne tirez pas ! » c'est celle d'Aladenize qui accourt. Une baïonnette était dirigée contre la poitrine du sous-lieutenant, de Maussion, Aladenize présente la sienne. Le capitaine Col-Puygellier est l'objet d'une autre tentative ; Aladenize le couvre de son corps : « Respectez mon capitaine ! » s'est-il écrié. Et quand une collision est inévitable, que les armes sont baissées, c'est encore Aladenize qui se jette à la traverse et s'écrie de nouveau : « Ne tirez pas, car le premier coup de feu m'atteindra ! » Et alors il brise son épée.

M. le procureur-général vous a dit qu'Aladenize avait reculé devant la responsabilité du sang qui allait être versé, et n'avait pas voulu aggraver sa position. Oh ! que M. le procureur-général me permette de le lui dire, ici son zèle l'égare ; il a mal apprécié les sentimens qui se sont pressés dans le cœur de ce jeune homme. Non, ce jeune homme n'a pas pesé en légiste les conséquences de ses actions ; il n'a pas songé à se ménager une sorte de moyen de défense derrière lequel il pût se réfugier contre la pénalité qui le menaçait ; il a obéi à un impérieux entraînement ; il a senti que le sang français allait couler, et il s'est dit : « Je l'empêcherai ! »

(Plusieurs membres de la cour se plaignant de nouveau de ne pas entendre, M. le chancelier invite le défenseur à se placer au centre du banc réservé aux avocats.)

M⁵ Favre continue en élevant la voix :

En ce qui touche Aladenize, l'accusation ne veut admettre aucune atténuation. Son crime est énorme, a-t-elle dit ; c'est un acte de félonie qui ébranle les bases mêmes des pouvoirs sociaux. Cela serait-il vrai, messieurs les pairs, dans toute l'acception du mot ? A Dieu ne plaise que je veuille contester la sainteté du serment militaire et la rigueur des engagemens hiérarchiques. Cependant, permettez-moi de le dire avec l'indépendance qui m'appartient, ces hautes maximes de la morale politique ont quelquefois reçu d'éclatans démentis ; quelquefois on a vu des événemens de la nature de ceux qui ont été justement et sévèrement qualifiés par M. le procureur-général, justifiés par le succès de leurs auteurs, couronnés de palmes triomphales, lorsque, suivant ses doctrines ceux-ci auraient dû être dénoncés comme de grands coupables; Napoléon lui-même, que vous avez glorifié hier, et vous avez eu raison de dire que son nom appartenait à la France, Napoléon, à ce point de vue, que serait-il, sinon conspirateur plus heureux que les autres ? Ouvrez, en effet, l'histoire et lisez. Lorsqu'il abandonna sans ordre ses soldats en Égypte, quand il vint en France, porté par les aîles de la victoire, que fit-il dans son pays ? Une constitution y régnait, protégée par les pouvoirs publics et par cet ensemble d'autorités qui ne manquait jamais de se liguer pour défendre ce qui est debout. Napoléon, avec son coup d'œil d'aigle, vit les infirmités de ce gouvernement, qui ne garantissait pas la sécurité du pays au-dehors, et paralysait les ressources au-dedans. Il se ménagea des intelligences dans l'armée et dans l'administration ; il obtint l'engagement des chefs de corps, et je pourrais citer des noms fameux : Augereau, Murat, Lannes, le colonel Sébastiani, Réal, Saint-Jean-d'Angely, Mercier, tous lui promirent leur concours ; puis, lorsqu'une démonstration de tentative légale eut été faite, que fit Bonaparte ? appel à la force ; les baïonnettes enlevèrent ce que la conspiration avait commencé, et la constitution du pays fut renversée violemment.

Maintenant, ceux qui ont été les témoins, les acteurs de ce grand événement peuvent nous dire de quels misérables accidens pouvait dépendre son échec, comment ainsi les destinées du monde pouvaient être changées, comment celui qui a élevé si haut la fortune de la France pouvait être considéré comme ayant flétri ses lauriers, et mourir comme un misérable brouillon, et comment ses illustres lieutenans, qui ont porté leur gloire dans tous les coins de l'Europe, pouvaient n'être regardés que comme les complices d'une criminelle tentative.

Hélas ! messieurs les pairs, il n'est que trop vrai, ainsi que le disait l'éloquent défenseur du prince Napoléon, qu'après de tels exemples, dans un pays labouré par de telles révolutions, les consciences sont vacillantes et se cherchent elles-mêmes, les principes s'obscurcissent, les règles s'altèrent, et que dans ce naufrage le champ de bataille est ouvert à toutes les erreurs, à toutes les illusions.

Est-ce à dire que les pouvoirs sociaux s'abdiquent, qu'ils doivent s'abandonner eux-mêmes dans cette oscillation d'idées et de faits, et remettre au hasard le soin de leur propre conservation ? Non, sans doute : qu'ils se défendent énergiquement, quand l'aggression a été énergique, et qu'ils s'appuient sur l'opinion ; mais qu'en usant de leur force, ils sachent la tempérer par la longanimité ; qu'ils apprennent la modération afin d'espérer le respect, et surtout, messieurs, qu'ils soient avares du sang versé, de peur que sur l'échafaud le condamné ne se dresse, et ne dise à quelques-uns de ses juges : « j'ai conspiré, mais vous avez conspiré avant moi, et si vous m'avez condamné, c'est afin de vous faire oublier et de donner des gages. »

On a dit qu'il fallait un exemple, que la discipline militaire réclamait la tête d'Aladenize. Je réponds en son nom que si cet holocauste était nécessaire, si sa faute ne pouvait être rachetée que par son sang, il accepterait volontiers son sort, et que son défenseur, qui donnerait le meilleur de sa vie pour le sauver, rassemblerait toutes ses forces pour l'aider à mourir; et l'on vous dirait encore à vous, ses juges, qu'en le condamnant vous ne fermeriez pas tout-à-fait votre cœur à la sympathie ! Ce jeune homme a aimé avec passion la gloire et la liberté de son pays, c'est ce qui l'a perdu, l'a jeté dans ces déplorables illusions, dans cette fatale entreprise. En descendant dans la tombe il emporterait encore cette consolation que je vous exprimais tout à l'heure, comme je la sens, d'avoir sauvé ses camarades, d'avoir empêché le sang français de couler.

Non, la discipline militaire ne demande pas ce douloureux sacrifice, et j'en suis sûr, si ces bruits de guerre qui retentissent du Midi au Nord venaient à produire enfin une conflagration générale, au milieu de l'Europe, si notre pays était une autre fois menacé, je vous dirais : « Rompez ces fers, ouvrez les portes de ce cachot, rendez à Aladenize cette épée qu'il a levée quand elle allait se diriger sur la poitrine de ses camarades; il est encore digne de la porter pour la tourner contre les ennemis de la France. »

Sont-ce là de vaines hypothèses ? La France n'est-elle pas debout, appuyée sur ses armes, attendant le premier signal ? Ne se peut-il pas faire que demain elle ait besoin de tous ses enfans ? Je le sais, messieurs les pairs, des milliers de poitrines se presseront à ses frontières. Qui de nous ne serait heureux et fier d'offrir jusqu'à la dernière goutte de son sang pour la défense de cette chère et glorieuse patrie ! Assurément, au milieu de tant de dévoûmens, la vie d'un homme n'est rien; mais la vie d'un tel homme, d'un homme ardent et dévoué peut-elle, dans de telles circonstances, appartenir au bourreau ? Non, vous la réserverez à de plus nobles coups; vous permettrez à Aladenize, lorsque le jour sera venu, de marcher sous les ordres de ces vétérans de la victoire que j'aperçois devant moi, qui au besoin n'auraient pas oublié le chemin des capitales de l'Europe; de se trouver à côté du brave capitaine Puygellier, qu'il a sauvé, et là de reconquérir son drapeau, ou bien de s'y ensevelir glorieusement comme dans un linceul !

Voilà, messieurs les pairs, toute sa prière, voilà la mienne ; je suis sûr que vous l'exaucerez. Croyez-le, messieurs, c'est là un noble exemple à donner à l'armée; elle n'en peut réclamer d'autre de votre justice.

(Cette plaidoirie a produit un grand effet sur la cour.)

M. LE CHANCELIER. M. le général Magnan m'a écrit pour me demander la permission de répondre à ce qu'il y a eu de personnel contre lui dans la plaidoirie du défenseur de l'accusé Mésonan ; il a la parole.

M. LE GÉNÉRAL MAGNAN. MM. les pairs, au moment où le défen

Rhône ou M. le lieutenant-général Roguet, s'ils sont encore dans la ville, et prendra leurs instructions. »

Pour exécuter cet ordre sans compromettre mon régiment que je connaissais, sur lequel je savais pouvoir compter comme il savait pouvoir compter sur moi, je voulus entrer moi-même dans la ville. Je dis aux ouvriers : « Le général Roguet est-il à Lyon ? — Non, me répondirent-ils. — Qui commande à Lyon ? — Le préfet. — Est-ce au nom du roi ? — Oui. J'appris ensuite, en effet, que ce courageux magistrat avait pris la résolution hardie de se jeter au devant du flot populaire pour le contenir et le diriger. Je demandai donc aux ouvriers si je pouvais me fier à eux. Ils m'assurèrent de leur bonne foi, je m'y confiai et je les suivis. En arrivant à l'Hôtel-de-Ville, je trouvai le conseil municipal en séance : une députation des ouvriers s'y était présentée, ils demandaient...

M. LE CHANCELIER : Général, ces détails sont inutiles ; ne dites que ce qui vous est personnel.

M. LE GÉNÉRAL MAGNAN : C'était pour expliquer ma conduite, M. le chancelier, ma conduite que l'on a attaquée. Le défenseur de M. le commandant Mésonan a dit qu'elle avait été ambigue ; ce mot est blessant pour mon honneur, il est injuste ; je voulais prouver que j'avais reçu un ordre d'agir comme je l'ai fait. Je sais que l'on a désapprouvé ce que j'ai fait à Lyon ; mais ma position n'était pas connue : on a cru que j'avais agi sans ordre, et comme punition on m'a ôté mon régiment ; mais c'était pour l'exemple, car on m'a dit, en m'envoyant ma destitution : « Vous avez fait plus que vous ne deviez ; on doit vous punir, mais vous aurez un autre régiment, on vous en rendra un. »

Et, en effet, messieurs les pairs, trois jours après on m'en donnait un autre ; ma conduite n'a donc point été ambigue ; elle a été au contraire toute loyale, et la preuve c'est que peu de temps après on m'a fait maréchal-de-camp, et que j'ai été appelé à un commandement important. Le roi lui-même, le roi m'a dit en me recevant, avant mon départ : « Général, votre conduite à Lyon a été honorable, et vous pourrez toujours vous en montrer fier. » Ainsi, messieurs les pairs, vous pouvez juger...

M. LE CHANCELIER, interrompant : Général, cela répond à tout. La confiance du roi et celle de son gouvernement vous dispensent de toute explication. Cette satisfaction doit vous suffire.

L'audience est levée à six heures et renvoyée au lendemain midi pour la continuation des plaidoiries.

seur de l'accusé Mésonan a cessé de parler, j'avais demandé la parole pour lui répondre. M. le chancelier n'a pas cru pouvoir me l'accorder alors, et je l'en remercie maintenant. J'étais encore sous le poids de l'indignation que j'avais éprouvée, et cette indignation aurait pu m'empêcher de conserver la modération de langage que me commande mon respect pour la cour.

Hier, j'ai rempli un devoir rigoureux qui a coûté plus à mon cœur que ne semblent le croire M. le commandant Mésonan et son défenseur. Cependant le respect que je dois à l'infortune de l'accusé m'avait imposé silence sur ce qui ne pouvait que me toucher personnellement. Mais aujourd'hui, vous avez entendu ce qu'a dit son défenseur; ma résolution a dû changer, je dois donc dire tout ce qui s'est passé entre nous.

Je me servirai des propres paroles de M. le commandant Mésonan pour réfuter le démenti qu'il a donné hier à ma déposition. En effet, le commandant a dit dans l'instruction : « M. le général Magnan m'a montré de bons sentimens ; il a cherché à m'arracher à ma fatale entreprise ; il m'a dit, lorsque je cherchais à le persuader que des hommes puissans avaient consenti à prendre part à notre conspiration, « que ce n'était pas possible, et que quand on servait un gouvernement, il fallait le faire avec honneur. » En voilà assez sur ce qui concerne l'affaire de Boulogne ; je passe aux faits relatifs à ma présence à Lyon.

Vous avez vu avec quelle vivacité le défenseur de M. le commandant Mésonan a parlé de moi ; cette vivacité, que des convenances n'excuseraient peut-être pas, lui a dicté les paroles dont certainement les célèbres avocats qui ont été entendus à cette audience ne se serviraient pas. Eh bien ! cette vivacité de paroles, j'en remercie le défenseur. Vous parlez des événemens de Lyon et de ma conduite à cette époque; je vais vous répondre. Et d'abord je demande pardon à la cour de l'espèce de ridicule qu'il y a à parler de soi, mais on m'y a forcé.

Lors des événemens de 1831, j'étais colonel du 49e régiment de ligne qui était en garnison à Montbrison. A minuit, je reçus l'ordre de marcher sur Lyon ; je me mis en route immédiatement, et ma diligence fut telle que je fis en dix-huit heures les seize lieues qui séparent Lyon de Montbrison.

Au moment de notre arrivée, un seul homme me manqua. A la pointe du jour, j'occupais le poste qui m'avait été indiqué. Trois ouvriers vinrent bientôt m'apporter une lettre de M. le préfet du département du Rhône qui m'enjoignait de quitter Lyon à l'instant. Je répondis que je n'avais d'ordres militaires à recevoir que de M. le général Roguet et que je resterais à mon poste. En effet, j'avais un ordre écrit qui est aujourd'hui dans mon dossier au ministère de la guerre, et cet ordre était ainsi conçu : « Le colonel Magnan partira immédiatement pour se rendre devant Lyon ; il aura soin de ne pas engager sa troupe dans les rues de la ville si elle est au pouvoir des révoltés ; mais il ira trouver M. le préfet du

SEPTIÈME AUDIENCE.

(Cinquième du Procès. — Vendredi 2 Octobre.)

PRÉSIDENCE DE M. PORTALIS.

L'audience est ouverte à midi un quart. L'appel nominal ne constate aucune absence.

Le président donne la parole à M⁰ Lignier, défenseur de MM. Ornano, Galvani, d'Almbert, Orsi et Bure.

M⁰ LIGNIER. Messieurs les pairs, toute lutte judiciaire se résume, pour les esprits attentifs, en une idée principale. Pour moi, et d'après mes impressions, le caractère saillant de ce procès, le caractère qu'il faut lui restituer avec d'autant plus d'énergie que l'accusation a fait plus d'efforts pour le lui enlever, c'est la franchise avec laquelle les prévenus se sont posés devant vous, la loyauté avec laquelle chacun d'eux a accepté la responsabilité de ses actes, sans forfanterie comme sans faiblesse.

A ce caractère, vous, messieurs, vous avez pu, vous avez dû reconnaître que les compagnons du prince Napoléon ne se considèrent point comme des conspirateurs qui attendent sous le poids de leur crime que la main de la justice les frappe.

D'où leur viennent donc ce calme et cette tranquillité? est-ce de leur aveuglement? ou n'est-ce pas plutôt du témoignage de leur conscience et de leur confiance dans vos hautes lumières?

Ils ont voulu, dit-on, eux citoyens français, apporter dans leur patrie le fléau de la guerre civile.

Mais qu'ont-ils donc fait pour encourir une aussi terrible imputation, qui les vouerait non-seulement aux rigueurs de la loi, mais encore à la haine du pays?—Est-ce qu'ils ont fait appel à la violence?— Est-ce qu'ils ont engagé le combat? (Murmures.)

M⁰ LIGNIER, avec force: — Je répète qu'ils n'ont point fait appel à la violence et qu'ils n'ont pas engagé le combat.

Quand vous voyez que tant de courages éprouvés ont cédé tout d'abord à la résistance d'un seul homme, dites, vous son accusateur, que le prince Napoléon s'était exagéré les vœux qui le rappelaient en France; dites que le pays ne veut pas d'autres maîtres pour le gouverner : mais ne dites pas que le prince et ses amis ont, dans leur folle ambition, prémédité de livrer la France au désordre et à l'anarchie.

Non, non, si le colonel Voisin, si le colonel Laborde, si le commandant Parquin, si le commandant Mésonan, suivis d'une troupe nombreuse et bien armée, ont fléchi devant le capitaine Col-Puygellier, seul et en présence de ses soldats dont la fidélité était ébranlée, c'est qu'ils ne voulaient pas triompher par la violence.

J'ai souvent entendu reprocher à l'idée napoléonienne d'être portée à sacrifier la liberté à l'ordre, mais jamais, que je sache, on n'avait dit avant M. le procureur-général que les traditions de l'Empire furent des traditions de bouleversement et de confusion.

Et maintenant, si le reproche d'attentat, que l'anarchie devait, dans la pensée de ses auteurs, faire réussir est écarté, que reste-t-il au service de l'accusation ?

Une descente sur la plage de Wimereux et une promenade dans la ville de Boulogne.

Ici, je constate une étrange contradiction de M. le procureur-général, qui, lorsqu'il s'adresse à vous, nos juges, à vous qui devez prononcer sur notre sort, enfle le complot jusqu'à l'énormité, représente l'armée travaillée par des agens nombreux, les chefs tentés par de grandes récompenses, la presse achetée; et qui, lorsqu'il parle pour le dehors, voue l'expédition de Boulogne à la risée de multitude, et en rapetisse les moyens aux plus mesquines proportions !

Il faut choisir pourtant, et nous ne pouvons laisser à l'accusation le bénéfice de ces deux versions contradictoires.

Où est la vérité, messieurs?—Je l'ignore, car je ne suis point initié aux secrets du prince. Lui seul peut connaître quelles étaient ses ressources; lui seul pourrait vous dire si sa tentative s'appuyait sur des engagemens pris envers lui par des hommes puissans, où si elle ne reposait que sur de simples espérances.

Mais, ce que je sais, c'est que les accusés, c'est que mes cliens surtout, Ornano, Galvani, Bure, d'Almberg et Orsi, ont été étrangers aux projets du prince. Ils n'ont point eu à contrôler ces projets, car le prince ne les leur a point soumis. Ce sont des soldats à qui le prince a dit à l'instant du péril : « Mes amis, voulez-vous me suivre? » et qui l'ont suivi.

Voilà en deux mots tout leur crime et toute leur histoire.

Est-ce qu'alors il s'est agi pour eux de voir dans le débarquement sur le sol français un attentat contre la sûreté de l'Etat, une violation des constitutions du pays?—Ils n'ont vu qu'une chose, le prince se précipitant dans un péril, et leur honneur intéressé à l'y suivre.

Pour ceux qui n'ont pas éprouvé l'influence du prestige qui entoure le prince Louis-Napoléon, un tel dévoûment peut paraître exagéré. Pour moi, au contraire, j'en comprends la générosité, et j'ai le cœur assez haut placé pour ne pas me sentir le courage de le blâmer dans les autres.

Je le répète, messieurs, les accusés que je défends n'ont pas délibéré l'expédition à laquelle ils ont concouru, et leur participation n'a pas été le résultat d'un concert politique dès long-temps mûri et arrêté dans le silence.

C'est là la vérité : je l'invoque, je la saisis, et je place mes cliens sous son patronage.

Je n'ai pas, du reste, à rechercher quelles étaient leurs pensées, quels étaient leurs vœux secrets ; je n'ai pas à examiner si dans le fond de leur cœur ils ne croyaient pas que les destinées de la France confiées aux mains d'un membre de la famille impériale, d'un prince aussi brave qu'il est éclairé et généreux, deviendraient plus sûres et plus brillantes. A cet égard, je n'ai rien à avouer, rien à cacher; je plaide devant une cour de justice qui juge les actes et non les sentimens; je lutte contre une accusation qui prend sa base dans des fai s matériels de complot et d'attentat, et non dans des convictions ou dans des vœux.

Cependant on a dit : « Les accusés étaient au moins des conspirateurs en disponibilité, enrôlés pour un complot dont ils ne connaissaient peut-être ni l'heure ni le lieu d'exécution ; mais qui étaient prêts pour toute entreprise et à tout événement. »

Mais où donc est la preuve, où donc est la vraisemblance d'une pareille allégation ?

Quoi! Ornano et Galvani, qui, quinze jours avant l'expédition de Boulogne, n'avaient jamais vu le prince; Orsi livré à Londres à des spéculations commerciales; d'Almberg et Bure, qui remplissaient dans la maison du prince un emploi ostensible, réel, étaient des prétoriens dévoués d'avance à se lancer aveuglément, au premier signal, dans toute expédition aventureuse!

Votre haute raison, messieurs, a déjà rejeté, j'en suis sûr, ces accusations ; et je constate ici, bien plus que je ne le provoque, le travail de vos esprits.

Laissons donc de côté toutes ces superfétations de la cause, et venons aux faits de l'attentat. Ceux-là ne sont que trop avérés, et ce sont ceux-là seuls que vous avez à apprécier.

Et même je me trompe : les faits de l'attentat dépouillés de toute circonstance extérieure, la coopération pure et simple à l'expédition de Boulogne, vous échappent.

Dès que vous avez mis en liberté tous ceux des prévenus qui, en même temps qu'ils avouaient leur participation matérielle à l'entreprise, ont prouvé n'en avoir connu le projet que sur le paquebot, vous avez nécessairement préjugé que cette participation matérielle ne suffisait pas pour constituer la criminalité, ou plutôt vous avez préjugé que vous ne vouliez atteindre que les instigateurs ou les chefs.

Si donc j'établis que mes cliens n'ont connu les projets de Louis-Napoléon que sur le paquebot; si j'établis, en outre, que leur position vis-à-vis du prince, l'ardeur de leur courage, leurs antécédens leur faisaient un devoir de ne pas l'abandonner sur la plage de Wimereux, je vous aurai forcément conduits à les renvoyer absous.

Vous ne pouvez avoir deux poids et deux mesures ; et votre justice, si elle cessait d'être égale pour tous, deviendrait une iniquité.

Arrivé à ce point de ma plaidoirie, si je n'avais qu'à répondre à ce qu'a dit M. le procureur-général contre mes cliens, leur justification serait bien courte; car il n'a point relevé contre eux tout le détail des griefs qui leur sont imputés. Mais M. le procureur-général n'a été si sobre d'explications que parceque l'accusation s'était à l'avance formulée dans les pièces que vous avez sous les yeux, tandis que la défense peut se faire entendre pour la première fois.

Il ne m'est donc pas permis d'imiter le laconisme de M. le procureur-général.

Ne craignez pas néanmoins que j'abuse de votre attention, et demeurez convaincus que j'abandonnerai beaucoup de choses à l'examen auquel vous vous livrerez dans la salle de vos délibérations.

Ornano, messieurs, est allié de la famille impériale ; proche parent du prince Napoléon, il est plus proche parent encore de l'un des illustres généraux qui appartiennent à la chambre des pairs ; enfin, il était lui-même naguère encore l'un des plus brillans officiers de l'armée.

Mais cette position dont je me fais un titre pour exciter votre intérêt, l'accusation s'en empare à son tour pour provoquer vos sévérités. Ornano, vous a-t-on dit, n'a pas rejoint son corps à l'expiration du congé qui lui avait été accordé, et dès-lors il aurait dû être considéré et jugé comme déserteur.

Ici, il faut préciser les dates.

Ornano a quitté son régiment le 1er octobre 1839, avec un congé qui expirait au 1er janvier 1840. Depuis, il a reçu l'ordre de rejoindre, le 17 janvier, au plus tard.

Cependant, il ne l'a pas fait.

Quelle est la conséquence à tirer de là ? — Qu'il est déserteur ? — Aucunement ! — La loi du 17 mai 1833 déclare positivement que l'officier qui quittera son corps, ou qui ne le rejoindra pas à l'époque fixée par l'ordre de rappel, sera, après trois mois, considéré comme *démissionnaire*.

Il y a donc, pour un officier, deux manières de donner sa démission. La première, c'est de la consigner dans une déclaration formelle ; l'autre qui consiste à laisser expirer le délai de rentrée au corps.

Ornano a choisi cette dernière. Au 17 avril 1840, il était donc dans la position d'un officier démissionnaire.

On devait, il est vrai, aux termes de la loi que je viens de citer, convoquer un conseil de guerre pour régulariser sa position, et l'on s'en est abstenu ; mais c'est là une négligence, une omission administrative, qui ne peut être imputée à mon client et tomber à sa charge. Non, monsieur le procureur-général, non, messieurs les pairs, Ornano n'est pas pas coupable de désertion. En temps de paix, un officier ne déserte pas ; et c'est au nom de la loi que je repousse la qualification de déserteur, que l'accusation a si témérairement lancée.

Ornano a pris part à l'expédition de Boulogne, et c'est là son seul crime : s'il a violé les lois qui protègent les droits de la dynastie régnante, il n'a pas violé celles de la fidélité militaire. Au 6 août, il n'était plus soldat ; il était citoyen libre et sans engagement, rien de moins, rien de plus.

Il ne m'échappe pas qu'il est assez extraordinaire qu'un officier de trente ans, un officier aimé de tous, un officier qui s'appelle Ornano et à qui la plus magnifique carrière semble offerte, donne subitement sa démission sans cause apparente : je comprends que

l'on incline à croire qu'une démission encourue dans de telles circonstances se rattache au complot de Boulogne; mais j'affirme qu'une pareille supposition serait une erreur. Les motifs d'Ornano, je les connais; et si je n'en entretiens pas la cour, c'est parce qu'ils sont complétement étrangers au procès.

Voyez donc, d'ailleurs, quelle est la conduite d'Ornano.—Aussitôt après sa sortie du corps, il va, Corse, au milieu de sa famille puis il revient à Paris, qu'il quitte bientôt pour aller habiter une maison de campagne à Meudon; et c'est de là qu'il part pour Londres le 12 juillet.

Mais s'il eût donné sa démission dans la vue de s'associer aux projets du prince Napoléon, n'eût-il pas agi autrement? Ne serait-il pas resté à Paris pour recruter des partisans à la cause qu'il méditait de servir? Ne se fût-il pas efforcé d'entraîner d'autres officiers de son régiment?

Loin de là, retiré du service, il s'isole, et ne conserve aucune relation avec ses anciens camarades.

Arrivé à Londres, Ornano voit le prince que les plus simples convenances lui commandaient de visiter; il en est accueilli comme un parent. Leurs relations sont fréquentes, mais ce ne sont que des relations de politesse et de plaisir. Le 4 août, Louis-Napoléon propose à Ornano une promenade en mer, que celui-ci accepte; Ornano s'embarque, il arrive à Wimereux, et accompagne le prince. Mais, dans tous ces faits, il n'y a pas le moindre indice qu'Ornano connût à l'avance les projets du prince.

Si, en effet, il les eut connus, il eût certainement pris ses armes : eh bien! il a été constaté qu'à bord de *la Cité d'Edimbourg*, Ornano n'avait qu'un habit de bal et une épée de ville.

Pourtant Ornano a, d'après l'accusation, avoué qu'il connaissait les projets du prince avant l'embarquement.

Mais où donc l'a-t-il avoué? Je lis dans son interrogatoire subi devant M. le chancelier, le 22 août :

«D. N'aviez-vous pas été mis, par Louis Bonaparte, dans la con-
« fidence de ses projets? »

« R. Je ne savais ni l'heure, ni le jour, ni l'endroit où je devais
« débarquer; mais quand j'ai reçu l'ordre d'embarquer, je n'ai pas
« pu douter de l'expédition, et j'étais tout-à-fait à la disposition
« du prince, prêt à le suivre partout. »

Est-ce là ce que l'on prend pour un aveu?

Pour moi je trouve, au contraire, dans cette réponse, la preuve que l'on n'avait rien communiqué à Ornano. Il a *supposé* qu'il s'agissait d'une expédition; mais il n'en avait pas, il ne pouvait pas en avoir la certitude positive et directe.

Fallait-il donc qu'il demandât des explications avant de s'embarquer? Fallait-il qu'il s'enquît près du prince de ses projets et de son but? Fallait il qu'il fît indiscrètement connaître des soupçons qui, après tout, pouvaient être mal fondés?

Le fallait-il, surtout, quand le terme ostensible du voyage était Ostende? Alors, les intentions du prince devaient se dessiner plus nettement; il s'agissait d'une entrée en France, elle devait avoir lieu par la frontière de terre, et Ornano conservait son libre arbitre, et Ornano était toujours à temps de suivre Louis Napoléon, ou de l'abandonner à sa fortune.

Ornano était à la disposition du prince, prêt à le suivre partout! Mais ne voulez-vous pas que le prince vaincu et pris, il l'ait renié, lui son parent, lui un jeune officier ? ah! combien vous le mépriseriez s'il eût commis cette lâche action. (Sensation.)

Il y a dans cette réponse l'exaltation d'un jeune homme généreux ; il n'y pas autre chose.

Que vous dirai-je de Galvani? Galvani, messieurs, est né en Corse; accoutumé dès sa tendre enfance à regarder Napoléon comme un dieu, la famille impériale est pour lui quelque chose de plus qu'humain. Il ne l'aime pas seulement, il s'est voué à elle; elle est son idole, son culte.

C'est qu'aussi, messieurs, ce n'est pas d'hier que Galvani connaît cette noble famille, si grande au faîte des honneurs, si grande encore après la chute de son chef ; et s'il est vrai que le dévoûment né dans le malheur soit le plus ferme et le plus vivace, celui de Galvani doit être inébranlable.

Galvani était, quoique bien jeune encore, employé à Naples comme commissaire des guerres, sous le roi Joachim, lorsque les événemens de 1814 l'obligèrent à chercher, comme tous les français, un refuge sur le territoire de la patrie.

Murat, vous le savez, s'était retiré près de Toulon. Sa demeure d'abord respectée ne tarda pas à être menacée par ces bandes fameuses que des hommes, qui préludaient à la restauration par l'assassinat, avaient organisées; et bientôt le meurtre du maréchal Brune l'avertit énergiquement de se mettre à l'abri de ces poignards que le rang de la victime ne savait pas arrêter.

Il quitta donc sa retraite, et pendant quelques jours ce roi, que l'éclat de son luxe signalait naguère presqu'autant que l'éclat de sa bravoure, fut réduit à errer couvert de vêtemens grossiers, de cabane en cabane.

Cependant, le danger devenait chaque jour plus pressant; déjà l'on était sur sa trace, des cris, des menaces s'étaient fait entendre: il fallait quitter cette terre qui dévorait ses enfans; il le fallait à l'heure même. (Mouvement).

Et tous les moyens de fuir manquaient !

Du côté de la terre toute issue était fermée; du côté de la mer, les vagues en fureur semblaient vouloir s'associer à la rage des hommes, et se rendre leurs complices en interdisant l'approche de la côte à tout navire capable de lutter contre elles.

C'est alors que quatre hommes se présentent et proposent à Murat de le sauver ou de périr avec lui. Murat lui-même hésite, tant le péril est grand de se confier à la mer! Ils l'entraînent: l'obscurité de la nuit et la tempête les protégent ils arrivent sur la grève, ils montent dans leur embarcation, un batelet plutôt qu'une barque, sans vivres, sans provisions aucunes, et un flot les emporte au loin.

Galvani, messieurs, était un de ces quatre hommes ! (Nouveau mouvement).

Arrivé en Corse, il reçut Murat dans sa maison, et bientôt après, il le suivit dans sa malheureuse expédition de Calabre, où il fut atteint à ses côtés d'un coup de feu, qui lui traversa le genou droit, comme depuis il a été blessé à côté du prince Louis, sur le bateau où il a failli périr.

Voilà, messieurs, quel est Galvani ; esprit noble, cœur désintéressé qui ne flatte que l'infortune, et ne s'attache qu'à elle seule.

Maintenant si j'examine la question de savoir si Galvani a connu à l'avance le projet de l'expédition de Boulogne, je trouve dans l'instruction, qu'il n'est arrivé à Londres, que le 15 juillet, je trouve que jusque là, il n'avait jamais vu le prince; je trouve enfin qu'au moment où la lecture des proclamations lui a révélé les intentions et le but de Louis-Napoléon, il a été, suivant sa propre expression, *frappé de stupeur*.

Si je recherche ensuite quelle part il a prise à l'expédition, je trouve que sa coopération est si faible qu'on pourrait, la loi à la main, discuter si elle constitue bien la complicité telle qu'elle est définie par nos codes.

Il est descendu à terre, mais c'est sans uniforme et sans armes; il a suivi le prince, mais c'est moins pour l'assister dans sa tentative dont il venait à peine d'être instruit, que pour défendre et protéger au besoin sa personne.

On a reproché à Galvani d'avoir distribué des proclamations à la porte de la caserne.

Mais ce reproche n'était fondé que sur une erreur. Le témoin Favre, complétant devant vous, sur l'interpellation de M. le procureur-général lui-même, sa déclaration écrite, a positivement déposé, que l'individu distributeur de proclamations, était *un bourgeois de la ville*. Ce n'est donc pas sans étonnement que j'ai entendu, malgré une rectification aussi nette, le réquisitoire reproduire ce grief de l'acte d'accusation.

Que reste-t-il contre Galvani? Rien ; à moins qu'on ne veuille lui imputer à crime de n'avoir pas, au mépris de tout sentiment d'honneur, abandonné le prince Napoléon, et de n'avoir pas ainsi forfait à ses antécédens et aux croyances de sa vie tout entière.

Si Galvani n'est pas coupable, d'Almbert l'est moins encore ; sur lui du moins ne saurait peser le soupçon d'être arrivé à Londres tout exprès pour la conspiration. Secrétaire du prince depuis cinq mois, il en remplissait exactement les fonctions qui n'avaient rien de politique.

Appelé par son titre à accompagner le prince partout, l'ordre d'embarquement n'a pu rien lui révéler de ce qui se préparait.

Il s'est toujours défendu d'avoir été initié au secret de la tentative que le prince méditait sur Boulogne, et un fait constant au procès fournit la preuve la plus irrécusable de la vérité de ses dénégations.

Vous vous rappelez qu'aux proclamations imprimées saisies à bord, était joint un grand nombre de lettres manuscrites destinées à différens chefs, et contenant les ordres de service les plus importans. Or, aucune de ces lettres n'est de la main de d'Almbert ; elles ont toutes été écrites à bord par le colonel Voisin.

N'est-il pas évident cependant que ses fonctions l'indiquaient nécessairement pour les rédiger ou les copier, si l'on se fût ouvert à lui avant le départ.

Ajoutons que, depuis six semaines, d'Almbert ne logeait pas au palais du prince, et que dès-lors, à supposer qu'une plus grande activité ait pu y être remarquée, que le prince ait eu avec diverses personnes des conférences secrètes et prolongées, qu'il se soit produit, en un mot, des indices quelconques capables de lui suggérer la pensée qu'il se tramait quelque chose d'extraordinaire et le convier à la défiance, il n'a pu, lui, recevoir de tout cela le moindre avertissement.

Il n'a pas quitté le prince et l'a suivi à Boulogne ; mais il ne s'est signalé par aucun acte propre à marquer une coopération ardente et d'initiative ; mais il se trouve, sous ce rapport, dans la même position que tous ceux que la cour a mis en liberté lorsqu'elle a statué comme chambre des mises en accusation ; dans la même position, notamment que Bachon, écuyer du prince, qui, lui aussi, a pénétré dans Boulogne ; qui, lui aussi, était désigné comme officier dans l'ordre du jour, et qui néanmoins a été rendu à sa famille.

Pourquoi donc d'Almbert a-t-il été moins favorisé ? — C'est, messieurs, que M. le rapporteur vous l'a signalé comme l'un des agens d'embauchage les plus actifs, et comme ayant notamment contribué à celui d'Aladenize.

Eh bien ! M. le rapporteur s'est trompé ; j'ai compulsé toute l'instruction avec le soin le plus minutieux, et je n'y ai pas rencontré la plus légère trace que d'Almbert eût embauché personne, et Aladenize moins que tout autre. M. le procureur-général lui-même y a échoué ; car l'acte d'accusation ne reproduit pas l'allégation du rapport et l'abandonne.

Et puis, dès qu'il est certain, en présence des lettres manuscrites qui émanent d'une autre main que la sienne, que d'Almbert n'a rien connu à l'avance, il est prouvé en même temps qu'il n'a pu embaucher qui que ce soit pour une entreprise dont le secret ne lui avait pas été confié.

Aujourd'hui donc que cette accusation d'embauchage a disparu, aujourd'hui que l'erreur dans laquelle était tombé M. le rapporteur est rectifiée, d'Almbert restitué à sa véritable place dans le procès doit nécessairement être renvoyé absous.

Quant à Bure, je n'ai qu'un mot à dire pour sa défense. Resté toute sa vie étranger à la politique, il n'a quitté Paris, où il était commis de commerce, que sur la proposition de Louis-Napoléon, dont il est le frère de lait, pour devenir l'intendant de la résidence d'été du prince.

Le 3 août, il a reçu l'ordre de faire embarquer des chevaux et des voitures à bord du paquebot la *Cité d'Edimbourg*; et il a exécuté cet ordre, ce qui rentrait essentiellement dans ses attributions. — Il s'est embarqué lui-même, a tout appris à bord, y a été revêtu d'un uniforme de soldat qui devait peu convenir à sa tournure inoffensive; et porteur d'un fusil dont son inexpérience était sans nul doute fort embarrassée, il a accompagné le prince à la caserne, et sur le rivage où il a été arrêté sans résistance.

En vain je cherche dans cette conduite les motifs d'une condamnation, et je suis convaincu que vous ne les y trouverez pas davantage.

J'arrive maintenant à Orsi, qui se recommande à vous par la générosité du mobile qui a déterminé sa participation à l'attaque de Bologne, et par ses malheurs.

Orsi, messieurs, est un proscrit italien qui a sacrifié à la liberté de son pays une brillante existence et une grande fortune. Obligé de fuir sa patrie, il est venu se réfugier à Londres, où il fut chargé par le prince, dont il avait été le banquier à Florence, de quelques affaires d'intérêt, sans que ses rapports avec lui fussent jamais ni bien intimes, ni bien fréquens.

Vous connaissez, messieurs, les événemens d'Italie en 1831; vous savez comment les insurgés italiens furent abandonnés à la merci des armées autrichiennes; vous savez comment les deux fils du roi Louis, pressés de se mettre à la tête des patriotes dispersés, prêtèrent à leur cause leur nom et leur courage, eux qui n'avaient rien promis, qui n'avaient rien à tenir; vous savez enfin comment l'aîné des deux frères laissa la vie dans une rencontre avec les troupes ennemies.

Or, croyez-vous donc que de pareils sacrifices s'oublient, et vous sentirez-vous le courage de punir dans Orsi son dévoûment pour le prince!

Orsi doit au prince Louis-Napoléon le prix du sang de son frère tué pour la cause italienne, et il ne payait pas trop cette dette en l'accompagnant sur les côtes de Boulogne.

Je pourrais, je devrais peut-être vous peindre ici, pour vous intéresser à la position d'Orsi, tous les dangers qu'il a courus, toutes les tortures qui ont été infligées à ses amis, tous les malheurs de la patrie commune et l'affreuse tyrannie qui pèse sur elle.

Mais je comprends que cette question est brûlante, et je ne veux pas oublier que si je puis tout dire sur ce sujet, sans danger, vous ne pouvez peut-être pas tout entendre. Je m'arrête donc. Souvenez-vous seulement qu'Orsi, comme tous ses compagnons, est un noble cœur, et que son dévoûment à la cause du prince Louis n'a pas été, quoiqu'il soit étranger à la France, un dévoûment d'aventurier. (Sensation.)

Orsi a été informé trois jours à l'avance des projets du prince; mais ce n'est pas parce qu'il était un des chefs de l'entreprise, c'est seulement parce que Louis-Napoléon n'a pas voulu entraîner, à son insu, dans de nouveaux périls, un homme qui avait déjà tant souffert. Cette confidence anticipée, faite du reste au moment suprême, a été le résultat de la position exceptionnelle d'Orsi, comme italien proscrit de sa patrie et déjà si éprouvé par le malheur ; mais elle n'a pas été commandée par sa position particulière relativement au complot. Orsi doit donc être, malgré ses aveux, rangé et maintenu sur la même ligne que ceux de ses co-accusés dont la défense m'appartient.

En résumé, messieurs les pairs, les deux points culminants de la cause se réduisent à savoir si les accusés ont connu les projets du prince avant l'embarquement, et quelle part ils ont prise aux faits mêmes de l'expédition?

Or, ils nient tous, sauf Orsi, avoir été informés à l'avance de ces projets. Une telle ignorance, où les accusés prétendent avoir été maintenus jusqu'au dernier instant, vous étonne. Mais n'est-ce pas le contraire qui devrait cent fois vous surprendre davantage ; et ne comprenez-vous pas que le prince, qui ne pouvait sans déraison s'ouvrir à tout le monde, ne pouvait par cela même s'ouvrir à personne.

Et puis, voyez donc cette unanimité dans les déclarations ; unanimité qui s'étend des chefs aux soldats, unanimité qui se produit dès le premier jour, avant qu'aucun concert ait pu être arrêté entre les accusés, et dites si cette unanimité peut s'expliquer autrement que par la vérité du fait même auquel elle se rapporte.

Prétendrez-vous que les prévenus avaient, dès avant le débarquement, arrangé, préparé leur système et leurs dénégations.

Mais, messieurs, à raison, le bon sens ne répugneraient-ils pas à une pareille objection, et quelqu'un croira-t-il jamais que des hommes puissent être assez insensés pour tenter, à la suite d'un prétendant, de conquérir un royaume, et pour prévoir en même temps que peut-être, au lieu de marcher au milieu des acclamations des peuples, ils auront à répondre à un juge d'instruction entre les deux guichets d'une geôle !

Enfin, considérez quels sont mes cliens ! Des jeunes gens, presque tous : et ce sont eux qui auraient été les confidens du prince !

D'ailleurs, pourquoi les avertir ? — Est-ce qu'il était difficile de trouver un prétexte qui les fit monter sans défiance sur le paquebot ? — Est ce qu'une fois embarqués, et au moment décisif, on pouvait douter de leur dévoûment ? — Ou bien, est-ce que l'on avait à demander, pour le plan d'attaque, quelques lumières à leur inexpérience ?

Maintenant, quelle part ont-ils prise aux faits de la tentative sur Boulogne ? Pas un des douaniers ne les a reconnus, et c'est à peine si de rares soldats du poste d'Alton ou de la caserne se sont souvenus de quelques uns d'entre eux.

Il est donc certain qu'ils n'exerçaient point de commandement, malgré les grades de l'ordre du jour ; il est donc certain qu'ils n'ont menacé ou violenté personne ; il est donc certain que leur présence sur les lieux d'attaque a été bien plutôt une simple assistance qu'une coopération véritable.

Que l'accusation reconnaisse alors avec nous que Ornano, d'Almbert, Galvani et Bure n'ont rien connu des projets du prince lorsqu'il leur aurait encore été permis de ne s'y point associer; qu'elle avoue que leur participation aux actes qui ont suivi le débarquement a été si peu offensive qu'elle n'a été remarquée par personne; et ainsi, l'accusation sera dans le vrai, et ainsi elle ne s'exposera pas à vous porter à des sévérités ou même à des condamnations imméritées.

Messieurs les pairs, je viens le dernier pour vous dire quelles idées réveillent en moi le spectacle inouï de ce procès; mais nul plus que moi n'en est ému.

Un prince, un fils de roi, un neveu de l'Empereur, assis sur un banc de justice et sous la menace d'une condamnation infamante!

Quel rapprochement!

Qui eût voulu prédire, il y a trente ans, cette grande infortune, eût été pris pour un fou ou pour un blasphémateur; et cependant voici que cette folie et ce blasphème se réalisent!

Nous vivons dans un siècle de tempêtes où les plus forts sont les plus exposés aux coups de la foudre. Tel qui triomphe aujourd'hui sera peut-être demain abattu dans la poussière; et c'est surtout aux rois de ce temps-ci qu'on peut appliquer ces sublimes paroles : « Je n'ai fait que passer, ils n'étaient déjà plus. » (Sensation).

La justice seule, parce qu'elle tient les racines mêmes de la société, est restée inébranlable et sacrée. Soyez, messieurs, inébranlables comme elle; soyez justes : mais songez qu'ici, dans ce procès, vous ne pouvez, pour être justes, être assez indulgens. (Mouvement prononcé d'approbation.)

M. LE PRÉSIDENT. La parole est au défenseur de l'accusé Forestier.

Cet avocat, après avoir discuté la doctrine d'inviolabilité si bien établie et défendue déjà par l'habile M. Berryer, rappelle les charges de l'accusation, qui dépeint Forestier, tantôt comme un agent d'embauchage, de distribution d'écrits, tantôt comme portant les ordres du prince Napoléon et participant aux faits de l'insurrection. Il discute un à un tous ces griefs, et prouve que tous ces actes ont été faits très innocemment par son client, et sans qu'il pût avoir connaissance du complot. On s'étonne des relations de Forestier, dit l'accusation, avec le prince, s'il est vrai que ces relations aient été le fruit d'une seule entrevue, cherchée innocemment. Rien cependant n'est plus exact, et rien n'est plus naturel, plus facile à expliquer. Forestier, comme nous tous, séduit par les prodigieux récits de la gloire impériale, se trouva pour la première fois en présence du plus grand nom des temps modernes. Son émotion se comprend sans doute à la vue de ce qui lui représente la plus triste, mais aussi la plus brillante destinée humaine, accompagnée de ses grandeurs et de ses revers. L'imagination de Forestier s'exalte et s'éblouit à tant de souvenirs, l'entrainement se fait sentir, l'attendrissement se glisse au fond du cœur. La sympathiie est déjà née.

Ne craignez pas, messieurs les pairs, que je veuille faire une part trop large à cette sympathie. Je vous conjure seulement de songer qu'elle fut déposée par Dieu, dans la nature humaine, longtemps avant que le monde connût les rigoureuses lois de la politique et des raisons d'Etat.

L'avocat explique ensuite le fait d'une lettre apportée par lui à Boulogne, et renfermant des ordres pour Aladenize et Bataille. La lettre cachetée lui semble la plus forte preuve de l'innocence de Forestier. Forestier se trouvant au débarquement du prince et en présence des hommes qu'il a compromis en les envoyant à Londres, sans connaître le véritable emploi qu'on en voulait faire, a dû se décider à partager le danger commun.

La faute est commise, s'écrie le défenseur; le supplice commence, et ce supplice devient affreux.

Sauvé par deux généreux ouvriers, qui échangent avec lui leurs vêtemens, Forestier est entraîné par eux vers Boulogne, où ils étaient bien connus, et où leur assistance le mettait à l'abri de tout soupçon. Un grand tumulte avait lieu sur le port. Ces hommes y entraînent Forestier; et là, sous ses yeux, on s'élance sur ses amis qui se sauvaient dans un bateau. Là, à ses côtés, commence sur eux une vive fusillade. Il voit les uns blessés, les autres mourans, le prince à la nage avec Parquin, Persigny sur le point de se noyer, et une grêle de balles pleuvant autour d'eux. « Vingt ans de prison ne seraient rien, me disait Forestier, au prix de ce que j'ai souffert en ce moment. Je voulais m'élancer vers eux pour partager leur sort, mais mes deux compagnons me tenaient fortement serré, et d'autres hommes placés à mes côtés, se méprenant sur la nature de mes émotions, me criaient : « Sois tranquille, pas un seul ne pourra nous échapper. »

Ah! oui, Forestier, vous fûtes cruellement puni; et les hommes ont inventé peu de tortures qui pussent égaler celle que vous avez dû subir à ce moment. Cette peine n'est-elle pas assez forte, nobles pairs! Cette justice du sort n'a-t-elle pas satisfait en même temps qu'elle a devancé votre justice? et ne semble-t-il pas que, pour Forestier du moins, l'événement se soit chargé de venger sur-le-champ l'événement? Ne semble-t-il pas que sa faute commise, et lui même à peine éloigné de la première scène, il ait été aussitôt conduit par la main du sort vers une autre scène sanglante, désolée, comme pour lui indiquer la suite immédiate de ce jeu fatal des révolutions, comme pour lui imprimer dans l'esprit une grande et terrible leçon?

Quinze jours après il fut arrêté. Le voici maintenant devant la noble cour.

Le voici avec ses antécédens honnêtes, avec sa parfaite moralité, étranger jusqu'ici à tous les mouvemens politiques qui ont agité notre pays; le voici victime d'un entraînement du cœur. Il ne se pose devant vous ni en héros ni en apostat. Il vous raconte avec simplicité, avec vérité, l'enchaînement des causes qui l'ont conduit devant vous. C'est moins un homme de parti qu'un ami dévoué; et ce dévoûment, il ose ne pas le renier devant ses juges.

En parcourant la longue nomenclature des prévenus que la cour a déjà mis hors de cause, je me suis aperçu qu'elle était arrivée à cette extrême limite que touchait mon client, et qu'en faisant un pas de plus elle prononçait ainsi sa mise en liberté. Quand je compare cependant la véritable situation de Forestier dans cette cause à celle des hommes que votre justice a relaxés de toute poursuite, ma raison ne saurait apercevoir la subtile différence de leur culpabilité, ni distinguer clairement à quels motifs il a dû le triste privilége de figurer sur ces bancs. Il n'a pas plus fait qu'eux, nobles pairs. Il devait s'attendre à la même faveur. Vous l'avez oublié...

On vous a dit, messieurs les pairs, quels sentimens avaient entraîné les accusés; on vous a dit que si la plupart d'entre eux avaient cédé à leurs convictions politiques, tous avaient été entraînés par les impulsions les plus élevées du cœur. Il faut bien dire à la cour quel s'est montré aux yeux de tous le prince Louis.

L'interrogatoire du colonel Voisin résume admirablement en une ligne tout ce qui se pourrait développer à ce sujet.

« Nous sommes sortis de la caserne, a-t-il dit. J'ai proposé au prince de s'embarquer. Il m'a répondu qu'il voulait mourir sur le sol français. »

Que puis-je ajouter à de telles paroles prononcées dans un tel moment? Elles sont le cri de tous les grands cœurs, de tous ceux qui ont aimé leur pays plus que leur vie. Votre justice, messieurs les pairs, aura-t-elle des rigueurs pour de semblables accusés? Quand je considère les faits, je me rassure; et je me rassure encore quand je considère les juges. Ici se concentrent les plus éclatans rayons de la gloire de l'Empire.

Presque tous vous avez été les colonnes de cette mémorable époque qui doit grandir en traversant les siècles. Le génie puissant qui dirigeait l'Etat n'eût pas suffi pour accomplir seul tant de merveilles; et je me refuse à voir la France absorbée dans cette magnifique unité. Généraux qui avez conduit nos soldats à la victoire, législateurs qui par vos sages régulations avez harmonisé le mouvement des sociétés modernes, et donné à la France des lois que lui envie le monde, administrateurs qui avez fondé l'admirable organisation d'une centralisation puissante, je vous ai vus tous au premier rang dans les fastes de l'Empire; je me suis incliné avec respect devant vos noms glorieux, devant les grandes choses que vous avez exécutées. Je vous revois dans cette enceinte, et je me rassure. Je trouve ici comme juges, l'Empire; comme accusés, le neveu de l'Empereur et les compagnons de sa fortune.

M. LE PRÉSIDENT. Les défenseurs des accusés ont été successivement entendus: ont-ils quelque chose à ajouter pour compléter la défense?

M. LE PROCUREUR-GÉNÉRAL: M. le président, nous désirerions répliquer.

M. LE PRÉSIDENT: M. le procureur-général a la parole.

M. le procureur-général réplique en effet; mais son discours n'étant pour ainsi dire qu'une attaque contre les opinions de Mᵉ Berryer, le reproduire ici serait une inutilité : on s'en abstient donc.

Le prince se levant avec vivacité, s'exprime ainsi :

« MM. les pairs, M. le procureur-général a été fort éloquent, sans doute; mais en priant Mᵉ Berryer de prendre la parole pour me défendre, j'ai voulu expliquer mes droits et mes intentions dénaturées, j'ai voulu remplir mes devoirs envers ma naissance et ma famille. Mᵉ Berryer a admirablement rempli mon attente. Maintenant qu'il ne s'agit plus que de mon sort, je ne veux pas me mettre à l'abri derrière une exception ; je ne veux pas me séparer des hommes qui ne m'ont pas abandonné au jour du danger. Je prie Mᵉ Berryer de ne pas continuer les débats. »

« Cette déclaration du prince, prononcée d'un ton ferme, et avec un accent plein de noblesse, est suivie d'une agitation assez prolongée : quand le calme est rétabli, Mᵉ Berryer se lève : le prince semble l'inviter à ne pas prendre la parole, l'avocat fait un signe et prononce les paroles suivantes :

« Les nobles sentimens que le prince vient d'exprimer me rendent plus précieux l'honneur qu'il m'a fait en me choisissant pour son avocat. Je suis plus heureux encore d'avoir apporté tout le zèle, toute la franchise, toute l'énergie de ma conviction à sa défense. Je lui obéirai ! Que faire, en effet, pour répondre à M. le procureur-général ? il me faudrait discuter une autre cause, il me faudrait défendre mes opinions, mes convictions personnelles, et répondre à ma propre accusation.

« Pour de tels débats, une autre arène m'est ouverte. »

Après cette courte allocution du défenseur, MM. les pairs quittent leurs siéges ; on emmène les accusés, et la séance est suspendue.

A trois heures un quart l'audience est reprise.

M. le procureur-général donne lecture du réquisitoire suivant :

« Le procureur-général du roi près la cour des pairs,

« Requiert qu'il plaise à la cour,

« En ce qui touche l'accusé Alexandre, dit Desjardins, lui donner acte de ce qu'il s'en rapporte à la prudence de la cour ;

« En ce qui touche les accusés Charles-Louis-Napoléon Bonaparte, comte de Montholon, Voisin, Leduff de Mésonan, Parquin, Bouffet-Montauban, Lombard, Fialin dit Persigny, Forestier, Bataille, Aladenize, Laborde, Conneau, Ornano, Galvani, d'Almbert, Orsi et Bure,

« Attendu, qu'il résulte de l'instruction et des débats, la preuve qu'ils se sont rendus coupables des crimes prévus par les art. 87, 88, 89 et 91 du Code pénal,

« Les condamner aux peines portées par lesdits articles,

« Lui donner acte néanmoins de ce qu'il s'en rapporte à la prudence de la cour pour atténuer et modérer lesdites peines dans leur application selon le degré de culpabilité de chacun des accusés. »

M. LE PRÉSIDENT demande successivement à chacun des accusés, s'il a quelque chose à ajouter à sa défense, tous répondent négativement.

M. LE PRÉSIDENT : Tous les accusés ayant déclaré n'avoir rien à ajouter à leur défense, la cour déclare les débats clos et terminés, et va se retirer dans la salle de ses délibérations, pour l'arrêt être prononcé en séance publique.

La séance publique est levée à trois heures un quart.

HUITIÈME ET DERNIÈRE AUDIENCE.

(Sixième du procès. — Mardi 6 Octobre.)

PRÉSIDENCE DE M. PORTALIS.

A une heure et demie un mouvement inaccoutumé se manifeste aux environs du palais de la cour des pairs, le bruit se répand que l'arrêt va être prononcé.

Les portes des tribunes sont ouvertes aux gardes nationaux, aux gardes municipaux et aux soldats du 63e de ligne qui sont de service près la cour, ainsi qu'à plusieurs personnes qui attendaient à la porte extérieure.

A deux heures la Cour prend séance.

M. Cauchy procède à l'appel nominal des membres de la cour.
M. le comte Portalis, président, donne lecture de l'arrêt suivant :

« La cour des pairs, vu l'arrêt du 16 septembre dernier, ensemble l'acte d'accusation dressé en conséquence contre le prince Charles-Louis-Napoléon Bonaparte, le comte Charles-Tristan de Montholon, Jean-Baptiste Voisin, Severin-Louis Leduff de Mésonan, Denis-Charles Parquin, Hipolyte-François-Athale-Sébastien Bouffet Montauban, Jules-Barthélemy Lombard, Jean-Gilbert-Victor Fialin, dit de Persigny, Jean-Baptiste-Théodore Forestier, Martial-Eugène Bataille, Jean-Baptiste-Charles Aladenize, Étienne Laborde, Prosper-Alexandre, dit Desjardins,

Henry Conneau, Napoléon Ornano, Mathieu Galvani, Alfred d'Almbert, Joseph Orsi, Pierre-François Bure ;

« Ouï les témoins en leurs dépositions et confrontations avec les accusés,

« Ouï le procureur-général du roi en ses dires et réquisitions, lesquelles réquisitions par lui déposées sur le bureau de la cour, signées de lui, sont ainsi conçues :

« Le procureur-général du roi près la cour des pairs ;

« En ce qui touche le nommé Alexandre, dit Desjardins,

« Requiert qu'il lui soit donné acte de ce qu'il déclare s'en rapporter à la prudence de la cour ;

« Et attendu qu'il résulte de l'instruction et des débats que le prince Charles-Louis-Napoléon Bonaparte, Charles-Tristan comte de Montholon, Jean-Baptiste Voisin, Severin-Louis Leduff de Mésonan, Denis-Charles Parquin, Hippolyte-François-Athale-Sébastien Bouffet-Montauban, Jules-Barthélemy Lombard, Jean-Gilbert-Victor Fialin dit de Persigny, Jean-Baptiste-Théodore Forestier, Martial-Eugène Bataille, Jean-Baptiste-Charles Aladenize, Etienne Laborde, Henry Conneau, Napoléon Ornano, Mathieu Galvani, Alfred d'Almbert, Joseph Orsi, Pierre-François Bure,

« Se sont rendus coupables, le 6 août dernier, à Boulogne-sur-Mer, d'un attentat dont le but était, soit de détruire, soit de changer le gouvernement, soit d'exciter les citoyens ou habitans à s'armer contre l'autorité royale, soit d'exciter la guerre civile en armant ou en portant les citoyens ou habitans à s'armer les uns contre les autres,

« Crimes prévus par les art. 87, 88, 89 et 91, du Code pénal ;

« Requiert qu'il plaise à la cour faire application aux susnommés des articles précités, et les condamner aux peines portées par la loi,

« Déclarant toutefois s'en remettre à la haute sagesse de la cour, pour faire droit aux réquisitions qui précèdent, et pour tempérer les peines, si la cour le juge convenable.

« Fait au parquet de la cour des pairs, ce 2 octobre 1840.

» Le procureur-général du roi près la cour des pairs.

« Signé FRANCK-CARRÉ.

« Après avoir entendu le prince Charles-Louis-Napoléon Bonaparte, le comte de Montholon et M⁰ Berryer leur défenseur ; Voisin, Parquin, Bataille, Alexandre dit Desjardins, et M⁰ Ferdinand Barrot leur défenseur ; Leduff de Mésonan et M⁰ Delacour son défenseur ; Fialin dit de Persigny, Conneau, Lombard, Bouffet-Montauban et M⁰ Barillon leur défenseur ; Laborde, M⁰ Nogent Saint-Laurent son défenseur ; Aladenize et M⁰ Jules Fabre son défenseur ; Ornano, Galvani, d'Almbert, Orsi, Bure et

Me Lignier leur défenseur ; Forestier et Me Ducluzeau son défenseur; dans leurs moyens de défense, lesdits accusés interpellés en outre conformément au troisième paragraphe de l'art. 335 du Code d'instruction criminelle.

« Et après en avoir délibéré dans les séances des 2, 3, 4, 5 et 6 octobre présent mois :

« En ce qui concerne Prosper-Alexandre dit Desjardins, Mathieu Galvani, Alfred d'Almbert, Pierre-François Bure.

« Attendu qu'il n'y a pas preuves suffisantes qu'ils se soient rendus coupables de l'attentat commis à Boulogne-sur-Mer le 6 août dernier, déclare Prosper-Alexandre dit Desjardins, Mathieu Galvani, Alfred d'Almbert et Pierre-François Bure, acquittés de l'accusation portée contre eux ;

« Ordonne qu'ils seront mis sur-le-champ en liberté, s'ils ne sont retenus pour autre cause.

« En ce qui concerne le prince Charles-Louis-Napoléon Bonaparte, Charles-Tristan comte de Montholon, Jean Baptiste Voisin, Séverin-Louis Leduff de Mésonan, Denis, Charles Parquin, Hippolyte-François-Athale-Sébastien ; Bouffet-Montauban, Jules-Barthélemy Lombard, Jean Gilbert-Victor Fialin dit de Persigny, Jean-Babtiste-Théodore Forestier, Martial-Eugène Bataille, Jean-Baptiste-Charles Aladenize, Etienne Laborde, Henry Conneau, Napoléon Ornano, Joseph Orsi.

« Attendu, qu'il résulte de l'instruction et des débats que, le 6 août dernier ils se sont rendus coupables à Boulogne-sur-Mer, d'un attentat dont le but était de détruire le gouvernement, de changer l'ordre de successibilité au trône, et d'exciter la guerre civile en armant, et en portant les citoyens et habitans à s'armer les uns contre les autres.

Déclare le prince Charles-Louis-Napoléon Bonaparte, Charles Tristan comte de Montholon, Jean-Baptiste Voisin, Severin-Louis Leduff de Mésonan, Denis-Charles Parquin, Hippolyte François-Athale Sébastien Bouffet Montauban, Jules-Barthélemy Lombard, Jean-Gilbert-Victor Fialin dit de Persigny, Jean-Baptiste-Théodore Forestier, Martial-Eugène Bataille, Jean Baptiste Charles Aladenize, Etienne Laborde, Henri Conneau, Napoléon Ornano, Joseph Orsi, coupables du crime d'attentat prévu par les art. 87, 88 et 91 du Code pénal, ainsi conçus :

« Art. 87. L'attentat dont le but sera, soit de détruire, soit de changer le gouvernement ou l'ordre de successibilité au trône, soit d'exciter les citoyens ou habitans à s'armer contre l'autorité royale, sera puni de mort.

Art. 88. L'exécution ou tentative constitueront seules l'attentat.

« Art. 91. L'attentat dont le but sera, soit d'exciter la guerre civile, en armant ou en portant les citoyens ou habitans à s'armer les uns contre les autres, soit de porter la dévastation, le massacre et le pillage dans une ou plusieurs communes sera puni de mort;

« Le complot ayant pour but l'un des crimes prévus au présent article, et la proposition de former un complot, seront punis des peines portées en l'art. 89, suivant les distinctions qui y sont établies. »

« Vu pareillement les art. 59 et 60 du Code pénal ;

« Attendu que les peines doivent être graduées selon la nature et la gravité de la participation de chacun des coupables aux crimes commis ;

« Condamne le prince Charles-Louis-Napoléon Bonaparte à l'emprisonnement perpétuel dans une forteresse située sur le territoire continental du royaume (1);

« Condamne Jean-Baptiste-Charles Aladenize à la peine de la déportation ;

« Charles-Tristan, comte de Montholon, Denis-Charles Parquin, Jules-Barthélemy Lombard, Jean-Gilbert-Victor Fialin dit de Persigny, chacun à vingt années de détention ;

« Séverin-Louis Leduff de Mésonan, à quinze années de détention ;

« Jean-Baptiste Voisin, Jean-Baptiste-Théodore Forestier, Napoléon Ornano, chacun à dix années de détention,

« Hippolyte-François-Athale-Sébastien Bouffet Montauban, Martial-Eugène Bataille, Joseph Orsi, chacun à cinq années de détention ;

« Ordonne, conformément à l'art. 47 du Code pénal, qu'après l'expiration de leur peine, les dits, de Montholon, Parquin, Lombard, Fialin, Ledaff de Mésonan, Voisin, Forestier, Ornano, Bouffet-Montauban, Bataille, Orsi, condamnés à la peine de la détention, seront pendant toute leur vie sous la surveillance de la haute police, les déclare pareillement déchus de leurs titres, grades et décorations ;

« Condamne Henri Conneau à cinq années d'emprisonnement,

« Etienne Laborde à deux années d'emprisonnement ;

« Ordonne que lesdits Conneau et Laborde resteront, à partir de l'expiration de leur peine, sous la surveillance de la haute police, savoir : Conneau pendant cinq années, Laborde pendant deux années ;

« Condamne le prince Charles-Louis-Napoléon Bonaparte et

---

(1) La peine de l'emprisonnement perpétuel dans une forteresse n'existe pas parmi les diverses classifications pénales du Code. L'article 20 du Code pénal dit que le condamné à la *détention* (de cinq à vingt ans) sera renfermé *dans l'une des forteresses situées sur le territoire continental du royaume*. Et la *détention* est rangée au nombre des peines afflictives et *infamantes* (Article 8). Quant à la peine de l'*emprisonnement* (de six jours à cinq ans), elle devra être subie dans une maison de *correction* : l'emprisonnement est une peine purement *correctionnelle* (Art. 9 et 40.).

La Cour qui, comme on le sait, a puisé dans son omnipotence le droit de modifier les peines portées par la loi, a dans la circonstance actuelle créé une peine nouvelle ; c'est la *détention perpétuelle* sous le nom d'*emprisonnement*. La pensée de la Cour a été d'ôter à la peine le caractère infamant qu'y attache la loi, et de la rendre purement correctionnelle.

lesdits Charles-Tristan comte de Montholon, Jean-Baptiste Voisin, Severin-Louis Leduff de Mésonan, Denis-Charles Parquin, Hippolyte-François-Athale-Sébastien Bouffet Montauban, Jules-Barthélemy Lombard, Jean-Gilbert-Victor Fialin dit de Persigny, Jean-Baptiste-Théodore Forestier, Martial-Eugène Bataille, Jean-Baptiste-Charles Aladenize, Etienne Laborde, Henri Conneau, Napoléon Ornano et Joseph Orsi, solidairement aux frais. La liquidation sera faite conformément à la loi, tant pour la portion qui doit être supportée par les condamnés, que pour celle qui doit demeurer à la charge de l'Etat;

« Ordonne que le présent arrêt sera exécuté à la diligence du procureur-général du roi, imprimé, publié et affiché partout où besoin sera, et qu'il sera lu et notifié aux accusés par le greffier en chef de la cour.

« Fait et délibéré à Paris, le mardi 6 octobre 1840, en la chambre du conseil, où siégeaient :

« Comte Portalis, vice-président, etc.

A deux heures et demie, l'audience est levée.
Conformément aux précédens de la cour, les accusés n'étaient pas présens à la lecture de cet arrêt.
Immédiatement après l'audience, M. Cauchy, secrétaire-archiviste faisant les fonctions de greffier, accompagné de M. Desmons, chef des huissiers, s'est transporté à la maison d'arrêt près la cour des pairs, et a donné à chacun des détenus lecture de l'arrêt en ce qui le concerne.
Ceux des accusés dont l'arrêt prononce l'acquittement ont été mis aussitôt en liberté.

FIN DE LA TROISIÈME PARTIE.

APPENDICE.

DOCUMENS ET FAITS DIVERS.

PERQUISITIONS ET ARRESTATIONS.

Madame Salvage de Faverolles a été arrêtée, le 7 août, après une perquisition faite à son domicile.—Cette dame, mise en liberté le lendemain, a cru devoir adresser cette lettre au rédacteur en chef du *Capitole* :

« M. le Rédacteur,

« Je viens de voir avec surprise dans votre journal, et plusieurs autres feuilles ont répété, en rendant compte de mon arrestation, qu'une *volumineuse correspondance* avait été saisie chez moi. Cette *volumineuse correspondance* se réduit à quatre lettres du prince Napoléon-Louis, à moi adressées, et qui sont entièrement étrangères à la politique.

« Je vous prie instamment, Monsieur, de vouloir bien insérer cette rectification dans votre journal, et d'agréer l'assurance de ma considération distinguée.

« SALVAGE DE FAVEROLLES.
« Rue de la Paix, 14. »

Le 9 août.

Une descente de police a eu lieu, le 7 août, dans les bureaux du *Capitole*, mais elle a été sans résultat.

On s'était présenté, le même jour, chez M. le colonel Vaudrey, pour l'arrêter; par une méprise des agens, on s'était emparé de son beau-frère, M. Périer. Les circonstances de cette erreur ayant été diversement interprétées, M Périer adressa, le 9, l'explication suivante au rédacteur en chef de la *Gazette des Tribunaux:*

« Monsieur,

« Il n'est pas exact qu'une personne m'ait désigné au commissaire de police, chargé d'arrêter le colonel Vaudrey, comme étant ce colonel. Le commissaire, qui n'a commis son erreur que parce qu'il m'a vu sans habit dans la chambre de madame Vaudrey, ma sœur, s'est présenté à moi avec assurance. M'ayant demandé si j'étais le colonel Vaudrey, je lui ai répondu : « De quoi s'agit-il ? » Alors il m'a remis le mandat dont il était porteur; le lui ayant rendu après en avoir pris connaissance, je lui ai dit: « Monsieur, faites votre devoir. » Ayant visité tous les meubles, papiers, etc., et n'ayant rien trouvé à saisir, il a dit : « Il n'y a rien, nous le constaterons ; mais en attendant suivez-nous chez M. le préfet de police. » Ce que j'ai fait. Il n'est pas exact que ce soit moi qui aie fait connaître que je n'étais pas le colonel Vaudrey; c'est madame Vaudrey qui est venue le déclarer quand elle a su son mari en sûreté. Voilà, Monsieur, toute la vérité, et pour cela j'ai été vingt-deux heures en prison. Je ne pouvais cependant pas, malgré que mes opinions politiques fussent diamétralement opposées à celles de M. Vaudrey, déclarer à la police qu'elle se trompait ; c'eût été faire arrêter mon frère, qui était dans la chambre voisine, disant ne rien avoir à craindre, et voulant se présenter.

« PERIER. »

M. Susini, avocat, a été perquisitionné et arrêté pendant plusieurs heures, bien qu'on n'eût rien trouvé chez lui qui pût justifier les soupçons de l'autorité.

Suivant la *Quotidienne* du 11 août, M. le duc de Padoue et M. de Châteaubleau ont reçu une visite de la police, et ont été privés de leur liberté durant quelques instans.

M. le comte Bacciochi, chambellan du roi de Wurtemberg, récemment arrivé de Londres, arrêté le 8 août, puis relaxé, a été arrêté de nouveau le 10, et ses papiers ont été saisis.

Le 11 août, la police du Havre a saisi dans les bureaux de M. Devey, ancien banquier, une nombreuse correspondance de M. le général Montholon.

M. William Tune, capitaine du paquebot à vapeur, *la Cité-d'Edimburg*, a été arrêté à son bord, le 12, et relâché après un interrogatoire de deux heures et demie.

On a arrêté, le 11, tous les marins de l'équipage de *l'Edimburg-Castle*, au nombre de dix-neuf, et l'on a décerné contre eux des mandats de dépôt.

A en croire *le Siècle* du 9, le nombre des arrestations opérées alors à Paris, s'élevait à trente-sept; et *le Temps* du 20, disait : « La police est encore à la recherche d'un grand nombre de per- « sonnes inculpées dans les événemens de Boulogne. »

Le 28, un commissaire de police s'est présenté chez M. Levavasseur, libraire, sous le prétexte d'y rechercher les traces de la distribution d'une lettre du prince au général Bertrand, au sujet des armes de l'Empereur. Cette perquisition a été sans effet.

LETTRE DE M. DESPANS-CUBIÈRES.

— Le ministre de la guerre a adressé aux généraux commandant les divisions militaires, la lettre suivante, relativement aux événemens de Boulogne :

« Paris, le 7 août 1840, six heures du soir.

« Général,

« Le territoire français a été violé par une *bande d'aventuriers* en armes, *échappés* des ports de l'Angleterre, sous la conduite de Louis Bonaparte, devenu plus téméraire depuis le grand acte de clémence dont il a été l'objet. Les rapports publiés ce soir vous apprendront comment cette folle entreprise a échoué par la fermeté des officiers, des sous-officiers et soldats des deux compagnies du 42e de ligne, par la fidélité et la *présence d'esprit* des autorités civiles, par le dévoûment plein d'élan de la garde nationale, par l'active coopération de la gendarmerie, des troupes de la douane et de la marine.

« Sous l'invocation du grand homme, dont la gloire est celle de la nation, et dont le génie ne suprendra pas le courage des soldats français, une poignée de factieux *ont osé* déployer, sur les plages de Boulogne, l'étendart de la révolte. *Repoussés dans les flots qui venaient de les vomir*, Louis Bonaparte et tous ses adhérens *ont été pris, tués ou noyés.* Un traître s'est rencontré dans nos rangs; il comptait parmi les officiers du 42e, dont l'honneur est trop pur pour être obscurci.

« Il est dans les prisons avec ceux *dont l'or l'avait corrompu.*

« *En appréciant les détails d'un pareil événement, en cédant à de ridicules proclamations répandues pour faire sortir les soldats de leurs devoirs, et signaler des noms voués depuis vingt ans* AU MÉPRIS PUBLIC, l'armée s'affligera et s'indignera comme la nation de cette criminelle *entreprise* ; mais *elle se consolera* en voyant que cette nouvelle *entreprise* a permis aux troupes de manifester l'excellent esprit qui les anime et la fidélité qui les lie au drapeau national et à la dynastie de juillet. Je vous prie, général, de porter à la connaissance des troupes sous vos ordres le contenu de *la présente*, en leur renouvelant l'assurance de la confiance que le gouvernement du roi mettra toujours en elles pour résister à ses ennemis intérieurs et extérieurs.

« *Le pair de France, ministre secrétaire-d'Etat de la guerre,*

« Signé CUBIÈRES. »

Cette pièce est tellement curieuse par le ridicule des expressions et des pensées, qu'il a paru nécessaire de la conserver aux historiens à venir.

LETTRE DE M. LE COMTE DE SAINT-LEU.

Le comte de Saint-Leu, Louis-Napoléon Bonaparte, ancien roi de Hollande, à M. le rédacteur du COMMERCE.

« Monsieur,

« Permettez que je vous prie de recevoir la déclaration suivante:

« Je sais que c'est un singulier moyen, et peu convenable, que celui de recourir à la publicité ; mais quand un père affligé, vieux, malade, légalement expatrié, ne peut venir autrement au secours de son fils malheureux, un semblable moyen ne peut qu'être approuvé par tous ceux qui portent un cœur de père.

« Convaincu que mon fils, le seul qui me reste, est victime d'une infâme intrigue, et séduit par de vils flatteurs, de faux amis, et peut-être par des conseils insidieux, je ne saurais garder le silence sans manquer à mon devoir et m'exposer aux plus amers regrets.

« Je déclare donc que mon fils Napoléon-Louis est tombé pour la troisième fois dans un piége épouvantable, un effroyable guet-apens, puisqu'il est impossible qu'un homme qui n'est pas dépourvu de moyens et de bon sens, se soit jeté de gaîté de cœur dans un tel précipice. S'il est coupable, les plus coupables et les véritables sont ceux qui l'ont séduit et égaré..

« Je déclare surtout avec une sainte horreur que l'injure que l'on a faite à mon fils, en l'enfermant dans la chambre d'un infâme assassin, est une cruauté monstrueuse, anti-française, un outrage aussi vil qu'insidieux (1)

« Comme père profondément affligé, comme bon Français éprouvé par trente année d'exil, comme frère, et, si j'ose le dire, élève de celui dont on redresse les statues, je recommande mon fils égaré et séduit à ses juges et à tous ceux qui portent un cœur français et de père.

« Votre abonné,
« LOUIS DE SAINT-LEU.

« Florence, ce 24 août 1840. »

Cette lettre touchante a obtenu un plein succès dans l'opinion publique.

A PROPOS DE L'ÉDIMBURG-CASTLE.

Le *Courrier-Français* publia, dans son numéro du 13 août dernier, les faits suivans :

« Nous trouvons dans l'*Echo du Nord* les informations suivantes, qui seront sans doute rectifiées par les personnes dont on y parle :

« Les papiers saisis sur le *Castle-of-Edimburg* ont amené de curieuses découvertes. Nous allons raconter ce qui se dit à ce sujet dans le public. On doit se rappeler que, l'année dernière, nous avons parlé d'un projet de M. Louis Bonaparte, qui avait pour but de s'emparer du roi et de toute sa famille pendant le séjour qu'ils font chaque année à Eu. Le plan de ce projet avait été tracé par M. de Crouy-Chanel, qui se rendit à Londres pour le proposer à

---

(1) Le prince avait été enfermé, à la conciergerie, dans le cachot précédemment occupé par Fieschi.

M. Louis Bonaparte. Il passionna l'imagination du jeune homme, qui offrit de suite à M. de Crouy-Chanel les moyens de le mettre à exécution. Ce dernier demanda pour cela une somme de 250,000 f. qui lui fut comptée. Cette somme ne paraîtra pas encore trop considérable quand on saura que, pour mettre le projet à bonne fin, il ne fallait pas moins de 500 hommes.

« Quand il eut reçu son argent, M. de Crouy-Chanel revint à Paris, et sa première visite fut pour M. le préfet de police, auquel il livra, moyennant 100,000 fr., toutes les indications qu'il possédait. Le coup de M. Louis Bonaparte était manqué : M. le maréchal Gérard fut chargé de lui écrire pour lui dire que tout était découvert, et l'engager à ne pas donner suite à des projets qui ne pouvaient le conduire qu'au ridicule. Cependant, comme déjà quelques personnes avaient été compromises dans cette affaire, il y eut quelques arrestations qui donnèrent lieu à une instruction, et par suite à un arrêt de non-lieu. Aujourd'hui, dit-on, le gouvernement a la preuve qu'il a payé 100,000 fr. ce qui avait été déjà payé 250,000 fr. par Louis Bonaparte.

« Ce n'est pas tout, et l'on a fait, dit-on, des découvertes bien autrement graves, en ce qu'elles compromettent des personnes haut placées dans le monde politique. Il y a quelque temps, on a annoncé que le *Commerce* avait été vendu à M. Louis Bonaparte, par l'intermédiaire d'un prête-nom, pour une somme de 400,000 fr. Le fait était parfaitement exact. Depuis 15 jours, le *Commerce* est passé en de nouvelles mains, parce que M. Louis Bonaparte, qui trouvait d'ailleurs que ce journal était de peu d'utilité, avait besoin d'argent. Pour faire de l'argent, il a consenti à perdre sur le *Commerce* une somme de près de 300,000 fr.; ce journal a été en effet racheté par M. Lesseps au prix de 150,000 fr. »

La *Presse* et la *Quotidienne* du même jour, toutes deux d'après le *Journal du Havre*, reproduisirent textuellement ces détails.

Des deux personnes attaquées par cette communication singulière, une seule répondit; ce fut M. de Crouy-Chanel qui, absent lors de l'attaque, s'empressa de revenir à Paris.

A son retour, il adressa aux trois journaux la lettre que voici :

« *A M. le Rédacteur en chef de* ...

« Monsieur,

« J'arrive à l'instant à Paris, et l'on me communique votre numéro du 13 de ce mois, dans lequel vous avez rapporté un article extrait du *Journal du Hâvre*, rédigé, dit ce journal, d'après les papiers saisis sur l'*Edimburg-Castle* et annonçant, 1° que j'ai proposé au prince Napoléon-Louis d'enlever le roi Louis-Philippe pendant son séjour à Eu, et que j'ai reçu de lui, à cet effet, une somme de 250,000 fr.

« 2° Que j'ai livré à M. le préfet de police, moyennant 100,000 f., toutes les indications que je possédais, faisant ainsi manquer l'exécution du plan formé par moi,

« Je donne le démenti le plus formel à toutes ces infamies. Jamais je n'ai eu la pensée du projet qu'on me prête, et le témoignage du prince ne me faillirait pas au besoin, j'en suis sûr ; jamais le prince ne m'a compté une somme égale à celle dont il s'agit ; jamais je n'ai vu M. le préfet de police pour aucune cause.

« L'honneur m'impose l'obligation de vous prier de vouloir bien insérer cette lettre dans votre plus prochain numéro. J'espère, monsieur, que vous ne me mettrez pas par votre refus d'insertion dans la nécessité d'user des droits que la loi confère aux citoyens calomniés.

« Agréez, monsieur, etc.

CROUY-CHANEL.

« Paris, ce 21 août 1840. »

Les trois journaux insérèrent cette lettre dans leur numéro du 22. Le *Courrier-Français* jugea à propos de faire précéder la lettre de ces quelques lignes :

« Nous publions la lettre suivante de M. de Crouy-Chanel, non seulement parce qu'elle contient une réclamation, mais parce qu'elle renferme un aveu. En disant qu'il n'a pas reçu du prince une somme égale à celle dont on parle, ne convient-il pas d'une manière implicite qu'il n'a pas les mains entièrement nettes ? »

M. de Crouy-Chanel répondit sur le champ, et le *Courrier-Français* n'hésita point à admettre sa réponse dans ses colonnes ; la voici :

« Monsieur ;

« Je n'ai qu'un mot à répondre aux observations dont vous avez cru devoir accompagner ma lettre en date d'hier. On peut recevoir des sommes d'argent, et conserver toujours les *mains nettes;* il suffit d'en avoir rendu compte et d'être toujours en mesure de justifier l'emploi qu'on en a fait. Au reste, toutes ces relations avec le prince Napoléon-Louis sont antérieures à mon arrestation, et étrangères, par conséquent, aux circonstances qui ont amené l'affaire de Boulogne.

« Vous comprendrez, monsieur, le motif qui m'engage à vous adresser cette courte réponse ; j'ai droit d'en attendre l'insertion de votre loyauté.

« Agréez, etc.

« CROUY CHANEL.

« Paris, ce 22 août 1840. »

Ces publications furent suivies, pour M. de Crouy-Chanel, d'une assignation à comparaître devant M. le président de la cour des pairs, qui lui fit subir, le 27 août, l'interrogatoire que l'on va extraire du volume que la cour a fait imprimer sous le titre de *Procédure.* (P. 236 et suiv.)

M. LE CHANCELIER. Mon attention a été naturellement appelée sur votre compte, par deux lettres que vous avez fait insérer dans le journal *Le Courrier Français* ; il résulterait de ces lettres que vous avez reçu de l'argent de *Louis Bonaparte*. A quelle époque avez-vous reçu cet argent?

M. DE CROUY-CHANEL. C'est en 1839, à l'époque de la fondation du *Capitole* : cela a duré environ trois mois, depuis le mois de juin 1839 jusqu'au mois d'octobre ou de novembre de la même année.

D. Quelles sommes avez-vous reçues? — R. Environ 140,000 francs.

D. Cette somme a-t-elle été employée entièrement pour le *Capitole*? — R. Oui, monsieur; ou pour différentes commissions très-avouables.

D. Depuis l'époque que vous venez d'indiquer, vos relations avec *Louis Bonaparte* ont-elles cessé? — R. Entièrement.

D. Vous avez cependant fait, depuis ce temps, deux voyages à Londres? — R. Je n'ai fait qu'un seul voyage à Londres.

D. Il me semble cependant que vous avez fait deux voyages? — R. Cela est vrai; j'en ai fait un avant mon arrestation, et j'en ai fait un autre depuis; mais je n'ai pas vu le prince à ce dernier voyage : j'avais cessé toute espèce de relation avec lui.

D. A quelle époque a eu lieu votre dernier voyage à Londres? — R. Au mois de mars ou au mois de mai; je pourrais préciser l'époque au juste avec mon passe-port.

D. Pendant ce dernier voyage avez-vous vu *Louis Bonaparte*? — R. Non, monsieur.

D. L'aviez-vous vu à votre voyage précédent? — R. Oui, certainement.

D. Dans le dernier voyage que vous avez fait à Londres, avez-vous eu quelque connaissance des projets qui se préparaient? — R. Aucune.

D. Il est cependant surprenant qu'ayant eu avec le prince des rapports intimes, et vous étant trouvé à Londres à une époque aussi rapprochée de la tentative de Boulogne, vous n'en ayez eu aucun indice? — R. Je n'en ai eu aucun.

D. Qui est-ce qui a rompu l'intimité qui avait existé entre le prince et vous? — R. Nous nous sommes divisés seulement sur la question du personnel du Capitole. Je voulais renvoyer différens individus, il ne l'a pas voulu. *Je dois ajouter que si j'avais vu le prince à Londres*, IL NE SERAIT PAS ICI MAINTENANT.

Les documens qui précèdent donnent lieu à des inductions d'une haute gravité.

Quel est donc l'inventeur des nouvelles donnés par le *Journal du Havre* et par *l'Echo du Nord*? Evidemment elles sont mensongères autant que calomnieuses : on en a pour garans, d'abord, le silence gardé par ces deux journaux après les dénégations si positives de M. de Crouy-Chanel publiées dans le *Courrier Français*, *la Quotidienne* et *la Presse*; ensuite, la déclaration personnelle d'un des membres de la commission de la cour des pairs, faite à l'auteur de cet ouvrage, que les deux feuilles citées avaient commis une *erreur inexplicable*.

Puisqu'il n'est pas douteux que ces nouvelles soient mensongères et calomnieuses, qui donc a pu inspirer assez de confiance aux rédacteurs en chef du *Journal du Havre* et de *l'Echo du Nord*, ou exercer sur eux assez d'autorité pour qu'ils aient osé se livrer à un pareil abus, à un pareil excès de la presse ?

On ne saurait expliquer cet acte de leur part que par une de ces manœuvres familières à certains gouvernans, et contre lesquelles l'expérience de nos cinquante dernières années ne nous a pas encore assez mis en garde, manœuvres dont ces écrivains ou leurs correspondans ont été dupes, et M. de Crouy-Chanel la victime.

C'est ainsi que tous les gouvernemens faibles et vainqueurs dans les luttes politiques, ont, à toutes les époques, usé de ces moyens que la raison publique et la morale réprouveront toujours, de répandre au sein des partis opposans ou vaincus le désaccord par l'irritation des amours-propres, par le soupçon des hommes et par la calomnie. Un signe de déclin pour les états c'est lorsque la police, ce bouge de toutes les mauvaises passions, infiltrant son venin dans les affaires gouvernementales, devient un pouvoir au milieu de tous les pouvoirs, et peut disposer à son gré de l'honneur des citoyens.

Il y a aussi dans les partis, des hommes qui, cédant à des sentimens coupables ou à une faiblesse de caractère regrettable en eux, assistent la police dans ses écarts : c'est ce qui est arrivé pour M. de Crouy-Chanel depuis son arrestation du mois de novembre 1839. Malheureux, on en fit le bouc émissaire du parti : les uns le poursuivirent par jalousie inconsidérée, les autres par besoin de nuire ou par l'effet de cette tendance à adopter et à propager les bruits dangereux et méchans. Plus le chef de l'opinion napoléonienne avait reconnu de zèle, de dévoûment, de probité dans les relations de M. de Crouy-Chanel, plus celui-ci devait compter d'ennemis, et plus ces ennemis devaient s'acharner dans leur poursuite. Il faut chercher dans un ouvrage plus étendu et plus spécial (1) tout ce qui se rapporte à ces circonstances de la vie de M. de Crouy-Chanel. Ici force est de se borner à indiquer l'ordre d'idées sous lequel marchent la plupart des partis, et parmi eux le parti napoléonien.

La dernière des pièces qu'on a lue plus haut, c'est-à-dire l'interrogatoire, démontre que M. de Crouy-Chanel a été l'intermédiaire du prince dans la fondation du *Capitole*, ce qui prouve le degré de confiance que sa conduite avait su lui inspirer ; que la rupture des relations existantes entre eux n'eut pour fondement qu'une divergence d'opinion sur les rédacteurs de la feuille napoléonienne ; que M. de Crouy-Chanel avait été très avant dans la confiance du prince, puisqu'il croyait pouvoir puiser assez de force

---

(1) 10° vol. de la BIOGRAPHIE DES HOMMES DU JOUR ; par G. Sarrut et B. St-Edme.

dans la connaissance de la position pour prétendre que s'il eût vu le prince à Londres il l'aurait détourné de son projet sur Boulogne.

Ce qui justifierait au besoin cette opinion de M. Crouy-Chanel et la nôtre, c'est le passage suivant d'une lettre que lui écrivait le prince, lettre que nous avons sous les yeux :

« Je reçois à l'instant votre quatrième lettre. Je vous remercie de tout ce que vous avez fait; on ne peut être plus actif que vous l'êtes. Je voudrais avoir beaucoup d'amis comme vous... Adieu, Je vous prie de compter sur mon amitié. »

Et ces termes de satisfaction et de bienveillance particulière se retrouvent dans un grand nombre d'autres lettres du prince, notamment dans celle qui porte la date du 27 novembre 1839, jour même de l'arrestation de M. de Crouy-Chanel à Paris.

Il paraîtrait que la cour des pairs avait l'intention d'appeler M. de Crouy-Chanel à sa barre, car, dans le volume de *Procédure* déjà cité, on lit à la suite de son nom ces mots entre parenthèses: ALORS INCULPÉ. Ainsi, au 27 août, M. de Crouy-Chanel était au nombre des prévenus. Les dispositions hostiles du gouvernement ne lui ont donc pas fait défaut jusqu'à la fin (1).

LETTRES DU PRINCE A MM. BERRYER, MARIE ET FERDINAND-BARROT.

La veille du prononcé de l'arrêt, le prince, dans la prévoyance de son enlèvement prochain de la prison du Luxembourg, se hâta d'écrire les trois lettres suivantes :

Paris, 5 octobre 1840.

« Mon cher Monsieur Berryer,

« Je ne veux pas quitter ma prison de Paris sans vous renouveler tous mes remercîmens pour les nobles services que vous m'avez rendus pendant mon procès. Dès que j'ai su que je serais traduit devant la cour des pairs, j'ai eu l'idée de vous demander de me défendre, parce que je savais que l'indépendance de votre caractère vous mettait au-dessus de petites susceptibilités de parti, et que votre cœur était ouvert à toutes les infortunes, comme votre esprit était apte à comprendre toutes les grandes pensées, tons les nobles sentimens. Je vous ai donc pris par estime, maintenant je vous quitte avec reconnaissance et amitié.

« J'ignore ce que le sort me réserve, j'ignore si jamais je serai dans le cas de vous prouver ma reconnaissance ; j'ignore si jamais vous voudrez en accepter des preuves; mais quelles que soient nos positions réciproques, en dehors de la politique et de ses désolantes obligations, nous pouvons toujours avoir de l'estime et de l'amitié l'un pour l'autre, et je vous assure que si mon procès ne devait avoir eu d'autres résultats que de m'attirer votre amitié, je

---

(1) Voir 3ᵉ partie, pag. 29, 30, 31.

croirais encore avoir immensément gagné, et je ne me plaindrais pas du sort.

« Adieu, mon cher M. Berryer ; recevez l'assurance de mes sentimens d'estime et de reconnaissance.

NAPOLÉON-LOUIS. »

A Monsieur Marie, bâtonnier de l'ordre des avocats, à Bellevue, près de Paris.

Monsieur,

« Avant de partir je viens vous remercier des bons conseils que vous m'avez donnés pendant mon procès, et du plaisir que vous m'avez fait en m'assistant de votre présence pendant les débats de la chambre des pairs. La pensée que j'ai exprimée dans la première phrase de mon discours est bien vraie ; quoique je vienne d'apprendre que je suis condamné à une réclusion perpétuelle, je n'emporte du procès qu'une idée agréable et douce.

« Je me suis trouvé pour la première fois de ma vie en communication journalière avec mes compatriotes, qui m'ont montré de la sympathie, mes gardiens étaient fâchés de me garder, mes juges étaient fâchés de me juger, mes avocats semblaient heureux de me défendre ; de quoi ai-je à me plaindre ? Croyez donc, monsieur, que j'emporte un souvenir agréable et plein de reconnaissance des momens que nous avons passés ensemble ; et je vous prie d'en accepter ici la sincère expression.

« Recevez l'assurance de mes sentimens d'estime et d'amitié. »

NAPOLÉON-LOUIS.

Paris, ce 5 octobre 1840.

« Mon cher monsieur Ferdinand Barrot,

« Je veux encore, avant de partir, vous dire combien j'ai été heureux de faire votre connaissance personnelle, et combien j'apprécie l'intérêt et le zèle que vous m'avez témoignés.

« Je pars avec la consolante idée d'avoir acquis votre amitié, et permettez-moi de vous assurer de la mienne. Je n'oublierai jamais la peine que vous vous êtes donnée pour me venger de tous les outrages auxquels j'ai été en butte ; et puisque vous m'avez dit vous-même que les liens qui se forment dans le malheur sont plus durables que les autres, permettez-moi de croire que notre amitié survivra long-temps à la clôture du procès.

« Recevez de nouveau l'assurance de mes sentimens d'estime et d'amitié,

« NAPOLÉON-LOUIS. »

LETTRE DE M. DE PERSIGNY A M. BARILLON, AVOCAT.

En livrant à la publicité le document qu'on va lire, notre intention a été de faire acte de justice et d'impartialité. — Il résulte, de cette lettre, que M. de Persigny s'est livré à une forte peine, volontairement, et pour qu'une condamnation violente répondît aux inculpations dont il était atteint depuis long-temps dans son honneur.

« Mon cher et généreux défenseur,

« Tant que le procès n'a pas été terminé, j'ai dû me taire sur la part véritable que j'ai prise à l'entreprise de Boulogne ; toute déclaration de ce genre n'eût été alors utile qu'à moi seul ; mais aujourd'hui, les considérations qui m'imposaient le silence n'existant plus, je dois vous dire la vérité.

« Je n'ai point été le conseiller du prince dans cette entreprise ; je repousse les bruits répandus à ce sujet, et comme une injure adressée à la haute raison de S. A. I., et comme un ridicule jeté sur ma personne. Ce n'est pas aux conseils d'un jeune homme sans expérience pratique des grands événemens politiques que le prince Napoléon, avec cet esprit supérieur dont vous avez été si frappé, se fût aveuglement confié dans de si graves circonstances. Je n'ai pas même servi d'intermédiaire, comme j'ai pu le faire dans d'autres temps, entre S. A. I. et les hommes éminens auxquels elle pouvait avoir confiance. Je n'ai été, en ce qui concerne l'entreprise de Boulogne, que ce que je devais être, un soldat dévoué, ni plus, ni moins.

« Au mois de février de cette année, le prince me fit l'honneur de me dire qu'il désirait porter le nombre des gens de sa maison à une trentaine de personnes, toutes choisies, comme celles qu'il avait déjà auprès de lui, parmi d'anciens militaires. Il me donna ordre de faire préparer pour ce nombre d'hommes des armes et des uniformes. A cette époque, je n'hésite pas à le dire, S. A. I. ne me parut avoir aucun projet arrêté ; je compris seulement, par ces ordres, qu'elle désirait avoir auprès de sa personne un nombre d'hommes suffisant pour lui servir d'escorte dans un débarquement, au cas où de grands événemens l'appelleraient en France.

« Quels grands événemens le prince espérait-il ? Qui les préparait ? A quelle époque devaient-ils être accomplis ? Le prince devait-il les attendre tranquillement à Londres, ou aller leur donner le signal en se présentant lui-même sur le sol français ? Ces questions, je ne puis y répondre ; mais peut-être un jour le voile qui les couvre sera-t-il levé !..

« Tout ce que je puis dire, c'est qu'à la communication qui me fut faite des derniers ordres du prince, ne connaissant pas alors toute la pensée de l'entreprise, je fus effrayé des hasards que le neveu de l'Empereur allait courir. J'exprimai mes craintes en de tels termes qu'on se méprit sur mes véritables dispositions, et que l'on douta de mon courage. Le prince, qui me connaissait depuis si long-temps, ne me fit point une telle injure ; il eut la bonté de m'en parler. « Je sais, Persigny, me dit-il, que si vous avez peur, ce n'est pas pour vous... »

« Quant à l'entreprise en elle-même, vous savez quel rôle j'y ai rempli, celui d'un soldat, d'un sergent d'infanterie dont je portais l'uniforme. Lorsque je demandai ce poste modeste, après en avoir occupé un beaucoup plus élevé à Strasbourg, le prince, qui voulut bien voir dans cette demande une marque de dévoûment, m'en exprima sa satisfaction; et il me remercia d'avoir compris combien il était lui-même exempt de toute ambition personnelle.

« Plus tard, dans ma prison, quand je fis volontairement une déclaration qui pouvait être utile à celui d'entre nous dont le sort excitait le plus vivement les inquiétudes du prince, je savais que c'était le plus agréable service que je pouvais rendre à S. A. I. dans sa situation. Je ne m'étais pas trompé. Le prince m'a fait l'honneur de m'en remercier, et c'est mille fois plus qu'il ne m'en fallait pour me consoler de toutes les calomnies dont on a voulu m'accabler.

« Du reste, ces calomnies, mon cher et noble défenseur, j'en suis fier. Quand un pouvoir sans moralité tourne contre ses ennemis des armes aussi déloyales, il les honore. Je regrette seulement de n'être pas assez digne d'un genre d'attaques qui s'est adressé aux plus illustres citoyens; mais je suis jeune encore, et avec le temps, peut-être finirai-je par le mériter.

« Maintenant, mon cher et généreux défenseur, il ne me reste qu'à vous exprimer les sentimens de profonde reconnaissance que vous m'avez inspirés par votre généreuse et admirable défense.

« Votre tout dévoué,

« Vicomte F. de PERSIGNY.

« Prison du Luxembourg, le   octobre 1840. »

« N. B. Vous pouvez faire de cette lettre l'usage que vous jugerez à propos, dans l'intérêt de celui que vous avez défendu avec tant de talent et tant de générosité. »

CE QUE SONT DEVENUS LES CONDAMNÉS.

Le 6 octobre, à quatre heures de l'après-midi, l'arrêt a été lu au prince. A minuit, on l'a tiré de sa prison, on l'a fait monter en voiture, sans lui permettre de voir aucun de ses amis, et, sous la conduite de M. Lardenois, lieutenant-colonel de la garde municipale de Paris, il a été conduit à Ham, où il est arrivé le 7, à midi.

M. le général Montholon et M. le docteur Conneau ayant fait une demande, appuyée par le prince, pour être autorisés à passer le temps de leur détention à Ham, le ministère l'a accueillie, et ils ont été envoyés dans cette forteresse.

M. le colonel Voisin et M. le lieutenant-colonel Laborde ont été autorisés à entrer dans des maisons de santé de Chaillot : le premier est chez M. Pusin et le second chez M. Pinel.

Quant aux autres condamnés, ils ont été conduits à Doullens.

FIN DU VOLUME.

Le compte rendu de chaque audience sera publié le lendemain avec la plus grande étendue et la fidélité la plus scrupuleuse.

On peut souscrire dès-à-présent, pour partie ou totalité de l'ouvrage, chez :

PILOUT et Cie, libraire, rue de la Monnaie, 22.
PERROTIN, libraire, place de la Bourse.
PAUL MASGANA, libraire, péristyle de l'Odéon.
MARTINON, libraire, rue du Coq Saint-Honoré.
KRABBE, libraire, quai Saint-Michel, 15.
RAYMOND BOQUET, libraire, place de la Bourse.
BOHAIRE, libraire, boulevart des Italiens, 10.
FERRA, libraire, rue des Grands-Augustins, 16.
BRÉAUTÉ, passage Choiseul.
JULES LAINÉ, passage Véro-Dodat.

Nota. Les personnes qui souscriront pour 20 livraisons recevront franco chaque livraison à leur domicile.

En Vente :

LA

CITÉ DU SOLEIL

OU

IDÉE D'UNE RÉPUBLIQUE PHILOSOPHIQUE,

PAR F.-TH. CAMPANELLA,

Traduite du Latin

PAR VILLEGARDELLE,

1 Joli volume in-32, Prix : 1 franc 25 centimes.

IMPRIMERIE DE P. BAUDOUIN,
rue des Boucheries-St-Germain, 38. Au coin de la rue de Seine.